August Fick, Anton Führer

Vergleichendes Wörterbuch der indogermanischen Sprachen :

sprachgeschichtlich angeordnet

August Fick, Anton Führer

Vergleichendes Wörterbuch der indogermanischen Sprachen : sprachgeschichtlich angeordnet

ISBN/EAN: 9783743681156

Hergestellt in Europa, USA, Kanada, Australien, Japan

Cover: Foto ©Andreas Hilbeck / pixelio.de

Weitere Bücher finden Sie auf **www.hansebooks.com**

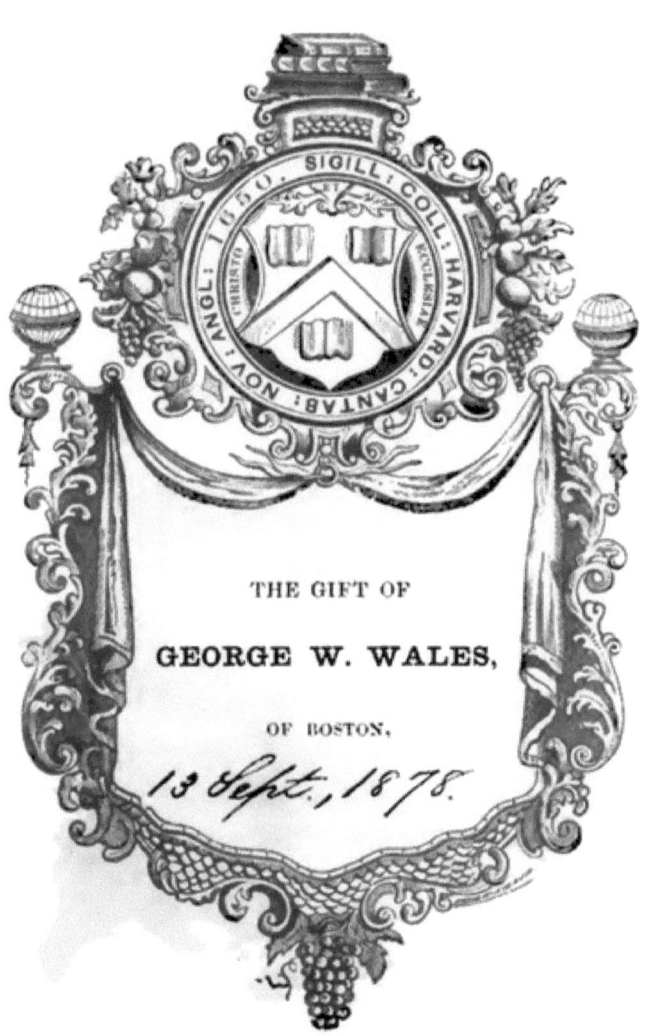

Vergleichendes Wörterbuch

der

Indogermanischen Sprachen

sprachgeschichtlich angeordnet

von

August Fick, Dr. phil.

— · —

Dritter Band

enthaltend den Wortschatz der germanischen Spracheinheit
mit einem Begleitwort von Dr. A. Bezzenberger.

Dritte umgearbeitete Auflage.

Göttingen,

Vandenhoeck & Ruprecht's Verlag.

1874.

VII.

Wortschatz

der

germanischen Spracheinheit.

Ja, wir sind eines Herzens, eines Bluts.

A.

â Interjection.

ahd. â, angehängt hilf-â, nein-û, vorgesetzt â-hei, vor- und nachgesetzt
â-hei-â. Vgl. lit. á, áá Interj.
Vgl. ắ, ă. — lat. â, ab.
Sskr. â Interjection.

aika f. Eiche.

an. eik g. eiks pl. eikr f. Eiche. + ags. âc f. engl. oak; ahd. eih, mhd.
eich, eiche st. f. Eiche.

aigan aih aihta aigana haben, besitzen.

an. eiga â âtta eiginn haben, besitzen. + goth. aigan aih aihta aigands,
as. êgan; ahd. eigan, mhd. eigen haben, besitzen.
Vgl. sskr. iç ish-ṭe zu eigen haben, mächtig, Herr sein, zend. iç.

aigana eigen, part. praet. von aigan.

an. eiginn eigen, eigenthümlich. + as. êgan; ahd. eigan, mhd.
eigen, nhd. eigen.

aigana n. das Eigen, Eigenthum, part. als subst.

an. eigin n. Eigenthum. + goth. aigina- n. Eigenthum, Vermögen,
as. êgan n. ahd. eigan, mhd. eigen n. Eigenthum; besonders
Grundbesitz, nhd. mein Eigen. Davon an. eigna adha zueignen,
ahd. eiginên, mhd. eigenen zu eigen machen, nhd. an-eignen.

aiganda-n m. Besitzer part. praes. von aigan als subst.

an. eigandi m. Besitzer. + goth. aigand-s besitzend, Besitzer.

(ait) schwellen.

Germanisch in aita, aitra.
Vgl. ksl. jadro (= ědro) n. Bausch. Schwellung, jadü (= ědü) m. Gift.
οἰδ-μα n. Schwall, οἰδάω, οἰδάυω schwelle, οἰδ-ος n. Geschwulst. — lat.
aemidu-s tumidus (aus aed-mi-du-s).

1*

aita m. Geschwür.

ahd. eiz, mhd. eiz st. m. Geschwür, Eiterbeule.

Vgl au. eitill m. Drüse, norweg. auch Knoten im Speck, isländ. Knorren am Baum (nach Bugge, neue Jahrbücher 105, 91).

Vgl. οἶδ-ος n. Geschwulst (ärztlich).

aitra n. Gift.

an. eitr n. Gift, eitr-ormr m. Giftwurm, Giftschlange. + ags. átor n. ahd. eitar, mhd. eiter st. n. Gift, mhd. eiter-slange f. Giftschlange, nhd. Eiter m.

Vgl. jadū (= ědū) m. Gift, jadro (= ědro) n. Schwellung, Bausch.

(aid) brennen.

Germanisch in aida Brand.

Vgl. altirisch Aed nom. prop Αἶθος = neuirisch aodh Feuer.

αἴϑω flamme, αἰϑ-ήρ, αἰϑ-ρα, αἴϑρ-ιο-ς. — lat. in aed-es, aes-tu-s, aes-tas. aidh aus idh, vgl. ἰϑ-αίνομαι, ἰϑ-αρό-ς. — lat. idu-s (Vollmond). — sskr. idh inddhe entzünden, entflammen, idh-ma Brennholz.

aida m. Brand.

ags. ád, ahd. eit, mhd. eit m. Gluth, Scheiterhaufen, mhd. eit-oven Feuerofen.

Vgl. αἶϑο-ς m. Gluth, altirisch Aed nom. propr. nach Ebel = neuirisch aodh Feuer, lat. aed in aes-tas tis.

Vgl. sskr. sidh f. oder aidha m. oder aidhâ f. Gluth, Flamme.

aitha m. Eid.

an. eidhr g. eidhs pl. ar m. Eid. + goth. aith-a-s, as. éth, éd, ags. ád m. engl. oath; ahd. eid, mhd. eit g. eides, nhd. Eid m.

Vgl. altirisch oeth Eid (wie oen unus = aina).

Vielleicht zu i = sskr. in inoti, vgl. αἴ-νυμαι, ἰξ-αιτο-ς, αἰτί-ω, αἰ-ρί-ω s. 2 i.

aiththau oder, conj.

an. odha (oder edhr) oder. + goth. aiththau oder, sonst, aber, ags. edhdha oder; ahd. éddo oder, oder sonst, adv. etwa, wohl, vielleicht.

aira f. Ehre, eigentlich Schonung.

an. eira, eirdha schonen, verschonen. + ahd. êrà, mhd. êre, nhd. Ehre f.

Ableitung nicht zu finden (Grundform aisa?).

airja schonen.

an. eira eirdha schonen, verschonen, eirdh f. Schonung, eirinn nachsichtig. + ags. ârian schonen, sich erbarmen, gnädig sein; ehren. Von aira Ehre.

(ais) fordern, heischen.

Germanisch in aiska, aiskja, aista.

Ksl. in iska f. petitio = german. aiska. — lit. in j-ëskóti heischen = ahd. eiscòn.

αἶσα f. αἰσυμνάω. — lat. in aes-timâre.

ais aus is, vgl. ἰό-της Wille, ῖ-μερο-ς Sehnsucht, sskr. ish, icchati suchen, icchâ f. Wunsch.

aiska f. Forderung.

ags. âsce f. Untersuchung, ahd. eisca st. f. 1 Forderung.
Vgl. ksl. iska f. Forderung.
Sskr. icchâ f. Wunsch, Forderung.

aiskâ und aiskja fordern, suchen, heischen.

ahd. eiscòn = nhd. b-eischen; an. aeskja wünschen = euglisch to ask fragen.
Vgl. lit. j-ëskóju, j-ëskóti suchen. — ksl. po-ištą (= po-iskją) po-iskati quaerere und iskają iska-ti suchen. Denominal von aiska.

aista achten, fordern

an. aesta, aesta etwas verlangen. + goth. aistai, aistan, ga-aistan achten.
Vgl. αἶσα (= αἰσ-τα) αἰσυμνάω. — lat. aestimâre.

aisa n. Erz.

an. eir n. Erz, Kupfer. + goth. aiz g. aizis Erz, Geld, ags. aer n. Erz; ahd. mhd. êr st. n. Erz, Eisen.
Vgl. lat. aes g. aeris n. Erz.
Sskr. ayas n. Erz, Metall; zend. ayanh n. Erz, Eisen.

aisîna ehern.

ags. aeren, as. ahd. mhd. êrin, nhd. ehern (richtiger eren zu schreiben).
Vgl. lat. ahênus, aênus (aus ajes-nu-s), aëneus ehern.
Zend. ayanhaêna metallen, eisern.

(au) mangeln, aus (u, va).

Germanisch in autha öde.
Vgl. lat. ô-tiu-m Musse.

autha öde; leicht.

an. audhr, audh, autt öde, leer, eydha (= auth-jan) veröden, verwüsten, zerstören. + goth. auth-a-s öde, wüste, leer, authida f. Wüste; vgl. as. ôthi, ôdhi (Grundform authja) leicht, ahd. ôdi, mhd. oede leicht; leer, öde, mangelhaft. An. audh- in Zusammensetzung: leicht. + ags. eádh, ôdh, ahd. ôd adv. faciliter, facilius.
Vgl. lat. ôtiu-m Musse.

authja öde machen.

an. eydha öde machen, verwüsten, zerstören. + ags.
êdhan, ydhan, ahd. ôdjan, mhd. oeden öde machen, nhd.
ver-öden.
Von autha.

(au) avere, erfreuen, beachten.

Germanisch in eusa gut, ausan Ohr.
Vgl. ksl. u-mü Sinn, Verstand, j-avě adv. offenbar.
Altirisch in ó (= aus) Ohr. — lat. avêre sich gütlich thun, au-dire. —
ἄω sättige, αἰσ-θάνομαι merke.
Sskr. av, avati sich sättigen, erfreuen, gern haben, begünstigen, helfen,
schützen, ud-av, pra-av auf etwas merken, avi beachtend.

eusa gut.

goth. ius gut, ius-ila Besserung.
Vgl. ἐν-ηῆς ἐς (= ἐν-ηϝες-) wohlwollend, freundlich, mild.
Sskr. avas n. Gunst, Beistand.

ausan n. Ohr.

an. eyra n. Ohr (mit auffallendem Umlaut). + goth. ausan- n. as.
ôra, ags. eáre schw. n. engl. ear; ahd. ôrâ, mhd. ôre, ór schw.
n. nhd. Ohr n.
Vgl. lit. ausi-s f. Ohr. — ksl. ucho n. g. ušese und ucha Ohr.
Lat. auri-s (= ausi-s) f. Ohr. — οὖας τος n. Ohr. — altirisch ô
Ohr (= aus).

aukan eauk aukana mehren.

an. auka jôk aukinn mehren, hinzufügen. + goth. aukan aiauk aukans
mehren, sich mehren, as. ôkan, ags. eácan dass.
Vgl. lit. augu, aug-ti wachsen. — lat. augeo auxi auctum augêre.
auk aus vak vigere, w. s.

auk adv. auch, eigentlich accus. von auka Ver-
mehrung.

an. auk n. augmentum, auk, at auk, at auki adv. überdiess,
ausserdem. + goth. auk conj. denn, aber, as. ôk auch; ahd. auh,
ouh, mhd. ouch auch, und, noch, aber, nhd. auch. Von aukan.

aukâ vermehren.

an. auka adha vermehren. + ahd. auhhôn, ouhhôn, ouchôn hinzufügen, mehren. Denominativ von auka = an. auk n. augmentum.

augan n. Auge.

an. auga n. Auge, eygdhr oculatus, geaugt. + goth. augan- n., as. ôga,
ags. eáge schw. n. engl. ey; ahd. augâ, ougâ, mhd. ouge schw. n. nhd.
Auge.

Vielleicht aus ahv-gan von ahv = ah sehen, vgl. lit. aki-s f. — ksl. oko
n. — lat. oculu-s. — ὄσσε (= ὄκιε) du. n. Auge. Aehnlich siuni- aus
sihvni- von sahv sehen.

augida geaugt.

an. eygdr (d. i. augida-s) oculatus, geaugt. + ags. eáged z. B. in
sûr-eáged triefäugig.

-augja -äugig.

*an. z. B. in svart-eygr schwarzäugig, sûr-eygr triefäugig. + ahd.
-ougi z. B. in ein-ougi einäugig, sûr-ougi triefäugig.

sûraugja triefäugig.

an. sûreygr triefäugig. + ahd. sûrougi triefäugig.

and in andana gewährt, vergönnt, bestimmt part. praet. eines verlorenen starken Verbs.

an. audhinn bestimmt, gewährt, vergönnt, εἱμαρμένος. + as. ôdan, ags.
eáden datus, concessus.
Windisch vergleicht irisch uaithno (Grundform autania-) child-birth, vgl.
ôdan verdhan, ôdan vesan nasci.

auda m. n. Besitz, Gut, Reichthum.

an. audhr g. audhs pl. audhar m. Reichthum, Besitz. + goth. in
audag-s beatus, as. ôd, ags. eád n. Gut, Besitz, Reichthum, Glück;
ahd. in ôt-mahali n. Reichthum, ahd. mhd. klein-ôt n. nhd. Klein-od
n. Zu audana.

audaga reich, glücklich.

an. audhigr reich, wohlhabend. + goth. audag-a-s beatus,
selig, as. ôdag, ags. eádig reich, glücklich; ahd. ôtac
reich, glücklich. Von auda.

aura m. humus.

an. aurr m. grober Sand, sandige Erde, argilla, eyrr f. flache Küsten-
strecke. + ags. eár m. humus (und Name einer Rune).
An lat. ôra Küste ist wohl nicht zu denken.

1. aus schöpfen.

an. ausa jôs ausinn schöpfen, austr m. das Schöpfen.
Vgl. lat. h-aurio hausi haus-tum haurire, haus-tu-s, haus-tru-m.

2. (aus) aufleuchten, tagen.

Germanisch in austana, austra, austrônja.
Vgl. lit. ausz-ti tagen, ausz-ra f. Morgenröthe.
äol. αὔως, gr. ἑώς, ἠώς f. — lat. auròra.
sskr. ushas, ushâ f. Morgenröthe.
Zu vas vgl. sskr. vas ucchati (= us-ska-ti) tagen.

austana von Osten her.

an. austan adv. von Osten her (= westwärts). + as. ôstana, ags. eástan adv. von Osten her; ahd. ôstana, mhd. ôstene, ôsten adv. von Osten, im Osten, nach Osten; ahd. ôstan, mhd. ôsten m. n. Osten.

austra Osten, adv. nach Osten hin.

an. austr n. Osten, austr adv. ostwärts, eystri (= austr-ja) adj. östlich. + as. ahd. ôstar, mhd. ôster adv. nach Osten hin, im Osten; ahd. ôstarâ, ôstrâ f. mhd. ôster f. und pl. ahd. ôstarûn mhd. ôstern nhd. Ostern f. pl.

Vgl. lat. auster; zend. ushaçtara östlich (von ushaûh = sskr. ushas f. Morgenröthe).

austrônja von Osten kommend (austa Ost+rônja w. s.).

an. austroenn von Osten kommend. + ahd. ôstrôni von Osten kommend, wint Ostwind.

akan (ôk akana) agere.

an. aka ôk akinn fahren, curru vehi; fahren, bringen; überhaupt sich bewegen, ekja f. Karren (zum Heufortschaffen at aka heyinn). + In den deutschen Sprachen nicht erhalten.

Vgl. ἄγω, ἤγαγον führen, treiben. — lat. ago ôgi actum agere. sskr. aj ajati treiben.

akra m. Acker, Feld.

an. akr, g. akrs pl. akrar m. Acker. + goth. akr-a-s, as. akkar; ahd. achar, mhd. acker, nhd. Acker m. Von akan treiben „Trift". Vgl. ἀγρό-ς m. — lat. ager g. agri m. sskr. ajra m. Feld.

akrana n. Frucht, Waldfrucht, Ecker.

an. akarn n. Waldfrucht, Ecker. + goth. akrana- n. Frucht, akrana-laus fruchtlos, ohne Frucht, ags. äcern n. engl. acorn; nhd. Eckern, Ecker st. m. f. n. Frucht der Eiche und Buche. Von akra in dem ursprünglichen, weiteren Sinne des ig. agra.

ak, ank bestreichen, blank machen, salben.

Germanisch in akvisja, anaks, ankan, ankula, onhti, onhtvan.
Vgl. ἀξίνη, ἀκ-τί-ς Strahl. — lat. unguo, unxo, unctum, ungere salben, ig-ni-s, ascia.
sskr. aj, anj, anakti, anjati salben, schmücken, verherrlichen, vy-ak-ta offenbar, ag-ni Feuer u. s. w.

akvisja f. Axt.

an. oxi, öx g. und pl. öxar f. Axt. + goth. aqizi (Stamm aqizja-)

f. as. akus f.; ahd. acchus, mhd. akes, ackes, ax st. f. Axt.
Vgl. *ἀξίνη* Axt. — lat. ascia f. Axt, Mauerkelle (von ag blank
machen, bestreichen) für ac-sia.

ankan m. Schmier, Butter.

ahd. anco, ancho, mhd. anke m. Butter, besonders frische Butter.
Vgl. lat. unguen, unguen-tu-m Salbe, Fett.
sskr. añjana n. das Salben.

ankula m. Enkel, Fussknöchel.

an. ökli m. (für ökkli d. i. ankulan-) Knöchel am Fuss. + ahd.
anchala, enchila st. f. 1 und anchal, enchil st. m. mhd. enkel st.
m. nhd. Enkel, demin. von ahd. anchâ (d. i. anchja) onchâ schw.
f. crus, tibia, talus.
Vgl. sskr. anga Glied, anguli Finger.

anaks adv. plötzlich.

goth. anaks adv. plötzlich, sogleich.
Vgl. sskr. añjas n. das Gleiten, Glitschen, daher als adv. flink,
plötzlich, auch instr. añjasâ stracks, alsbald.
Zu ag, sskr. añj anak-ti.
Windisch vergleicht auch lit. nûg-la-s = ksl. naglü adj. plötzlich.

onhti Frühe.

goth. in ûhti-eigs zeitig.
Vgl. lit. ankszti adv. (= ank-ti, ang-ti) frühe, preuss. angsteinai
adv. früh Morgens.

onhtvan f. frühe Morgenzeit.

an. ôtta f. früheste Morgenzeit. + goth. ûhtvôn- f. as. uhta schw.
st. f. ahd. uhtâ, uohtâ, mhd. uhte, uohte schw. f. frühe Morgenzeit, mhd. auch Nachtweide, Weide.
Vgl. lit. anksztu-s adj. frühe, anksztu-ma-s frühe Zeit.
Bezzenberger vergleicht sskr. aktu m. (Salbe) lichte Farbe, Strahl
(*ἀκ-τίς*) dunkle Farbe, Nacht.

ah ahjan (sehen) glauben, meinen, achten.

an. in akta adha achten, sich befleissigen s. ahtâ. + goth. ahjan glauben,
wähnen, ahan- m. Sinn, Verstand, ahman- m. Geist.
Vgl. lit. aki-s Auge. — ksl. oko Auge. — *ὄσσομαι* ahnen, *ὄσσε* die Augen,
ὄψομαι, *ὄπωπα* sehen. — lat. oculu-s Auge.

ahtâ achten.

an. akta adha achten auf, sich befleissigen. + as. ahtôn beachten,
erwägen; ahd. ahtôn, mhd. achten, beachten, erwägen, nhd.
achten. Von ahta = ahd. ahta, mhd. ahte, aht st. f. 1 Meinung, Gesinnung, Aufmerken, Beachtung, Nachdenken, und dies
von ah ahjan.

(ah) erreichen; durchdringen.

Germanisch in ahana, agja, ehva. ·

Vgl. *ἰκ-νέομαι, ἧκω; ἀκ-αχ-μένος, ἄκων, ἀκωκή.* — lat. in acuo, acus u. s.w.

sskr. aç açnoti erreichen, aç-ra Spitze u. s. w.

ahana f. Spreu.

an. ōgn f. (agnu = agna) Spreu. + goth. ahana, ahd. agana, mhd. agene f. Spreu. (Richtiger ahna).

Vgl. *ἄχνη* Flaum, Schaum. — altlat. agna f. spica Aehre (= Granne) vgl. acus g. aceris Spreu mit goth. ahsa = nhd. Aehre.

ahsa f. Aehre.

goth. ahsa f. = ahd. ehir nhd. Aehre vgl. lat. acus g. aceris Spreu (Granne).

agja f. Schärfe, Kante, Ecke.

an. egg g. eggjar f. Ecke, Kante. + as. eggja st. f. 1 ags. ecg f.; ahd. ekka, mhd. ecke, egge st. schw. f, nhd. Ecke.

Vgl. lat. aciê-s ei f.

ehva m. Pferd.

an. jôr m. (d. i. jahva-s = ehva-s) Pferd. + as. ehu in ehu-skalk m. Pferdeknecht, ags. eh, eoh m. Pferd. Vielleicht auch im goth. aihva-tundja- f. (Pferdezunder = grosser Zunder, vgl. *ἵππο*- soviel als gross in Comp.?)

Vgl. lit. aszvà f. Stute.

ἵππο-ς m. f. — lat. equu-s, equa. — altgallisch epo-, brit. ep, altirisch ech Pferd.

Sskr. açva m. â f. = zend. açpa Pferd.

Zur Bedeutung vgl. sskr. âçu = *ὠκύ-ς* schnell.

ah, ang schwellen, biegen.

Germanisch in ahva, ahvja, agja, angan, angula, angra.

Als Verb nur im sskr. ac, ańc, ańcati biegen, krümmen, drängen erhalten.

ahva f. Wasser.

an. â g. âr pl. âr f. Fluss. + goth. ahva f. as. aha f. Wasser, Fluss, ags. eà, eah f.; ahd. aha, mhd. ahe f. Wasser, Fluss.

Vgl. lat. aqua f. Wasser.

Sskr. ankânka (anka+anka) und ankupa Wasser (von ańc schwellen).

ahvja f. Wasserland, Aue, Insel.

an. ey g. und pl. eyjar f. Insel. + ags. ig, icg f. Insel, ahd. -awa, -auwa, -ouwa, -owa in Zusammensetzungen, mlat. -augia, mhd. ouwe st. f. 1 Wasser, Strom, Strömung; wasserreiche Wiese, Aue, Halbinsel und Insel im Flusse. Von ahva.

anga m. Spitze, Pfeilspitze.

ags. anga, onga m. Spitze, Pfeilspitze.

Vgl. ὄγκο-ς gebogen m. Haken, ὄγκιν-ο-ς Pfeilspitze. — lat. uncu-s gebogen m. Haken, Klammer, uncinus.

Vgl. sskr. anka m. Haken, Klammer.

angan Biegung.

goth. in hals-aggan- m. Halsbiegung.

Vgl. ἀγκών Biegung, Ellbogen. — sskr. anka m. Bug, Seite, Schooss.

Goth. aggan- lässt sich auch zu ang ἄγχω ziehen.

angula m. Angel.

an. öngull m. Angelhaken. + ahd. angul, mhd. angel st. m. Stachel, Fischangel; der ins Heft eingefügte Theil des Schwertes. Wohl nicht aus lat. angulus entlehnt.

Vgl. ἀγκύλο-ς gewölbt, gekrümmt, ὄγκο-ς Haken u. s. w.

angra Bucht.

an. angr m Bucht (Stamm angra-) in Städtenamen, Hard-angr u. s. w. + ahd. angar, mhd. anger, nhd. Anger.

Vgl. lat. ancra-s convalles und ἄντρο-ν (τ aus κϝ, κ).

ahtau acht.

an. âtta acht. + goth. ahtau, as. abtô; ahd. ahtô, mhd. ahte, abt, nhd. acht.

Vgl. lit. asztůni f. asztůnios. — ksl. osmi von der Ordinalzahl.

ὀκτώ. — lat. octo. — altirisch oct, ocht, cambr. oith.

Sskr. ashtan, ashtau acht.

ahtandan der achte.

an. âttandi. âttundi der achte. + goth. ahtudan-; as. ahtodo, ags. eahtodha, engl. eighth; ahd. abtodo, mhd. ahte, nhd. achte. Von ahtan acht.

Vgl. lit. asztunta-s der achte.

ahtautehan achtzehn.

ahd. ahtôzêban, nhd. achtzehn.

Vgl. octôdecim.

Sskr. ashtâdaçan, zend. astadaçan achtzehn.

ahsa f. Axe.

an. vgl. öxull m. Achse. + ahd. ahsa, mhd. ahse, nhd. Achse f.

Vgl. lit. aszi-s f. — ksl. osi f. Achse.

ἄξων ονος m. ἅμ-αξα f. — lat. axi-s m.

Sskr. aksha m. akshi n. Axe.

Wohl zu ah durchdringen, nicht zu ak agere.

ahsla f. Achsel.

an. öxl g. axlar pl. axlir f. Achsel, axlar-bein n. Achsel-, Schulterbein. + as. ahsla; ahd. ahsala, mhd. ahsele, ahsel st. schw. f. nhd. Achsel.

Vgl. lat. âla f. Achsel für axla, wie aus dem demin. axilla erhellt.

ag, agan ôg agana sich fürchten, ängstigen.

an. in agi m. Unruhe, Tumult, ôast sich fürchten (von ô = ôg) ôgu f. Schrecken, ugga ugdha bange sein. + goth. agan ôg agans sich fürchten, un-agands part. praes. sich nicht fürchtend.

Vgl. ἄχομαι ängstige, bekümmere mich. — altirisch ag fürchten in agathar ἄχεται timet und is-aich-ti metuendus.

Sskr. agh, ah in agha, ahu = ámhu eng u. s. w.

agisa n. Beängstigung.

goth. agis n. Furcht, Angst, Schrecken.

Vgl. ἄχος n. Beängstigung, Schmerz, Kummer.

agla beängstigend, beschwerlich.

goth. agl-a-s beschwerlich, agl-ôn- f. Trübsal.

Vgl. ὀχλί-ω bedränge, beunruhige.

Ved. aghala schlimm.

ôgan sich fürchten, ôgjan erschrecken.

an. ôast-adha von Schrecken ergriffen werden (von ô = ôg) ȷ̈gr (d. i. oegr = ôgja-) ȷ̈g, ȷ̈gt furchtbar, ȷ̈gja (d. i. oegja), ȷ̈gjast wüthen, oegi-lıgr, oegir m. Erschrecker, ôgn g. ôgnar pl. ir f. Schrecken (würde goth. ôgn-i-s lauten?) ôgna adha schrecken, drohen, ôtti m. (= ôhtan-) Furcht, ôtta-lausa furchtlos. + goth. ôgan, ôg, ôgum und ôhta sich fürchten, auch ôgan sis, ôgjan caus. erschrecken, terrere. Von agan, ôg.

(ang) ἄγχω.

Germanisch in angra, angvu, âla.

Vgl. lit. ank-sz-ta-s eng. — ksl. ązükü eng und sonst. — ἄγχω = lat. ango, anxi, anctum, angere.

Vgl. sskr. amb in amhas Noth, amhu enge u. s. w.

angra Kummer, Betrübniss.

an. angr (Stamm angra-) m. Kummer, Betrübniss, angra adha ängstigen, bekümmern. + vgl. engl. angry.

Vgl. ἀγγρίαι (dialectisch für ἀγχρίαι) λύπαι.

angvu eng.

an. öngr (d. i. angu-s) eng. + goth. aggvu-s eng, vgl. ahd. angi, engi, mhd. enge, nhd. enge, eng.

Vgl. ksl. ązükü eng, ązota f. Enge (altes u-Thema).

Sskr. amhu eng, amhu-bheda engspaltig.

angvitha f. Enge.

goth. aggvitha, ahd. angida f. Enge, Bedrängniss.
Vgl. ksl. ązota f. Enge.

angvesti f. Enge, Angst.

ahd. angust, mhd. angest, nhd. Angst, pl. Aengste f.
Vgl. ksl. ązosti f. Beengung.

angvja beengen.

goth. ga-aggvjan, ahd. (angjan) ankan, mhd. enken, be-engen.
Vgl. ksl. ążą (= ązją), ązi-ti beengen.
Denominal von angvu eng.

âla m. (aus angla) Aal.

an. âll m. + ahd. âl m., nhd. Aal.
Vgl. lit. ungury-s m. — ksl. ągorǐčǐ m. Aal.
ἔγχελυ-ς m. — lat. anguilla.

âla (aus angla) Band.

an. âl g. âlar pl. âlar f. Band, Riemen.
Vgl. ksl. ązlŭ m. Band, Fessel, sŭ-vęslo n. Fessel, u-vęslo n. Diadem zu vęzati binden.
Auch preuss. san-insle Gürtel scheint hierher zu gehören.

aggvja n. Ei.

an. egg n. Ei. + ags. äg n. engl. egg; ahd. mhd. ei g. eiges, eijes n. nhd. Ei. Aus avja. Der Vorschlag eines gg vor v, sonst meist auf einzelne Dialecte beschränkt, scheint bei diesem Worte allgemein germanisch zu sein.
Vgl. ksl. aje, j-aje n. Ei.
ᾠόν Ei. — lat. ôvum. — altir. og, kymr. uy Ei.

at praepos. zu, bei.

an. at praepos. c. dat. acc. gen. zu, bei, gegen, nach. + goth. at praep. c. dat. acc. zu, bei, engl. at; ahd. az, iz, ez praep. c. dat. instr. zu, an, bei.
Vgl. lat. ad. — altirisch ad zu.

atgaisa m. Art Speer (at+gaisa).

an. atgeirr m. Art Speer. + ags. ätgâr, ahd. azgêr, azigêr, mhd. atigêr m. Art Lanze, Wurfspiess.

attuh adducere (at+tuh ziehen).

goth. attiuhan adducere.
Vgl. lat. adducere.

at, etan at âtum etana essen.

an. eta at âtum etinn essen, speisen. + goth. itan at êtum itans; ahd. ēzan, mhd. ēzzen, nhd. essen.

Vgl. lit. édmi, és-ti fressen. — ksl. jamī (= ēdmi), jas-ti essen.
ἔδω, ἐσ-θίω. — lat. edo, ēdi, ēsum, edere. — altirisch ithim esse.
Sskr. ad, atti essen.

etna m. Riese.

an. jötunn g. jötuns pl. jötnar m. Riese. + ags. eoten m. Riese,
eotenisc riesisch, eoten-veard f. Wacht wider die Riesen. Eigentlich „Fresser".

atala tetricus, dirus.

an. atall = ags. atol, eatol tetricus, dirus.

âta n. Essen, Speise.

an. ât n. Essen, Speise. + as. ât n.; ahd. mhd. âz st. n. Speise.
Von etan at âtum essen.

âtja essbar.

an. aetr essbar. + mhd. vgl. un-aezic ungeniessbar. Sskr. âdya
was zu essen ist, geniessbar n. Nahrung, ksl. jażda f. Speise.

attan m. Vater.
goth. attan- m. Vater.
Vgl. ksl. otīčī (= otikja-s) m. Vater.
ἄττα m. Väterchen. — lat. atta m. Väterchen.

athala n. Art, Geschlecht.
an. adhal n. natura, indoles, adhal-skali n. Haupthalle, edhli, ödhli (d. ı.
adhalja, adhulja-) n. Beschaffenheit, Art, adhili m. dem es zukommt, eine
Sache vor Gericht zu führen (als Geschlechtsvorstand patronus). + as.
adhal edel, herrlich, adhal-boran edelgeboren, adhali n. edles Geschlecht,
Adel; ahd. adal, mhd. adel m. n. Geschlecht, edles Geschlecht, Adel.
Vgl. ἀταλό-ς, ἀτιτάλλω.

athalja n. Geschlecht.

an. edhli, ödhli n. Art, Beschaffenheit. + as. adhali n. edles Geschlecht, Adel.

ôthala n. Gut, Erbgut, Stammgut.

an. ôdhal pl. ôdhul n. Gut, Stammgut. + as. ôdhil, uodhil n.;
ahd. uodal n. Gut, Erbgut; Heimath. Von athala Geschlecht.

an, anan ôn anana hauchen.
an. in önd g. andar f. anima, Seele, andi m. Geist, anda adba athmen,
hauchen. + goth. anan ôn anans hauchen.
Vgl. ksl. v-on-ja f. odor, halitus, ą-chają, ącha-ti odorare.
Griech. in ἄν-εμος = lat. animus, lat. â-lâre.
Vgl. sskr. an aniti hauchen, schnaufen.

andan m. Hauchen, Schnauben.

an. andi m. Geist, anda, adba athmen, hauchen, andast aus-

hauchen, sterben. + as. ando, ags. anda m. Aufgeregtsein, Zorn,
Leidwesen, ahd. anado, ando, anto, mhd. ande schw. m. Groll,
Gefühl der Kränkung. Nach Bezzenberger.

andâ athmen, schnauben.

an. anda adha athmen, hauchen, andast verhauchen,
sterben. + ahd. anadôn, antôn, mhd. anden seinen Zorn
auslassen, nhd. ahnden, vgl. ags. êdhian athmen, hauchen.

âdma m. Athem, Odem.

ags. aedhm m., ahd. âtum, mhd. âtem, nhd. Athem.
Vgl. ἄσϑμα schwerer Athem, ἀτμό-ς Dampf, Dunst.
Sskr. âtman, in Zusammensetzung auch -âtma Hauch, Seele, Selbst.

âdra f. Ader, Eingeweide.

an. aedhr, aedh f. Ader. + ags. aedre f., ahd. âdara, âdra, mhd.
âder, âdre st. f. l. und schw. f. Ader, Sehne, pl. Eingeweide
vgl. ahd. in-âdiri, amhd. in-âdere st. n. Eingeweide, womit Stokes
Beiträge VII, 4, 413 irisch in-athar antrails, corn. eneder-en extum
vergleicht.
Vgl. ἦτορ n. Herz, ἦτρο-ν Bauch, Unterleib.
Sskr. ântra n. Eingeweide (von an).

ôsta Mündung.

an. ôss m. gen. ôss pl. ôsar (aus ôsa-, ôssa-, ôsta-) Mündung eines
Flusses.
Vgl. lit. osta-s m. osta f. Mündung eines Flusses, lett. osta f.
Hafen.
Lat. ôstiu-m Mündung.
Von âs Mund = lat. ôs g. ôris n. = sskr. âs, âsan, âsya n.
Mund, zend. âonh n. Mund.

an-, on- negatives Praefix.

an. ô-, û- verneinendes Praefix, û-happ n. Unglück. + goth. as. ahd.
mhd. nhd. un- verneinendes Praefix, ahd. auch â- (= an).
Vgl. ἀ-, ἀν-, lat. in-, osk. an-, altirisch an-.
Sskr. a vor Consonanten, an vor Vocalen.

âna adv. und praepos. ohne.

an. ân praep. mit gen. dat. acc. und advb. ohne. + ahd. âna,
mhd. âne praep. mit gen. dat. acc. ohne; ahd. âna, mhd. âne
adv. ledig, frei von, verlustig.
Vgl. ἄνευ, ἄνις praep. ohne; sskr. ano nicht.

(ana) pron. demonstrat.

Germanisch in an und anthara.
Vgl. lit. ana-s jener. — ksl. onŭ jener.
Sskr. ana dieser, ergänzt idam.

an Fragepartikel.

goth. an Fragepartikel.

Vgl. lat. an Fragepartikel. — *ἄν* part.

Sskr. ved. anâ part. hervorhebend und beschränkend, wie quidem, ja.

anthara anderer, zweiter.

an. annarr, önnur, annat anderer, zweiter. + goth. anthar, as. ôdhar, ags. ôdher, engl. other; ahd. andar, mhd. ander, nhd. der andere.

Vgl. lit. antra-s der andere. — ksl. v-ůtory dass.

Sskr. antara der andere.

ana, an adv. und praepos. an.

an. â adv. und praepos. mit dat. und acc. in, an, mit dat. in, auf, an, bei, mit acc. nach, auf, gegen. + goth. ana praepos. mit dat. und acc. an, auf, über, zu, in; gegen, wider; wegen, über; ahd. mhd. ane, an praepos. mit dat. instr. und acc. an, auf, in, bis an, gegen, nhd. an.

Vgl. *ἀνά* auf; zend. ana praep. auf.

ana, anan m. f. Ahn, Ahne.

ahd. ano, mhd. ane, an, ene, en m. Grossvater, Urgrossvater, Ahne; ahd. anâ, mhd. ane f. Grossmutter, Urgrossmutter nhd. Ahn, Ahne, Ahn-frau.

Vgl. preuss. Voc. ane „altmuter", lit. anyta f. Schwiegermutter. — ksl. s. aninga.

Lat. anu-s f. ani-cula altes Weib.

aninga m. Enkel.

ahd. eninchil, mhd. enichlin, nhd. Enkel m.

Vgl. ksl. v-ůnukŭ (= v-ůnękŭ) m. Enkel.

Wörtlich „Grossvaterkind".

and, anda adv. und praepos. gegen, ent-.

an. and- (ann-, an-, önd-) *ἀντί* z. B. and-lit n. Antlitz, and-virki n. Arbeit, Werkzeug vgl. mhd. ant-wërc n. Werkzeug, Geräth, an. and-svar n. Antwort, and-svara antworten, vgl. engl. answer, to answer. + goth. anda-, and- präfix, nhd. ant- ent-.

Vgl. *ἀντί, ἄντα, ἄντην.* — lat. ante, antid-ea.

Sskr. anti entgegen.

Eigentlich Casus eines Nomens (anta) Angesicht, von an athmen.

andbahta m. Ergebner, Diener.

an. ambâtt oder ambôtt pl. ir f. Magd, Dienerin. + goth. andbaht-a-s m. Diener, ahd. ambaht, ampaht, mhd. ambet, amt m. Diener, Verwalter, Aufseher.

Aus and und bahta- = sskr. bhakta ergeben (bhaj).

Lateinisch-gallisch ambactes wohl aus dem Deutschen.

1. andbahtja n. Dienst, Amt.

an. embaetti n. Amt, namentlich gottesdienstlich „Amt,
Hochamt". + goth. andbahtja- n. Dienst, Amt; ahd.
ambahti, ampahti und ambaht, ampaht, mhd. ambet,
ambt n., nhd. Amt n. Von andbahta.

2. andbahtja bedienen, besorgen.

an. embaetta bedienen, besorgen. + goth. andbahtjan;
ahd. ambahtan, ampahtan und ampahtôn, mhd. embeh-
ten (= andbahtjan) und ambahten (= ahd. ampahtôn)
amten, verwalten. Von andbahta.

anda vestibulum.

an. önd g. andar f. vestibulum. + vgl. lat. anta-e f. pl. vorspringende Pfeiler.
Nach S. Bugge; lautlich stimmt auch ἄντη.

anthja, andja n. Stirn.

an. enni n. Stirn. + ahd. andi, endi st. n. Stirn. Vgl. ἀντίο-ς,
lat. antia-e f. pl. die Stirnhaare.

andja m. Ende.

an. endi oder endir m. Ende. + goth. andeis Stamm andja- m., as. endi,
ags. ende st. m. 1, ahd. anti, enti, mhd. ente, ende st. m. n., nhd.
Ende n.
Vgl. irisch ind, inn, altwelsch in, hin Ende s. Stokes, Beitr. VII, 4, 412.
Sskr. anta m. Ende, antya adj.

andja und andjâ enden.

an. enda, enda oder enda endadha enden. + ags. endian, as.
eudjan und endjön, ahd. enten und entëön, entón, mhd. enden
(ante), nhd. enden.
Von andja Ende.

andi, anadi f. Ente.

an. önd g. andar pl. andir f. Ente. + ags. ened f., ahd. anut, mhd. and
st. m. Entrich, st. f. Ente (önd = andu = ksl. ąty?).
Vgl. lit. anti-s f. — ksl. ąty f.
Lat. anas tis tium f. — νῆσσα f. Ente.
Sskr. âti f. ein Wasservogel.

ann, onnan (ann onnum onda) gönnen, günstiger sein.

an. unna an unnum praet. unna lieben, âst f. Liebe s. ansti. + ahd. unnan an unnum onda und onsta gönnen, gewähren, vergönnen, erlauben,
as. gi-unnan nur in 3 sg. praet. gi-onsta, nhd. gönnen. Hierzu lat. amare,
von einer Basis an-mo-, woraus âmo-, amo-.
Vgl. ὀνίνημι, ὄνη-σι-ς.

ansti f. Liebe, Gunst.

an. âst pl. âstir f. Liebe. + goth. anst-i-s f., as. anst f. 2, ags. êst, ahd. aust st. f. 2 Gunst, Gnade. Von unnan ann durch -ti, vgl. Brunst, Kunst, Gunst.

ondi f. Gunst in

abondi f. Abgunst.

an. öf-und f. (d. i. af-undi-) Abgunst. + ahd. mhd. âb-unst f. 2 Missgunst, Neid vgl. ahd. nhd. Gunst f.

ansa m. Balken.

an. âss g. âss pl. âsar m. Balken. + goth. ansa- m. oder n. Balken. Vgl. lat. asser, assula.

ansu m. Gott.

an. âss g. âss pl. aesir m. Gott, âsynja f. Göttin. + ags. ôs m. Gott (und Name der Rune ô), goth. Ansi-, ahd. Os- Gott in Eigennamen. Vgl. zend. anhu m. Welt, Leben, Herr (Gott) und altgallisch II-êsu-s Name eines Gottes.

apan f. Affe, Thor.

an. api m. Affe, Thor. + ags. apa; ahd. affo, mhd. affe, nhd. Affe schw. m., dazu ahd. affä schw. f. und affîn, affinna, mhd. affinne, nhd. Aeffinn. Vielleicht nicht deutsch.

apla m. Apfel.

an. apaldr n. Apfelbaum s. aplatriva, apal-grär apfelgrau s. aplagrâva, epli n. Apfel. + ags. äpl, äppel m., engl. appel; ahd. aphol, aphul, mhd. apfel, nhd. Apfel m.
Vgl. lit. obolý-s, lett. âbol-s m., preuss. V. w-oble Apfel. — ksl. j-ablûke n. jablûka f. Apfel. — altirisch aual pl. aualen Apfel, auallen, alt abal-len Apfelbaum vgl. lat. ebulu-s Hollunder.
Von ab = abh schwellen vgl. lat. ebrius, $\dot{\alpha}\beta\varrho\acute{o}\varsigma$, $\ddot{\eta}\beta\eta$, sskr. ambu Was-ser u. s. w.

aplatreva Apfelbaum (apla + treva).

an. apaldr m. Apfelbaum, apaldrs-gardhr m. Apfelgarten. + ags. äppeltreóv, äppeltre, apulder; ahd. apholtra, mhd. apfalter Apfel-baum. Vgl. den Ortsnamen Affoltern.

aplagrâva apfelgrau.

an. apalgrär apfelgrau. + mhd. apfelgrâ, nhd. apfelgrau.

af adv. und prapos. von, weg, ab.

an. af adv. und praepos. mit dat. von, adv. weg, ab. + goth. as. af; ahd. aba prapos. mit dat. von, seit; goth. as. af-, ahd. aba-, abe-, ab-, ap-, nhd. ab- Vorsatzpartikel ab-.
Vgl. $\dot{\alpha}\pi\acute{o}$. — lat. ab, â. — sskr. zend. apa.

afanh verkehrt (afuh).

an. ôfugr verkehrt, rückwärtig. + as. avuh, avoh, ahd. abuh,
apuh, mhd. ebich, ebcb abgewendet, verkehrt, umgewendet, böse.
Von af.
Vgl. sskr. apańc, apák zurück-, weg-, abgewandt (apa+ańc).

afar hinter, nach.

goth. afar praep. hinter, nach, adv. nachher, as. abbaro, ags.
eafora m. Nachkomme.
Vgl. zend. altpers. apara der hintere, spätere, sskr. aparam adv.
nachher, später, apareṇa praepos. nach, hinter.

aftanâ adv. von hinten.

an. aptan adv. von hinten. + goth. aftana adv. von hinten, as.
at aftan postremo.

1. aftra adv. zurück.

an. aptr, aftr adv. zurück, rückwärts; lange žurück, vor langer
Zeit. + goth. aftra zurück, wiederum, as. aftar; ahd. aftar, mhd.
after adv. binten, nach.

2. aftra, aftar praep. nach, hinten.

an. eptir adv. und praepos. mit acc. und dat. nach. + ahd. aftar, mhd. after, nd. achter praep. mit dat. hinter, nach. Mit 1
aftra identisch, Comparativ von af.
'Vgl. ἀπωτέρω adv. ferner, weiter entfernt, altpers. apatara der
fernere, andere, apataram adv. ferner.

(ab, af) apisci.

Germanisch in abra, afnja, afla, ôba, ôbja, eba, ebai.
Vgl. ἅπτω, apisei, opus, sskr. áp ápnoti erreichen, erlangen, apas Werk
u. s. w.

abra stark, heftig.

an. afar adv. sehr, in hohem Grade, afar-kostr m. schlimme Lage,
hartes Verhängniss, afar-menni m. (irgendwie) hervorragender
Mensch. + goth. abr-a-s stark, heftig, abraba adv. heftig, sehr,
bi-abr-jan sich entsetzen, staunen (für abra halten), ags. afor
heftig.
Lässt sich auch zu abh ziehen, vgl. sskr. ambhas Furchtbarkeit,
Schrecken, ambhrṇa gewaltig, schrecklich, ὄβριμο-ς.

afnja ausführen (oder abnja).

an. efna efnda ausführen, leisten, efna adha Vorbereitung treffen, einrichten, efni n. Stoff, Zeug zu etwas. + goth. vgl. aban-
m. Mann, Ehemann (der thätige), ags. äfnan, efnan, efnde pa-
trare, praestare, perficere, facere. Vgl. ôbjan üben. Von ig. ap
im Sinne von sskr. apas = lat. opus.

afla, abla Kraft, Wirksamkeit.

an. afl n. Kraft, Beistand, Stärke numerisch, afli m. Macht, Schatz, efla eflda stark, kräftig machen (ὀφέλλειν), ausführen, zu Wege bringen, efling f. Stärkung, Förderung, afla adha bereiten, ausführen, berrichten, erwerben. + ahd. avalôn, afalôn viel zu schaffen haben, sich rühren, arbeiten.

Vgl. ὄφελος n. ὀφέλλω.

ôba das Ueben, Feier.

ahd. uoba f. Feier, mhd. uop g. uobes n. das Ueben, Treiben, Sitte; Landbau vgl. ahd. uobo m. Landbauer vgl. ôbja.

Vgl. sskr. âpas n. religiöse Handlung; wie apas Werk, heiliges Werk = lat. opus.

ôbja üben.

an. oefa üben. + as. ôbhian feierlich begehen, ahd. (uobjan) uoban, uoppan, uopan, mhd. üeben, nhd. üben. Eigentlich denom. von ôba = ahd. uoba f. Feier, mhd. uop g. uobes n. das Ueben, Treiben, Sitte; Landbau.

eba Bedingung, Zweifel.

an. if, ef n. Zweifel, ifa adha zweifeln, if-lauss zweifellos. + ahd. iba f. Bedingung.

Vgl. ksl. za-j-apü m. Vermuthung, nevüzapînü unvermuthet.

Lat. opînu-s in nec-opînus, in-opînus, opin-io, opin-âri.

ebai, eba conj. wenn, ob.

an. if, ef wenn. + goth. ibai, iba Fragpartikel, ob denn, etwa, wohl; conj. dass nicht, dass nicht etwa; as. ëf ob, nun, engl. if wenn, ob; ahd. dat. ibu, ipu conj. wenn, andere Form ubi, upi, oba, mhd. obe, ob, nhd. ob. Eigentlich dat. von iba.

am belästigen.

an. in ami m. Last, Qual, ama adha belästigen, amast lästig werden. + deutsch s. amrâ.

Vgl. lit. uma-s schnell, plötzlich, umaru-s ungestüm, umaras Wirbelwind, umi-ti drängen, bedrängen, lett. umaka sich mit Gewalt aufdrängend. sskr. am amati amîti amîti befallen, beschädigen; schadhaft, krank sein.

amra Jammer, amrâ jammern.

an. amra adha jammern, heulen, miauen, emja adha heulen, dazu auch ymr (um-ja) m. Lärm. + ahd. âmar, jâmar, mhd. âmer, jâmer m. Jammer, Herzeleid, ahd. âmarôn, mhd. âmern Seelenschmerz empfinden.

Von am.

amman f. Mutter, mütterliche Person.

an. amma f. Grossmutter. + ahd. ammâ, mhd. amme st. schw. f. Mutter, Amma.
Die Verdopplung wie in attan.
Vgl. lat. amita Tante.

amsa-n m. Schulter.

goth. amsan- m. Schulter.
Vgl. ὠμο-ς (für ὀμσο-) Schulter. — lat. umeru-s Schulter.
sskr. aṁsa m. Schulter.

(ar) ὄρνυμαι erregen, treiben; rudern.

Germanisch in aran, arni, arandja, arnja, âra, rôja, rôthra, rann, rennan, rannja.
Vgl. lit. ir-ti, lett. irt rudern, ksl. orīlū Adler. — ὄρνυμαι, ὄρνις, ἐρέτης, ἐρέσσω. — lat. orior, rêmus, ratis.
sskr. ar ṛṇoti sich erregen, erheben, aritra treibend, Ruder.

aran m. Adler.

an. ari m. Adler, Aar. + goth. aran- m., ahd. aro, mhd. are, ar schw. m. Adler.
Vgl. lit. eréli-s io m. Adler. — ksl. orīlū m. Adler (von orū, wie kozīlū Bock von kozū = sskr. chaga).
Gleichen Stammes ὄρνι-ς Vogel.

arni m. Adler.

an. örn g. arnar pl. ernir m. Adler. + ags. earn st. m. 1; ahd. arn st. m. 2 pl. erni Adler, mhd. arn st. m. 1 pl. arne Adler.
Lautlich entspricht ὄρνι-ς acc. ὄρνι-ν m. f. Vogel.

arandja n. Botschaft, Auftrag.

an. erindi, örendi n. Geschäft, Verrichtung. + ags. ärende, as. arundi st. n.; ahd. arunti, mhd. erende st. n. und ahd. arand st. m. Botschaft, Auftrag. Von ar vgl. arva.

arnja rege, kräftig.

an. ern frisch, muthig, kräftig. + goth. in arni-ba sicher, behutsam, ags. eornest f., engl. carnest, ahd. ernust, nhd. Ernst.

arusa n. Schramme.

an. örr n. Schramme, Narbe, örröttr narbig, schrammigt.
Vgl. sskr. arus n. Wunde, ârta (= â-arta) geschädigt, ἀρημένος geschädigt.

arva bereit, rüstig.

an. örr rasch, lebendig; freigebig. + as. aru bereit, fertig; ags. earu celer, alacer, expeditus, paratus, card f. alacritas, arod (= zend. aurvañt) paratus. S. ig. arva, arvant.
Vgl. ὀροΰω.

zend. aurva (= arva) behende, schnell, reisig, aurvañt schnell, stark, Kriegsross, sskr. arvan, arvant m. Renner, Ross.

rann sich erheben, rennen, rinnen; rennan rann ronnann.

an. renna (rinna) rann runnum runnin rinnen, fliessen; rennen. laufen. + goth. rinnan rann runnum runnans rennen, laufen, stürzen, ur-rinnan aufgehen (Sonne), nhd. rinnen rann geronnen. rann aus arn = arnu Präsensthema zu ar, vgl. ὄρνυ-μαι, sskr. ṛno-ti, ṛnu-te; ebenso trann trennen aus darna = sskr. (dar) dṛnâ-ti.

rannja rennen, rinnen machen.

an. renna, renda rennen, laufen machen. + goth. rannjan in ur-rannjan aufgehen lassen, mhd. rennan, rante, nhd. rennen, rannte.
Causale von rann.

(ar) treiben, insbesondere rudern.

an. âr f. Ruder.
Vgl. lit. ir-ti rudern. — -ήρης, -ορο-ς, ἐρέτης, ἐρέσσω. — lat. rẻmus, ratis.
sskr. aritra treibend, subst. Ruder.

rôja rudern (rô aus ar).

an. rôa reyra rêra rudern. + ags. rôvan, engl. row, mhd. rüejen, rüejete, ruote.

rôthra m. n. Ruder.

an. rôdbr g. rôdbrar m. das Rudern, Ruder. + ahd. ruodar, nhd. Ruder n.
Vgl sskr. aritra treibend m. n. Ruder. (Ἐρετρία die „Ruderstadt“).

(ar) fügen.

Germanisch in arma, erman, rima, rath, rathjan, rôdja.
Vgl. ἀραρίσκω füge. — lat. ar-ma, ar-tus, reor ratus sum reri, ratio.
sskr. vgl. ara Radspeiche, arpaya (Caus.) hineinstecken, anfügen.

arma m. Arm.

an. armr g. arms pl. armar m. Arm, ermr (= arm-ja) g. ermar m. Aermel. + goth. arm-i-s m., ags. earm st. m. 1; ahd. aram, arm, mhd. arm s. m. 1, nhd. Arm pl. Arme. Das Thema armi-ist auf den gothischen Dialect beschränkt.
Vgl. preuss. irmo Arm, Oberarm. — ksl. ramę n. Schulter, Arm. ἁρμό-ς Fuge, Schulterblatt. — lat. armu-s.
zend. arema m. Arm. — sskr. irma m. armus.

erman Grossvieh, armentum.

an. jörmuni m. Rind, Pferd. + goth. in airmana-reik-s, ags. eor-
menric, an. jörmun-rekr, mhd. ermenrich gothischer Königsname.
Im Deutschen diente erman- als erstes Glied in Zusammensetzungen, wie βου-, zur Bezeichnung des Grossen, daher z. B. die Er-
mun-durer, Grossthüringer, as. irmin-sûl grosse Säule, Weltsäule
u. s. w.
Vgl. lat. armen-tu-m.

rîma m. n. Reihe, Zahl, Vers.

an. rim n. Kalender, Vers. + ahd. rim m. Reihe, Reihenfolge,
Zahl, mhd. rim m. Vers, Reim, nhd. Reim.
Vgl. ἀριθμό-ς Zahl. — altirisch rím Zahl.

rath zählen, rôth.

goth. ga-rathjan, garôth zählen, an. in hundradh n. Hundertschaft.

hondratha n. Hundertzahl.

an. hundradh n. Hundertschaft. + ags. hundred, ahd
hunterit, mhd. nhd. hundert n. (hund+ratha Zahl), vgl.
νή-ριτο-ς zahllos.

rathjan n. ratio.

goth. rathjôn- f. ratio; ahd. radja, redja, mhd. rede, nhd.
Rede.
Vgl. lat. ratio f.

rôdja reden.

an. roedba roedda reden, sprechen. + goth. rôdjan reden, sprechen. Von rathan rôth.

(ar) lösen, trennen, lockern.

Germanisch in ertha, erva, arina, arma, arveta, arja, arthra, arla.
Vgl. lit. yru ir-ti sich auftrennen, ardýti trennen. — ksl. orją ori-ti trennen, auflösen. ὀραιό-ς u. s. w. — lat. rá-ru-s und sonst.
sskr. in r̥-to ohne, arana fremd, âra fern, ardha Seite, Theil u. s. w.

ertha f. Erde.

an. jördh g. jardhar dat. jördu pl. jardir f. Erde pl. Grundbesitz.
+ goth. airtha f., as. erdha, ags. eordho st. und schw. f.; ahd.
ërda, mhd. ërde st. f., nhd. Erde.
Vgl. ἔρα in ἔρα-ζε Erde, lat. arvu-m s. arva.

erva Erde.

an. jörvi schw. m. lutum, Erd- oder Sandhaufe, jöru-vellir (Edda).
+ ahd. ero (aus eru erawes) m. oder n. Erde.
Vgl. lat. arvu-m. — corn. erw Acker. (ἄρουρα = ἀρϝο-ρα).

arma arm.

an. armr, örm, armt arm. + goth. arm-a-s, as. aram, arm, ags. earm, ahd. aram, arm, mhd. nhd. arm. S. ig. arama.

Vgl. ἐρῆμος. — sskr. arma-ka schmal, dünn. — zend. airima Einsamkeit.

arena m. Fussboden, Tenne.

an. arinn g. arins pl. arnar m. Opferfeuerstätte, Heerd. + ahd. arin, erin, mhd. eren, ern m. Fussboden, Tenne.

Vgl. lit. ora-s was draussen ist. — lat. årea f. — sskr. åra fern.

arventa Erbse.

an. ertr Erbsen, nur pl. gen. ertra, dat. ertrum. + ndd. årften, ahd. araweiz, nhd. Erbse.

Vgl. ἐρέβινθο-ς Erbse (sskr. aravinda Lotus), ὄροβο-ς Kichererbse. — lat. ervu-m Erwe, Erbse. — Von ar auftrennen (die Schoten).

(ar) arja pflügen.

an. ardhr m. (Stamm ardhra) m. Pflug ἄροτρον, erja pflügen. + goth. arjan, ahd. (erjan) erran, erren, mhd. eren, ern pflügen, ackern.

Vgl. lit. ariu, arti pflügen. — ksl. orją orati pflügen.

Lat. aro aråu. — ἀρόω, ἄρόσω, ἀροτή.

Eigentlich „auftrennen, lockern" (die Erde).

arthra n. Pflug.

an. ardhr g. ardhrs n. Pflug.

Vgl. ἄροτρο-ν, lat. arâtru-m.

arla Pflug.

mhd. arl Pflugschaar = ksl. ralo n. Pflug.

arhva Pfeil.

an. ör g. örvar dat. öru pl. örvar f. Pfeil, ör-drag n. und ör-skot n. Pfeilschuss, örvar-oddr m. Pfeilspitze. + goth. in arhva-zna (vgl. hlaiva-zna) f. Pfeil, ags. earh n. sagitta, telum.

Vgl. lat. arcu-s Bogen, zur Wurzel ark in ἀρκ-έω, lat. arceo.

arga feig.

an. argr, örg, argt feig. + langobard. arga m. Nichtswürdiger, Faullenzer, ahd. arc, arg, mhd. arc fl. arger feig, träge, geizig, karg, böse, nhd. arg.

Vgl. zend. ereghañṭ arg.

Zur Wurzel argh in ὀρχέω errege, ὀρχέομαι rege mich, tanze, sskr. ṛghå-yati erregt sein, beben.

argîn f. Feigheit.

an. ergi f. Eigenschaft des argr, Schamlosigkeit. + ahd. argî, mhd. erge f. Bosheit, Kargheit, Geiz.

arti Stachel, Spitze.

an. in arta erta anstacheln, aufreizen. + ahd. aruzi, mhd. erze, nhd. Erz n.

Vgl. ἄρδι-ς Pfeilspitze.

Von der Wurzel ard = rad in lat. rado, radere = sskr. rad, radati scharren, rada Zahn.

arbaidi f. Arbeit.

an. erfidr mühselig, beschwerlich, erfidhi n. Mühsal, Arbeit, erfidha adha arbeiten.+ goth. arbaith-i-s f., as. arabhêd f., ags. earfodh f, ahd. arabeit, arapeit, mhd. arobeit f., nhd. Arbeit. Regelmässiges Abstract auf -thi von einem Verbum (arhai-), dessen Basis (arba-) mit ksl. robŭ m. Knecht zusammenhängt und sicher auf ig. arbh = rabh w. s. zurückgeht. Die beliebte Gleichsetzung mit ksl. robota f. Frohn ist falsch, das müsste deutsch (arbitha f.) heissen.

Vgl. sskr. ṛbhu anstellig, geschickt, rabh rabhate fassen = labh λαμβάνω, lat. labor u. s. w.

arbaidâ arbeiten.

an. erfidha adha arbeiten. + ahd. arapeitôn und (arapeitjan) arapeitan, nhd. arbeiten.

arbaidja n. Arbeit.

an. erfidhi n. Mühsal, Arbeit. + as. arbhêdi, arbhidi, ags. earfodhe st. n. vgl. ahd. arapeiti, arabeiti, mhd. arbeite f. Mühsal, Arbeit.

arbja Erbe.

an. arfr g. arfs m. das Erbe, arfi m. der Erbe, erfdh (= arfidha) f. Erbgut, erfi n. Leichenmahl, erfa erfdha das Leichenmahl halten. + goth. arbja- n., ags. erfe, yrfe st. n., ahd. arpi, arbi, erbi, mhd. erbe n., nhd. Erbe n., goth. arbjan- m. der Erbe, arbjôn- f. die Erbin, ahd. arpēo, erpēo, erbjo, erbo, mhd. erbe schw. m., nhd. der Erbe. Grundform arba das Erbe, arban der Erbe?

Zur Wurzel arbh überlassen in altirisch co-m-érpimm committo me, comarpi Miterben (p = bb, b nach Ebel), ὀρφανό-ς, ὀρφόω. — lat. orbu-s, orbâre.

(ars) gleiten, strömen.

Germanisch in arsa, ersla, ersja.

Als Verb nur im sskr. arsh arshati fliessen, gleiten, sich rasch bewegen.

arsa m. Arsch.

an. ars m. Arsch und rass m. dass. pl. Hinterbacken. + ahd. mhd. ars m. 2, Luther: Ars pl. Aerse.

Vgl. ὄρρο-ς m. Arsch.

ersla m. Mann, edler Mann.

an. jarl g. jarls pl. -ar m. Jarl, dessen Würde die dem Könige
zunächst stehende war. + as. erl st. m. Mann pl. erlôs Männer,
Leute, besonders vornehmer, adlicher Mann, erl-skepi st. n. Gesammtheit der Männer, Mannschaft, Leute; ags. corl m. Mann,
edler, vornehmer Mann, engl. earl Graf.
Vgl. ἀρσήν ἐνος = zend. arshan Mann; sskr. ṛsha-bba Stier.

ersja beirren.

goth. airzjan, as. irrjan, ahd. irran, mhd. irren, nhd. irren, be-
irren trs., goth. airzja-, ahd. irri, nhd. irre, irr.
Vgl. lat. errâre, error.

al, alan ôl alana alere, olere.

an. ala ôl alinn hervorbringen, zeugen; nähren, beköstigen, füttern (Bedeutung wie lat. alere), elna adha wachsen, überhand nehmen, eldi n.
Nährung, Beköstigung. + goth. alan ôl alans aufwachsen, sich nähren
(wie lat. olere) aljan aufziehen, mästen.
Vgl. lat. alo alui altum alere. — ἄλ-σος, ἰ᾽λ-δή-σκω, ἄλ-ϑε-ro, ἀλ-ϑαίνω.

ala- ganz, völlig.

an. al- ganz, unumschränkt, vollständig, al-vita allweise, al-
eydha f. völlige Wüste, al-daudha ganz todt. + goth. ala-brunsts
f. ὁλόκαυστον Brandopfer, ala-mans das ganze Menschengeschlecht,
ala-tharba ganz arm. Vgl. alla.
Vgl. altirisch uile, cambr. corn. arem. oll, ol omnis.

alla all, ganz.

an. allr, öll, allt, alt ganz, vollständig. + goth. all-a-s all, ganz,
jeder; ahd. al, allér, mhd. al, aller, nhd. all, aller. Das Wort
findet sich bekanntlich sonst nur noch bei den Celten, vgl. altirisch uile a-Stamm adj. pron. jeder, alle.
Germanisch alla für al-na (wie folla für fol-na) Participialbildung
von al, nach Bezzenberger.

allata acc. adv. von alla.

an. alt (allt) adv. ganz und gar. + mhd. allez adv. immer.

alles adv. gen. von alla überhaupt.

an. alls adv. im Ganzen, überhaupt. + goth. allis überhaupt, gar, mit Negat. gar nicht, conj. denn; ags. alles;
ahd. allis, alles, mhd. alles adv. ganz und gar.

altha (alda) comp. althisan, superl. althista alt.

an. eldri älter, eldstr ältest, eld-ast alt werden. + as. ald, ags.
ald, eald, engl. old, vgl. goth. althei-s (Stamm althja-) alt; ahd.
mhd. alt fl. altér, alter, nhd. alt; ahd. altiron, eltiron, mhd. al-

tern, eltern, nhd. die Eltern comp., ahd. altist ältest oder wie
ags. yldest der vornehmste. S. europ. alta adultus. Von alan.
Vgl. lat. ad-ultu-s erwachsen.

althîn f. Alter.

an. elli f. Alter. + as. eldi f., ahd. alti, elti f., mhd.
elto f. Alter. Von altha.

althra, aldra m. n. Alter.

an. aldr g. aldrs pl. aldrar m. Alter, Lebensalter; Greisenalter. + as. aldar, ags. ealdor n. Leben, Lebenszeit;
ahd. altar, mhd. alter n. Zeitalter, Welt; Greisenalter;
Vorzeit. Von altha alt.

aldu f. Alter, Zeitalter.

an. öld, aldar pl. ir f. Zeitalter. + ags. äld, äldu, eld, eldu f.
Zeitalter, Alter, ahd. in wer-alt f. 2 (aus u-Stamm).

alma Ulme.

an. älmr m. Ulme. + engl. elm-tree; ahd. mhd. ēlm m., mhd.
auch ëlme, ilmo f., nhd. Ulme f. (durch Einfluss des lat. ulmu-s).
Vgl. lat. ulmu-s f. Ulme.

alsa, alesa Erle, Eller.

an. ölr (= alusa) elrir m. und elri n. Erle, Eller. + ags. alor;
ahd. elira und erila, mhd. erle f., nhd. Erle und Eller.
Vgl. ksl. elîcha, jelûcha, olcha f. Erle. — lit. elkszni-s io cf. lat.
alnu-s (für alsnu-s).

alsîna erlen, ellern.

ahd. mhd. erlin, nhd. erlen, Erlen-holz und Ellern-holz.
Vgl. ksl. jelûsînû von der Erle, ellern.

(al) brennen.

Germanisch in alja, alida, alu, elva.
Vgl. lat. ad-oleo, ad-olesco verbrennen.

alja brennen.

ags. älan brennen, trans. und intrans., äl-govoro igniarium, in-
älan, on-älan incendere.
Vgl. lat. adoleo, adolesco verbrennen.

alida m. Feuer.

an. eldr g. elds pl. eldar m. Feuer, elda elda Feuer anzünden,
elding f. Blitz, Flamme, Gluth. + ags. äled m. Feuer, Brand,
as. eld m. Feuer.

alu n. Bier.

an. öl dat. ölvi n. Bier. + as. in alo-fat n. Bierfass, ags. ealu n.,
engl. ale; mhd. noch in al-schaf n. Art Trinkgeschirr. (Latein.

alu- in alú-men, alú-ta scheint einen Gähr-und Gerbstoff zu bezeichnen).
Vgl. lit. alu-s m. Hausbier. — ksl. olü (u-Stamm) n. Bier.

elva braunroth.

ahd. elo flect. elawêr lohbraun.
Vgl. sskr. ârú lohbraun, aru-ṇa, aru-sha rötblich.

ala Ahle, Pfriem.

an. alr m. Ahle, Pfriem. + ags. äl, al, avel, engl. awl; ahd. ala, mhd.
ale st. schw. f., nhd. Ahle.
Vgl. sskr. ârâ f Ahle, Pfriem.

alena f. Elle.

an. alin g. alnar pl. alnir f. Elle. + goth. aleina, ahd. elina, elna, mhd.
elne st. f. 1, mhd. auch ele, elle schw. f., nhd. Elle.
Vgl. ὠλένη = lat. ulna Elle, Ellenbogen.
Sskr. aratni f. Elle, Ellenbogen.

alh wehren, wahren.

goth. alh-s Tempel, ags. ealgian tueri.
Vgl. ἀλκί, ἀλ-αλκ-εῖν, ἀλκή. — lat. ulciscor ultus sum ulcisci.
Aus ark ἀρκέω.

elha m. Elch, Elenn.

an. elgr m. Elch, Elenn. + ags. eolh m., engl. elk, ahd. elaho,
elho, mhd. elhe und elch m., nhd. Elch.
Vgl. gallischlatein. alce-s.

alba m. Alb, Elf.

an. álfr g. álfs pl. ar m. Alb, Elf. + mhd. alp st. m. 2 und st. n. pl.
elbe, elber Alb, Elf, nhd. Alp, Alp-drücken.
Möglicherweise zu sskr. ṛbhu anstellig, geschickt zu stellen.

albeti Schwan.

an. álft, álpt f. Schwan. + ags. ylfet, ahd. albiz, elbiz, mhd. elbiz m.
Schwan.
Vgl. ksl. lebedĭ m. Schwan. Vielleicht zu lat. albu-s weiss.

alja alius.

an. in elligar, ella, ellar adv. sonst, andern Falles. + goth. alja- anderer, alja conj. ἀλλά, als, ausser, ausser dass, praepos. mit dat. ausser,
aljar adv. anderswo (= an. ellar); as. elcor, ags. elicor, elcor alias, sonst
(= an. elligar), ahd. elichôr adv. comp. weiter, ferner, prorsus. Ahd. ali-
in ali-lanti, elilenti, mhd. ellente, ellende adj. verbannt, elend sbst. n.
Verbannung, Elend.
Vgl. ἄλλο-ς, lat. aliu-s, altirisch aile.

aljan m. f. Nebenbuhler, -in, Kebsweib.

an. elja f. Nebenbuhlerin, Kebsweib. + ahd. ello m. Nebenbuhler, ahd. ellâ, meist gi-ellâ, mhd. gelle f. Nebenbuhlerin, Kebsweib.

aljana Kraft, Eifer, Muth.

an. eljan f. Standhaftigkeit, Kraft. + goth. aljana- n. Eifer, ahd. elljan, ellan, mhd. ellen st. n. Eifer, Muth, Tapferkeit.
Wahrscheinlich zu aljan brennen.

avan m. Grossvater.

an. afi m. Grossvater (vgl. âi m. Urgrossvater). + goth. nur im f. avôn- f. Grossmutter. S. europ. ava, das Thema avan- haben wir auch im lat. avun-culu-s m. (kleiner Ahn =) Oheim.
Vgl. lat. avu-s, avia, avunculus. — ksl. uj (= auja-s) Oheim.

avi f. Schaf, weibliches Schaf.

an. aer g. aer dat. acc. á pl. aer f. weibliches Schaf. + goth. in avistra- n. Schafstall, avêthja- n. Schafheerde (besser avithja-? vgl. z. B. lat. avitiu-m Vogelgeschlecht von avi-s Vogel), ags. eova f., engl. ew; ahd. awi, ouwi (d. i. awja-), mhd. owe, ow st. f. Mutterschaf, ditmars. ê- in ê-lamm weibliches Lamm.
Vgl. lit. avi-s Schaf. — ksl. ovĭca Schaf, ovĭnŭ Hammel. — ŏĭ-ς = lat. ovi-s. — sskr. avi m. f. Schaf.

asani f. Herbst, Erndte.

goth. asan-i-s f. Erndtezeit, Sommer, Erndte, ahd. aran, erni f. Erndte.
Vgl. preuss. V. assani-s Herbst. — ksl. jesenĭ f. Erndtezeit, Herbst.

aska m. Esche.

an. askr pl. askar m. Esche, eski (d. i. askja-) n. Behälter aus Eschenholz. + ags. äsc m., ahd. ask pl. aski, mhd. asch st. m. 2 Esche.
Vgl. serb. jasika f. Esche. — lit. ûsi-s ës f. Esche.

asgan f. Asche.

an. aska f. Asche. + goth. azgôn- f., ags. asce f.; ahd. askâ, mhd. asche, esche schw. f., nhd. Asche.
Durch Suffix gan von as vgl. sskr. âsa m. Staub, Asche.

aspa, apsa f. Espe.

ahd. aspa, mhd. apse, nhd. Espe f.
Vgl. preuss. V. absc, lett. apsa f. Espe; lit. apuszis ës f. Espe vgl. epuszé f. Schwarzpappel. — poln.-russ. osina Espe (vgl. ksl. v-osa Wespe = vapsa).

I, Î.

(i) gehen.

Als Verb nur im goth. iddja praet. ging.

Vgl. ksl. i-ti gehen, idą ging. — lit. eimi, eiti gehen.
εἶμι, ἴμεν, ἰέναι gehen. — lat. eo ivi itum îre.
sskr. i eti imasi, zend. i aêiti gehen.

aindis comp. adv. ehender, eher.

an. âdhr adv. vorher, vorhin, früher; schon, bereits, conj. =
âdhr enn bevor. + ags. ênd, and, mhd. ênd conj. ehe, bevor.
Vgl. air.

air adv. frühe.

an. âr in âr-degis adv. früh am Tage. + goth. air adv. frühe, as.
êr und ags. aer adv. praepos. conj.; ahd. êr, mhd. êr, gewöhnlich ê adv. früher, eher, praepos. c. dat. gen. vor, conj. eher
als, bis. Aus ajar wie aisa aus ajasa, vgl. zend. ayare n. Tag
und ἦρι, ἠέριο-ς.

airu m. Bote, Diener.

an. ârr pl. ârar, aerir m. Diener. + goth. airu-s, as. êru, ags.
âr nom. pl. âras m. Bote, Diener.

aiva aevum; Norm, Gesetz, Sitte, aiv adv. immer.

an. ae, ei adv. immer, aefi f. Lebenszeit, Leben, ae-tidh adv.
allezeit, immer, aevin-trygdh f. ewige Bürgschaft. + goth. aiv-a-s
m. lange Zeit, Ewigkeit, Zeit, diese Zeit, Welt, aiv adv. in ha-
lis-aiv kaum je, kaum, as. êo, io, gio; ahd. êo, éo, io, mhd. ie,
nhd. je immer, zu irgend einer Zeit, ahd. ni-êo niemals, nhd.
nie; as. êu, êo m. Gesetz, afries. êwa, êwe, ê, â st. f. Gesetz,
Recht, ags. ae f. Gesetz, heiliger Brauch; ahd. êwa, êa st. f. 1
und êwen f. endlos lange Zeit, Ewigkeit, ewige Ordnung, Gesetz, Norm, Bündniss, Ehe.
Vgl. αἰεί, αἰών. — lat. aevu-m.
skr. âyu Leben, eva m. Gang, Sitte, Norm.

aivîna ewig.

an. in aevin-trygdh f. ewige Bürgschaft. + goth. aivein-a-s ewig;
ahd. êwin, mhd. êwen adj. ewig, adv. ewig, immer, alle Zeit.
Die Bildungen auf -îna sind im Altnordischen selten geworden.
Von aiva.

i pronom. er, nom. is ntr. ita er, es.

goth. is ntr. ita = nhd. er, es.
Vgl. lat. is ea id.
Sskr. i, ayam iyam idam dieser.

aina einer.

an. einn, ein, eitt einer, Zahlwort, Adjectiv, Pronomen, Artikel.
+ goth. ain-a-s, as. ên, ags. ân, engl. one; ahd. mhd. ein Zahlwort, Adjectiv, Pronomen, Artikel.

Vgl. preuss. ain-a-s, lit. vēna-s einer. — ksl. inŭ unus. — gr. οἴνη.
— lat. oino-s, ûnu-s. — altirisch oen, cambr. un einer.
sskr. ena heisst dieser.

aindagan m. bestimmter Tag, Termin, aus aina und dagan = daga Tag.

an. eindagi m. dass. + as. êndago, ags. ûndaga schw. m. dass.

ainfaltha einfach.

an. einfaldr einfach. + goth. ainfalth-a-s, as. ênfald, ags. ânfeald
einfach; ahd. einfalt, mhd. einvalt einfach, rein, arglos, einfältig.
Vgl. δι-πλάσιο-ς u. s. w. für δι-πλατιο-ς, s. europ. palta.

ainlif eilf, ain+lif w. s.

an. ellifu eilf. + goth. ainlif, as. êlef; ahd. einlif, mhd. einlif,
einlef, eilef, elf, nhd. eilf, elf.
Vgl. lit. v-ēnolika eilf.

ainliftan der eilfte.

ahd. einlifto, nhd. eilfte.
Vgl. lit. vēnolikta-s der eilfte.

ikan Eisstück.

an. jaki m. Eisstück, besonders grosses. + ditmars. îs-jaek Eiszapfen.
Vgl. lit. iža-s m. Eisscholle, pl. Grundeis. — altirisch aig Eis.

ikula m. Eiszapfen.

an. jökull g. jökuls pl. jöklar m. Gletscher, Eisberg. + ags. gicel
m. îses gicel stiria, engl. icicle d. i. ice-icle Eiszapfen, vgl. dit-
marsich Jis-jaek m. Eiszapfen.　Oder jikla?

íkornan m. Eichhorn.

an. íkorni m. Eichhorn. + mhd. eichorne schw. m., nhd. Eichhorn, Eich-
hörnchen.　Vgl. ksl. igra f. Spiel, sskr. iṅg vibriren.

instra Schmer.

an. istra f. Fetthülle der Eingeweide.
Vgl. preuss. V. instra-n Schmer.　(Für inkstra zu ank unguere?)

îva m. Taxus, Eibe.

an. ŷr m. gen. ŷs Eibe, Bogen aus Eibenholz. + ags. îv m., engl. yew,
ahd. îva f., nhd. Eibe.
Nach Joh. Schmidt aus inva vgl. altpreuss. V. inwi-s Eibenbaum.　Aber
ksl. jeva = lit. jēva f. Faulbaum aus dem griechischen ἰύα f. Faulbaum
bloss entlehnt.

(is) gleiten.

Germanisch in îsa, îsarna, vgl. an. eisa gleiten.
sskr. ish ishati und esh eshati enteilen, fliehen.

îsa m. n. Eis.

an. iss g. iss pl. îsar m. Eis. + ags. is n.; ahd. mhd. îs st. n., nhd. Eis.

Vgl. zend. içi m. Eis, huzvar. yah.

îsarna n. Eisen.

an. îsarn f. und jârn n. (aus jasarna = isarna zusammengezogen) Eisen. + goth. eisarna- n., as. isarn, ags. isern n., engl. iron; ahd. isarn, mhd. isern, isen n., nhd. Eisen (eisern adj. aus goth. eisarnein-a-s).

Vgl. altirisch íarn Eisen.

U, Û.

unh gewohnt sein.

goth. in bi-ûh-ta- gebräuchlich, üblich, bi-ûh-tja- n. Gewohnheit.

Vgl. lit. junkstu, j-unk-ti sich gewöhnen, versuchen, j-auk-us zahm, j-au-kinti gewöhnen, zähmen = preuss. K. jaukint üben. — ksl. v-yk-nąti lernen, ukŭ m. (= aukas) doctrina.

Sskr. uc ucyati pf. uvoca Gefallen finden an, gern thun, gewohnt sein, ok-as n. Haus, Wohnsitz.

unhta gewohnt.

goth. bi-ûhta- gewohnt, bi-ûhtja- n. Gewohnheit.

Lit. j-unkta-s gewohnt, inf. junkti.

-uhta, -ahta Suffix -icht.

an. -ôttr z. B. in fôx-ôttr mähnicht, flekk-ôtr fleckicht, mos-ôttr moosicht, moosbewachsen. + ahd. -oht, mhd. -oht, -eht, nhd. -icht z.B. in ahd. ringel-oht ringelicht, ahd. flêcch-ohti, mhd. vlĕck-echt, nhd. flĕck-icht, mhd. mos-eht, nhd. moos-icht.

uhna m. Ofen.

an. ofn m. Ofen. + goth. auhn-a-s m. Ofen; ahd. ovan, ofan, ovin, mhd. oven st. m., nhd. Ofen.

Oder ofna = ἱπνό-ς cf. ὀπ-τό-ς? preuss. Voc. umno-de Backhaus, uumpnis Backofen s. Joh. Schmidt, Ztschr. XXII, 2, S. 191.

Vgl. sskr. ukha Feuertopf, lat. auxilla, aula, olla Topf.

uhsan m. Ochse.

an. uxi (=uxan) oxi, ôxi pl. uxar und yxn, ôxn m., auch yxni m. Ochse. + goth. auhsan- m., auch auhsu-s m., ahd. ohso, mhd. ohse schw. m., nhd. Ochse, pl. Ochsen.

Vgl. cambr. ych, du. pl. ychen Ochse, aremor. ohen boves.

Sskr. ukshan, zend. ukhshan m. Stier, Ochse.

Von uhs = vahs zu Wurzel vak w. s.

ut, ût adv. hinaus, heraus.

an. ût adv. hinaus, ſta (d. i. ûtja) ſtta hinausstossen. + goth. ut, as. ût;
ahd. mhd. ûz adv. aus, hinaus, heraus, nhd. aus (aufs).
Griechisch in ὕστερο-ς = sskr. uttara; sskr. ud auf, hinauf, aus, hinaus,
uttara, uttama.

ûta adv. aussen, draussen.

an. ûti adv. aussen, ausserhalb, draussen, vor dem Hause. +
goth. ûta adv. draussen, as. ûta, ûte adv. aussen, heraus; ahd.
ûze, mhd. ûze adv. ausser, draussen. Zu ût.

ûtana von aussen, praep. mit acc. ausser, ohne.

an. utan adv. von aussen her, praepos. mit acc. ohne. + goth.
ûtana von aussen, praepos. mit gen. ausserhalb, aus; ahd. ûzana
und ûzân, mhd. ûzen adv. aussen, ausserhalb, draussen, ahd.
praepos. mit gen. ausserhalb, mit acc. ausser, ohne, mit dat. aus,
heraus. Von ût. Beachte an. utan ohne Dehnung, wie ig. ud.

ûtar adv. weiter hinaus, ausser.

an. utar adv. comp. weiter hinaus, ausser, ytri, ytra comp. ex-
terior, yztr adj superl. der äusserste. + ahd. ûzar, mhd. ûzer
praepos. mit dat. aus-heraus, über-hinaus, nhd. ausser mit dat.,
ahd. ûzar conj. nisi, sed; ahd. ûzar, mhd. ûzor der äussere, superl. ûzarôst äusserst. An. utar ohne Vocaldehnung. Von ût.

utra m. Otter.

an. otr g. otrs pl. otrar m. Otter, otr-belgr m. Otterbalg. + ags. oter m.
ahd. ottir, mhd. otter st. m., nhd. Otter.
Vgl. lit. udra f., preuss. odro f. Otter. — ksl. vydra f. Otter.
(ὕδρο-ς, ὕδρα Wasserschlange), sskr. udra m. Krabbe oder Fischotter. —
zend. udra m. Otter oder Wasserhund.
Von ut = vat netzen, w. s.

ûdra n. Euter.

an. jûgr oder jûr n. (entstellt) Euter. + ahd. ûter, nhd. Euter n.
Vgl. lit. udró-ti eutern.
οὖθαρ g. οὖθατος n. Euter. — lat. über n.
sskr. ûdhan, ûdhar n. Euter.

unkar unser beider, pron. poss. du. pers. 1.

an. okkar, okkur, okkart poss. unser beider. + goth. (ugkara- poss.) aus
dem gen. du. ugkara zu erschliessen, as. unkero; ahd. unker gen. du.
unser beider.

unsis uns, dat. acc. nobis, nos.

an. ôss nobis, nos. + goth. dat. unsis und uns uns, acc. uns und unsis
uns, ahd. mhd. uns dat. acc. pl. Richtiger oukar, onsis.

unthi, undi f. Woge.

an. unnr, ûdhr pl. unnir f. unda. + as. ûdhia schw. f., ags. ýdh f., ahd. undêa, unda, mhd. ünde schw. f. Fluth, Woge, Welle. Das deutsche Thema ist unthjan- erweitert aus unthi-.

undurni m. Mittagszeit.

an. undurn m. Vormittag. + goth. in undaurni-mats m. Mittagsessen; as. undorn, undarn, ags. undern m., ahd. untorn, untarn, mhd. undern st. m. Mittag, Mittagsessen.

up adv. auf, hinauf, in die Höhe.

an. upp adv. auf, aufwärts, in die Höhe, uppi adv. oben. + goth. gesteigert iup adv. aufwärts, as. up adv. auf, hinauf, aufwärts; ahd. ûph, ûf, mhd. ûf, nhd. auf adv. auf, hinauf, aufwärts, empor. Vgl. uf.

upana offen.

an. opinn offen. + as. opan, open; ahd. ofan, offan, mhd. offen, nhd. offen. Zu up.

uf praepos. über, unter.

an. of praepos. mit acc. um, wegen, über. + goth. uf praep. mit dat. und acc. unter; ahd. oba, opa, mhd. obe, ob adv. oben, praepos. mit gen., dat., acc. auf, über.
Vgl. ὑπό. — lat. s-ub. — sskr. zend. upa.

ufana adv. von oben, oben.

an. ofan adv. von oben herab, niederwärts. + as. obhana adv. von oben her, obhan adv. oben; ahd. obana, opana, mhd. obene, oben adv. von oben her, oben, nhd. oben. Von uf.

ufema summus.

ags. ufema summus.
Vgl. lat. s-ummus. — sskr. upama.

ufar adv. und praepos. mit dat. und acc. über.

an. yfir adv. und· praepos. mit dat. und acc. über, ofar adv. comp. weiter hinauf, weiter oben. + goth. ufar praep. mit dat. und acc. über, jenseits, mehr als; ufarô adv. darüber, praepos. mit dat. und gen. über, as. obhar, ags. ofer praepos. mit dat. und acc. über; ahd. ubar, upar, mhd. uber, über praep. mit dat. (selten) und acc. über, als adv. mehr als, überaus, nhd. über mit dat. und acc. Ahd. obarôn, oparôn, mhd. oberen, Oberhand haben, siegen mit acc. besiegen ganz wie lat. s-uperâre.
Vgl. lat. super, superus, superior, superâre. — ὑπέρ, ὑπείρ. sskr. upari über, upara der obere.

ufta adv. oft.

an. opt comp. optar superl. optast oft. + goth. ufta, as. ofto, ags. oft; ahd. ofto, mhd. ofte, nhd. oft. Von uf.

ufja Menge.

an. of n. grosse, allzugrosse Menge, of adv. zu sehr, nimis, häufig.+ goth. ufjôn- f. Fülle, Ueberfluss. Nicht zu lat. opia in copia,
in-opia, sondern zu uf, wie goth. ufar-assu-s Ueberfluss zu ufar.

ubisva f. Dachbart, Dachvorsprung; Vorhalle.

an. ups f. Dachbart, Dachvorsprung. + goth. ubizva f. Halle, ags. efese
f. Dachvorsprung, engl. eaves Dachrinne, Traufe; ahd. obasa, opasa, mhd.
obse st. schw. f. Vorhalle (durch das vorspringende Dach gebildet). Von
uf, in isva kann das Verb is = as sein stecken.

1. ûra n. Wasser, Feuchtigkeit.

an. ûr n. Feuchtigkeit, feiner Regen. Vgl. lit. j-uré-s pl. f. Haff, Meer.
Vgl. οὖρο-ν. — lat. ûrìna, ûrînári. (sskr. vâri n. Wasser).
Zu var, s. vara.

2. ûra, ûran m. Ur, Auerochs.

an. ûr, ûri m. Ur.+ engl. owre, ahd. ûro, mhd. ûre schw. m. und mhd.
ûr st. m., nhd. (Ur) Auer-ochs.

urti f. Kraut.

an. urt pl. urtir f. Kraut. + goth. in aurti-gards Krautgarten, Garten,
aurtj-an- m. Gärtner, ags. ort-geard m., engl. orchard Garten.
Von urt = vart in vartan Warze, vorti Wurz, vortja Würze, w. s.

us adv. und praepos. mit dat. aus, von her.

an. ur, or, ôr (auch ûr, ôr geschrieben) adv. und praep. mit dat. aus. +
goth. us praepos. mit dat. aus, von her, von weg, zeitlich von an, seit,
ahd. ur, ar, or, ir praepos. mit dat. aus, von her, von weg.
Vgl. sskr. avas = ava.

usvânja ohne Hoffnung.

an. örvaenn kaum zu hoffen. + ahd. urvâni ohne Hoffnung. S.
vânja.

(us) brennen.

Germanisch nur in usila, ustrî.
Vgl. εὕω. — lat. ûro ussi ustum ûrere.

usila, Feuer, Feuerasche.

an. usli schw. m. Feuer. + ags. ysle; mhd. usele, usel, üsele,
üsel f. glühende Asche, Funkenasche, Asche. Zu ig. us brennen,
vgl. ὑαλο-ς (brennender, leuchtender Stein).

ustrî f. Eifer.

ahd. ustrî f. industria, ustinôn betreiben.
Vgl. lat. ind-ustria f. ind-ustriu-s.
sskr. osham adv. geschwind, sogleich.

(us = vas) schneiden.

Germanisch nur in usda.

Vgl. sskr. vas vásayati schneiden, griech. in ὕννι-ς, lat. vômer u. s. w.

usda m. Spitze, „Ort".

an. oddr g. odds pl. ar m. Spitze, Ort, ydda, ydda (d. i. uddja) mit der Spitze durchdringen. + as. ord acc. pl. ordôs m. Spitze, Schneide; ahd. mhd. ort st. m. n. 1 Spitze, Ecke, Rand (Theil, Stück, kleine Münze).

E.

ek ich.

an. ek (jak) ich. + goth. ik, as. ek, ik, ahd. mhd. nhd. ich.

Vgl. lit. asz, ksl. azŭ, jazŭ, gr. ἐγώ, lat. ego; sskr. aham, zend. azem, altpers. adam.

egila m. Igel.

ahd. igil, nhd. Igel m.

Aus egila, vgl. lit. eży-s, ksl. j-eżi m. Igel. — ἐχῖνο-ς Igel (aus ἐχιο-).

ed-, eda- praefix wieder, wiederum.

an. idh- Vorsatzpartikel in idh-gjöld n. pl. Ersatz, Entgelt. + goth. in id-veit n. Schimpf, Schmach, Schmähung, as. id-ug in idug-lônôn vergelten, ags. ed- in ed-cerr m. Wiederkehr, ed-jong wieder jung, ed-leán m. = ahd. it-lôn retributio; ahd. ita- in ita-ruchjan = mhd. it-rücken wiederkäuen, ita-wiz = goth. id-veit = ags. ed-vit n. Schimpf. Vgl. lit. ata- at-, ksl. otŭ- gegen, wider.

en praepos. mit dat. und acc. in, mit dat. wo? mit acc. wohin?

an. i adverb. und praepos. mit dat. wo? mit acc. wohin? + goth. ahd. mhd. nhd. in praepos. mit dat. wo? mit acc. wohin? S. europ. ani.

Vgl. lit. į, ksl. v-ą, u; ἐνί, εἶν, ἐν, εἰς. — lat. in, alt en, endo.

enn adv. hinein.

an. inn adv. hinein. + goth. inn advb. hinein, ahd. mhd. in, ein, hinein, nhd. ein-. Zu in.

ennana adv. und praepos. mit gen. innen, innerhalb.

an. innan adv. und praepos. mit gen. innen, innerhalb. + goth. innana adv. innen, inwendig, praepos. mit gen. innerhalb, as. innân adv. innen, praepos. mit dat. innerhalb; ahd. innana, innân, mhd. innen adv. von innen, innen, hinein, praepos. mit gen. dat. acc. innerhalb, in, nhd. dr-innen, b-innen. Zu inn.

ennara comp. inner, mehr hinein.

an. innar comp. adv. mehr hinein, hinein, an. idbri (d i. innran-) comp. der innero. + ahd. innar, mhd. inner adj. inner, inwendig, nhd. der innere, mhd. innere, inner, inre adv. innerlich, im Innern, praepos. mit gen. dat. instr. innerhalb. Comp. zu inn.

enni adv. innen (aus inna?).

an. inni adv. innen, innerhalb, im Hause. + ahd. inni, mhd. inne adv. innen, inwendig, praepos. mit gen. dat. innerhalb.
Vgl. goth inna adv. innen, im Innern, innerhalb.

edra m. Gehäg.

an. jadharr m. Schützer, Fürst. + ags. eodor m. Zaun, Gehege; Rand; Schützer, Fürst, as. ëdor, öder, ahd. ötar, mhd. ëter m. n. geflochtener Zaun, umzäuntes Land, Rand, Saum.
Vgl. lat. atrium. — ἔτυ-ς.

ebna eben.

an. jafn, jöfn, jafnt eben, gleich. + goth. ibn-a-s, as. ebhan; ahd. ëban, ëpan, mhd. ëben, nhd. eben.
ἔμπης und lat. omni-s stimmen nicht in der Bedeutung.

ebra m. Eber.

ags. eofor, ahd. ëbur, mhd. eber, nhd. Eber m.
Vgl. ksl. v-eprī m. Eber. — lat. aper g. apri m.

ebrîna vom Eber.

mhd. eberin = lat. aprinus vom Eber.

erkna recht, echt.

an. in jarkna-steinn m. Edelstein. + goth. airkn(i)s gut, heilig, airkni-tha Reinheit, Aechtheit, ags. in eorcan-stán Edelstein, ahd. erchan, erchen recht, ächt.
Von ark, der ältern Form von rak richten, vgl. lat. rego, ὀ-ρέγω, sskr. arj in arju gerade u. s. w.

erknastaina Edelstein.

an. jarknasteinn = ags. eorcanstán Edelstein.

erpa dunkel, dunkelbraun.

an. jarpr, jörp, jarpt dunkelbraun. + ags. earp, eorp, ahd. erpf fuscus.
Vgl. ὀρφνό-ς finster, dunkel, ὄρφνη Finsterniss, Ὀρφεύ-ς.

(es) sein.

Germanisch em es est = goth. im is ist u. s. w.
Vgl. lit. esmi bin, preuss. asmai, assai, ast. — ksl. jesmi jesi jestĭ.
εἰμί, ἔσσι, ἔστι. — lat. sum es est esse. — altirisch am ich bin.
sskr. asmi asi asti sein.

O.

onki Schlange; Unke.

ahd. unc f. Schlange, ags. ẏce, nhd. Unke.

Vgl. lit. angi-s, ksl. ąžī, lat. anguis Schlange; sskr. anjana Hauseidechse. Von sskr. ahi = ἔχις zu trennen; wahrscheinlich zu ank = sskr. anj „gleiten, glitschen“.

ondar adv. und praepos. mit dat. und acc. unter.

an. undir adv. und praepos. mit dat. und acc. unter. + goth. undar praep. mit acc. unter, undarô adv. unten, drunter, praep. mit dat. unter; as. undar, ags. under, engl. under; ahd. untar, undar, mhd. under adv. und praepos. mit dat. und acc. unter.

Vgl. inferus, infrâ, inferior, infimus, imus.

Sskr. adhas unten, adhara der untere, adhama der unterste, adharât adv. unten, zend. adhairi praep. unter.

ombi praepos. mit acc. um, herum, ringsum.

an. umb, um adv. und praepos. mit acc. um herum, ringsum, um-sât f Nachstellung. + as. umbi, um, ags. ymbe, ymb; ahd. umbi, umpi, mhd. umbe, umb, nhd. um praepos. mit acc. um, herum, ringsum.

Vgl. ksl. ob-, o-, lat. ambi-, amb-, ἀμφί, altgall. ambi-, amb-, altir. imb-. sskr. abhitas um herum, zu beiden Seiten.

K.

1. kau kauen (kevan, kau).

ahd. chiwan, chiuwan, mhd. kiuwen, kûwen, nhd. kauen; ahd. chewe Kinnbacke.

Vgl. ksl. žīvą živati, žują živa-ti, žavają žavati kauen.

2. kau rufen (klagen) kevan kau.

ahd. gi-kewen st. abl. 1 nennen, heissen, chû-mo m. Klage.

Vgl. lit. gau-ju, gau-ti heulen, gau-du-s zum Klagen geneigt, wehmüthig. — ksl. gov-orŭ Lärm.

γοϝ-ος, γόος Klage, γοάω klage.

sskr. gu gavate tönen, schreien, Intensiv gaṅgûya.

kôvi und kovi f. Kuh.

an. kẏr g. kẏr dat. acc. kû f. Kuh. + as. kô pl. kôji und kuo, ags. cû pl. cẏ f., engl. cow; ahd. chuo pl. chuawî, chôi, mhd. kuo pl. küeje, küewe st. f. 2 Kuh.

Vgl. lettisch guw-i-s f. Kuh. — ksl. gov-ędo n.

βοῦ-ϝ m. f. — lat. bô-s m. f. — altirisch bó.

sskr. go nom. gaus = zend. gâo m. f.

kak lachen, kachen, kichern.

mhd. kach m. lautes Lachen, ahd. kach-azzan lachen, mhd. kachen laut lachen, nhd. kichern.

Vgl. lit. gegelė Kuckuk, żegėti Schlucken haben u. s. w. (ungewiss). — ksl. gągnati murren.

γαγγανεύω verhöhne, γογγύζω murre. γιγγλισμός Gelächter.

sskr. gaj gajati schreien ist unbelegt, ebenso gaggh gagghati lachen; gańja m. Verhöhnung, gańjana verachtend, höhnend.

(kan, kvan) zeugen.

Germanisch in konja, koninga, konda, kvâni, kvena, knô; as. kennjan caus. zeugen.

Vgl. lit. gemu gim-ti geboren werden. — γίγνομαι γέγονα γεγαώς. — lat. gigno genui genitum gignere.

sskr. jan janati jajanti janyate jâyate zeugen, med. werden, entstehen.

konja n. Geschlecht.

an. kyn g. pl. kynja n. Geschlecht, Familie, Herkunft, daraus kynni n. Herkunft. + goth. kunja- n. Geschlecht, Stamm, Verwandtschaft, as. in kunni-burd f. Herkunft, kunni n., ags. cyn n., ahd. cunni, chunni, mhd. künne n. Geschlecht, Stamm, Verwandtschaft. Vgl. sama-konja.

Vgl. geniu-s, ingenium.

samakonja von gleichem Geschlechte.

goth. samakun-ja-s dass. = ὁμόγνιο-ς dass.

koninga König.

an. konungr m. König. + as. kuning, engl. king; ahd. kuning, chuninc, mhd. künic, künec g. küneges st. m. 1, nhd. König. Von konja „der Adliche".

konda gezeugt, geboren, part. pf. von kan.

goth. kund-s z. B. in qina-kund-s weibgeboren, vgl. an. kundr m. Sohn, kund f. Tochter.

Vgl. sskr. jâta, zend. zâta erzeugt, geboren (jâta für jan-ta).

kvâni f. Weib, Eheweib.

an. kvân, kvaen f. Weib. + goth. qên-i-s f., as. quân st. f. 2 Weib, Eheweib; ags. cvên st. f. Weib, Eheweib; Königin, engl. queen Königin, aber my queen meine Frau.

Vgl. ved. -jâni Weib z. B. in dvi-jâni zwei Weiber habend.

kvenan f. Weib.

an. kona gen. pl. kvenna = goth. qinônô f. Weib. + goth. qinôn- f., as. quena schw. f., ahd. quinâ, quênâ, chwênâ und chênâ, mhd. kone, kon schw. f. Weib, Eheweib.

Das Thema kvena ist erhalten im goth. qina-kund-s weibgeboren.

Vgl. preuss. ganna, genno. — ksl. żena. — γυνή, böot. βανά. —
altirisch ben.

sskr. gnâ f. Götterfrau, zend. ghena f. Weib, göttliche Qualität.

kvenîna weiblich.

goth. qinein-a-s weiblich, n. Weib.

Vgl. ksl. żeninŭ weiblich.

knô zeugen, entstehen.

goth. in knô-di- f. = ahd. chnôt f. 2 Geschlecht, ags. onô-sl, ahd.
onôsal, chnôsal n. Geschlecht, Stamm.

Vgl. γνη in κασί-γνητος, γνήσιος. — lat. nâ-sci, nâtus, co-gnâtus,
nâtio. — altgallisch gnâto-s geboren, m. Sohn.

kann kennen, verstehen, können.

konnan kann konnum kontha können, verstehen.

an. kunna kann kunnum kunna (= kunda) können, kennen, verstehen,
kanna f. Kenn-, Besitzzeichen, Besitzrecht, kanna kannadha mustern, prüfen, untersuchen. + goth. kunnan kann kunnum kuntha kennen, wissen,
as. kunnan, ags. cunnan; ahd. kunnan, chunnan, mhd. kunnen, künnen,
nhd. kann, können. Grundbedeutung verstehen.

Vgl. lit. żinau, żinóti wissen, żen-kla-s Zeichen, źy-mó Zeichen. — γί-
γνωσκα bin vernehmlich. — sskr. praes. jâ-nâti er kennt, zend. zan erkennen, z-dî erkenne imper. zañ-ta erkannt.

kannja erkennen lassen, kennen.

an. kenna kendha kennen lernen, erkennen, kenning f. Lehre,
Dogma, kensla (= kannisla) Unterricht. + goth. kannjan kund
thun, as. antkennian inne werden, erkennen, anerkennen, ahd.
ar-chennan erkennen, bi-chennan bekennen, mhd. nhd. kennen,
erkennen, bekennen. Eigentlich Causale zu kunnan, kann.

konth̔a kund bekannt.

an. kunnr, kûdhr bekannt. + goth. kunth-a-s, as. kúdh; ahd.
cund, chund, mhd. kund fl. kunder, nhd. kund, bekannt. Part.
pf. zu kunnan.

Vgl. zend. zañta in paiti-zañta erkannt.

konthja kund thun, künden.

an. kynna (d. i. kunnja) kunda bekannt machen, kennen
lehren. + as. kúdhian; ahd. (kundjan) kundan, chundan,
mhd. künden, nhd. verkünden. Denom. von kuntha.

konthi (konsti) f. Erkenntniss, Kunde.

ahd. kunst, chunst, mhd. Kunst, nhd. Kunst f. 2, vgl. goth.
kunthja n. Kunde.

Vgl. lit. pa-zintis tês f. und czio m. Erkenntniss.

zend. â-zaiñti und paiti-zaiñti f. Kunde.

kônja der etwas kennt (und kann).

an. koenn erfahren, geschickt (Grundbedeutung). + ags. cêne, engl. keen; ahd. kuoni, chuoni, mhd. küene, nhd. kühn. Von kunnan kennen, können.

Aehnlich gebildet lit. żyni-s io m. Hexenmeister, żyné f. Hexe (die kluge).

knâ, knâja können, kennen.

an. knega knâ knâtta können, vermögen. + as. in bi-knêgan erwerben, erlangen, ags. cnâvan, engl. to cnow; ahd. int-chnâan, ir-chnâan, bi-chnâan erkennen.

Vgl. ksl. znają zna-ti kennen.

Lat. nô-sco nôvi nôtum co-gnitus. — γιγνώσκω, γνώ-σομαι, ἔ-γνω-ν. sskr. jṅâ jṅâsyati jṅâ-tum jṅâ-ta.

knâdi f. Erkenntniss.

ahd. ur-chnât f. 2 agnitio von ir-chnâan agnoscere.

Vgl. ksl. po-znatí f. Erkenntniss. — γνῶσι-ς f. — sskr. pra-jṅâti f. Erkenntniss.

knâva gnavus.

an. knâr tüchtig, tapfer, knâ-ligr dass. + Vgl. lat. gnavu-s.

kamba m. Kamm.

an. kambr m. Kamm. + as. kamb, ags. camb m., ahd. camb, champ, mhd. kamp g. kambes st. m. 1, nhd. Kamm.

Eigentlich: „Gebiss" (der Kamm hat „Zähne"), vgl. lit. żamba-s Kante eines Balkens. — ksl. ząbŭ Zahn. — γαμφή Kinnbacke, γόμφο-ς Pflock. — sskr. jambha m. jambhâ f. Gebiss, Kinnbacke.

Zum Verb sskr. jabh jambhate schnappen, aufbeissen.

kambja kämmen.

an. kemba kembdha kämmen. + ahd. kemban, chempan, mhd. kemben, kemmen, nhd. kämmen. Denominativ von kamba.

(kar, kvar) schlingen.

Germanisch nur in kverka, kverkila.

Vgl. lit. geriu ger-ti trinken. — ksl. żrą żrė-ti schlingen. — βορά, βιβρώσκω, γοργύρη, γαργαρίζω. — lat. voru-s, vorâre.

sskr. gar girati gilati schlingen, verschlucken, Intens. jegilyate, ava-jalgul, ni-galgal.

kverka f. Schlund, Gurgel.

an. kverk pl. kverkr f. Schlund, Gurgel, kyrkja (d. i. kvirkja) erdrosseln, jugulare. + ahd. quërca f. Gurgel, ahd. querechela f. Gurgel = lat. gurgula.

Vgl. γέργιρο-ς, γαργαρεών. — lat. gurg-es, gurgula, gurgulio.

sskr. gargara m. Strudel, Schlund.

kverkila f. Gurgel.

ahd. querechela f. Gurgel.

Vgl. lat. gurgula, gurgulio. — γέργερος, γαργαρεών.

(kar kvar zerreiben, morsch werden.)

Germanisch in kernan, korna, kverna, kvernu.

Vgl. lit. guru-s locker, bröcklig. — ksl. zrĕ-ją zrĕ-ti reifen (cf. γηράσκω reife), zrĕ-lŭ reif.

γέρων, γεραιός, γῆρας, γεργέρ-ιμος verschrumpft.

sskr. jar jarati jîryati morsch, alt werden, machen, jir-ṇa aufgerichen, jarjara zerfetzt, verschrumpft.

kernan m. Kern.

an. kjarni m. Kern. + ab. kērno, chērno, mhd. kērne schw. m., mhd. auch kĕrn, nhd. Kern st. m. Zu korna Korn.

korna n. Korn, Getreide.

an. korn n. Korn, Getraide. + goth. kaurna- n., as. korn n., korni, kurni n. collect. (kurn-ja) dass., ahd. corn, chorn, mhd. korn n., nhd. Korn n.

Vgl. ksl. zrŭno n. Korn. — lit. żirni-s io m. Erbse. — lat. grā-nu-m Korn (für garnu-m wie grātus für gartu-s = sskr. gûrta, crātes für cartes = german. hurdi Hürde u. s. w.), ksl. zrĕti reifen, sskr. jîrṇa verschrumpft.

kvernu, kverna f. Mühlstein, Mühle, Quirn.

an. kvŏrn, kvern g. kvarnar f. Mühle. + goth. in asilu-quairnu-s f. Eselsmühle, Mühlstein, as. quern oder querna f., ahd. quirn, churn und chwirna st. f., mhd. kurn, kürne st. f. Mühlstein, Mühle.

Vgl. lit. girna f., lett. dsîrnu-s pl. t. dsîrnawa f. — ksl. zrŭny f. Mühlstein, Mühle.

kar kvar kveran kvar tönen, rufen, klagen.

an. kura f. Klage, kurr g. kurs m. Knurren, Unzufriedenheit, kura adha knurren, murren. + ahd. quĕran, chwĕran, chĕran st. abl. 2 gemere, seufzen.

Vgl. γῆρ-υ-ς f. Stimme, Ruf, γαρ-γαρ-ίς θόρυβος. — ksl. glagoliti sprechen. sskr. jar jarate rauschen, knistern, schnattern, crepare; sich hören lassen, rufen.

kara Sorge, Klage, karja sorgen, klagen.

an. kaera rdha klagen, sich beklagen, Beschwerde führen, vorbringen, anführen, kaerr (kâr-ja-) lieb, werth. + goth. kara f. Sorge, as. kara f. st. Leid, Kummer, Wehklage, ags. cearu st. f. dass.; ahd. chara st. f. Wehklage; goth. karōn und ga-karan (ai) sich kümmern, sorgen, as. karōn beklagen, betrauern, ags. cearian sorgen; ahd. charōn und charēn, mhd. karn beklagen, betrauern; trauern, wehklagen. An. kâra, deutsch kara.

Joh. Sehmidt vergleicht (Verwandtschaftsverhältnisse S. 43) ksl. gorje n. Leid, Wehe, doch gehört dieses zu gorij̆ = χείρων, gorĭkŭ bitter.

krana m. Kranich.

ags. cran m., ahd. cranuh m. Kranich, Krahn.

Vgl. lit. garny-s io m. Storch, Reiher. — γέρανο-ς m. Kranich, Krahn. — corn. garan Kranich.

Vgl. auch lit. gervé f., ksl. žeravĭ m., lat. gru-s m. Kranich.

krâ krâja krähen.

ahd. crájan, chrájan, mhd. kraejen, nhd. krähen, ahd. chrája = nhd. Krähe.

Vgl. lit. groju, gro-ti krächzen, schmähen. — ksl. grajǫ gra-ti krächzen, graj̆ m. Lied, Rede.

kar sich richten, wenden; zusammenkommen.

ahd. kêran, chêrran richten, wenden, kehren, intrs. Richtung nehmen auf, gehen, kommen, ags. cordhor = ahd. chortar n. Heerde, Schaar.

Vgl. lit. žara-s m. Richtung, Reihe, Ordnung, gretas dicht bei einander (oder zu sskr. grath knüpfen).

ἀ-γείρω, ἀγορά, ἀγυρμός. — lat. grex gis.

sskr. jar jarati sich nähern, herbeikommen, grá-ma m. Verein, Schaar, Gemeinde, Dorf.

karla m. Mann, Kerl.

an. karl g. karls pl. karlar m. Mann, Ehemann, alter Mann, armer Mann, kerling pl. ar f. altes Weib. + ags. cearl st. m. 1 Mann, Ehemann, gemeinfreier Mann, engl. churl Kerl; ahd. karl, charl, charal pl. charalá m. 1 Mann, Ehemann, Buhle, Karl Eigenname, nhd. Kerl. Vgl. sskr. jára m. Buhle, Geliebter.

Vgl. sskr. jára m. Liebster, Buhle, a-gru unverheirathet.

karlman, karlmanna m. Mannsmensch, männlicher, mannhafter Mann.

an. karlmadhr m. Mann, tüchtiger Mann. + altfränkischer Eigenname Karlmann.

(Wie von kar:)

koru schwer.

goth. kauru-s schwer, gewichtig, nom. pl. f. kaurjôs, kaur-jan beschweren, kauri-tha f. Last, kaur-ei f. Schwere, Last, Fülle, un-kaurein-s f. Unbeschwerlichkeit.

Vgl. βαρύ-ς schwer. — lat. grávi-s. — sskr. guru comp. gariyâns schwer.

karta Kerze.

an. kerti n. Kerze, kerta-stika f. Leuchter. + ahd. carz, charz m. u. charza st. f. und kerzá, cherzá, mhd. kerze schw. f., nhd. Kerze f., Leuchte, Licht; ahd. charzi-stal, mhd. kerze-stal n. Kerzengestell, Leuchter.

Zu sskr. jvar glühen (?) vgl. kola Kohle. Oder aus lat. cêrâta Wachs-
licht?

karb kerban karb korbana kerben.

ags. ceorfan, ahd. kĕrban, mhd. kerben abl. 1, nhd. kerben kerbte.
Vgl. γράφω ritze, kerbe, zeichne, schreibe, γραπ-εύ-ς.

kal kalt sein, kalan, kôl, kalana kalt sein, frieren.

an. kala kôl kalinn frieren, Kälte empfinden, kaldr kalt s. kalda, kaldi
m. Kälte; Ilass, Feindschaft, kôlna adha erkalten. + deutsch in kalda
w. s. und in ahd. chuoli, mhd. küele, nhd. kühl (Grundform kôl-ja-), davon as. kôlôn, ags. côlian; ahd. chuolôn und chuolên, mhd. kuolen kühl
werden, sein.
Vgl. ksl. golotŭ m. Eis, .glŭt-ĕnŭ eisig.
Lat. gelu, gelefacio, gelidus, geláre, gelascere.

kalda kalt.

an. kaldr, kôld, kalt kalt. + goth. kald-a-s, as. kald; ags. ceald;
ahd. calt, chalt, mhd. kalt, nhd. kalt. Part. pf. von kalan.

(kal = kvar) schlingen.

Germanisch in kelan, kelra, kelka.
Vgl. lat. gula, in-gluvies (= in-gulies) glŭtire, vgl. nsl. golt m. Schlund,
po-glŭt-ati glutire.
Im l stimmt zufällig sskr. gargilati (neben girati) gala m. Kehle neben
zend. garañh n. Kehle, gareman m. Gurgel.

kela-n f. Kehle.

ags. ceole, ahd. kelâ, chelâ, mhd. kele, nhd. Kehle f.
Vgl. lat. gula f.
sskr. gala m. Kehle, zend. garañh n. Kehle, gareman m. Gurgel.

kelra m. Kehle, Schlund.

ahd. celur m. chelero m. und chelera f. Schlund.
Vgl ksl. grŭlo, źrŭlo, źrêlo, źdrêlo n. Kehle, Schlund.
Nimmt man celur als alten as-Stamm, ist zend. garañh n. Kehle
herbeizuziehen; ist ksl. lo = lit. kla-s, muss man ksl. grŭlo dem
lit. gerklé f. gurkly-s f. Schlund gleichsetzen.

kelka Schlund, Kropf. ·

ahd. kelch, chelch, mhd. chelch m. 1. struma, Kropf.
Vgl. ksl. źlêza f. glandula.
Gebildet wie kverka gurgeo w. s.
Nach Joh. Schmidt, Verwandtschaftsverh. S. 43.

(kal) rufen, schreien, aus kar.

kalla Rufen, Schreien.

an. kall n. das Rufen, Schreien, vgl. kalls oder kals n. Aufforderung. + mhd. kalle st. f. Gerede, Geschwätz.

kallâ rufen, schreien.

an. kalla kalladha nennen, sagen, rufen. + ags. ceallian
rufen; ahd. challôn, mh. kallen viel und laut sprechen,
schwatzen. Von kalla denom.

klak tönen.

an. klaka schreien, klagen. + mhd. klac m. Knall, Bersten,
mhd. kleckan, nhd. klecken.
Aus kal vgl. ksl. groza f. Drohung, Schrecken, sskr. garj garjati
schreien, anschreien.

kalba m. Kalb.

an. kâlfr m. Kalb. + as. kalf, ags. cealf m. n., engl. calf; ahd. calp,
chalp, mhd. kalp g. kalbes n., nhd. Kalb n. Dazu die schwachen Formen
goth. kalbôn- f. ahd. kalbâ, chalpâ, mhd. kalbe f. weibliches Kalb, Rind.
Dazu ahd. ags. cilfur-lamb, ahd. chilburra, mhd. kilbere f. weibliches
Lamm.
Vgl. lat. galba Dickbauch, δέλφ-αξ, δελφύ-ς, vielleicht ksl. żrěbę n.
junges Thier (bedenklich wegen des r).
Zu sskr. garbha m. Mutterschooss, Embryo, Junges vgl. βρέφος n. Wz.
garbh greifen.

kolba-n m. Kolben.

an. kölfr m. Pfeil, Wurfspiess, kylfa f. Schlägel, Keule. + ahd. colbo,
cholpo, mhd. kolbe schw. m. nhd. Kolben m. dicker Stecken, Knüttel,
Keule.
Mit kalba scheinbar gleichen Stammes.

kas werfen, aufwerfen, kastâ werfen.

an. kös g. kasar f. congeries, köstr m. Haufe, acc. i köstu vgl. lat. sug-
gestu-s, kasa adha begraben (von kös) kesja f. Lanze, kasta adha werfen,
mit dat. des Geworfnen. + engl. cast werfen (aus dem Nordischen?), ahd.
chës, mhd. kës n. fester Boden, gefrorenes Erdreich, mundartl. bairisch
kes n. Gletscher.
Dazu ahd. mhd. kis = nhd. Kies, kisil = Kiesel. — ksl. żestokū hart,
żesto-ta f. durities.
Vgl. lat. gero, gessi, ges-tum, gerere in ag-ger, con-geries, sug-gestus,
gestâro cf. βασ-τά-ζω.

kasa n. Gefäss, Krug, Tonne.

an. ker n. Trinkgefäss, grosses Gefäss, Trog, ker-ald n. dass. +
goth. kasa- n. Gefäss, Krug, Tonne; ahd. char, mhd. kar st. n.
Gefäss, Schüssel, Wanne, Trog.
Wohl zu kas; die Zusammenstellung mit lat. vâs pl. vâsa Gefäss
ist höchst bedenklich.

kî keimen, kîan kai.

gotb. keian, kai, kijum, kijans keimen; ahd. chimo, nhd. Keim.

Vgl. lit. gyju, gy-ti aufleben, genesen, gaju-s heilsam. — ksl. goj’ n.
Freude. — lat. vi-rêre.
sskr. ji jinvati, pra-jinoshi sich regen; frisch, lebendig sein; erregen, er-
quicken, fördern.

kidja n. Böckchen, Kitz.

an. kidh g. pl. kidhja n. Böckchen. + engl. kid, kidden; ahd.
kizzi, chizzi (und kizzin, chizzin), mhd. kitze, kiz n. (und kitzin
n.), nhd. Kitz, Kitzchen, Junges der Ziege, des Rehes, der
Gemse. Die hochdeutschen Formen scheinen auf einem Thema
kid-sja zu beruhen, vgl. gaita- und gait-si-s Geiss. Zu ki goth.
kei-an sprossen, wozu auch as. kidh, ags. cidh st. m. Spross,
Schössling.

kin keimen, kînan, kain, kinana.

as. ahd. kinan, mhd. kinen keimen.
Vgl. sskr jinv, jinvati, pra-jinoshi lebendig werden; germanisch
kin aus kinu = sskr. jinu- Praesensthema; vgl. lit. gy-nu alt
neben gy-ju.

kindi f. Nachkommenschaft, Kind.

an. kind pl. kindir f. infans, proles, mann-kind = engl.
mankind Menschengeschlecht. + as. kind; ahd. kind, chind,
mhd. kind g. kindes n. Kind. Zunächst zu kin ahd. kinan
keimen und damit zu ig. gi.

keula m. Kiel, Schiff.

an. kjöll g. kjöls pl. ar m. Kiel, Schiff poet. + ags. ciól, ceól engl. keel;
ahd. ciol, chiol, mhd. kiel st. m. 1 Schiff, Schiffskiel.
Vgl. γαυλό-ς, γαῦλο-ς. — sskr. gola m. rundes Gefäss.
Zur Wurzel ku = ig. gu schwellen, zend. gu gûnaoiti mehren, wozu sskr.
guṇa, gavîni Leisten, βουβών, lat. bova, an. kaun Geschwulst u. s. w.

keulja Sack, Ranzen.

an. kŷll m. (d. i. kûl-ja) Sack, Ranzen, kŷla, kŷlda vollstopfen,
füllen mit. + ags. cyll, cylle f. uter, lagena, ahd. kiulla, chiulla
st. schw. f. Tasche, Ranzen. Vgl. γύλιο-ς.

kitla Kitzel.

an. kitl n. Kitzel. + nhd. Kitzel m.
Wahrscheinlich zu ki erregen.

kitlâ kitzeln.

an. kitla, kitladha kitzeln. + ahd. chizilôn und chuzilôn, mhd.
kitzeln und kützeln, nhd. kitzeln. Denom. von kitla.

kennu f. Backe, Wange, Kinn.

an. kinn g. kinnar pl. kinnr, kidhr f. Backe, Wange. + goth. kinnu-s f.
Wange, Backe, ags. cin f. as. vgl. kinni (d. i. kinn-ja) f. n. Kinnbacken,

Kiefer, ahd. kinni, chinni, mhd. kinne st. n. Kinn, Kinnbacken, kinn-ja
von kinnu-, wie γενεfιο-, γένειο-ν von γένυ-ς..
Vgl. γένυ-ς. — lat. genu-inu-s, gena. — altirisch gen Mund.
sskr. hanu m. f. Kinnbacke, Wange.

kib keifen, zanken.

an. kif g. kifs n. Zwist, kifa adhs zanken, keifen, kifinn keifend. + mhd.
kiben st. v. abl. 5 keifen, zanken, schelten, kiveren zanken, kip g. kibes
st. m. Zank, Keifen, Eigensinn; Wettstreit, Fifer, Leidenschaft.
Zur Wurzel sskr jabh, jambhate schnappen, mit dem Maule packen, s.
kamba.

kîba Zank.

an. kif g. kifs n. Zwist. + mhd. kip g. kibes st. m. Zank.

kela m. Kiel (kelu?).

an. kjölr g. kjalar pl. kilir m. (u-Stamm?) Kiel, Schiffskiel. + mhd. kil
st. m. Kiel, Federkiel, Stengel. Nicht mit kiula zu verwirren.

kogla Kugel, kuglâ kugeln.

an. kogla adhs kugeln, wie eine Kugel rollen. + mhd. kugele kûls schw.
f. Kugel, nhd. Kugel, kugeln, mhd. kügellin st. n. kleine Kugel, Kügel-
chen.
Dazu auch ahd. chegil, nhd. Kegel m.
Vgl. γογγύλο-ς rund.

kota n. kleine Hütte.

an. kot n. kleine, unansehnliche Hütte, kot-karl m. Kotsass, vgl. an.
kyta, isländ. kytra f. Hütte. + ags. cyte f. Hütte, engl. cot, cottage;
nd. kot, kotten vgl. kötter, kötner, kot-sass kleiner Bauer.

kus, keusan, kaus, kusum, kusana küren, wählen, prüfen.

an. kjósa, kaus, kurum oder kjörum, korinn wählen, kjör (für kur) n.
Wahl. + goth. kiusan, kaus, kusum, kusans prüfen, erproben, wählen,
as. kiosan, ags. ceósan; ahd. chiosan, mhd. kiesen, nhd. kiesen, kor,
erkoren.
Vgl. γεύω, γεύομαι. — lat. gunere, gus-tu-s, gus-tare.
sskr. jush, joshati kiesen, küren, gern haben, sich munden lassen.

kusta m. Wahl.

an. kostr g. kostar pl. kostir m. Wahl, Gelegenheit, Bedingung,
Lage, Umstände. + ahd. chost m. n. arbitrium. Vgl. goth. kustu-s
= lat. gustu-s. Von kiusan.

kustâ kosten.

as. kostôn, ahd. costôn, chostôn, mhd. kosten, nhd. kosten.
Vgl. lat. gusto, gustâre.

kusti f. Prüfung, Wahl.

goth. ga-kust-i-s f. Prüfung, das Erprobte, as. kust, ahd. kust f.
2 Wahl, Vorzug, Bestes.
Vgl. sskr. jushṭi f. Liebe, Gunst, Befriedigung.

kustu m. Prüfung.

goth. kustu-s m. Prüfung.
Vgl. lat. gustu-s m.

kussa m. Kuss.

an. koss pl. kossar m. Kuss + as. kus, koss, ags. coss, cyss m.,
engl. kiss; ahd. cus, chus g. cusses, mhd. kus g. kusses st. m.,
nhd. Kuss pl. Küsse. Aus kus-ta vgl. lat. gust-ulu-m Kuss.

kussja küssen.

an. kyssa, kysta küssen. + as. kussjan, ags. cyssan, engl.
kiss; ahd. cussan, chussan, mhd. küssen, nhd. küssen.
Denom. von kussa.

kusp knüpfen (knusp).

as. kosp f. = ags. cysp f. Fessel, Band, ags. cyspan binden, dazu auch
Knospe Knopf, knüpfen, Knauf.
Vgl. sskr. gushpita verflochten, verschlungen, gumph, gumphati knüpfen.

kola n. Kohle.

an. kol n. Kohle. + ags. col; ahd. chol, mhd. kol st. n. Kohle, Kohlen-
haufe und abd. colo, cholo, mhd. kole, kol.schw. m., nhd. Kohle schw. f.
Zur Wurzel, sskr. jvar, jval glühen, jûr-ṇi Gluth

knad kneten (knedan, knad).

an. in knodha, knodhadha kneten. + ahd. cnêtan, chnêtan, mhd. knêten
st. v. abl. 2 kneten, ahd. chnêt st. m. geknetete Masse, Teig.
Vgl. ksl. gnetą, gnes-ti drücken, kneten, preuss. V. gnode Teigtrog,
Backtrog.

knara m. Schiff.

an. knörr g. knarrar m. (u-Stamm?) und knarri m. Handelsschiff. + ags.
cnear m. Schiff, vielleicht entlehnt.

knib kneifen, kneipen.

an. in knif-r Messer. + ndd. knipen, nhd. kneifen, kniff, gekniffen.
Vgl. lit. żnyp-iu, żnyp-ti kneifen (Krebs), beissen (Gans), das Licht pu-
tzen, żnyp-té f. Zange, Lichtputzscheere, Nussknacker.
Zur Wurzel sskr. jabh, jambhate schnappen, mit dem Munde packen.

knîba m. Messer, Kneif.

an. knifr m. Messer. + engl. knife, ndd. Kneif, Schustermesser,
Able. — Zu kneifen, kniff.

knoda m. Knoten.

an. knûtr m. Knoten, knŷta, knŷtta knoten, binden, knüpfen. + ags.
cnotta schw. f. engl. knot; ahd. chnodo, mhd. knote schw. m. nhd. Knoten, ndd. knütten (knoten, knüpfen =) stricken.
Vgl. lat. nôdu-s (für gnodu-s), sskr. gaṇḍa m. Knoten, Knolle, Knäuel,
ἀ-γαϑ-ή Knäuel, ahd. chwadilla, ndd. Quaddel pustula.

knus schlagen, stossen, misshandeln.

an. knosa adha schlagen, stossen, misshandeln. + ags. cnyssan, ahd.
chnusian dass. Zunächst aus knu vgl. an. knŷja knûdha stossen, schlagen,
knûi m. Knöchel.

kneva n. Knie.

an. knê g. pl. knjâ n. Knie. + goth. kniva- nom. kniu n. as. knio; ahd.
chnêo, cniu, chniu, mhd. knie n. nhd. Knie. S. ig. ganu, gnu.
Vgl. γόνυ n. — lat. genu. — sskr. jânu n., zend. zhnû m. zanva n. pl.
genua.

krank occumbere.

ags. crincan, ge-crincan praet. cranc, ge-cranc occumbere. S. kranka.

kranka krank, schwach.

an. krankr schwach, leidend, krank. + ags. cranc; mhd. kranc
schwach, schmächtig, gering, leidend, krank, nhd. krank.

kranta, kranti m. Kranz.

ahd. chranz, cranz, mhd. kranz m. 1, nhd. Kranz, pl. Kränze; vgl. ahd.
creiz m. Kreis (isländ. krans, dänisch krands aus dem Deutschen?).
Vgl. lit. grandi-s m. ein Ring, Armband, Reif des Rades.

krap, kramp zusammenziehen.

Germanisch in krafti, kramp, krampa, vgl. ahd. chrapho, nhd. Krapfe
m. krummes Gebäck, nhd. Krampe f. Thürklinke, Krempe u. s. w.
Vgl. lit. garbanà f. Locke, preuss. garb-s Berg, ksl. grŭbŭ m. Rücken,
Berg u. s. w.

krafti (krafta) Kraft.

an. kraptr g. und n. pl. kraptar m. (auch krapti schw. m.) Kraft,
Gewalt, Zauberkraft. + as. kraft, engl. craft Zauberkraft; ahd.
craft, chraft, mhd. kraft, nhd. Kraft pl. Kräfte st. f. 2 Kraft,
Heereskraft. Die alten Themen auf -ti sind im Nord. oft in a-
Stämme masc. gen. übergegangen.
kraf-ti bedeutet eigentlich Zusammenziehung, Anspannung.

kraftaga kräftig.

an. kröptugr kräftig, wirksam. + as. kraftag; ahd. chref-
tic, mhd. kreftic, nhd. kräftig. Von krafti.

kramp zusammenziehen, krümmen, krumpfen.

an. kreppa (= krampja), krepta zusammendrücken, kneipen, krümmen, kreppa f. Zusammenziehung, Enge, krappr, kröpp, krapt gedrängt, eng, krumm; kropna adha sich zusammenziehen; steif werden vor Kälte, kryppa f. Buckel. + ahd. krimfan, mhd. krimpfen, krampf, abl. 1 krampfhaft zusammenziehen, mhd. krampf m. nhd. Krampf m., ahd. chramph, cramf gekrümmt, ahd. crapho, mhd. krapfe m. Haken, Klammer, davon nhd. Krapfen, Gebäck von gekrümmter Form. Vgl. ksl. grûba- f. Krampf, grûbŭ m. Rücken (= Buckel, Wölbung) Krampf; Sarg (= Wölbung) altpreuss. grabi-s Berg = Rücken, Buckel; slavo-deutsch grab krümmen.

krampa gekrampft, gekrümmt.

an. krappr (= kramp-r), kröpp, krapt gedrang, eng; ge-krümmt. + ahd. chramph, cramf gekrümmt. Von kramp.

kraban m. Krebs, Krabbe.

an. krabbi m. Krabbe. + ags. crabba schw. m., engl. crabbe, ndd. Krab-be, daraus weitergebildet ahd. chrepazo, crebiz, mhd. krebez, krebz, nhd. Krebs m., ndd. krebet, ditmars. kraut (contrahirt aus krawet = krabet). Zu karb kerben.

krablâ krabbeln.

an. krafla adha attrectare, krabbeln, krafsa, krapsa (würde ahd. chrapisôn lauten) kratzen. + nhd. krabbeln.
Zu karb kerben, ritzen

kram drücken, kratzen, kneipen.

an. kremja, kramda contundere, peinigen (Krankheit), kröm pl. kramar f. anhaltende, schwere Krankheit. + ahd. crimman, chrimmen, mhd. krim-men st. v. abl. 1 drücken, kratzen (mit Klauen) kneipen, ndd. krimmen (von Hühnern, scharren).
Vgl. lit. gram-dýti kratzen, schrappen.

krama, kvrama feucht.

an. kramr und krammr, krömm, kramt flüssig, halbflüssig. + goth. in qrammi-tha f. Feuchtigkeit. Vgl. lat. gramia, $\gamma\lambda\dot\eta\mu\eta$.
Vgl. lit. grim-sti einsinken.

krenga m. Ring, Kring.

an. kringr rund m. Kring, kringja einen Kring bilden, kringla f. Ring vgl. nhd. Kringel. + nhd. Kring m. Kringel f. Vgl. lit. gręžiù gręž-ti drehen, wenden, winden, bohren. Nicht mit hringa Ring w. s. zu ver-wechseln.

krut $\gamma\varrho\acute\upsilon\zeta\omega$ (aus kru).

an. krytja, krutta knurren.

Vgl. γρῦ, γρῦ-λο-ς, γρύζω. — lat. grundio, grunnio grunzen. — lit. grau-ja, grau-ti krächzen, donnern.

krup, kreupan, kraup, krupum, krupana kriechen.

an- krjûpa, kraup, krupum, kropinn kriechen, an der Erde hinschleichen. + ags. creópan, engl. to creep kriechen; nd. krûpen, mhd. krûfen kriechen, nhd. dialect. „Krup"bohnen, kriechende Bohnen.   „Was krauft (sic) denn da im Busch herum."

krupila m. Krüppel.

an. krypill m. Krüppel. + amhd. cruppel, mhd. kruppel, nhd. Krüppel m. Von kriupan.

klaitha Kleid.

an. klaedhi (aus klâdh-ja) Kleid, klaedha (= klâdh-ja) kleiden. + ags. clâdh st. m. 1 engl. cloth; mhd. kleit g. kleides pl. kleit und kleider st. n. nhd. Kleid, pl. Kleider n. mhd. kleiden = an. klaedha = nhd. kleiden.

klaga f. Klage.

ahd. clagâ, mhd. klage, nhd. Klage f.
Vgl. sskr. garh, garhati klagen, garhâ f. Tadel, Vorwurf.

klap, klamp zusammenschlagen, umfassen.

ags. clippan, engl. to clip umarmen, an. klippa mit der Scheere ab-schneiden (durch Zusammenschlagen, Abkneifen), an. klappa klappen s. klapâ, mhd. klimpfen, klampf zusammenziehen, fest zusammendrücken, ahd. clâftara = nhd. Klafter. Vgl. krap zusammenziehen.
Vgl. lit. glêb-y-s m. Armvoll, ap-glêb-ti mit den Armen umfassen, glob-ti umfassen, umarmen, preuss. po-glab-u er umarmte, herzte.

klap abschneiden.

an. klippa, klipta mit der Scheere schneiden, klippingr m. abge-schorenes, trocknes Fell. + ahd. kluppa, chluppa, mhd. chluppe f. forceps, forcipula, Göthe: die Kluppen.   Vgl. klapâ zusammen-schlagen.

klapâ klappen.

an. klappa, klappadha klappen, schlagen mit der Hand. + ahd. claph, chlaph, mhd. klapf pl. klepfe, kleffe st. m. 2 Schlag, Stoss; Krach, Knall; Geräusch, Geschwätz; abgerissener Fels, nhd. Klipp und Klapp, davon ags. clappan, ahd. chlaphôn, claffôn, mhd. klaffen, zusammenschlagen, klappen, klappern; · schwätzen, afterreden.

klamp zusammendrücken.

mhd. klimpfen, klampf zusammendrücken, davon

klambra Klammer.

an. klömbr g. klambrar f. Klammer. + mhd. klammer,

nbd. Klammer f. ahd. chlampheren, mhd. klembern klam-
mern. Vgl. mhd. klimpfen abl. 1 zusammenziehen, fest
zusammendrücken offenbar = krimpfen. Vgl. kramp.

klaf tönen, kläffen.

an. klifa singen, schallen. + nhd. kläffen, Kliff und Klaff.
Vgl. sskr. jalp, jalpati murren, reden.

(klu) zusammenziehen.

Germanisch in klevan, klâva.
Vgl. lat. glu-ere zusammenziehen.

klevan f. Ballen, Knäuel.

ahd. chliuwa (= kleuvan-), md. klûwen, ndd. klûn.
Vgl. sskr. glau f. Ballen, grávan m. = λᾱα-ς Stein.

klâva f. Klaue.

an. klô g. klôar pl. kloer f. Klaue, klô-ast sich mit Klauen einander bekämpfen, vgl. klâ (klô) reiben, ndd. klêen. + ags. clâvu
und cleó st. f., ahd. chlâwa, clôa, chlôa st. f. 1, mhd. klâ, clâ,
chlô st. f. und pl. schwach klâwen, contrahirt klân, nhd. Klaue,
pl. Klauen. Vom Zusammenziehen, vgl. ahd. cliuwa f. Knäul
und lat. gluero zusammenziehen.

klib, klîban, klaib, klibum, klibana klimmen, kleben, eigentlich festen Fuss fassen.

an. klifa, kleif, klifum, klifinn steigen, klimmen. + ahd. cliban, chlipan,
mhd. kliben abl. 5 (festen Fuss =) Wurzel fassen, festsitzen, nhd. be-
kleiben, beklieb, beklieben Wurzel fassen, angehen (Pflanze). Aehnlich
lit. lip-ti kleben = lip-ti steigen. Vgl. ahd. climban, clamb, nhd. klimmen klomm und lit. gleb-ti glatt werden.

kliba n. Klippe.

an. klif n. Bergrücken, Klippe (auch kleif f. dass.) + as. klif g.
klibbes, ags. clif n., engl. cliff; ahd. clëp n. nhd. Klippe. Zu kli-
ban aufsteigen, kleben.

klub, kleuban, klaub, klubum, klubana spalten, klauben.

an. kljûfa, klauf, klufum, klofinn spalten, klofna adha sich spalten, klyfja
klyfdha spalten, klyf g. klyfjar pl. klyfjar f. die zweigetheilte, auf beide
Seiten des Pferdes vertheilte Last, klyfja adha so belasten, klauf pl.
klaufir f. die (gespaltene) Klaue. + as. kliobban, klôf klubhun sich spalten, te-kliobhan auseinanderreissen; ahd. clioban, chliopan, mhd. klieben
abl. 6 spalten.
Vgl. γλύφω, lat. glubo, glûbere.

kluban m. Kloben, gespaltenes Stück Holz.

an. klofi m. Thürkloben. + ahd. clobo, chlobo m. Kloben zum
Vogelfang. Von kleuban spalten.

klôka fein, listig.

an. k'ôkr listig, verschlagen, kloeki (= klôkja) flagitium, kloeki-ligr schmählich, schandbar. + nd. klôk listig, klug, mhd. kluoc fl. kluoger fein, schmuck; geistig fein, klug; weich, üppig.

klokkan f. Glocke.

an. klukka f. Kirchenglocke. + ags. clucge schw. f., engl. clock; ahd. cloccâ, gloccâ, gloggâ mhd. glocke, glogge schw. f., nhd. Glocke. Aus dem Celtischen entlehnt.

kvaina Wehklage.

an. kvein g. kveins n. Klage, Wehklage. + deutsch s. kvainâ. Zur Wurzel ga, gi in sskr. gâ, gâyati part. gi-ta singen, lit. gei-d-mi singe, gai-d-ys Hahn, sskr. ga-d, lit. žad sprechen u. s. w.

kvainâ wehklagen.

an. kveina, kveinadha klagen, jammern, sich beklagen. + goth. qainôn weinen, wehklagen, ags. cvânian klagen, beklagen. Nicht mit vainâ weinen zusammenzuwerfen, das zu vai wehe gehört.

kvath, kvethan, kvath, kvâthum, kvethana sagen, sprechen.

an. kvedha, kvadh, kvâdhum, kvedhinn sagen, sprechen, kvôdh f. Zeugniss, kvidhr g. kvidhar pl. ir m. Zeugniss, Zeuge, kvadha f. petitio, actio debiti, kvaedbi n. Gedicht. + goth. qithan, qath, qêthum, qithans sagen, sprechen, as. quedhan, quadh. quâdhun, ags. cvedhan, engl. quoth he; ahd. quëdan, chëdan, mhd. quëden, këden sagen, sprechen. Aus ig. ga (sskr. gâ gâyati) wie stath aus sta stehen.

kvathja grüssen, anreden.

an. kvedbja, kvadda grüssen, anreden. + as. queddian, quedida, quadda grüssen, anreden; ahd. (quetjan), quettan grüssen, begrüssen, anreden; segnen. Zu kvethan.

kvaba Quappe.

mhd. quappin-rûse f Quappenreuse, nhd. Quappe f.
Vgl. ksl. žaba f. Frosch, russ. žaba f. Kröte vgl. preuss. V. gabawo f. Kröte.
Zur Wurzel sskr. jabb Mund aufsperren, schnappen.

kvam, kveman, kvam, kvâmum, kvomana kommen.

an. koma, kvam, kvâmum, komiun kommen, gelangen; bringen, wohin schaffen, kominn gekommen m. Ankömmling, kvâma (kvôma, koma) f. das Ankommen, Ankunft, kvaemr s. kvâmja. + goth. qiman, qam, qêmum, qumans kommen, as. kuman, ags. cuman, engl. come; ahd. quëman, quam, quâmum, coman, mhd. komen, kumen, nhd. kommen. S. ig. gam, gamati. Vgl. *βαίνω.* — lat. venio, vêni, ventum, venire. — sskr. gam, gamati, gacchati gehen, kommen.

kvâmja was kommen kann, darf, muss.

an. kvaemr zu kommen berechtigt, hug-kvaemr erinnerlich, was leicht ins Gedächtniss kommt. + ahd. bi-quâmi, mhd. bequaeme passend, passlich, nhd. bequem. Von kveman kommen.

kval quellen.

an. in kelda f. Quelle. + ahd. quellan, nhd. quellen, quoll, gequollen.
Vgl. sskr. gal, galati herabträufeln, jala Wasser.

kval gequält sein.

ahd. quelan cruciari, s. kvala, kvalja.
Vgl. lit. gel-ti schmerzen, weh thun, gela Schmerz, Gil-tinė Todesgöttin, preuss. golis Tod, galla-ns die Todten s. Joh. Schmidt, Verwandschaftsv. S. 43.

kvala f. Qual.

an. kvöl pl. kvalar f. Qual. + ags. cvalu f. nex und as. quala f. neben quâla f. Todesqual, Marter; ahd. quâla, chwâla, châla, mhd. quâle, kâle st. f. Qual, Marter, Plage, gewaltsamer Tod.
Vgl. lit. gela f. Schmerz.

kvalja quälen.

an. kvelja, kvalda quälen, peinigen. + as. quellian, quelida tödten, am Leben strafen, engl. to kill; ahd. (queljan), quellan quelita qualta, mhd. queln, koln quälen, martern, zu Tode peinigen. Von kval, as. quelan qual, ags. cvelan, ahd. quëlan gewaltsam sterben. S. slavodeutsch gal.

kvith bekümmert sein, kvîthan kvaith kvithana.

an. kvidha kveidh kvidda bekümmert, in Angst sein wegen, kvidhinn bekümmert, timidus. + ags. cvidhan praet. cvidhdon queri, lamentari, deplorare.

kvethu m. Bauch, Mutterschooss.

an. kvidr g. kvidhar pl. ir m. Bauch. + goth. qithu-s m. Bauch, Mutterschooss, vgl. ahd. quiti st. m. vulva, woher nhd. obscön Kutte (quitja-aus kvithu- wie kinnja- aus kinnu- Kinn). Gleichen Stammes mit kvethra.

kvethra m. Bauch, Magen.

goth. in laus-qithr-a-s leeren Magens. + S. ig. gatara, sskr. jaṭhara Bauch.
Vgl. γαστήρ, γάστρα. — lat. venter. — sskr. jathara Bauch, Magen.

kverru ruhig, sanft, kirr, daraus kverrja.

an. kyrr ruhig, sanft, still, ohne Begebenheit, kyrra (kyrrja) kyrdha ruhig machen, kirren. + goth. qairru-s sanftmüthig, qairrein- f. Sanftmuth, mhd. kürre sanftmüthig, milde, zahm, kirre, nhd. kirre zahm (von Thieren) kirren zahm, kirre machen. kyrr (= kurrja) = mhd. kürre (= kurrja) aus älterem, im goth. erhaltenen kvirru-.

kviva (kvika) lebendig, quick, keck.

an. kvikr lebendig, lebhaft, quick. + goth. qiva- nom. qiu-s lebendig; as. quik, ags. cvic, cvuc, cuc, engl. quick; ahd. quëc, quëh, mhd. quëc, ahd. auch chëch, mhd. këc, nhd. Queck-silber, er-quick-en und keck. Das Goth. kennt die Corruptel kvika noch nicht; sie stimmt (zufällig) mit der gleichen im lat. vixi, vic-tus neben vivo, vivus.
Vgl. lit. gyva-s lebendig. — ksl. živŭ lebendig. — preuss. gywa-n acc. das Leben.
βίο-ς Leben. — lat. vivus. — altirisch biu lebendig.
sskr. jiva lebendig m. n. das Leben, altpers. jiva Leben.
Von dem Verb lat. vivo vixi victum vivere. — sskr. jiv jivati leben.

kvivnâ (kviknâ) lebendig werden.

an. kvikna adha lebendig werden. + goth. qiunan qiunôda lebendig werden. Von kviva, kvika.

kvivja lebendig machen.

goth. in ana-qiujan lebendig machen.
Vgl. ksl. življą živiti lebendig machen, beleben.

kvis verderben.

goth. in qis-tjan verderben, qistein-s f. Verderben.
Vgl. lit. gaisz-ti verderben.
Zur Wurzel sskr. ji jináti bewältigen, vgl. βία, lat. vi-re-s, vie-scere.

kvista m. Zweig, Blätterbüschel.

an. kvistr g. kvists acc. und pl. ir m. (u-Stamm) Zweig, vgl. kvisl n. Zweig + ahd. quësta f., mhd. quëste, koste, kaste schw. f. m. auch quast st. m. Büschel, Federbüschel, Quast; Badequast, Badeschürze. Wohl nicht zu an. kvisa adha wispern, flüstern?

H.

haiha einäugig oder blödsichtig.

goth. haih-a-s einäugig.
Vgl. lat. caecu-s blind, dunkel. — altirisch caech, cambr. coeg, corn. cuic einäugig.

haitan, hehait, haitana heissen.

an. heita hêtt heitinn heissen = genannt sein, verheissen, an- aufrufen. + goth. haitan haihait haitans heissen befehlen; rufen, einladen, aufbieten, as. hêtan hêt hiet, ags. hâtan hêt; ahd. heizan hiaz, mhd. heizen hiez, nhd. heissen, hiess, geheisssen. Von ig. ki κίνυμαι durch d = t.

haita n. Geheiss, Verheissung.

an. heit n. Verheissung, Gelübde. + goth. bi-haita- n. Streit,

ga-haita- n. Verheissung; ahd. ant-heiz, pi-heiz, gi-heiz, fora-heiz,
ur-heiz m., mhd. heiz st. m. Befehl, Geheiss; nhd. Ge-heiss. Von
haitan.

haitha f. Heide, Heidefeld, Feld.

an. heidhr pl. heidhar f. Heide, heidh niedriger, flacher Gebirgsrücken. +
goth. haithja- f. Feld, ags. haedh f., engl. heath Heidekraut; ahd. heida
f. Heidekraut, mhd. heide f. Heide, nhd. Heide.
Vgl. lat. bû-cétu-m Trift (= „Kuh-heide"). — altirisch cíad Wald in cíad-
cholum Waldtaube, cambr. coit Wald. Vgl. haida, haidra heiter, oder
vielleicht besser sskr. kshotra Feld.

haithana heidnisch, paganus.

an. heidhinn heidnisch. + goth. in haithnôn- f. Heidin, as. bêdhin,
ags. haedhen, engl. heathen; ahd. heidan; mhd. heiden heidnisch,
sbst. m. der Heide. Nachgebildet dem lat. paganus, indem man
haitha Feld dem lat. pagus gleichsetzte.

haithanîn f. Heidenthum.

an. heidhni f. Heidenthum, heidnischer Brauch. + ahd.
heidanî, mhd. heiden f. Heidenthum, Heidenschaft.

(haid aus hid) merken auf, erscheinen.

Vgl. altpreuss. quoit wollen. — sskr. cit cotatiti ciketti wahrnehmen,
wollen, sich zeigen, erscheinen.

haida, haidra heiter.

an. heidh n. Klarheit, heidhr, heidh, heitt heiter, hell, klar. +
as. hêdar, ags. hâdor; ahd. heitar, mhd. nhd. heiter, hell, klar,
heiter. An. heidhr g. heidhrs und heidhar m. Ehre = sskr.
cetas.

haidu m. Erscheinung.

an. heidh-r m. Ehre, Stand, Würde. + goth. haidu-s m. Art und
Weise, ags. hâd m., ahd. heit m. f., nhd. in Schön-heit, Klar-heit,
Wahr-heit.
Vgl. sskr. ketu m. Lichterscheinung, Helle, Klarheit; Erscheinung,
Bild, Gestalt, Erkennungszeichen, a-ketu formlos, ununterschieden.

haina Schleif-, Wetzstein.

an. hein f. Schleif-, Wetzstein. + ags. haen f., engl. hone. Von ig. ḳi
schärfen = ḳâ.
Vgl. xῶνο-ς Spitzstein, Kegel, sskr. çâna m. çânî f. Wetzstein.
sskr. çâ çyati schärfen, çâta scharf, çi çinoti schärfen, çita scharf.

haifti f. violentia, Streit.

an. heipt pl. ir f. bitterer Hass. + goth. haifst-i-s f. Streit, Streitsucht,
Zank, Kampf; ags. haest, hêst f. contentio, violentia. Beachte an. heipt

ohne das eingeschobene s der deutschen Formen, so auch in galdra w. s.
Vgl. zend çif schlagen, bohren, çaépa m. Schlag.

haila heil sbst. das Heil.

an. heill unversehrt, vollständig, heil, gesund, glücklich, heil n. Vorzeichen, omen, heill oder heil f Glück, Heil. + goth. hail-a-s, as. hél; ahd.
mhd. nhd. heil wie im Nord. ahd. mhd. heil n. nhd. das Heil, Glück.
Vgl. preuss. kaila- in kail-ûst-isku-n acc. Gesundheit. — ksl. čělü heil,
čělostí f. Gesundheit — altirisch cél, cambr. coil augurium wie an. heil.
καλό-ς, καλλ-ίων, κάλλ-ιστο-ς, κάλλος.
sskr. kalya heil, gesund, wohlauf, ved. kalyâna schön, trefflich, heilsam.

hailaga heilig.

an. heilagr heilig. + as. hêlag, ags. hâlig, halog, engl. holy;
ahd. heilag, heilac, mhd. heilec, heilic, nhd. heilig. Von haila
Gedeihen, Heil wie Γερο-ς beilig = sskr. isbira gedeihlich zu ish
Gedeihen.

hailitha f. Heilheit, Gesundheit.

an. heildh f. Gesundheit. + engl. health; ahd. heilida f. Heil,
Gesundheit. Von haila.

hailisâ Heil beschaffen.

an. heilsa f. Glück, Wohlergeben, heilsa adha grüssen, begrüssen
vgl. heil n. Vorzeichen, omen. + ags. hâlsian, haelsian; ahd.
heilisôn, mhd. heilsen augurari, expiare. Von haila.

hailsama heilsam.

an. heilsamr heisam. + ahd. mhd. nhd. heilsam. Aus haila und
sama.

haisa heiser.

an. hâss heiser. + ags. hâs; ahd. heis, mhd. heis heiser, vgl. mhd. heiser
heiser, schwach, mangelhaft, nhd. heiser. Goth. hais heisst Fackel.

hauan hehau hauana hauen.

an. höggva hjô hauen. + as. hauwan, hëu, ags. heávan; ahd. houwan,
hiu, mhd. houwen, hiew, nhd. hauen, hieb, gehauen.
Vgl. lit. kova f. Kampf, Schlacht. — ksl. kova, kova-ti hauen, kovŭ m.
quod cuditur. — lat. cûdo cûdere, in-cus.

hauja, havja n. Heu.

an. hey (= hauja) n. Heu. + goth. hauja- n. nom. havi gen.
haujis; ahd. hewi, bouwe, mhd. höuwe, hou, hôu st. n. 1 nhd.
Heu. Zu bauan, hauen.

hauna niedrig, sbst. Erniedrigung, Hohn.

goth. haun-a-s niedrig, demütbig, haunjan erniedrigen, ahd. hôna
f., nhd. Hohn m.
Vgl. lett. kaun-a-s m. Schande, Schmach, Hohn; Scham.

haula Bruch am Unterleibe.

an. haull m. dass. + ahd. hóla st. f. dass.

Vgl. ksl. kyla f. = κάλη, κήλη f. Bruch.

hausja hören,

an. heyra (= hausja) heyrdha hören. + goth. hausjan (und hausjón), as. hôrian, ags. hŷran, hêran, hieran, engl. hear; ahd. (hôrjan) hôrran, hôran, mhd. hoeren, nhd. hóren. Denominativ von?

Vgl. ἀκούω?

(hak) hinken.

Germanisch in heka, hank.

Vgl. σκάζω hinke. — sskr. khańj khańjati hinken.

heka Bock, Ziege.

ags. hecen n. Zicklein.

Vgl. ksl. koza f. Ziege, kozīlŭ m. Bock. — sskr. chaga, chága. Bock, chágā Ziege, chagala Bock.

hank, henkan (honkum honkana) hinken.

an. nur im schw. v. hinka hinkadha hinken. + ahd. hincan, hinchan, mhd. hinken hank gehunken, nhd. schwach hinken.

Vgl. σκάζω (= σκαγγ-jω) hinken. — sskr. khańj, khańjati hinken.

hakula m. Mantel.

an. hökull g. hökuls m. Mantel (Priesterscapulier), hckla f. Mantel mit Kapuze, daher der Hekla, Vulcan auf Island, von seiner Eiskappe. + goth. hakul-a-s m., ags. hacele schw. f.; ahd. hachul, mhd. hachel st. m. Mantel. Vgl. ksl. koza f. Fell, Haut.

(hah) lachen (hahan hôh).

ahd. huoh, mhd. huoch m. Hohn, Spott, ahd. huohôn, mhd. huohen verspotten, verlachen. — germanisch hehran Heber.

Vgl. καγχ-ᾶς, καχχά-ζω, καχ-αλάω. — lat. cachinnus, cachinnāri. sskr. kakk, kakh, kakhatī lachen.

hehran m. Heher.

an. hegri, heri m. Heher. + ags. higora, higere, ahd. hehera f. und hegiro m., nhd. Heher.

Vgl. sskr. cakra-vāka m. ein Vogel (cakra- jagend) u. ä.

hanhan hehanh hanhana hangen.

an. hanga hékk hanginn praet. auch schw. hangdha hangen, hangi m. der Gehenkte. + goth. hahan haihah hahans trs. hängen, schweben lassen, in Zweifel lassen; as. bi-hangan part. verhangen, ags. hôn hêng bangen hongen; ahd. háhan hiang gibangan, mhd. háhen hie hienc gehangen hangen, hängen, nhd. hangen hieng gehangen.

Vgl sskr. çank çankate sich bedenken, in Zweifel sein. — lat. cunctāri (?).

hanhja hängen, aufhängen, henken.

an. hengja hangdha hängen, aufhängen. + ahd. (hangjan) hangen (hengjan) hengan, henkan, mhd. bengen, henken, henchen, nhd. hängen, henken. Causale zu hangan, háhan hangen.

hag cingere.

Germanisch in haga, hahsa, hanha, hangista.
Vgl. lit. kinkau kinkýti gürten, schirren (Pferde). — lat. cingo cinxi cinctum cingere. — sskr. kac kacate binden, kánci Gürtel.

haga m. Hag, Geheg.

an. hag-thorn n. Hagedorn, hagi m. Weideplatz. + ahd. hag, hac, mhd. hac g. hages st. m. n. Hag, Geheg, Einhegung, gehegter Wald, Park. Vgl. lat. cohum Hag. Dazu ahd. hagan, hacan, mhd. hagen st. m. 1 Dornbusch, Dorn, Verhack. Vgl. engl. haythorn, mhd. hagendorn, hagdorn m. und an. hagthorn n. Hagedorn. Aus hagen nhd. Hain.

hahsa f. Hesse, Kniegelenk.

ahd. hahsa, mhd. hahse, nhd. Hesse f.
Vgl. lit. kinka f. Hesse und lat. coxa f. — sskr. kaksha m. kakshá f. Gurt, Achsel, Versteck.

hanha und hanhila m. Ferse, Hacken.

an. hoell (auch haell und héll) m. calx, calcaneum. + ags. hóh, hó g. hós m., engl. hough calx, calcaneum und ags. héla, haela, engl. heel, holländ. hiel dass. Nach Grein.
hóha für honha, vgl. lit. kinka f. die Hesse (Pferd), Kniegelenk (Mensch).

hangista m. Ross, Pferd.

an. hestr g. hests pl. ar m. Pferd (Hengst sowohl als Stute). + ags. hengest; ahd. hengist, mhd. hengest m. Wallach, Pferd, erst nhd. ausschliesslich für das männliche, unverschnittene Pferd.
Vgl. lit. kinkau kinkyti Pferde gürten, anschirren.

hag, hagan hôg hagana behagen, passen, geziemen, genehm sein.

an. in hagr, hôg, hag geschickt, hagr g. hags m. Lage, Stellung, Verhältnisse; Nutzen, Vortheil, davon haga adha einrichten, anordnen, hagar es ziemt, háttr (= hahtr) g. háttar m. Art, Weise, davon hátta adha einrichten, bestellen, högr s. höga. + ags. hagian passend sein; ahd. (hagan hóg im) part. ke-hagin; mhd. part. behagen, un-behagen, as. bihagón, mhd. behagen, nhd. behagen; mhd. hage schw. f. Behagen, Wohlgefallen, hôg s. hôga.
Vgl. lat. in cac-ula, con-cinnus, cic-ur, cô-mi-s. — $\chi\bar{\iota}\kappa\upsilon$-ς f. Kraft.
sskr. çak çaknoti vermögen, çak-ti helfen, cag-ma comis, çak-ra stark, helfend, çak-ti Hülfe, Kraft, zend. çac ziemen, té çacaiti es geziemt dir.

hôga bequem, passend.

an. hôgr, hoegr bequem, behaglich, sanft comp. hoegri (geschick-
ter =) rechts, dexter, hôg-ligr leicht zu behandeln. + ags. hôg
geschickt, klug. Von hagan (hôg) passen.

hagla m. n. Hagel.

an. hagl n. Hagel. + ags. hagal, hagol, hägel, hägl m. 1, engl. hail,
hailstone; ahd. hagal, mhd. hagel m. 1, nhd. Hagel.
Vgl. χάχληξ. — lat. coclâcae.

(hat) verfolgen.

Germanisch in hatâ, hatosa, hatja, ags. hentan treiben, hetzen, jagen,
hunta Jäger.
Vgl. lat. cêdere, cadere. — χέ-χαδον, χεχαδόμην ablassen, weichen.
sskr. çad, çadatı gehen, caus. çâdaya hetzen, zend. çad çadayêiti kommen, gehen; weggehen, abstehen, ablassen von; fallen, anfallen.

hatâ hassen, anfeinden.

an. hata adha hassen. + goth. vgl. hatan Stamm hatai hassen
und hatjan hassen, as. hatôn feindlich sein, verfolgen, ags. ha-
tian hatodbe verfolgen, hassen; engl. to hate; ahd. hazôn, haz-
zôn, mhd. hazzen, nhd. hassen. Basis hat vgl. hatesa. Zunächst
denom. von (hata =) ahd. haz.

hatesa n. Hass.

an. hatr g. hatrs n. Hass, hatr-lauss hasslos. + goth. hatisa- nom.
hatis g. hatizis n. Hass, Zorn, hatizôn zürnen; vgl. as. heti, ags.
hete m., engl. hate; ahd. mhd. haz st. m., nhd. Hass m.

hatja hetzen.

ahd. hazjan, nhd. hetzen.
Vgl. sskr- çâdaya caus. treiben, jagen.

hatta (hata) m. der Hut.

an. hattr m. der Hut, höttr g. hattar pl. hettir (u-Stamm) m. und hetta
f. der Hut. + ags. hät m., engl. hat; ags. hättian cum cute detrahere.
Von hat = ig. skad bedecken? vgl. lat. cassis.

(hath) jagen, treiben.

Germanisch in hath, banth, handu, benda.
Vgl. χότος, χοτέω. — lat. catax, catêna. — gallisch catu- Kampf. — sskr.
çatru Feind.

hathu Krieg.

an. nur in Hödhr g. Hadhar m. Name eines Gottes. + ags. hea-
dhu- headho- Krieg, Kampf in vielen Zusammensetzungen, ahd.
hadu- Krieg, Kampf in Zusammensetzungen.
Vgl. altgallisch catu- Kampf in Catu-riges (Kampfkönige), Catu-
slôgi (altirisch slúagagmen), altirisch cath Kampf. — thracisch

Κότυ-ς f. eine Göttin, *Κότυ-ς* thrakischer und phrygischer Männername. Aehnlich *κότος* Groll.

hanth (henthan hanth honthana) erjagen, fangen.

goth. hinthan hanth hunthans erjagen, fangen.

handu f. Hand.

an. hónd g. handar pl. hendr f. Hand. + goth. handu-s f., as. hand, ags. hand, hond f., engl. hand; ahd. hand, hant, mhd. hant pl. hende, nhd. Hand, pl. Hände f. Nach Schleicher zu goth. hinthan hanth fangen.

handuga behend, geschickt.

an. böndugr behend, geschickt. + goth. handug-a-s geschickt, klug. Von handu Hand.

henda, hendan f. Hinde, Hirschkuh.

an. hind g. hindar f. Hinde, hindar-kâlfr Hindkalb. + ags. hinde schw. f., ahd. hintâ, mhd. hinte schw. f., nhd. Hinde f.

(hath) bergen.

In ags. headhor n. receptaculum, goth. hêth-jô Kammer, ahd. huota, nhd. Hut f., mhd. hüeten, nhd. hüten.

Vgl. *κότ-υλος, κοτύλη.* — lat. catinus, catillus. — sskr. cat catati bergen, verstecken.

hadna (oder ähnlich) Ziege.

an. hadhna f. Ziege. + mhd. hatele f. Ziege, schweiz. hatle demin. hateli dass.

hadra Lumpen, Hader-lumpen.

ahd. hadora, nhd. Hader-lumpen.

Vgl. *κέντρων.* — lat. cento ônis. — sskr. kanthâ f. Lappenkleid.

(han) canere.

Germanisch vermuthlich in hanan, hôna.

Vgl. lit. kan-kla-s Cither. — *κανάζω, καναχή.* — lat. cano cecini cantum canere. — sskr. kan, kvan, can, canati tönen.

hanan m. Hahn.

an. hani m. Hahn. + goth. hanan- m., ags. hana; ahd. hano, mhd. hane, han schw. m., nhd. Hahn pl. Hahnen und Hähne. Wohl zu ig. kan lat. canere.

hôna Huhn.

an. hoena (= hônjan) f. Henne, hoens, hoensn, hoesn n. pl. (Grundform hoensna = hônisna) Hahn und Henne, Hühner. + as. hôn pl. höner, ahd. huon pl. huanir, mhd. huon pl. hücner, nhd. Huhn pl. Hühner n. Von hanan Hahn, wie dôla von dala Thal.

hanpa m. Hanf.

an. hanp-r m. Hanf. + ahd. hanaf, mhd. hanf, nhd. Hanf m.-
Vgl. ksl. konoplja f., preuss. knapios f. pl. — κάνναβι-ς. — lat. cannabis.

hanpîna hänfen.

ahd. hanafîn, mhd. hänfîn, nhd. bänfen.
Vgl. lit. kanapini-s. — χαννάβινο-ς hänfen.

(hap) recedere, Raum machen.

Germanisch in hapa, hôpa.
Vgl. irisch cobh victoria, gallisch in Cob-nertus, Ver-cobius.

hapa Glück, Erfolg.

an. happ n. Glück, Erfolg. + ags. häp in mägen-häp kraftreich,
môd-häp reich an Muth, ags. häp, ge-häp aptus, engl. bap, to
happen, happy. Irisch cobh victoria.

hôpa n. recessus.

an. hôp n. recessus. + ags. hôp n. recessus.

hafja hôf hafana heben.

an. hefja hôf hafinn heben. + goth. hafjan hôf hôfum hafans, as. hebbian
bôb, ags. hebban, häbban; ahd. hefjan, heffan, hephan, mhd. heven, heben, nhd. heben, hob, er-haben.
Vgl. lit. kop-ti aufsteigen und weiter κάμπ-τω, sskr. kamp unduliren,
vibriren.

haboda n. Haupt, Kopf.

an. hôfudh (d. i. hafudh) dat. hôfdhi n. Haupt = ags. heafod,
heafud n., engl. head Haupt (so, nicht heáfod nach Grein) entspricht genau dem lat. caput. Vgl. goth. hauhitha-, as. hôbhid
n., ahd. houbit, mhd. houbet, nhd. Haupt n.

hafolan κιφαλή.

ags. heafola, hafola m. Kopf.
Vgl. κεφαλή. — sskr. kapâla Schädel.

habaga schwer.

an. hôfugr schwer. + as. hebhig, ags. hefig, engl. heavy; ahd.
hebîg, hepîc, mhd. hebec schwer. Zu hafjan heben.

hafra m. Bock.

an. hafr g. hafrs pl. hafrar m. Bock. + ags. häfr m. Bock.
Vgl. κάπρο-ς Eber. — lat. caper, capra Bock, Ziege.

hefina m. Himmel.

an. hifinn g. hifins m. Himmel. + as. hebban, ags. heofon, heo-
fen st. m., engl. heaven, ndd. heben, hewen Himmel. Auf das
Nordische und Sächsische beschränkt.

hofa m. n. Hof, eingefriedigter Raum.

an. hof n. Tempel. + as. hof pl. hobhôs; ahd. mhd. hof g. hoves, nhd. Hof m.

Oder zu hab fassen?

hab habai halten, haben.

an. haba hafdha haben (ursprünglich habai?). + goth haban Stamm habai, as. hebbian; ahd. habén, hapén, mhd. haben, hân, nhd. haben halten, haben.

Vgl. lett. kampju kamp-t fassen. — κώπη. — lat. capio cépi captum capere, auch capé- in capé-do, intercapé-do.

haba n. Haff, Meer.

an. haf n. Meer. + ags. heaf, häf n. Meer; mhd. hap g. habes, mhd. hab n. Meer, Haff, Hafen. Zu hab capere „Behälter".

habiga capax.

ahd. habîc, mhd. habic = lat. capax.

1. hafta captus.

an. haptr captus. + goth. -haft-a-s behaftet, ags. häft m. captivus, servus, as. haft vinctus, ahd. haft, mhd. haft gehalten, gebunden, gefangen, behaftet mit, verbunden zu.

Vgl. lat. captu-s.

2. hafta n. Haft, Fessel.

an. hapt n. Fessel. + ahd. haft m. n. amhd. auch hapt n. mhd. haft m. Haft, Fessel, Festhaltung, vgl. mhd. haft pl. hefte i-Stamm f. Haft, nhd. Haft f. Das substantivirte 1. hafta.

1. haftja n. Heft.

an. hepti n. Heft, Schaft, Griff. + ahd. hefti, mhd. hefte n. Heft, Griff. Von hafta.

2. haftja haften, heften.

an. hepta (= haptja) hepta fest machen, festhalten, fesseln. + goth. haftjan sich anhängen, haften an, as. heftian; ahd. heftan, mhd. heften befestigen, heften, verhaften. Von hafta.

hôba Maass.

an. hôf n. Maass, Maasshalten, Besonnenheit. + goth. (hôbjan Maasshalten in) ga-hôb-eini- f. Enthaltsamkeit, un-gahôheini- f. Unenthaltsamkeit; in der Bedeutung „Maass Landes" as. hôfa, ahd. huoba, huopa, hôba, mhd. huobe st. schw. f. nhd. Hube, Hufe f. Stück Landes von einem bestimmten Maasse, Hufe. Zu haban capere.

habuka m. Habicht.

an. haukr g. hauks pl. ar m. Habicht. + ags. hafoc, engl. hawk; ahd.
habuh, hapuh, mhd. haboch, nhd. Habich-t m. Zu hab capere.
Vielleicht aus dem Celtischen entlehnt.

habran m. Hafer.

an. hafri m. Hafer. + as. haforo, ahd. habaro, haparo, mhd. habero schw.
m. und haber st. m. nhd. Hafer, Haber m.
Zu hafra, habra Bock?

(ham) wölben, krümmen, umhüllen.

Germanisch in hama, hemera, hamra, hemina, hemila, homra.
Vgl. $\chi\acute{\alpha}\mu\iota\nu o$-$\varsigma$, $\chi\alpha\mu\acute{\alpha}\varrho\alpha$, $\chi\acute{o}\mu\alpha\varrho o$-$\varsigma$, $\chi\acute{\alpha}\mu\alpha\varrho o$-$\varsigma$. — lat. camurus, camera. —
sskr. kmar krümmen; zend. kamara Gürtel, kameredha Schädel.

hama und haman m. Hülle.

an. hamr g. hams pl. ir m. Hülle, äussere Gestalt, in Cpp. auch
-hami schw. m. + goth. in (hamôn bedecken) ga-, ana-, and-, af-,
ufar-hamôn, ags. ham st. m. und hama, homa schw. m. as. hamo;
ahd. hamo in lib-hamo schw. m. Hülle, Kleid.
Mit ahd. hemidi, nhd. Hemde vgl. lat. gall. camisia.

hemera Nieswurz.

ahd. hemera, mhd. hemere, hemer f. eine Pflanze, oberdeutsch
die hemern f. pl. Nieswurz.
Vgl. lit. kemera-i m. pl. Alpkraut, Wasserdost. — ksl. čemerika
Nieswurz.
Oder zu ham = sskr. cam schlürfen?
Vgl. die Pflanzennamen $\chi\acute{\alpha}\mu o\varrho o$-$\varsigma$, $\chi\acute{o}\mu o\varrho o$-$\varsigma$, sskr. kamala Lotus.

hamara m. Hammer.

an. hamarr g. hamars pl. hamrar m. Hammer; Klippe, Felswand.
+ as. hamur, ags. hamor, hamer, homer m., ahd. hamar, pl.
hamarâ, mhd. hamer pl. hämere m., nhd. Hammer pl. Hämmer.
An sskr. açmara steinern (açman Stein) ist nicht zu denken.

hemina m. Himmel.

an. himinn g. himins pl. himnar m. Himmel. + goth. himin-a-s
m. Himmel. In den anderen deutschen Dialecten himila m.
An zend. açman (Stein) Himmel ist nicht zu denken.
Vgl. $\chi\acute{\alpha}\mu\tilde{\iota}\nu o$-$\varsigma$ Ofen, $\chi\alpha\mu\acute{\alpha}\varrho\alpha$ Gewölbe.

hemila Himmel.

ahd. himil, nhd. Himmel.
Vgl. $\chi\alpha\mu\acute{\alpha}\varrho\alpha$, $\chi\mu\acute{\alpha}\lambda$-$\alpha$-$\vartheta\varrho o$-$\nu$ Dach, zend. kamara Gürtel.

homra m. Hummer.

an. humar-r m. Hummer. + nhd. Hummer.
Vgl. $\chi\acute{\alpha}\mu\alpha\varrho o$-$\varsigma$ Hummer.

(ham) hummen.

In ahd. hum-b-al, nhd. Hummel, hummen.
Vgl. lit. kimu, kim-a-ti heiser sein, kimuly-s Heiserkeit, kamané Wald-
biene; preuss. Voc. camus Hummel. — lat. gemo, gemere seufzen. — sskr.
cam schlürfen, camara bos grunniens.

hamfa verstümmelt.

goth. hamf-s verstümmelt, vgl. hamflâ.
Vgl. κωψό-ς, κόπ-τω. — lat. câpus, câpo.

hamflâ verstümmeln.

an. hamla adha verstümmeln, hindern, hemmen. + ags. hamelian
verstümmeln. Von hamla = ahd. hamal, mhd. hamel verstümmelt m. Hammel, dies von ahd. ham fl. hammêr verstümmelt,
verkrüppelt = goth. hamf-a-s verstümmelt.

hamma f. κνήμη, κνημός Schienbein, Kniekehle; Berg-wald.

ags. hamm f. Kniekehle, ahd. hamma, mhd. hamme st. f. 1 Hinter-
schenkel, Kniekehle, ndd. hamm f. Bergwald, vgl. die Ortsnamen Hamm
(in Westfalen), Hamm bei Ham-burg, die Hamm in Ditmarschen. Aus
han-ma.
Vgl. κνήμη Schienbein, κνημό-ς Bergwald. — altirisch cnám m. Bein,
Knochen.

(har) vernichten.

Germanisch in harja Heer.
Vgl. κῆρ. — sskr. kâra Verderben.

harja m. Heer, Menge, populus.

an. herr g. hers und herjar m. Heer. + goth. harja- nom. harjis,
as. heri st. m. f., ags. here g. heriges m., ahd. hari, heri m. n.,
mhd. her dat. herje n., nhd. Heer n.
Vgl. preuss. karja Heer, Krieg, karia-woytis Heerschau, lett.
karsch (= kar-jas) Heer, Krieg, lit. kara-s Krieg. — kel. kara f.
Streit.
altpers. kâra m. Heer wird von kar thun abgeleitet, als der thätige Theil der Bevölkerung.

harjâ heeren, populari.

an. herja herjadha Krieg führen, heeren, verheeren. +
ags. hergian praet. hergode; ahd. harjôn, herjôn, herrôn,
mhd. hern mit Heeresmacht überziehen, verheeren, plündern. Von harja.

haritugan m. Heerführer (harja+tugan) von tiuhan.

an. hertogi schw. m. Heerführer (nicht als Titel). + as.

heritogo, ags. heretoga; ahd. herizogo, mhd. herzoge m.
Heerführer, Herzog.

hariberga Herberge (hari-| berga bergend).

an. erweitert durch ja- herbergi n. Wohnstätte, Herbérge.
+ engl. harbour Hafen; ahd. heribёrga, heripёrga und
heribirga, mhd. herbёrge st. f. 1 Feldlager, Schlaf-,
Gastgemach, Wirthshaus, nhd. Herberge.

(har) brennen, heizen.

Germanisch in horja Kohle, hertha Herd.
Vgl. lit. kur-ti heizen, sskr. cùr sengen.

horja Gluth.

an. hyrr g. byrjar m. Feuer. + goth. haurja- n. Kohle, pl. haurja
auch Kohlenfeuer.
Gleichen Stammes hertha = nhd. Herd.

(har) currere.

Germanisch in horsa, horska.
Vgl. lat. curro, currus, coruscus. — sskr. car carati gehen.

horsa n. Ross.

an. hross n. Pferd (Hengst und Stute). + as. hros, hors, ags.
hors n., engl. horse; ahd. hros, ros g. hrosses, mhd. ros g. rosses
n. Ross, und ors n. besonders das Kriegsross der Ritter.

horska rasch.

an. horskr rasch. + as. horsk schnell, weise, klug, ags. horsc,
ahd. horsc schnell, weise, klug.
Vgl. lat. coruscus beweglich, zuckend, blitzend.

(har) aufsteigen?

Germanisch in hersan.

hersan m. Kopf.

an. hjarsi, hjassi m. caput, occiput.
Grundform ig. karasan m. Kopf.
Vgl. χάρα, χάρηνον. — lat. cere-brum. — sskr. çiras, çirsha,
çirshan. — zend. çaranh, çâra; çare.

hersa m. cardo.

an. hjarri m. cardo. + ags. heor, nom. pl. heorras m. cardo
(= Kopf).

(har) versehren.

Germanisch in heru, heruta, horna.
Vgl. sskr. çar çrnâti zerbrechen.

heru m. Schwert.

an. hjörr m. Schwert. + goth. hairu-s m. Schwert, as. heru-
Schwert in heru-grim schwertgrimmig und sonst.
Vgl. sskr. çaru m. f. Geschoss, Speer, Pfeil.

heruta m. Hirsch.

an. hjörtr g. hjartar pl. hirtir m. Hirsch. + ags. heorot, heort
m., ahd. hiruz, mhd. hirz st. m. und hirze schw. m., nhd. Hirsch.
Weiterbildung aus heru = herva = lat. cervu-s.
Vgl. κεραό-ς gehörnt, κρῖό-ς (= κρῖϝο = κερϝο) Widder. — lat.
cervu-s. — cambr. carw Hirsch; zend. çrva Horn, çrvara hörnern.

horna n. Horn.

an. horn n. Horn, Trinkhorn; Kante, Ecke, byrning f. Ecke,
Winkel. + goth. haurna- n. Horn, Hornfrucht, Träber (κερατία-
frucht), ags. horn pl. hornas, as. horn pl. horni, ahd. horn, mhd.
horn, nhd. Horn.
Vgl. lat. cornu. — galatisch κάρνον· σάλπιγγα Hesych. — cor-
nisch corn Horn.

hornida gehörnt.

an. byrndhr gehörnt. + as. hôh-hurnid hochgehörnt,
ambd. gi-hurnet, mhd. ge-hürnet, nhd. gehörnt. Eigentlich part. pf. von hurnjan behörnen vgl. goth. haurnjan,
oberdeutsch hörnen (als der Kuhhirt „hörnte" Hebel), auf
dem Horne blasen.

hâra grau.

an. hârr, hâr, hârt grau, graubaarig, haera f. graues Haar. + ags. hâr,
engl. hoar grau.
Vgl. sskr. çâra bunt, scheckig.

hâra n. Haar.

an. hâr g. hârs n. Haar, haerdhr (= hâridha-) behaart. + as. ahd. mhd.
hâr st. n., nhd. Haar pl. Haare. Grundform hâsa?
Vgl. lat. crînis Haar.
Dazu auch wohl harva Flachs.

haruga m. heilige Stätte.

an. hörgr (d. i. haruga-s) pl. hörgar m. eine den Göttern geheiligte Stätte.
+ ags. hearg, hearh, herg, herig m. 1, ahd. harug, haruc st. m. nemus,
fanum.

(hark) tönen.

an. hark n. Lärm, Getös.
Vgl. κράζω, κέκραγα schreien, krächzen.

(hard) flechten, ballen.

Vgl. hardu, hardja, hordi.

lat. crassus, crátes. — sskr. kart kṛṇatti spinnen, winden, cart cṛtati knüpfen, heften, flechten

hardu hart, streng.

an. hardhr, hördh, hart hart, streng, heftig, schnell. + goth. hardu-s hart, strenge, as. hard, ags. heard, engl. hard; ahd. hart, mhd. hart, nhd. hart, streng, heftig, hart.
Vgl. κρατύ-ς, κρατερός, κράτος.
Joh. Schmidt vergleicht ksl. črĕdŭ hart.

hardja hart machen, härten.

an. herdha (= hardhja), herdha hart machen, härten; spannen. + as. herdian, ahd. (hartjan) hartan, hertan, mhd. herten, nhd. härten hart, stark machen.

hardja f. Schulterblatt, Schulter.

an. herdhar f. pl. die Schultern, herdha-bladh n. Schulterblatt, herdhi-breidhr mit breiten Schultern. + ahd. hartī, hartīn, mhd. herte f. Schulterblatt.
Eigentlich „Geflecht", wie goth. hairth-ra- Eingeweide.

hordi f. Geflecht, Hürde, Thür.

an. hurdh g. hurdhar pl. ir f. Thürflügel, Thür. + goth. haurd-i-s f. Thür; ahd. hurt pl. hurdī, mhd. hurt pl. hürde f. 2 Flechtwerk, Hürde, als Thür und sonst verwendet. S. europ. karti crates.
Vgl. lat. crāte-s Flechtwerk, Hürde.

harna, hrana Flüssigkeit; See.

an. hrönn f. Meer. + ags. härn f. pelagus, mare, vgl. ahd. mhd. nhd. harn m. urina. Besser harna, vgl. κρήνη.

harpan f. Harfe.

an. harpa f. Harfe, harpari m. Harfner. + ags. hearpe, altfränk. harpa, ahd. harphâ, mhd. harpfe, herpfe schw. st. f., nhd. Harfe pl. Harfen; ags. hearpere, mhd. harpfaere, härpfer m. Harfuer.
Vgl. κρέμβαλον. — lat. crepare, crab-ro Hornibs.
Gleichen Stammes scheint hrôpja rufen.

(harf) κάρφω.

Vgl. ags. hearf-est nhd. Herbst, ahd. hrimfan in Runzeln aufziehn, καρπ-ό-ς, κάρφω. — lat. carpere, crispus.

hrasp in Runzeln aufziehen.

ahd. hrēspan hrasp und raspôn (= hraspôn) rupfen, raffen, zusammenraffen.
Vgl. lat. crispu-s kraus.

(harm) matt werden.

Germanisch in harma, harmitha, harmisla, hermjan.

Vgl. sskr. çram çrâmyati müde werden, sich abmühen.

harma m. Harm.

an. harmr g. harms pl. ar m. Betrübniss, Kummer, Harm, Schaden, Schimpf. + as. harm st. m. Leid, Schmerz, Qual, ags. hearm, herm st. m., ahd. harm, mhd. harm st. m. Leid, Schmerz, Harm, Schimpf.

Vgl. ksl. sramû m. Scham.

harmitha f. Harm, Hermde.

an. hermd f. in hermdar-yrdi n. pl. Zornesworte, zornige Reden. + ahd. (harmida) hermida, mhd. hermde st. f. Schmerz, Leid. Von harma.

Vgl. ksl. sramota f. Scham.

harmisla Harmsal, Leid.

an. hermsl g. hermslar f. Harmsal, Leid. + ahd. harmisal, hermesal st. n. Beschimpfung, Leid. Von harma.

hermja ruhen.

ahd. hirmju ruhen.

Vgl. lit. kirmiju, kirmý-ti ruhen, schlafen (nach Joh. Schmidt). sskr. klam, klâmyati ermatten, müde werden, scheint dieselbe Wurzel wie çram darzustellen.

harva m. Flachs.

an. hörr g. hörs pl. hörvar m. Flachs. + ahd. haru, mhd. har st. m. Flachs. lina ist entlehnt aus lat. linum.

hal hehlen, helan hal hâlum holana.

as. ags. ahd. helan, mhd. heln, nhd. hehlen, verhohlen.

Vgl. lat. oc-culo cului cultum culere verbergen, cêlâre, clam, calim.

helma m. Helm.

an. hjälmr g. hjälms pl. ar m. Helm. + goth. hilm-a-s Helm, ags. helm m. Schützer, Helm, as. helm m. Helm, ahd. mhd. hëlm, nhd. Helm m.

Ags. holm und engl. helm Steuerruder vielleicht aus an. hjälm n. Steuerruder, Helm am Schiffe entlehnt, vgl. lit. szalma langer Balken.

Vgl. ksl. čalma f. pileus und slêmü Helm (entlehnt?).

hala m. Mann.

an. halr g. hals m. Mann. + ags. hâle m. Mann, vgl. as. helith, ags. häledh, heled, ahd. helid m. Mann, Held, ags. häledh-helm, as. helidhelm m. bergende Hülle, Tarnkappe. Von helan hal.

halja f. Hölle, Unterwelt, Unterweltsgöttin.

an. hel g. heljar f. Hel, Todesgöttin. + goth. halja, as. hellja f.

und hell m. f., ahd. hella, mhd. helle st. f. 1, nhd. Hölle. Von helan hal bergen.

halla f. Halle.

an. höll g. hallar f. Halle. + as. halla st. f., ags. heal g. bcallo f., engl. hall; ahd. halla st. f. 1, nhd. Halle. Für hal-na? vgl. lat. cella.

hâla (verborgen, schlüpfend) schlüpfrig, glatt.

an. hâll, hâl, hâlt schlüpfrig, glatt. + ahd. hâli (= hâl-ja), mhd. haele verhehlend, verhohlen; heimlich schlüpfend, schlüpfrig, glatt. Zu helan, hal hehlen.
Vgl. lat. cêlâre.

hola hohl sbst. n. hohler Raum.

an. holr hohl, hol n. bohler Raum, hola f. Höhle, Loch. + goth. in hulundja- f. Höhle; ahd. mhd. hol, nhd. hohl; ags. hol n., ahd. mhd. hol n. hohler Raum, Höhle. Zu helan hal.

holja hüllen.

an. hylja hulda verhüllen, umhüllen, hulda f. Dunkelheit. + goth. huljan, as. hullian; ahd. huljan, hullan, mhd. hüllen, nhd. hüllen. Zu hal occulere.
Mit ahd. hulla Kopfhülle, nhd. Hülle vgl. lat. galea.

holida gehüllt.

an. hulidhr verhüllt. + goth. in unand-hulith-a-s unent-hüllt, unaufgedeckt; part. von holja hüllen.

holistra n. Hülle.

an. hulstr n. Futteral. + goth. hulistra- n. Hülle, Decke, Schleier, vgl. ags. heolstor n. Höhle. Von holja hüllen.

(hal) treiben, heben.

Germanisch in hella, halma, hallu, holman.
Vgl. χέλομαι, χολωνό-ς. — lat. celer, callis, ante- ex- prae-cellere, celsu-s, ex-celsus. — lit. kelia-s Weg, kel-iu kel-ti heben, isz-kelta-s = excelsus.

hella m. Hügel.

an. hjaler und hjalli m. Bergstrasse. + ags. hyll, hill m., engl. hill Hügel.

halma m. Halm.

an. hâlmr m. Stroh, Strohlager, Streu. + as. halm, ags. healm st. m. 1; ahd. mhd. halm st. m. 1, nhd. Halm pl. Halme m.
Vgl. ksl. slama f. Halm, lett. salms dass.
κάλαμο-ς, καλάμη Halm. — lat. culmu-s Halm.

hallu m. Fels.

goth. hallu-s m. Fels vgl. lit. kilnu-s, pra-kilnu-s hoch, erhaben, kal-na-s Berg.

holma und holman m. Holm.

an. hôlmr g. hôlms pl. hôlmar m. Holm = See- oder Flussinsel.
+ as. holm m. Berg, Hügel, engl. holm Insel, Werder; Klippe,
Hügel, ags. holm m. Mereeswoge, Meer. An hôlmi m. (Grundform holman) = lat. culmen.
Vgl. lat. culmen, columen, columna.

(hal) percellere, recellere, brechen, schlagen; biegen.

Vgl. lit. kalu, kal-ti schlagen, hämmern, per-kalti percellere, kuliu kul-ti
dreschen, Wäsche schlagen. — ksl. koljα kla-ti pungere.
$\varkappa\lambda\acute{\alpha}\omega$ part. $\varkappa\lambda\acute{\alpha}\varsigma$, $\check{\epsilon}\varkappa\lambda\alpha\sigma\sigma\alpha$ brechen, $\varkappa\epsilon\varkappa\lambda\alpha\sigma\mu\acute{\epsilon}\nu\sigma\varsigma$ gebogen, $\acute{\alpha}\nu\alpha$-$\varkappa\lambda\acute{\alpha}\omega$ zurückbiegen. — lat. per-cellere durchschlagen, re-cellere zurückbiegen.

heldi f. Kampf.

an. hildr. f. Bellona, proelium. + as. hild dat. hildi, ags. hild
2 f., ahd. Hild- in Zusammensetzung und hiltja st. f. 1 Kampf.
Von hal percellere.

halda geneigt, abhängig.

an. hallr, höll, halt geneigt, vorwärts geneigt, hallr m. Abhang,
Halde. + ags. heald, ahd. hald geneigt, vorwärts geneigt, ahd.
halda, mhd. halde st. schw. f., nhd. Halde f.

haldâ abhängig sein, sich neigen.

an. halla adha neigen, sinken lassen, ins Schwanken bringen. +
ahd. haldôn sich neigen, vergere, vgl. as. heldian in af-heldian,
ags. heldan, hyldan, ahd. (haldjan) heldan, mhd. helden praet.
halte dass. Von halda.

haldis comp. adv. potius, eigentlich pronius, comp. von halda.

an. heldr comp. adv. lieber, mehr, heldri comp. adj. potior, helzt
(aus held-st) adv. superl. am meisten, besonders, helztr adj. summus. + goth. haldis comp. adv. lieber, mehr; as. hald; ahd.
mhd. halt vielmehr, mehr, schwäbisch halt, österreichisch hal-
ter, holter.

halsa m. Hals.

an. hâls g. hâls pl. hâlsar m. Hals; Vordertheil des Schiffes, länglicher Berg. + goth. halsa- nom. hals m. Hals, ags. hals, heals
m. Hals, Schiffsvordertheil, as. hals m. Hals, ahd. hals m. Hals,
mhd. hals m. Hals, länglicher Bergrücken, nhd. Hals pl. Hälse.
Vgl. lat. collum Hals von (re-)cellere.

halsja Halsband.

an. helsi g. helsis n. Hundehalsband. + mhd. helse (d. i.
halsja) st. f. Halsstrick, Halsschlinge. Von halsa Hals.

halsbauga m. Halsring.

an. halsbaug-r m. Halsring. + ags. halsbeág m. Halsring.

holtha geneigt, hold.

an. hollr zugeneigt, hold. + goth. hulth-a-s hold, gnädig, as. hold; ahd. hold, mhd. hold, nhd. hold. Vgl. halda.

holthîn f. Huld.

an. hylli f. Huld, Zuneigung. + as. huldi f., ahd. huldi, mhd. hulde f. Huld, Geneigtheit, Ergebenheit. Von holtha.

holthja hold machen, huldigen.

an. hylla hylta hold, günstig stimmen, hyllast huldigen, Huld erweisen.+ ahd. (huldjan) huldan praet. hulta, mhd. hulden praet. huldete, hulte geneigt, ergeben machen; huldigen, Ehrfurcht geloben. Von holtha hold.

(halt) brechen, biegen, aus hal.

Germanisch in halta, helta, holta.
Vgl. κλάδος. — lat. clādes, gladius. — kel. klada Balken.

halta lahm, hinkend.

an. haltr, hölt, halt lahm, hinkend. + goth. halt-a-s, as. halt, ags. healt; ahd. mhd. halz lahm, hinkend.

haltî f. Lahmheit.

an. helti f. Lahmheit. + ahd. halzi f. Lahmheit. Von halta.

helta, heltan m. n. Schwertgriff, Gehilze.

an. hjält pl. hjölt und hjálti m. Schwertgriff, Gehilze. + ags. hilt st. m. n., engl. hilt; ahd. hëlzâ, mhd. hëlze schw. f. Schwertgriff, Heft, Gehilze.
Vgl lat. gladiu-s. — altirisch claideb Schwert.

holta n. Holz.

an. holt n. kleine Waldstrecke, Holz. + as. ags. holt n., ahd. mhd. holz, nhd. Holz n. lignum und nemus. S. slavodeutsch kalda.
Vgl. kel. klada f. Balken, Holz. — κλάδο-ς Zweig.

hal hallen, helan hal.

ahd. hellan, mhd. hellen hal ertönen, hallen.
Vgl. καλέω κικλήσκω. — lat. calâre, clā-mâro. — sskr. kar ca-karti rufen, rühmen.

hela tönend, Getön.

an. hjal n. Gespräch, Unterhaltung, hjala adha sprechen, sich unterhalten. + ahd. hēl in gi-hēl, un-hēl, missa-hēl fl. hēllēr, mhd. hēl fl. hēller tönend, laut, glänzend, nhd. hell. Von bal hallen.

halâ, halai holen, berufen.

ahd. halén, halôn, holôn, mhd. holn, nhd. holen.
Vgl. καλέω. — lat. caláre.

hôla n. das Prahlen, Rühmen.

an. hôl n. das Rühmen, Prahlen, hoela (= hôlja) loben. rühmen. + ags. hôl n. loquela inanis, calumnia, vgl. goth. hôlôn, ahd. huoljan triegen, täuschen. Zu hal.
Vgl. κηλέω bezaubere, betrüge. Nach S. Bugge zu lat. calvi.

haldan hehald haldana halten.

an. halda hélt baldinn halten. + goth. haldan haihald haldans, as. baldan, ahd. haltan, mhd. halten, nhd. halten hielt ge-halten.
Germanische Weiterbildung von hal heben.

halp, helpan halp holpum holpana helfen.

an. hjâlpa halp holpinn helfen. + goth. hilpan halp hulpum hulpans, as. helpan, ags. helpan; ahd. hēlfan, mhd. hēlfen, nhd. helfen, half, geholfen.
Vgl. lit. szelp-ti helfen.

helpa f. Hülfe.

an. hjâlp g. hjâlpar pl. ir f. Hülfe, hjâlpa adha helfen. + as. helpa, ags. help st. f., ahd. hēlfa, hilfa (hulfa), mhd. hilfe, hēlfe st. f. 1. nhd. Hilfe, Hülfe. Von helpan.

halba halb sbst. f. Halbe, Hälfte, Seite, Theil.

an. hâlfr balb, in Cp. hâlf-. + goth. halb-a-s, as. half g. pl. halbharô; ahd. halp und halb, mhd. halp fl. halber, nhd. halb. — an. hâlfa f. Hälfte, Theil, Seite. + goth. halba, as. halbha st. f., ahd. halba, halpa, mhd. halbe st. schw. f. Seite, Richtung.

has preisen.

goth. hazjan, ahd. harên, mhd. harn rühmen, loben.
Vgl. lat. carmen, Cas-mena, censeo. — sskr. ças çasti çamsati part. çasta recitiren, aussprechen, rühmen.

hasan m. Hase.

an. hêri schw. m. Hase (ê sonderbar). + ags. hara, engl. hare; ahd. haso, mhd. hase schw. m., nhd. Hase.
Vgl. altpreuss. sasin- Hase, d. i. szasin- und sskr. çaça m. (wohl für çasa) Hase.

haspa f. Haspe, Haspel.

an. hespa f. ein Gespinn, fibula, spira, girgillus. + an. haspa, mhd. haspe f. Haspe, ahd. haspil, mhd. haspel, nhd. Haspel m. Vgl. κάψα.

hasla m. f. Hasel.

an. hasl m. Hasel, hasla f. Stange von Haselholz. + ahd. hasal st. m.
und ahd. hasala, mhd. hasel st. f., nhd. Hasel.
Vgl. lat. corulu-s f. Hasel.

haslîna haseln.

ahd. hasalin, mhd. heselin, nhd. haseln.
Lat. colurnu-s haseln (für corul-nu-s).

hasva grau.

an. höss pl. hösvar grau. + ags. hasu, heasu cinereus, fulvo-cinereus;
mhd. heswe (d. i. hasvja) torridus, pallidus. Vgl. ahd. hasan blank polirt
und lat. cânu-s, s. europ. kasna.

hi und hina pron. dieser, der.

an. hinn bin hit jener, der, Stamm hina. + goth. hina acc. sg. m. diesen,
himma dat. sg. m. diesem (amd. himo), as. hë hi nom. er.
Vgl. lit. szi-s dieser. — ksl. si dieser.
ἐ-κεῖ, κεῖ-νο-ς. — lat. -ce, ci-ter, cae-teri.

hithrâ (hîthra?) hierher.

an. hêdhra adv. hierher vgl. hêdhan adv. von hieraus, von jetzt
an. + goth. hidrê (hidrei) hierher, ags. hidher, hider, hyder
hierher, engl. hither. Von hi, vgl. lat. citra, citerior.

hira adv. hier.

an. hér hier. + goth. hêr adv. her, hier, as. her, hir, hier adv.
hier, hierher; ahd. hera her, hiar hier, mhd. hier, hie hierher,
her, hier. Von hi, wie hvar von hva.

hindar adv. hinter.

an. hindr z. B. in hindr-vitri Aberglauben und in bindra hindern. + goth. hindar, ags. hinder; ahd. hintar, hintir, mhd. hinder praep. mit dat. und acc., nhd. hinter. Comp. zu hina- =
hi w. s.
Zur Bedeutung vgl. κεῖνο-ς jener, lat. cae-teri, altgallisch cêno-
(in Cêno-mani), altirisch cían remotus, longinquus, alle von ḳi.

hindarâ hindern.

an. hindra hindradha hindern. + ags. hinderian, ahd. hinderôn
und (hintarjan) hintiren, mhd. nhd. hindern. Von hindar.

(hit) heiss sein.

Germanisch in hitjan (goth. heitôn- Fieber) haita heiss.
Vgl. lit. kait kais-ti heiss sein, das im Auslaute nicht passt.

hitjan Hitze.

an. hiti m. Hitze, sumar-hiti Sommerhitze, sôlar-hiti Sonnenhitze.
+ ndd. hitte f., ahd. hizzĕa, hizza, mhd. hitze f., nhd. Hitze

dazu ahd. hizzôn (Grundform hitjâ), mhd. hitzen heiss werden,
mhd. hitzen und hitzigen, nhd. er-hitzen heiss machen, an. hita
f. Hitze. S. haita und vgl. goth. heitôn- f. Fieber. Es scheint
ein Verb hitan hait hitum bestanden zu haben.

hîtan Hitze.

goth. heitôn- f. Fieber, vgl. hitjan, haita.

haita heiss.

an. heitr heiss. + as. hêt, ags. hât, engl. hot; ahd. mhd. heiz
heiss, erbittert, nhd. heiss, s. hithin, und vgl. goth. heit-ôn- f
(d. i. hitân-) Fieber.

haitja heiss machen, heizen.

an. heita heitta heiss machen, sieden. + ahd. (heizjan)
beizan, mhd. heizen heiss machen, heizen, nhd. heizen
heizte geheizt. Denom. von haita heiss.

(hi und hvi) weilen, ruhen.

Germanisch in hvila, haima und vielleicht auch in haitha vgl. sskr. kshe-
tra Feld.

Vgl. ksl. po-čiti ruhen, po-koʲ Ruhe, Frieden. — κτί-ζω, κτί-λο-ς, κτί-
μενο-ς. — lat. quiê-s, quiê-tu-s, quie-scere tran-quillus.

sskr. kshi ksheti siedeln, weilen, kshe-tra Feld, kshema wöhnlich; altpers. shiyâti Annehmlichkeit = lat. quiêti- f. Ruhe.

hvîla f. Ruhe, Weile.

an. hvila f. Ruhestätte, Bett, hvila (= hvilja) hvilda ruhen, sich
ausruhen, hvild f. die Ruhe, das Verweilen. + goth. hveila f.,
as. hwila, hwil; ahd. hwila und hwil, mhd. wile, wil st. f. Ruhe,
Weile, Zeitraum, Zeitpunkt, Zeit.

Vgl. κτίλο-ς zahm. — lat. tran-quillu-s.

haima m. Heim, Heimath, Haus, heim nach Hause, haimana von Hause.

an. heimr g. heims pl. heimar m. Heimath; Welt, heim adv. domum, heima domi, daheim, heiman adv. domo, von Hause. +
goth. haim-i-s f. pl. haimôs Dorf, Flecken, as. hêm m. n. Heimath, ags. hâm m. n. Haus, Heimath, engl. home; ahd. mhd.
heim m. n. Haus, Heimath, adv. dat. ahd. heimi, mhd. heime,
as. hême domi, acc. ahd. mhd. heim nach Hause, domum; ahd
heima, mhd. heime st. f. Haus, Heimath, ahd. heimenûn adv. aus
der Heimath, heimina von Hause. — An. heimskr dumm (immer
zu Hause hockend), aber ahd. heimisc, mhd. nhd. heimisch.

Vgl. lit. kêma-s m. Dorf. — sskr. kshema wohnlich, behaglich
m. n. Rast, Verweilen, Aufenthalt, Ruhe, Frieden.

hîva- Angehöriger in Zusammensetzung.

an. in hý-býli n. pl. Hauswesen, hý-vig. + goth. in hciva-frauja m. Hausherr, mhd. in hî-rât m. f. nhd. Hei-rath.
Vgl. ksl. po-sivü benignus. — lat. civi-s, altlat. ccivi-s, oskisch cêv-s. —
sskr. çiva gütig, freundlich, zuträglich, çeva gütig.

hîvan m. Angehöriger, Hausgenoss, Gatte.

an. hjòn, hjûn n. pl. Eheleute, Hausleute, familia. + goth. vgl.
heiva-frauja Hausherr, ags. hîvan pl. familiares, domestici; ahd.
hiwo, hio, mhd. hiwe, hie schw. m. Gatte, Hausgenoss, Knecht,
pl. ahd. mhd. hiûn, hien n. beide Gatten, beide Dienstboten,
Mann und Frau; as. hiwa, ahd. hiwâ, hiâ, mhd. hiwe, hie schw.
f. Gattin.

hîviskja n. Familie.

an. hýski n. die Hausgenossen, Familie. + as. hiwiski,
ags. hîvisce n., ahd. hiwiski, amhd. hiwiske, hiwische n.
Familie. Geschlecht; Hausgesinde, Haushaltung. Von
hîva (hîviska).

hiura, hiurja traut, geheuer.

an. hýrr (d. i. hiurja) froh, munter, hýra calor, benignitas. +
ags. hióre, heóre, hýre, hire, ahd. hiuri lieblich, traut, freundlich, ergeben, as. un-hiuri, ags. un-heóre, ahd. unhiuri unheimlich, nicht gebeuer, mhd. ge-hiure vertraut, lieblich, angenehm,
nhd. ge-heuer, un-geheuer. Gleichen Stammes mit hiva.
Von (hiva) = ksl. po-sivü = sskr. çiva benignus durch Suffix
-ra abgeleitet.

(huh) biegen, wölben.

In nhd. hucken, hocken (vgl. bücken, bocken aus bug biegen), goth.
hiuh-man- Haufen, germanisch hauha, hauga.
Vgl. lit. kauka-s Beule, kaukara-s Anhöhe. — ksl. kukü aduncus. — lat.
con-quinisco, con-quexi hocken, coxim.
sskr. kuc, kucati und kuñc kuñcati sich krümmen, kuca m. weibliche
Brust, koca einschrumpfend, kukshi m. (kuc-si) Bauch.

hauha hoch.

an. hâr, hâ, bâtt hoch. + goth. hauh-a-s, as. hôh, ags. heáh,
hêh, heá; ahd. hòh, mhd. hôch fl. hòher, nhd. hoch, hoher.
Vgl. lit. kauka-s Beule, kaukaras Anhöhe. — ksl. kukü aduncus.

hauhitha f. Höhe.

an haedh f. Höhe, Felsspitze. + goth. hauhitha f. Höhe,
Erhebung, Ehre, ags. heáhdhu, hêhdhu, hêhdh, hiehdho
f. Höhe, engl. height; ahd. hôhida f. Höhe, Gipfel. Von
hauha.

hauga m. Hügel.

an. haugr g. haugs pl. haugar m. Hügel, heygja (= haugja) unter einem haugr begraben. + mhd. houc g. houges st. n. Hügel
vgl. Donners-haugk und ähnliche Bergnamen. Das substantivirte
hauha, vgl. lit. kauka-s m. eine Beule, kauk-ara-s m. ein Hügel,
eine Anhöhe.

huga m. Sinn, Gedanke.

an. hugr g. hugar pl. ir m. Sinn, Absicht, Muth, huga adha überlegen,
bedenken, hugga adha trösten, hugna adha anmuthen, behagen, hugsa
adha denken auf, sich vornehmen. + goth. hug-a-s m. Sinn, Verstand.
sskr. çue sich kümmern, heisst eigentlich „brennen".

hugan m. Gedanke.

an. hugi m. Gedanke, Sinn + ags. ymb-hoga m. Sorge.

hugja denken, meinen.

an. hyggja hugda denken, beachten, aussinnen, bestimmen;
däuchten, hygginn verständig, hyggja f. Verstand. + goth. hug-
jan, as. huggian, as. hycgan, hicgan; ahd. huggan, hukkan,
mhd. hügen denken, meinen. Von huga

hup huf (wallen) auf- und niedergehen.

Germanisch in hup, hupi, hufra, hûba, haupa.
Vgl. lit. kump-is krumm, kup-ra Höcker, kaupa-s Haufe, lett. kump-t
krumm werden. — ksl. hŭpĕti knüpfen, kupŭ Haufe.
κύπ-τω, κῦφ-ος, κύβ-ος, κύπη. — lat. cupio (= wallen) cumbere κύπτειν.
sskr. kup, kupyati aufwallen, zürnen, kûpa Grube, altpers. kaufa Berg
u. s. w.

hup hüpfen.

an. hopp g. hopps n. ein Hupf, Sprung, hoppa adha hüpfen. +
ags. hoppan hüpfen; mhd. hûpfen, hopfen, nhd. hüpfen, ein Hupf.
Vgl. ksl. kŭpĕti hüpfen.

hupi m. Hüfte.

an. huppr g. hupps m. Vorderbein, Hüfte. + goth. hup-i-s m.,
ags. hyp, hype st. m., engl. hip; ahd. huf g. huffi, mhd. huf g.
hüffe f. 2, nhd. Hüfte. Lit. kumpis Vorderschinken des Schweins.

hufra Buckel, Höcker.

ags. hofer, ahd. hovar, mhd. hover st. m. Buckel, Höcker, mhd.
auch Buckliger.
Vgl. lit. kupra f. Buckel, Höcker.

haupa m. Haufe, Menge.

an. hôpr m. Haufe, Menge. + ags. heáp m., as. hôp m., ahd. houf
mhd. houf m. Haufen, ahd. houfôn, mhd. houfen häufen, vgl.

ahd. hûfo, mhd. hûfe schw. m. nhd. Haufe, Haufen.
Vgl. lit. kaupa-s Haufe. — ksl. kupū m. Haufe.

hûfan, hûban f. Haube.

an. hûfa f. Mütze, Kappe. + ahd. hûbâ, mhd. hûbe schw. f. Haube,
Mütze. Vgl. kumbha.
Oder zu hup, huf κύπτω?

hûdi f. Haut.

an. hûdh g. hûdbar pl. ir f. Haut, Fell, hŷdha (= hûdhja), hŷdla (die
Haut streichen) prügeln, hŷdhing f. körperliche Züchtigung, gleichen
Stammes hâ g. hâr (Grundform hâva) f. Haut. + ahd. hûd, ags. hŷd st.
f. 2, ahd. hût pl. hiuti, mhd. hût pl. hiute, nhd. Haut pl. Häute, mhd.
behiuten Jmd. an die Haut, das Leder gehen.
Vgl. lat. cuti-s f. Haut. — ἐγ-κυτί auf die Haut.
Wie es scheint, von hu = sskr. sku bedecken.

hudja Hütte.

ahd. hutta, mhd. hütte st. schw. f., nhd. Hütte, ahd. huttili, mhd. hüt-
telin st. n. kleine Hütte. Vgl. sskr. kuti m. f. Hütte, Halle, Schuppen,
kuṭī f. (= kutjâ) Hütte, kuṭira n. niedere Hütte und kuṭera m. Hütte
vgl. kuṭi m. f. Krümmung, Biegung, kuṭaṅka m. Dach und kuṭala n.
Dach von kuṭ kuṭati sich krümmen.

honanga Honig.

an. hunang n. Honig. + as. honeg, ags. hunig n., ahd. honag, honak,
honang, mhd. honec g. honeges st. n., nhd. Honig m.
Eigentlich „körnig“ vgl. sskr. kaṇa Korn, κόνι-ς.

hunhru m. Hunger.

an. hungr g. hungrs m. Hunger. + goth. huhru-s m., as. hungar, ags.
hungor, hungur, hunger; ahd. hungar, hunkar, mhd. hunger st. m. 1, nhd.
Hunger m. Oder hungra? u-Stamm nur im Goth. An. hungradhr hungrig
vgl. mit ahd. hungarôn hungern.
Zur Wurzel huh sskr. kuṅc kuṅcati zusammenziehen.

hunda m. Hund.

an. hundr g. hunds pl. hundar m. Hund. + goth. hund-a-s, as. ahd.
hund m., ahd. hunt pl. huntâ, mhd. hund pl. hunde, nhd. Hund pl. Hunde. Aus ig. kvan g. kunas durch da erweitert.
Vgl. lit. szû (= szan-s = szvan-s) g. szun-s m. — ksl. suka f. (svą-ka)
Hündin.
κυών g. κυνός m. f. — lat. canis g. pl. can-um. — altirisch ku pl. kun.
sskr. çvan nom. çvâ g. çunas m. Hund.

honda Zahlwort hundert.

an. hund, hundradh n. Hundert. + goth. hunda- n. nur pl., as. in twê
hund zwei hundert; ahd. hunt (mhd. hunt selten) hundert.
Aus hun = tehun zehen.

Vgl. lit. szimta-s. — ksl. süto n. — ἑϰατόν. — lat. centu-m. — altirisch cét, cambr. cant.
sskr. zend. çata n.

hondarja n. Hundertschaft.

a'tschwed. hundari = ahd. huntari m. Hundertschaft.
Vgl. ksl. sütorica f. Hundertschaft. — lat. centuria f.

hondrada n. das Hundert.

an. hundradh pl. hundrudh n. Hundertschaft. + as. hundarod, ags. hundred, engl. hundred; ahd. hunterit, mhd. hundert, nhd. Hundert n. und als Cardinalzahl. Zusammensetzung aus hund hundert und (ratha) Zahl vgl. goth. rathjan röth zählen, welches ursprünglich denom. wie althan aialth aus altha alt u. ä.

hunsla n. Opfer, heiliger Dienst.

an. húsl n. Sacrament. + goth. hunsla- n. Opfer pl. auch Dienst, ags. húsl n. Opfer.
Vgl. zend. çpan stark sein, nützen, çpeñta heilig = lit. szventa-s = ksl. svętü heilig.

(hus) etwa: bergen.

Germanisch in husda, hûsa, hausa.

husda n. Hort, Schatz.

an. hodd g. hodds n. Hort, Goldhort. + goth. huzda- n., as. hord n., ags. hord m. n., ahd. hort n., mhd. hort m. n., nhd. Hort m. Vgl. lat. custos?

hûsa n. Haus.

an. hûs n. Haus, Gemach, hýsa hýsta hausen, inn-hýstr part. pf. behauset, wohnhaft. + goth. gud-hûsa- n. Gotteshaus, as. hûs, ags. hûs st. n. engl. house; ahd. mhd. hûs st. n., nhd. Haus n.
Vgl. sskr. kosha Behälter.

hausa m. Schädel.

an. hauss g. hauss pl. ar m. Schädel.
Vgl. lit. kiausza-s m. Schale, Rinde, kiauszà und kiauszé f. Hirnschale, Schädel.
sskr. kosha m. Behälter, Gefäss, Schale.

hertan n. Herz.

an. hjarta n. Herz. + goth. hairtan- n., as. herta, ags. heorte, hiorte n. engl. heart; ahd. hërzâ, mhd. bërze n. Herz.
Vgl. lit. szirdi-s. — ksl. srĭdĭca n. — ϰῆρ, ϰραδίη. — lat. cor g. cord-is. — altirisch cride = ϰραδίη. — sskr. bṛd, hûrdi, hṛdaya. — zend. zaredaya, zarezdan Herz.

herda f. Heerde.

an. hjördh g. hjardhar pl. hjardhir f. Heerde. + goth. hairda f., ags. heord, herd, hird f., ahd. hërta, mhd. hërte st. f. 1, nhd. Heerde. Vgl. ksl. črěda f. Heerde, lit. kerdžu-s (= kerd-ju-s) Hirt.

herda f. Wechsel.

ahd. herta f. Wechsel.

ksl. črěda f. vices diariae, vgl. russisch čcreda vices und grex.

herdja m. Hirte.

an. hirdhir m. Hirt. + goth. hairdja- nom. hairdei-s m. as., hirdi, pl. n. herdios, ags. hirde, hierde, heorde, hiorde. byrde, engl. shep-herd; ahd. hirti, mhd. hirte; nhd. Hirte m. Von herda.

Vgl. lit. kerdžu-s, pl. kerdzei m. Hirte.

hôfa m. Huf.

an. hôfr g. hôfs pl. hôfar m. Huf, as. ags. hôf m., ahd. mhd. huof m., nhd. Huf m.

Vgl. sskr. çapha m. Huf, armenisch smb-ak, vgl. lat. (oder gallisch?) gamba Huf.

Liesse sich zu hafjan hôf heben ziehen.

hôra m. Hurer n. Hurerei.

an. hôrr g. hôrs m. Buhler, hôr n. Buhlerei, Unzucht. + goth. hôr-a-s m. Hurer, Ehebrecher, vgl. ahd. huorrâ (= huor-jan), mhd. huore schw. f., nhd. Hure; fries. hôr n., ahd. huor, mhd. huor n. Hurerei. Vgl. ksl. kurûva f. meretrix.

hôrâ huren.

an. hôra adha huren. + ahd. huorôn, mhd. huoren, nhd. huren. Von hôra

hosan f. Hose.

an. hosa f. Hose, eigentlich hoch heraufgehender Strumpf. + ags. hose f., ahd. hosâ, mhd. hose schw. f. Beinbekleidung, Hose oder Strumpf. Ndd. z. B. im Lauenburgischen heissen die Strümpfe „Hasen". Vgl. ksl. košulja f. indusium, wohl für koş̌-ja.

(hnaid) entzünden.

Germanisch in ga-hnaista.

Vgl. preuss. knaisti-s angebranntes Scheit. — ksl. gněštą (= gnětją) gněti-ti zünden.

knait aus knit vgl. lat. niteo, nitor, nitidus (für cnit).

ga-hnaista Funke.

an. gneisti m. Funke. + ahd. ganeheista (für ga-hneista) gneista, cneista f. und ganeisto m. Funke.

Vgl. preuss. knaisti-s Brand, angebranntes Scheit.

hnakkan m. Nacken.

an. hnakki m. Nacken. + ags. hnecca schw. m., ahd. hnach, nacch pl.
hnacchâ, mhd. nac g. nackes st. m. und mhd. nacke schw. m., nhd.
Nacken m.

(hnat) beissen, kratzen.

Germanisch in hnatja, hnoti.
Vgl. κναδ-άλλω, κνώδ-ων, κνώδ-αλον, κνίδη, κνίζα. Aus kand, lit. kandu
beissen.

hnatja f. Nessel.

ahd. hnazza, nazza (= hnazja) f. Nessel, davon ahd. nezila, nhd.
Nessel f.
Vgl. κναδ-άλλω und κνίδη, κνίζα (= κνιδja) f. Nessel.

hnoti f. Nuss.

an. hnot g. hnotar pl. hnetr, hnötr f. Nuss. + ags. hnyt f., ahd.
hnuz, nuz pl. nuzzi, mhd. nuz pl. nüzze, nhd. Nuss pl. Nüsse f.
Vgl. lit. kand-ûla-s Kern zu ig. skand, kand beissen.

hnig, hnîgan hnaig hnigum hnigana sich neigen.

an. hniga hneig oder hnê sich neigen, sinken, fallen. + goth. hneivan
hnaiv hnivum hnivans; ags. hnigan, as. hnigan; ahd. hnîgan, nigan, mhd.
nigen st. abl. 5 sich neigen.

hnaigja neigen, beugen.

an. hneigja hneigdha neigen, beugen. + ags. hnaegan humiliare;
ahd. (hneigjan) hneikan, mhd. neigen, nhd. neigen neigte geneigt.
Causale zu hnîgan.

hnîtan hnait hnitum hnitana stossen auf, an.

an. hnita hneit hnitum hnitinn stossen auf, an, hneita (= hneitja) vincere, superare. + ags. hnitan hnât stossen, hnitol stössig, cornipetus,
hnâtan allidere, tundere.
Vgl. κνίζω (κνιδ) schaben, stechen, schneiden. knid aus knad vgl. hnatja
= κνίζα Nessel.

hniti, hnita f. Niss, Lausei.

an. nit f. Niss. + ags. hnitu f. ahd. (hniz) niz, mhd. niz f. 2, nhd.
Niss pl. Nisse f.
Vgl. lettisch gnidas pl. Nisse. — κόνιδ- f. Niss.

hnu schaben, stossen.

an. hnöggva oder hnyggja hnögg hnuggum hnugginn stossen, germanisch
in hnava.
Vgl. κνύ-ω schaben, reiben.

hnava genau.

an. hnöggr genau, parcus. + ags. hneáv parcus, tenax, nhd.
ge-nau. Vgl. κνύω.

hnud, hneudan hnaud hnudum hnudana stossen, hämmern, nieten.

an. hnjôdha hnaudh hnudhum stossen, hämmern. + ahd. hniutan abl. 6 in pi-hniutan befestigen, ahd. ge-nuotôn quassare, mhd. niet m. Stift, Nietnagel, mhd. nieten schw. v. = nhd. nieten. An. hnita adha zusammenfügen, nieten zu dem eng verwandten hnîtan.

hnus, hneusan hnaus hnusum hnusana niesen.

an. hnjôsa hnaus hnusum niesen. + ahd. niusan, mhd. niesen abl. 6 niesen.
Vgl. ohne Nasal ksl. kŭs, kŭch-nąti niesen, čicha-ti niesen, čicho-ta f. das Niesen (čich = kjus).

hnefan m. Faust.

an. hnefi (auch knefi) m. Faust, knefa adha mit der Faust umfassen. + mhd. neve (nur in neve-mêz) schw. m. zusammengeballte Hand, Faust.
Vgl. $\varkappa\nu\dot{\alpha}\mu\pi\tau\omega$, $\gamma\nu\dot{\alpha}\mu\pi\tau\omega$ biegen = $\varkappa\dot{\alpha}\mu\pi\tau\omega$.

hrainja rein.

an. hreinn rein. + goth. hrain-ja-s, as. hrên und hrêhi; ahd. hreini, mhd. reine, rein, nhd. rein.
Vgl. ksl. srênŭ weiss (?).

hratha hurtig.

an. hradhr, brôdh, hratt hurtig, eilig. + ags. hradh; ahd. hrad, rad, hrat, rat und radi, redi velox, strenuus.

hratâ $\varkappa\varrho\alpha\delta\dot{\alpha}\omega$.

an. hrata adha sinken, neigen, schwanken, vornüber fallen.
Vgl. $\varkappa\varrho\alpha\delta\dot{\alpha}\omega$ schwingen, schwenken. — askr. kûrd springen.

hrang tönen.

an. hrang n. Lärm, hringja hringdha läuten. + ags. hring m. sonus, hringan hringde clangere, engl. ring rang rung läuten.
Vgl. lit. krank-iu, krank-ti krächzen.
$\varkappa\varrho\acute{\epsilon}\varkappa\omega$. — lat. crôcîre. — lit. krakiu krak-ti brausen. — ksl. krakati krähen.
askr. kark karkati lachen, kraksh (krak+s) brausen, tosen.

(hrang) drehen.

Germanisch in hrenga Ring.

hrenga m. Ring.

an. hringr g. hrings pl. ar m. Ring, Kreis. + as. hring, ags. hring m. 1, engl. ring; ahd. hring, brinc, mhd. rinc g. ringes st. m. 1, nhd. Ring pl. Ringe m.
Vgl. ksl. krągŭ m. Ring. ($\varkappa\varrho\acute{\iota}\varkappa o$-$\varsigma$, $\varkappa\acute{\iota}\varrho\varkappa o$-$\varsigma$ = lat. circu-s).

hrand, hrendan hrand hrondum hrondana stossen.

an. hrindan hratt hrundum hrundinn stossen. + ags. hrindan hrand stossen.
Vgl. lit. kerta kirs-ti hauen. — ksl. črŭtati schneiden.
χρότο-ς, χρωτέω. — lat. cré-na (cret-na) Einschnitt. — sskr. kart krntati schneiden, spalten.

hrendi n. Rind.

ahd. hrind, nhd. Rind n.
Vgl. preuss. klente Kuh (?).

hrapja tangere, attingere.

an. hreppa hrepta erhalten, sorte adipisci, hreppr g. hrepps m. District (eigentlich κλῆρος) + ags. hrepian tangere, hreppan tangere, attingere, ge-hrepod tactus, hrepung tactus.
Vgl. lit. krap-styti schaben, scharren, kratzen.

hrabna n. Rabe.

an. hrafn g. hrafns pl. hrafnar m. Rabe. + ags. hrŭfn, hrefn, hrăm, hrem m. Rabe; ahd. hraban, raban, mhd. raben m. Rabe, auch ahd. hram, ram, mhd. ram g. rames m. aus (rabn, ranın). Zu hrôpan?
Vgl. lat. crepare.

hramsa, hramusa m. Lauch.

dän. schwed. norweg. rams m. allium ursinum. + bair. rams-el, ramsen-wurz, ramschenwurz Lauch.
Vgl. lit. kermuszi-s io m. wilder Knoblauch. — χρόμυο-ν n. Zwiebel. — altirisch creamh Knoblauch.

hrogna m. n. Rogen, Fischeier.

an. hrogn n. Rogen. + ahd. rogan, mhd. rogen st. m. oder n. und ahd. rogo, mhd. roge schw. m. Rogen, Fischeier vor dem Legen.
Vgl. χρόχη, χρομάλη Kies. — sskr. çarkara Kies, zend. çraçka Hagel.

hrôfa Dach.

an. hrôf n. Scheuer, statio navalis. + ags. hrôf m. Dach; Spitze, engl. roof.
Vgl. an. hraf n. Dach.

hrama f. Rahmen.

ahd. (hrama) rama, mhd. rama, ram f. Gestell, Rahmen, goth. in hram-jan kreuzigen (= einrahmen).
Vgl. ksl. kroma f. margo, kromě porro, ἔξω.

hrih χρίζω.

an. brik-ta kreischen (Thür), ahd. hreigir, nhd. Reiher.
Vgl. lit. kirk-ti schreien. — χρίζω, aor. ἔχριχον.

6*

hrîma n. Reif.

an. brîm n. Reif. + ags. brîm n., engl. rime, holländ rijm, rym m., nhd.
mundartl. reim, reimel, reimen Reif.
Vgl. lit. szarmà f. Reif.

hrîsa n. Reis, Reisig, Busch.

an hris n. Busch, Gesträuch. + ahd. hris, ris, mhd. ris pl. ris und riser
n. Reis, Zweig, Ruthe; Reisig, Gebüsch.

hrîsla f. Reis, Ruthe.

an. hrisla f. Zweig, Busch. + ags. hrisil f. radius textorius, übertragen: Knochen des Unterarms, Speiche. Von hrisa Reis.

hru, hrevan hrau Schmerz empfinden, reuen.

an. hruggr traurig, davon hryggja (hryggva) hrygdha betrübt, ängstlich
machen, hraedha hraedda in Furcht setzen (basirt auf part. hravidha),
hraedhast sich fürchten, davon part. pf. hraeddr erschrocken, ängstlich,
hraezla (= hraedh-sla) f. Furcht. + as. hrewan hrau unpers. es schmerzt,
thut leid, reut, ebenso ags. hreóvan hreáv dolet, piget, hreóv f. moeror
vgl. ahd. hreuwâ, riuwa, mhd. riuwe schw. st. f. Reue; ahd. hriuwan,
riuwan, riwan, mhd. riuwen Schmerz, Reue empfinden; traurig, reuig
machen, refl sich betrüben, bereuen.
Vgl. χρούω, χροαίνω. — lat. cruentus, cruor. — zend. (khru) in khrvañt
cruentus und khrûta verletzend, rauh.

hraiva n. Leichnam, Aas.

an. hrae n. Leichnam, brae-fugl m. Aasvogel. + goth. in braiva-
dûbōn- f. Turteltaube (wörtlich Leichentaube), as. hrêo, hrêu g.
brêwes, ags. braev, hrêv, hrá n., ahd. hrêv, rêo, rê g. brêwes,
mhd. rê g. rêwes st. n. mhd. auch st. m. Leichnam, Aas (Tödtung,
Tod).
Wie von hrîvan braiv.
Vgl. lit. krauja-s Blut. — sskr. kravya n. Fleisch, Aas.

hrâva rauh, roh.

an. hrâr, brâ, hrâtt roh, crudus, hrau-n n. steiniger Boden. +
as. hrâ, ags. hreóv, hreóh, hreó rauh, roh, engl. rough; ahd.
(hrâo) râo, rô flectirt râwêr, rôwêr, rouwêr, mhd. râ, rô, rou fl.
râwer, rôwer, rôher, rouwer, rouher, später auch rôh, rôch, nhd.
rauh, roh.

hrus zerstossen; grausen.

Germanisch in hrusa, an. hrjósa hraus hrusum hrosinn schaudern.
Vgl. lit. krusz-ti zerstampfen. — ksl. s. krúcha. — χρυσ-ταίνω,
χρίσ-ταλλο-ς. — lat. crus-ta. — zend. in khruzh-di f. Härte,
khruzh-dra hart.

hrusa Brocken, Schollen.

ags. bruso f. terra, ahd. roso m. rosâ f. crusta, glacies.
Vgl. lit. krusza-s Eisscholle, krusza f. Hagel, Schlossen.
— ksl. krûcha f. mica, kruchŭ m. Brocken, Stückchen.

(hru) tönen.
Germanisch in hrauma.

hrauma m. clamor.
an. rôm-r m. Gerücht, Zustimmung, Beifall, rôma adba sich bei-
fällig äussern. + ags. hreám, as. hrôm m. clamor, tumultus,
ejulatio, engl. raum, rawm, ags. hrôman gloriari.
Vgl. sskr. karuṇa kläglich.

hruk krächzen.
goth. hrukjan krächzen, germanisch hrauka.
Aehnlich κραυγάνομαι, κραυγό-ς und sskr. kruç kroçati schreien.

hrauka m. ein Vogel.
an. hraukr, hrôkr m. Seerabe. + ags. brók m., engl. rook; ahd.
hruoh, mhd. ruoch st. m. Krähe, Häher. Vgl. κραυγό-ς und
goth. hrukjan krähen.

hrugja m. Rücken.
an. hryggr g. hryggjar pl. hryggir m. Rücken. + as. hryeg, hrieg m.
ahd. hrucci, rucki, mhd. rucke, rücke m., nhd. Rücken m.

hrut rapido motu sonum edere, rauschen, schnarchen.
an. hrjôta braut hrutum hrutinn herab-, herausspringen, fallen; schnarchen, breyta (= brautja) hreytta caus. werfen, spritzen, hrûtr g. hrûts m.
Widder. + ags. hrûtan rapido motu sonum edere, rauschen, auch schnarchen „sterto ic brûte", ahd. part. rûzonti stridulus könnte auch zu riuzan
s. reutan gehören.
Mit ahd. hroz, nhd. Rotz m. vgl. κόρυζα (= κορυθ-ja) Schnupfen, Katarrh.

(hrub) kratzen.
ahd. ge-rob, mhd. ge-rop, g-rob (Grundform ga-hruba-), nhd. grob, germanisch hreuba.

hreuba asper, scabiosus.
an. hriufr dass. + ags. hreóv dass, ahd. (hriob) riob dass., ahd.
hriupi f. scabies.

(hrô) rühmen.
Germanisch in hrô-tha, hrôthra.
Vgl. sskr. kar cakarti rühmen, kîr-ti Ruhm.

hrôtha m. Sieg, Ruhm.
an. hrôdhr m. Ruhm s. hrôthra, hrôdh- in hrôdh-ugr, hrôdhigr
berühmt, sich berühmend. + goth. in hrôth-eiga- siegreich s.

hróthaga, ags. hrêdh m. Sieg, Ruhm; ahd. hruod- ruod- in Eigennamen wie Rud-olf u. a.

hrôthaga ruhm-, siegreich.

an. hródbugr, hródbigr berühmt, sich berühmend. +
goth. hrótheiga- sieg-, ruhmreich, ags. hrédbig sich einer
Sache berühmend, erfreuend. Von hrótha.

hrôthra m. Ruhm.

an. hródhr g. hródbrs pl. ar m. Ruhm. + ags. hródhor m. gaudium, commodum, laetificatio, solatium. Vgl. hrótha.

hrôp hrôpja rufen.

an. hróp n. Schmähung, hrópa adha schmähen, verspotten, hroopa broepta
schmähen, verunglimpfen. + goth. hrópja- f. Geschrei, Ruf, hrópjan rufen, ahd. (hruofjan) ruofan praet. ruofta, mhd. rüefen praet. ruofte, nhd.
rufte neben rief; ags. hrópan praet. hrcóp, ahd. hruofan, ruofan praet.
hrëof, riof, mhd. ruofen rief, nhd. rufen, rief, gerufen.
Vgl. lat. crepare.

hrôra das Rühren.

an. in hroera s. hrórjan. + as. hróra, ahd. ruora, mhd. ruore f. das
Rühren.
Wurzel scheint bró (aus hor = sskr. car carati sich bewegen?).

hrôrja rühren, von hrôra das Rühren.

an. hroera hroerdha bewegen, rühren (mit dem Löffel) hin und
herbewegen. + as. hrórian, ags. hréran; ahd. hruorjan, ruoran,
mhd. rüeren, nhd. rühren. Zunächst zu (hróra) = as. hróra,
ahd. ruora, mhd. ruore st. schw. f. das Rühren.

hlaifa, hlaiba m. Laib, Brodlaib.

an. hleifr g. hleifs pl. hleifar m. Brodlaib. + goth. hlaif-a-s, hlaib-a-s m.
Brod, Speise, Brodbissen, ags. hláf st. m. 1 Laib, Brod; ahd. leib, leip,
mhd. leip g. leibes st. m. 1, nhd. Laib m. geformtes Brod.
Vgl. lit. klëpa-s, lett. klaip-a-s m. Brod, Laib (ksl. chlëbū Brod aus dem
Deutschen).

hlauni clunes.

an. hlaun n. Hinterbacke, hlauna-sverdh membrum virile.
Vgl. lit. szlauni-s, preuss. slauni-s f. — lat. clúnos f. = κλύνι-ς Steissbein.
Sskr. çroṇi m. çroṇî f. = zend. çraoni f. Hüfte, Lende, Hinterbacke.

hlaupan hlehlaup hlaupana laufen, springen.

an. hlaupa hljóp hlaupinn laufen, springen, causale hlcypa (= hlaupja)
hleypta\laufen, springen machen, sprengen (Pferd). + goth. in us-hlaupan;
blaiblaup hlaupans laufen, as. hlópan hliop, ags. hleápan bleóp laufen,
springen; engl. to leap springen; ahd. hlaufan hliof, mhd. loufen lief,
nhd. laufen lief gelaufen.
Vgl. lit. klumpiu klup-ti straucheln, stolpern.

hlaupa m. n. Lauf, Sprung.

an. hlaup n. Lauf, Sprung. + ags. hlýp st. m. 1; ahd. louf, mhd.
louf st. m. Lauf, Sprung, nhd. Lauf m., an. hlaupari m., nhd.
Läufer. Von hlaupan.

hlah, hlahjan hlôh hlahana lachen.

an. hlaeja hlôh hlahinn lachen. + goth. hlahjan hlôh hlahans, as. hlahan
hlôg hlagan, ags. hlchhan, hlihhan, hlyhhan praet. hlôh pl. hlôgon; ahd.
hlahhan, lahhan hlôch lachen.
Vgl. χλώσσω (= χλωχ-jω) glucken, schnalzen, χλάζω clangere u. s. w.
sskr. kark, karkati lachen.

hlahtra m. Gelächter (Getön).

an. hlátr (besser hláttr) g. hlátrar pl. hlátrar m. Gelächter. +
ags. hleahtor m. Getön, Gelächter, Jubel, Lust; ahd. hlahtar,
lahtar, mhd. lahter st. n. Lachen, Gelächter. Von hlah lachen.

hlôhja lachen machen.

an. hloegja hloegdha zum Lachen bringen. + goth. uf-hlôhjan
auflachen machen, pass. lachen. Causale von hlahjan hlôh gebildet wie an. ocxa (d. i. vôhsjan) wachsen machen von vahsjan
vôhs wachsen.

hlath, hlathan hlôth hlathana laden, beladen.

an. hladha hlôdh hladhinn beladen, hladhi m. Haufe, hladha f. Scheuer,
hladh n. offner Platz vor dem Hause (wo man ablädt), Band als Kopf-
schmuck. + goth. in af-hlathan hlôth hlôthum hlathans beladen, as. hladan, ags. hladan; ahd. hladan, ladan, mhd. laden, nhd. laden lud ·
laden.
ksl. kladą klasti legen passt nicht im Auslaut.

hlasti f. (hlasta) Last, Ladung

an. hlass n. Last, Fuhre, Ladung. + ags. hläst st. f. n., ahd.
last pl. lesti, mhd. last st. m., nhd. Last pl. Lasten. Von hlathan
(für hlath-ti).

hlank clangere.

an. hlakka adha schreien, krächzen.
Vgl. χλάζω, ἔχλαγον, χλαγγή. — lat. clangere, clangor.

hlam, hlamja mit Geräusch zusammenschlagen.

an. hlemma (d. i. hlamja) mit Geräusch zusammenschlagen, hlemmr g.
hlemms m. Fallthür. + ags. hlemman mit Geräusch zusammenschlagen,
hlem m. fragor, ictus, hlimman, hlymman sonare, clangere, strepere, as.
hlamôn, ahd. hlamôn brausen, goth. hlamma f. Schlinge, Fallstrick.
An lat. clâmâre ist nicht zu denken.

hlâva lau.

an. hlaer (d. i. hlâvjas) lau, blâna adha lau werden. + ahd. lâo fl. lâwér, mhd. lâ fl. lâwer, nhd. lau fl. lauer.

hli lehnen.

Germanisch in hliura, hlida, hlina, hlida, hlaina, hlaiva.
Vgl. lit. szlēju, szlē-ti lehnen. — κλίνω, κέ-κλι-μαι. — lat. cli-nâre, clivis. — altirisch cléth sinister.
sskr. çri çrayati angehen, eingehen, ni-çrayani f. Leiter.

hliura n. Wange, Kinnbacke.

an. hlỹr g. hlỹrs n. Kinnbacken. + as. hlior n., ags. bleór n., engl. leer Wange, Backe.
hliura von (hliva) clivus wie hiura geheuer von (hiva) = sskr. çiva benignus.

hlida Abhang.

an. hlidh f. Seite. + ags. hlidh n. Abhang, Seite des Berges.

hlina f. Lehne.

ahd. hlinâ, linâ und lēnâ f., nhd. Lehne.
Vgl. κλίνη Lehne, Lehnstuhl.

hlîda f. Seite, Abhang, Halde.

an. hlidh g. hlidhar pl. -ir f. Abhang, Halde vgl. hlidh f. Seite, latus. + ags. hlidh st. f. Bergabhang; ahd. (hlitâ) lita, mhd. lite schw. f. Bergabhang, Seite, bildlich Hüfte, vgl. nhd. Hain-leite f. Bergzug in Thüringen.
Vgl. lit. szlaita-s m. Abhang, κλιτύ-ς.

hlîda link.

goth. in hleiduma link.
Vgl. altirisch cléth sinister.

hlaina lehn.

goth. hlain-a-s m. Hügel, ahd. lên, nhd. lehn.
Vgl. lat. clinâre, in-clinâre.

hlaiva m. Hügel, Grabhügel.

goth. hlaiv-a-s m. Grabhügel, Grab, as. hlêo dat. hlêwe m. Grab-stein, ags. hlaev, hlâv m. Grabhügel, Denkmal, Hügel, ahd. hlêo g. hlêwes, mhd. lé g. lêwes m. Hügel, Grabhügel.
Vgl. lat. clivu-s, de-clivi-s.

hlid decken, schliessen (aus hli).

as. hlidan blêd hlidun, ags. hlidan decken, bedecken, schliessen. Germanisch in hlida.

hlida n. Thür, Deckel.

an. hlidh n. Oeffnung, Thor, Gatterthor. + ags. hlid n. Deckel, Thür, engl. lid Deckel; ahd. (hlit) lit, mhd. lit st. n. Deckel,

nhd. in Ofenlid n. Ofenthüre, Augenlid Augendeckel. Zu as.
blidan bléd ‚hlidun, ags. hlidan decken, bedecken, schliessen.

hlenka m. Wölbung.

an. hlikkr st. m. 1 obliquitas, curvamen, aduncitas. + ags. hlinc st. m.
1, engl. linch Hügel, Grenzhügel, Rain.
ksl. po-klęk-nąti genua flectere, po-klo-nú (= po-klok-nú) geneigt passt
nicht im Auslaut.
Vgl. hlankja.

hlib, hlîbja schonen.

an. hlífa hlifdha schützen, beschützen, schonen, hlíf pl. hlífar f. Schutzwaffe, ú-hlifinn ungeschont. + goth. hleibjan schonen, sich annehmen;
ahd. (hlipjan) lippan, liban schonen, sich annehmen. Vgl. das starke
Verb (hliban hlaib hlibum hlibana) im ahd. (hliban) liban, mhd. liben
abl. 5 schonen.

hlu hören.

Germanisch in hleutha, hleuthra, hleuman, hleumanda, hlûda, hlus, hlusti,
hlausâ.
Vgl. lit. klausýti hören. — ksl. slovą slu-ti heissen. — κλύω höre. — lat.
cluere, cliens, in-clutus. — cambr. clyw auditus, clywet hören.
sskr. çru çrnoti = zend. çru, çurunaoiti hören.

hleutha n. Hören, Zuhören, Schweigen.

an. hljódh n. Ton, Laut; Zuhören, Stille, hljódhr (hörend =)
still, leise, hljódha adha lauten (von hljódh Laut), hlýdha (=
hliudhja) hlýdda lauschen (von hljódh Zuhören), hlýdhinn gehorsam. + goth. hliutha- n. Gehör, Zuhören, Stillschweigen.
Vgl. zend. çraota n. das Hören.

hleuthra n. das Hören.

ags. hleódhor, ahd. hliodor n. das Hören, Hörenlassen, Ton.
Vgl. sskr. çrotra n. Gehör, zend. çraothra n. das Hören, Hörenlassen, Singen.

hleuman Gehör.

goth. hliuman- m. Gehör.
Vgl. zend. çraoman n. Gehör.

hleumanda Leumund.

ahd. leumunt, hliumunt, mhd. liumunt, nhd. Leumund m.
Vgl. ved. çromata n. guter Ruf, Berühmtheit.

hlûda laut.

as. ags. hlûd, ahd. hlût, mhd. lût, nhd. laut.
Vgl. κλυτό-ς. — lat. in-clutu-s. — sskr. çruta = zend. çrúta
gehört, berühmt.

hlus hören.

Germanisch in hlusti hlausā, vgl. ags. hlos-nian.
Vgl. lit. klausýti hören, gehorchen. — ksl. sluchŭ das Hören.
sskr. in çroshamâna, çrushṭa gehört, çrush-ṭi f. Gehör.

hlusti f. Gehör, Gehörorgan.

an. hlust pl. ir f. (Gehör =) Ohr. + ags. hlyst st. f. Gehör, Zu-
hören, as. hlust st. f. 2 Gehör, Gehörorgan; Hören, Aufhorchen,
Lauschen.
Vgl. sskr. çrushṭi f. Willfährigkeit, Gehorsam, zend. çrusti f.
Gehör.

hlausâ hören (von hlausa).

ahd. hlôsén, oberdeutsch lôsen hören.
Vgl. lit. klausà f. Gehorsam, klausýti hören, gehorchen. — ksl.
sluchŭ m. das Hören, sluša̦ hôre.

hlut (aus hlu) spülen.

In goth. blûtra-, ahd. blûter, mhd. lûter, nhd. lauter.
Vgl. κλύζω κέ-κλυ-κα, κλυδών. — lat. cluere, cloáca.

hlut, hleutan hlaut hlutum hlutana erlosen, bekommen.

an. hljôta hlaut hlutum hlutinn durchs Loos erhalten, bekommen, hluti
m. Theil, hlutha adha durchs Loos bestimmen, hleyti (= hlautja) n. Theil.
+ as. hliotan, ags. hleótan erlosen, erlangen; ahd. hleozan, hliozan, lio-
zan, mhd. liezen losen, erlosen, erlangen; losen, wahrsagen, zaubern.

hluta m. Loos, Antheil.

an. hlutr g. hlutar pl. ir m. Loos, Antheil, Theil; Ding, Sache.
+ ags. hlyt st. m. sors; ahd. hluz, luz st. m. durchs Loos zuge-
fallner Antheil, Landantheil. Zu hliutan. Oder hluti?

hlena Ahorn.

an. hlun-r, hlynr m. platanus, Ahorn, Linde. + ags. hlin Name eines
Baumes, ahd. „ornus · linboum".
Vgl. russisch klenŭ m. Ahorn, lit. kleva-s Ahorn.

hlankja m. Kette, Gelenk.

an. hlekkr pl. ir m. Kette. + ags. hlence schw. f. oder hlenca schw. m.
Kette; mhd. ge-lenke st. n. Gelenk, Taille, Biegung, Falte, ditmars. lenke
f. Glied einer Kette. Vgl. lat. clingere.

hlef stehlen.

goth. hlifan stehlen, hlif-tu-s Dieb.
Vgl. preuss. au-klip-t-s verborgen. — ksl. po-klopŭ m. Bedeckung. —
κλέπτω, ἐκλάπην. — lat. clepere stehlen.

hva pron. interrog. nom. sg. hvas hvô hvata wer, was.

goth. hvas hvô hvata, nhd. wer, was.

Vgl. lit. kas m. ka f. wer. — xo- = πο- in κό-θεν = πόθεν, κότερος = πότερος u. s. w. — lat. qui quae quod.
sskr. kas kå kad wer, welcher.

-hun macht indefinit.

goth. in ains-hun und sonst.
Lat. cun in quis-cun-que, ubi-cunque u. s. w. — sskr. cana macht indefinit.

hvathara welcher von zweien, beiden.

an. hvårr uter, uterque, quisque, quis, hvårt ntr. acc. advb. utrum. + goth. hvathar wer von zweien, hvathar ntr. acc. adv. utrum, as. hwedhar, ahd. hwēdar, wēdar, mhd. wēder wer von zweien, beiden, nhd. ent-weder.
Vgl. lit. katra-s we'cher von zweien. — ksl. kotoryj' wer.

hvar wo?

an. hvar wo. + goth. hvar, as. hvår, ahd. hwår, wår, wå, mhd. wår-umb, wå, nhd. war-um, wo.
Vgl. lit. kur wo? wohin? kur-gi wo denn? wohin denn? — lat. cur, alt quor warum. — sskr. kar-hi wann.

hvarja wer von mehreren.

an. hverr pron. quis, hvert acc. ntr. adv. wohin. + goth. hvarja-nom. m. hvarjis f. hvarja n. hvarjata wer von mehreren.
Vgl. lit. kur-s kuri m. f. (Stamm kur-ja-s) welcher, welche. Von hvar.

hvelîka wie beschaffen, welch.

an. hvelîkr, hvilikr wie beschaffen. + goth. hvileik-a-s, as. hwilik; ahd. hwēlih, wēlich, mhd. wēlch, nhd. welch. Aus hvi = hva und lika w. s.

hvat antreiben, erregen, schärfen.

Germanisch in hvata, hvatja, hvassa, hvōta, hvōtja.
Vgl. sskr. cud codati antreiben, anfeuern, anreizen (cud aus kvad = hvat).

hvata scharf, heftig, schnell.

an. hvatr, hvōt, hvatt rasch, schnell, an. hvōt f. Anreizung, hvata adha vorwärts treiben. + ags. hvät, hvat acer, animosus, fortis; ahd. hwaz, waz scharf, heftig.

hvatja wetzen, erregen.

an. hvetja hvatta schärfen, wetzen, erregen. + ags. hvet-tan; ahd. (hwazjan) hwazzan, wezzan praet. wazta; mhd. wetzen, wezte wetzen, reizen, anfeuern, nhd. wetzen wetzte gewetzt. Von hvata scharf.

hvassa scharf, spitzig; lebhaft, streng.

an. hvass, hvöss, hvast scharf, spitzig; lebhaft, zornig, hvessa
(= hvassja) hvesta schärfen. + goth. in hvassaba adv. scharf,
heftig, streng, hvassein- f. Heftigkeit, Strenge, ags. hväs acutus;
ahd. hwas fl. hwassêr, mhd. was fl. wasser scharf, spitzig; heftig, streng. Zu hvata, aus hvat-ta entstanden, altes Particip zu
hvat.

hvôta Drohung.

an. hôt n. pl. Drohungen. + goth. hvôta f. Drohung. Dazu as.
hôti infensus (und wohl nicht zu hatan). Zu hvat.

hvôtja drohen.

an hoeta hoetta drohen. + goth. hvôtjan drohen. Von
hvôta.

hvath sieden, kochen, fervere.

an. hvidha f. subitus impetus, turbo, hvidhudr m. ventus. + goth. hva-
thô f. Schaum, hvathjan schäumen, ags. hveodhu f. hveodha, hvidha m.
aura.
Vgl. sskr. kvath kvathati kochen, sieden.

hvoethan aura.

an. hvidha f. subitus impetus, turbo. + ags. hveodha, hvidha m.
hveodhu f. aura.

hvap hauchen.

In goth. af-hvapjan ersticken (trs.), af-hvapnan ersticken (intrs.), mhd.
ver-wepfen kahnig werden (Wein).
Vgl. lit. kvapas Hauch, Athem, kvep-ti duften, pa-kvimpti verduften,
kahnig werden, lett. kupét rauchen. — καπύω, κε-καφ-ηώς, καπ-νό-ς,
κόπ-ρο-ς. — lat. vap-or, vappa, vappidus.
sskr. kapi, kapila m. Räucherwerk.

hvapja verhauchen, verduften.

goth. af-hvapjan etwas ersticken, auslöschen, af-hvapnan erstick-
en, erlöschen intrs., mhd. ver-wepfen umschlagen, (vom Weine)
verderben, kahnig werden.
Vgl. lit. pa-kvimpti kahnig werden. — lat. vappa kahniger Wein.

hvamma m. Biegung.

an. hvammr m. kleines Thal. + ags. hvam, hvom acc. pl. hvommas m.
angulus.
Von hvam = kam wölben, vgl. κήμ-ινο-ς, καμ-άρα, lat. cam-uru-s, zend.
kamara Gürtel, sskr. kmar kmarati krümmen.

(hvar) wölben.

Germanisch in hvera, hvernja.
Vgl. lit. kreiva-s = ksl. krivŭ = lat. curvus, κυρ-τό-ς, κορ-ωνό-ς, κρά-
νος, κρανίον. — lat. curvus, cortina u. s. w.

hvera m. Kessel.

an. hverr g. hvera pl. ar (ir) m. Kessel. + ags. hver m., engl.
ewer Kessel, Topf.
Vgl. sskr. caru Kessel, Topf.

hvernja n. Hirn, Schädel.

an. hjarni n. Hirnschädel. + goth. hvairnein- f. Schädel, ahd.
hirni, mhd. hirne n. Gehirń, nhd. Hirn, Gehirn.
Vgl. χρανίο-ν Schädel.

hvarb, hverban hvarb hvorbum hvorbana sich kehren, wenden, drehen.

an. hverfa hvarf sich wenden, kehren; verschwinden, hvarf n. das Verschwinden, hvarfla adha evagari, landstreichen. + goth. hvairban hvarb
hvaurbum hvaurbans wandeln, hvarbón wandeln, umherwandeln, gehen,
as. hwerbhan, ags. hveorfan sich wenden, zurückkehren, sich umtreiben,
gehen; ahd. hwërban, wërban, hwërfan, mhd. wërben (wërfen) st. abl. 1
sich wenden, thätig sein, werben, trs. in Bewegung setzen, betreiben,
erwerben, nhd. werben warb geworben.
Vgl. κορυφή (Wirbel), κύρβις, κρύπτω (an. hverfa verschwinden). — lat.
orb-s, urbns, urvum, cu-curb-ita.

hvarba das Umdrehen.

an. hvarf n. das Verschwinden. + as. hwarf, ahd. warb, mhd.
warp, md. warf st. m. Umdrehung, Bewegung, Versammlung,
Kreis. Vgl. κύρβις.

hvarbja wenden, drehen.

an. hverfa hverfdha wenden. + as. hwerbian, ahd. hwerban, wer-
ban, werpjan warfta, mhd. werben wenden, drehen, bewegen.
Causale zu hverban hvarb.

hverbila m. Wirbel, hverbilâ wirbeln.

an. hvirfill m. Scheitel, Wirbel (der Haare), hvirfla adha wirbeln.
+ nhd. Wirbel m. wirbeln. Von hverban.

hval tönen, schreien.

an. hvellr sonorus, clamosus, dän. hvael Schrei, starker Laut. + ags.
hvelan, hväl clangere, tosen, hvelung clangor tubae. Nach Grein.
Vgl. ksl. cviljǫ cviliti weinen, und s. hal hallen καλέω, lat. calâre.

(hval) drehen, wölben.

Germanisch in hvala, hvela, hvehla.
Vgl. κυλ-λός, κύκλο-ς, κολανός s. hal brechen, biegen.

hvala m. Walfisch.

an. hvalr g. hvals pl. hvalir m. Wal, Walfisch. + ags. hval, ahd.
wal, mhd. wal, nhd. Wal st. m. und nhd. Wal-fisch.

hvela Rad.

an. hvel n. Rad.

Vgl. ksl. kolo g. koleso und kola n. Rad. — preuss. kelan Rad.

hvehvla n. Rad.

an. bjôl (d. i. he-h-ula) und hvel n. Rad. + ags. hveól, hveovol, hveogul, hveohl n. Rad, engl. wheel Rad.

Vgl. κύκλος.

hvalb sich wölben, hvelban, hvalb.

mhd. praet. walb wölbte sich, s. hvalbja wölben, hvalba.

Vgl. κόλπο-ς, κολοφών, καλύπτω. — lit. kilpa f. Bügel, Reif.

hvalba m. Wölbung.

an. hvalf n., altschwed. auch hvalf-r m. Wölbung.

Vgl. lit. kilpa f. Bügel, Reif, Schlinge. — κόλπο-ς m. Wölbung, Bausch.

hvalbja wölben, drehen.

an. hvelfa hvelfdha umstürzen, umkippen. + as. hwelbian, mhd. welben, nhd. wölben. Von (bvilban bvalb) = mhd. (welben nur im praet.) walb sich wölben, wozu auch goth. bvilf-trja- f. Gewölb, Sarg.

hvas schnaufen.

ags. hveosan, ahd. hwisprian, hwispalôn wispern, wispeln.

Vgl. lat. queror ques-tus sum queri, quiri-târe. — sskr. çvas çvasti schnaufen.

hvit weiss sein.

Germanisch in hvita, hvaitja.

Vgl. altgallisch vindo- weiss, Vindo-bona, Vindo-nissa. — sskr. çvid çvindati weiss sein (unbelegt) neben çvit glänzen, çveta weiss.

hvîta weiss, hellfarb.

an. hvîtr. weiss, hellfarbig. + goth. hveit-a-s weiss, as. hwît, ags. hvit, engl. white; ahd. hwiz, wiz, mhd. wiz weiss, glänzend, nhd. weiss.

hvîtin f. Weisse.

an. hviti f. Weisse. + ahd. (hwîzi) wîzî, mhd. wize, nhd. Weisse f. Von hvîta weiss.

hvaitja Weizen.

an. hveiti n. Weizen. + goth. hvaitja- nom. hvaiteis m., as. hwêti, ags. hvaete st. m., ahd. hweizi, weizi, mhd. weize st. m., nhd. Weizen.

Lit. kvêty-s io m. Weizen ist entlehnt aus dem Deutschen.

hvin, hvînan hvain hvinum hvinana stridere.

an. hvîna hvein hvinum hvininn stridere, rauschen, sausen (Pfeil, Schwert), hvinr m. der schwirrende Ton. + ags. hvînan stridere (Pfeil, Schwert). Vgl. sskr. kvan kvanati tönen, klagen.

hvelpa m. Welf, Junges vom Hunde und wilden Thieren.

an. hvelpr g. hvelps pl. ar m. Welf, catulus. + ags. hvelp m., engl. whelp; ahd. mhd. welf st. m. n. Welf, catulus.

hvôs husten.

Germanisch in hvôstan, hvôstâ.

Vgl. lit. kosu, kos-ti husten, kosuly-s m. = ksl. kašľľ m. Husten. — sskr. kâs kâsate husten, kâsa m. Husten.

hvôstan oder hôstan m. Husten.

an. hôsti m. Husten. + ags. hvôsta m., ahd. huosto, mhd. huoste schw. m., nhd. Husten m.

hvôstâ oder hôstâ husten.

an. hôsta adha husten. + ahd. huostôn, mhd. huosten, nhd. husten. Von hvôstan.

G.

ga- untrennbare, verstärkende Vorsatzpartikel, ge-.

Im Altnord. nur sporadisch erhalten s. u. + gotb. ga-, as. ags. ge-; ahd. ka-, ki-, ga-, gi-, mhd. nhd. ge-.

Vgl. lit. -gi, -gu enclit. Fragpartikel. — γε. — sskr. gha, ha verstärkt, ganz wie γε.

gahnaistan m. Funke.

an. gneisti m. Funke. + ahd. ganehaista, gneista, cneista st. f. gneisto schw. m., mhd. ganeist, ganeiste, gnaneist, gnaneiste st. f. und schw. m. vgl. ahd. ganeistra, mhd. ganeister, gneister f. Funke.

Vgl. hnaid, hnaista.

ganatrâ klappern.

an. gnôtra adha klappern. + ndd. gnetern, nhd. knattern, knetern, knittern, zer-knittern. Vgl. sskr. nad schwingen, vibriren; schallen, tönen, brüllen.

ganohti f. Genüge, Fülle.

an. gnôtt pl. ir f. Genüge, Fülle, Ueberfluss. + ahd. ginuht st. f. 2 Genüge, Fülle. Von gotb. ganauhan ga-nah genügen.

Vgl. nah, ganah genügen.

ganôha genug.

an. gnôgr neben nôgr genug. + goth. ganôh-a-s, ags. genôh, genôg, as. ginôg; ahd. ginuog, kinuoc, mhd. genuoc g. genuoges, nhd. genug. Von goth. ganauhan.

garaida bereit, fertig.

an. greidhr, greidh, greitt leicht, leicht zu bewerkstelligen. + goth. garaid-a-s angeordnet, bestimmt, festgetetzt, mhd. gereit, gereite fertig, bereit, zur Hand. Aus ga und raida w. s.

garaidja bereiten.

an. greidha greidda los, frei, leicht machen, expedire. + goth. garaidjan anordnen, gebieten, befehlen. Von garaida.

galîka gleich.

an. glik-r gleich. + goth. galeik-a-s, ahd. galih, kilih, mhd. gelich, nhd. gleich. Aus ga und lika w. s.

galôfan m. Handschuh.

an. glôfi m. Handschuh. + ags. glôf m., engl. glove, schott. gloove f. Handschuh. Aus ga und goth. lôfan- m. flache Hand.

gaiti f. Ziege, Geiss.

an. geit g. geitar pl. geitr f. Geiss, Ziege. + goth. gaiti- f., ags. gât f., engl. goat; ahd. geiz, keiz pl. geizî, mhd. geiz f. 2, nhd. Geiss. Goth. gaitein-a-s Ziege betreffend = lat. haedinu-s. Vgl. lat. haedu-s Bock.

gaitîna Ziege betreffend.

goth. gaitein-a-s Ziege betreffend. Vgl. lat. haedînu-s.

gaisa m. Spiess, Ger.

an. geirr g. geirs pl. ar m. Spiess, Wurfspeer, Ger. + gall. lat. gaesum hasta; as. gêr, ags. gâr m., ahd. gêr, kêr, mhd. gêr m. Wurfspeer, nhd. Ger m. Ger-stange. Zu arisch. hi werfen? Vgl. altgallisch Gaesates.

atgaisa m. Art Speer.

an. atgeirr m. Art Speer. + ags. ätgâr, ahd. azigêr, azgêr, mhd. atigêr st. m. Art Lanze, Wurfspiess. Aus at und gaisa.

gaisan m. speerspitzenförmiges Stück, Gehre.

an. geiri m. speerspitzenförmiges Stück. + ahd. gêro, kêro, mhd. gêre m. lansa, lingua maris, mhd. gêre m. keilförmiges Stück, Zwickel in einem Kleide, Gehre. Von gaisa.

gau beachten, sich bekümmern um.

an. gá gâdha (aus gavä) Acht haben auf, sich kümmern um, germanisch in gauma, gaura.
Vgl. ksl. govêja govêti vereri (nach Miklosich aus ahd. gawihan?). — sskr. in ghora s. gaura.

gauma Aufmerksamkeit, Obacht, Sorge.

an. gaumr m. Aufmerksamkeit, Sorge, Fürsorge, gefa gaum at Acht geben auf. + as. gôma st. f. ag. Besorgung, Bewirthung pl. Mahl, Gastmahl; ahd. gauma, gouma, kauma, kouma st. f. 1 prüfendes Aufmerken, gouma nêman Acht haben auf, mhd. goume st. f. 1 Aufmerksamkeit, Obacht. Zu an. gá gâdha Acht haben auf, sich kümmern um (gá = gavä), Wurzel ghu?

gaumja beachten, sorgen, fürsorgen.

an. geyma (d. i. gaumja), geymda Acht haben, sorgen für. + as. gômean Acht haben, hüten; bewirthen; ahd. goumjan, koumjan und goumôn, koumôn, mhd. goumen Acht geben, beobachten, wonach trachten; schmausen. Von gauma.

gaura (scheu) betrübt.

goth. gaur-a-s betrübt, ahd. gôr-ag elend.
Vgl. sskr. ghora Scheu einflössend, furchtbar.

gauritha f. Bekümmerniss.

goth. gauritha f. Bekümmerniss.
Vgl. sskr. ghoratâ f. Grauenhaftigkeit.

gau rufen.

goth. in gau-nôn trauern, Klagelieder singen, wehklagen, gaunô-tha f. Trauer, Klage. + an. geyja gö (= gauja gau) bellen, scheltend anfahren, godh-gá f. Verhöhnung der Götter.
Vgl. ksl. zovą zvati tönen. — sskr. hu havate, zend. zu zavaiti rufen, anrufen.

gauka m. Gauch, Kuckuck.

an. gaukr m. Gauch, Kuckuck. + ags. geác m. Gauch, Narr; ahd. gouh, kouh, kouch, mhd. gouch g. gouches st. m. 1, nhd. Gauch, Kuckuck, Bastard, Narr. — Sskr. ghúka m. Eule.

gag gagen (Gans).

mhd. gagen schnattern, die gans gaget; vgl. an. gagl Gans, Vogel.
Vgl. lit gagiu, gagéti gagen, schnattern (Gans), gagona-s Gänserich.

gagan adv. gegen, in gagani entgegen.

an. gagn gegen nur in Zusammensetzungen z. B. in gagn-vart gegenwärts, gegenüber praep. mit dat., i gegn adv. und praep. entgegen, zuwider. + ahd. gagan, kagan, ags. gegn, geagn, geán, gên; mhd. gegen, gein, nhd.

gegen; ahd. in gagan, mhd. engegen adv. und praepos. mit dat. und ahd. in gagani, in gegeni, mhd. engegene adv. entgegen. Zu gangan.

gagnja entgegnen, begegnen.

an. gegna gegnda („entgegenkommen" =) passen zu, entsprechen, berechtigt sein zu. + ahd. (gaganjan) kagannan, gaganan, keginen, amhd. gaganen, nhd. ent-gegenen, be-gegenen. Von gagan (gagna).

gat, getan gat gâtum getana erreichen, erlangen, to get.

an. geta gat gâtum getinn erlangen, erreichen; erlangen mit dem Geiste, lernen, erfahren; mit dem Verstande treffen, errathen, vermuthen; erlangen, (Kinder) zeugen, gebären, gât n. was man nimmt an Speise und Trank, get n. und geta f. Vermuthung, gâta f. Räthsel. + goth. bi-gitan gat gêtum gitans finden, befinden; erlangen, antreffen, ags. gitan in bigitan, engl. beget, ags. for-gitan, engl. forget vergessen, engl. get got gotten; ahd. nur in fir-gëzzan = ags. for-gitan = nhd. vergessen, vergass, vergessen.

Vgl. χανδάνω ἔχαδον χείσομαι fassen. — lat. pre-hendere, praeda, hedera. sskr. gadh in gadh-ya festzuhalten, zu erbeuten, â-gadhita umklammert.

gata n. Loch.

an. gat n. Loch. + as. gat, ags. geat st. n. porta, nd. gat, md. gat n. Loch, Oeffnung, Höhle. Von gat getan χαδεῖν fassen, einnehmen.

gatvan f. Weg, Strasse, Gasse.

an. gata f. Weg, Strasse. + goth. gatvôn- f., ahd. gaza, gazza, mhd. gazze st. schw. f., nhd. Gasse f. pl. Gassen. Von gat getan.

gad fügen, passen.

goth. gadiligg-a-s, mhd. getelinc Verwandter, ags. gädeling Genosse, as. gi-gado, mhd. gegate Genoss, nhd. Gatte, Gattin, ndd. ver-gadern, engl. to gather u. s. w.

Vgl. ksl. godü m. passende Zeit, Zeit, Stunde, goźdą (= god-ją) godi-ti passen, gefallen.

gôda gut.

an. gôdhr, gôdh, gôtt gut. + goth. gôd-a-s, as. gôd; ahd. guot, cuot, mhd. guot fl. guoter, nhd. gut.

άγα-θό-ς gut aber zu άγα-μαι.

gan schlagen, treiben.

Germanisch in gonda, gondia, auch in goth. du-ginnan, ahd. bi-ginnan gann, nhd. beginnen.

Vgl. lit. ginu gin-ti wehren, vertheidigen, genu, ginti Vieh treiben, austreiben, genu, genéti die Aeste am Baume abhauen, beschneiden. — ksl. ženą gŭnati treiben, vertreiben, žĭnją žę-ti abmähen, erndten.

Vgl. sskr. han hanti schlagen, tödten, zend. jan schlagen, tödten, mit aipi verjagen.

gonda Kampf.

an. gunnr, gûdhr m. Kampf (aus gundha-). + ags. gûdh f. bellum, pugna, proelium; ahd. gund- z. B. in gund-fano Kriegsfahne, gundia f. Kampf, Schlacht, Krieg.
Vgl. sskr. ghâta m. Schlag, Tödtung.

gondia f. Kampf.

ahd. gundia f. Kampf.
Vgl. lit. gincza-s, gincza f. Kampf. — sskr. hatyâ f. Schlacht Schlagen.

gangan gegang gangana gehen.

an. gangan gêkk ganginn gehen. + goth. gaggan gaggida (und iddja), as. gangan gêng, ahd. gangan, kankan giang, mhd. praes. gange praet. gienc, nhd. oberdeutsch gangen, nhd. gehen gieng gegangen.
Vgl. lit. żengiu, żeng-ti schreiten, pra-żanga f. Uebertretung. — sskr. jamh jamhati zappeln, sich sperren, jarighâ f. Bein, Fuss.

ganga m. Gang.

an. gangr m. gang n. das Gehen, der Gang. + goth. gagg-a-s m. Gang, Gasse, as. gang pl. gangâ m. Gang; ahd. gang, ganc, kank pl. gangâ und gangi, gengi st. m. 1 und 2, mhd. ganc pl. genge st. m. 2, nhd. Gang, pl. Gänge. Von gangan.
Vgl. lit. pra-żanga f. Uebertretung.

gangja gänge, gangbar.

an. gengr gehbar. + ags. genge gangbar, gäng, üblich; ahd. gengi, mhd. genge, nhd. gänge, gäng. Von gangan.

ganhti f. das Gehen, Gang, Eingang.

an. gätt pl. ir f. Thüre, Thüröffnung, Eingang. + goth. in fram-gâht-i-s f. Fortschritt, innat-gâht-i-s f. Eingang, Eintritt. Von gangan.

gantan und gantra Storch, Wildgans.

ganta lat. deutsch bei Plinius, ahd. ganazo, ganzo, mhd. ganze und ganzer m. Gänserich, davon provençalisch ganta, ganto Storch, Kranich, wilde Gans.
Vgl. preuss. gandan-is m. Storch, lit. gandra-s Storch.

gansi f. Gans.

an. gâs pl. gaess f. Gans. + ags. gôs f., engl. goose pl. geese; ahd. gans, cans f. 2, mhd. gans f. 2, nhd. Gans pl. Gänse.
Vgl. żąsi-s f. — ksl. gąsi f. — χήν, χην-ός m. f. — lat. ans-er (für han-ser) m.
sskr. hamsa m. hamsi f. Gans.

gap gaffen, Mund aufsperren.

an. gap n. hiatus, das Klaffen, Gaffen, Benehmen eines thörichten Menschen, gapa, gapta das Maul aufsperren. + ags. geap n. porta (klaffend);
niederrhein gapen schw. gaffen, klaffen.
Vgl. sskr. jabh jambhate schnappen, aufbeissen (wie grip greifen zu garbh).

gab, geban gab gâbum gebana geben.

an. gefa gaf gâfum gifinn geben. + goth. giban gab(gaf) gêbum gibans,
an. gebhan, ags. gifan, geofan; ahd. gëban, kêpan, mhd. gëben, nhd. geben gab gegeben.
Vgl. lit. gab-énti bringen, verschaffen, gabjauja Göttin des Reichthums
und lat. habeo.

geba f. Gabe, Geschenk.

an. gjöf g. gjafar pl. ar und ir f. Gabe, Geschenk. + goth. giba
f., as. gebba, ags. gifu f., ahd. gëba, këpa, mhd. gëbe st. f. 1
Gabe, Geschenk. Von geban.

-geban m. gebend, Geber in Cp.

an. gjafi m. in Cp. z. B. lif-gjafi Leben spendend, râdh-gjafi m.
Rathgeber. + as. -gëbho, ags. gifa, geofa; ahd. këbo, këpo, mhd.
gëbe schw. m. Geber nur in Zusammensetzungen. Von geban.

gefti f. die Gift, Gabe.

an. gipt pl. giptir f. Gabe, Geschenk, gipta verheirathen. + ags.
gift, gyft f. n. dos (Mitgift), nuptiae; ahd. gift, kift, mhd. gift st.
f. 2 das Geben, Gabe, Geschenk, nhd. Mit-gift f. und das Gift.

geftja geben.

an. gipta gipta nuptui dare. + ahd. (giftjan) giftan, mhd.
giften geben, schenken, vergiften, nhd. ver-giften. Von
gefti.

gabaga reich.

an. göfugr vornehm. + goth. gabig-a-s (gabeig-a-s) reich. Von
geban gab.

gâban f. Gabe.

an. gâfa f. Gabe. + mhd. gâbe schw. f., nhd. Gabe pl. Gaben f.
Von geban gab gâbum.

gâbja angenehm.

an. gaefa f. Glück. + mhd. gaebe annehmbar, willkommen, angenehm, nhd. gäbe, gäng und gäbe. Von geban gab gâbum.

gabala Gabel.

an. gafl n. Gabel. + ags. gafol m., ahd. gabala, kabala, kapala, mhd.
gabel st. f. 1, nhd. Gabel f.
Lat. gabalu-s aus dem Deutschen. Gleichen Stammes goth. giblan-, ahd.
gibil, nhd. Giebel m.

gamana n. Freude, Vergnügen, Spiel.

an. gaman n. Freude, Vergnügen. + as. gaman, gamen, ags. gamen, gomen n., ahd. gaman st. n., mhd. gamen st. n m., md. gam m. Freude, Lust, Spass, Spiel.
Aus ga+man?

gamansama lustig.

an. gamansamr facetus, gamansemi f. facetiae. + ahd. gamansamo adv. lustig. Aus gamana und sama w. s.

gamala alt.

an. gamall, gömul, gamalt alt. + ags. gamol, gomel alt.
Aus ga und mal malmen? vgl. sskr. mlâ hinschwinden.

gamb gimpeln.

an. gabb (d. i. gamb) n. Narrheit; Hohn, Spott, gabba adha zum Narren halten. + mhd. gampel f. Possenspiel, gampel-man = gumpel-man m. Possenreisser, gampel-spil und gumpel-spil n. Possenspiel, vgl. mhd. gamph m. das Schwanken, gumpen schw. v. springen, hüpfen (engl. to jump?) nhd. Gimpel.

(gar) begehren.

Germanisch in gerna, gernîn, gernja, ahd. ger-ôn, kerôn, nhd. be-gehren. Vgl. oskisch her-est, umbr. her-i-est volet, lat. horior, hori, hortâri. — χαίρω, ἐ-χάρ-ην, χαρά, χάρις, χάρ-μα, χάρ-μη. sskr. har haryati gern haben, lieben.

gerna geneigt zu, begierig nach.

an. gjarn, gjörn, gjarnt geneigt zu, begierig auf. + goth. in faihu-gairn-a-s habsüchtig; as. gern, ags. georn; ahd. gërn, kërn begierig, strebend nach, mhd. gërn in miete-gërn lohnsüchtig, niu-gërn neugierig.

gernîn f. Gierde.

an. girni f. Gierde in â-girni f. Begier, fê-girni f. Habsucht. + goth. gairnein- f., ahd. gërni, kërni f. Begierde, Verlangen, Sehnsucht.

gernja begehren.

an. girna (= girnja) girnda begehren. + goth. gairnjan begehren, bedürfen, ags. geornian begehren; ahd. girnjan, gërnjan begehren. Von girna.

(gar) fassen.

Germanisch in garna, garna, gora.
Vgl. sskr. har harati nehmen, fassen.

1. garna n. Garn.

an. garn n. Garn. + ags. gearn n., ahd. garn, karn, mhd. garn nhd. Garn st. n. pl. Garne.

2. garna f. Darm, Eingeweide.

an. görn, pl. garnir f. Eingeweide, gar-mör m. Fett um dieselben.
+ ahd. in mitti-garni, mitti-carni und mittila-carni st. n. (Stamm
garn-ja-) arvina.
Vgl. lit. żarnà f. Darm und lat. hernia f. Bruch am Unterleibe.
Dazu lat. hira, hilla Darm, χορ-δή. — sskr. hirâ f. Darm.

gora n. Mist, Darminhalt.

an. gor g. gors n. Darminhalt, Mist, gormr m. Dreck, Schlamm.
+ ags. gor n. fimus, lutum, coenum; ahd. mhd. gor m. n. Mist,
Dünger, ahd. gora-wunt darmwund.
Vgl. lat. hira, hilla, haru-spex, χολάδ- u. s. w.

(gard) umgeben.

Germanisch in garda, gerda, gordja.
Ksl. in gradŭ sepimentum.

garda m. Geheg, Garten.

an. gardhr g. gardhs pl. ar m. Wall, Zaun, Mauer um das Ge-
höft, Gehöft, Garten z. B. in grasgardhr m. Grasgarten. + goth.
gard-i-s f. Haus, Gehöft; Hauswesen, Familie, garda-valdands m.
Hausherr, gardan- m. Stall; as. gard st. m. 1 sg. eingefriedigtes
Grundstück, Feld pl. acc. gardôs Besitzung, Behausung, Wohnung,
Haus; ags. geard st. m. 1, engl. yard Geheg, Garten; ahd. gart,
cart st. m. 1 Kreis.
Vgl. lit. garda-s Hürde. — ksl. gradŭ m. Mauer, Garten, Stall,
Stadt.

gardarja m. Gärtner.

as. gardari, ahd. gartari, kartari m. Gärtner.
Vgl. ksl. gradarĭ m. Gärtner.

gerda f. Gürtel.

an. gjördh g. gjardhar f. Gürtel. + goth. gairda f. Gürtel.
Vgl. garda.

gordja gürten.

an. gyrdha (d. i. gordhja) gyrdha gürten. + as. gurdian, ags.
gyrdan; ahd. (gurtjan) gurtan, mhd. gürten, nhd. gürten.
Vgl. garda, gerda.

garva fertig, bereit, gar.

an. görr fertig, bereit. + as. garu, garo g. garowes, ags. gearu, gearo;
ahd. garo, caro fl. garawêr, mhd. gar fl. garwêr fertig gemacht, bereit,
gerüstet, vollständig, ganz, gar; nhd. gar. Kaum aus ga+arva.

garvâ adv. gar.

an. ger (d. i. garvi) adv. genau, vollständig; gerr comp. diligentius, amplius. + (as. garo), ags. (gearu, gearo), geara und geare und gearuve, geareve, gearve; ahd. (garo, karo) und garewo, karewo, mhd. (gar und) garwe adv. gänzlich, völlig, ganz und gar. S. garva.

garvitha f. Herrichtung, Bereitschaft.

an. gerdh g. gerdhar pl. ir f. Herrichtung, Ausführung, Entscheidung, Beschluss. + ahd. garawida, karawida st. f. 1 apparatus, praeparatio, habitus. Von garva.

garvîn f. Zurüstung.

an. gervi f. Zurüstung, Apparat. + ahd. garawi, karawi f. Zubereitung, Zurüstung, Schmuck, Gewand. Von garva.

garvinga f. Bereitung.

an. nÿ-gerving f. Neumachung, Neuerung. + mhd. garowunge, nd. gerwinga st. f. 1 Bereitung, Vorbereitung. Von garva, garvja.

garvja bereiten.

an. gera gerdha machen, thun. + as. garuwian, gerwian, ags. gearvian bereiten, zurüsten; ahd. (garawjan) garawen, karawen, mhd. garwen, gerwen fertig, bereit, gar machen (Leder = gerben), ausrüsten, kleiden, nhd. (Leder) gerben.

(gal) gelb, grün sein; glühen.

Germanisch in galla, gelva, goltha, glansa, glasa, glôja, glôdi.

Vgl. lit. żelu żel-ti grünen, grün werden, wachsen. — ksl. zelo n. Kraut, zelenü grün, żlü-tü gelb u. s. w. — χόλ-ος, χολή, χλέ-μερο-ς, χλόος, Χλόη. — lat. hele-mentu-m, holus, holvu-s.

Vgl. sskr. hiraṇa, hiraṇya gold, hari, harita, harinî gelb; ghar-ma Hitze, ghrañsa Gluth.

galla Galle.

an. gall g. galls n. Galle. + as. galla st. f., ags. gealla schw. m., ahd. gallâ, callâ, mhd. galle schw. f., nhd Galle.

Vgl. lit. żala-s grün, gelblich. — ksl. żlüti, żlüčĭ f. Galle. — χό-lo-ς, χολή Galle. — lat. fel, fellis n.

zend. zâraç-ca Gallo.

gelva gelb.

ahd. gelo gelawêr, nhd. gelb.

Vgl. χλο̣o-ς, χλόο-ς m. das Grün, Χλόη Demeter. — lat. helvu-s, hilvu-s gelblich, helvola Küchenkraut.

goltha n. Gold.

an. gull, goll n. Gold. + goth. gultha- n., as. ags. gold n., ahd. gold, cold, mhd. golt g. goldes, nhd. Gold n.

Vgl. ksl. zlato n. Gold. — sskr. haṭa-ka (= harta-ka) golden, Gold.

Eigentlich „das Gelbe" vgl. lit. gelta-s gelb. — ksl. žlŭtŭ gelb.
— sskr. harita = zend. zairita gelb, grüngelb.   •

golthîna gülden, golden.

an. gullinn golden. + goth. gulthein-a-s, as. guldîn, ags.
gylden; ahd. guldîn, culdîn, mhd. guldîn, nhd. gülden,
golden, Gulden m.
Vgl. ksl. zlatînŭ golden.

glans- Glanz (glos).

an. glaesa (für glâsja, glansja vgl. gâs für gans) glaesta glänzend
machen, verzieren, glaesi-ligr glänzend, glys n. (= glos-ja) was
glänzt und gleisst. + mhd. glanst st. m. Glanz, und glast st. m.
Glanz, mhd. glins m. Glanz, mhd. glosen schw. v. glühen, glänzen.
Vgl. sskr. ghraṁsa, ghraṁs m. Glanz, Gluth.

glasa n. Glas.

an. gler n. Glas in gler-ker n. Glasgefäss, gler-steinn m. Glas-
stein. + germanisch-latein. glesum, glessum Bernstein; as. gles,
ags. glǽs n., ahd. glas, clas, mhd. glas st. n., nhd. Glas. Zu
glans.

glô glôja glühen, glänzen.

an. glôa adha flimmern, glänzen, glühen. + ahd. gluoan, cluojan,
gluon, cluon, mhd. glüejen praet. gluote und glüete, nhd. glühen.
Vgl. lit. žlé-ja f. Tagesanbruch.

glôdi f. Gluth.

an. glôdh pl. gloedhr f. Gluth, glühende Kohle. + ags.
glêd f., ahd. gluot, cluot, mhd. gluot g. glüete st. f. 2,
nhd. Gluth f. (pl. Gluthen schw.) Von glôja.

gal, galan gôl galana singen, zaubern.

an. gala gôl singen, bezaubern part. galinn (bezaubert =) toll. + ags.
galan gôl singen, tönen, schreien; ahd. galan, kalan abl. 4 singen, Zauberlieder singen. Dazu (von gôl) goth. gôljan grüssen, mhd. gal m. Gesang, Gerede, as. galm, abd. galm, calm, mhd. galm m. Schall, Ton,
Lärm, Geräusch. Vgl. gellan gall.
ksl. glagol-iti sprechen lässt sich auch zu kal, ig. Wz. gal ziehen. Vgl. sskr.
gharghara m. Gelächter, Geknister, ghura-ghurâya prasseln, grunzen.

galdra n. Zauberlied.

an. galdr g. galdrs pl. galdrar m. Zauberlied, galdra adha Zauberlieder singen. + ags. gealdor, galdor n. incantatio, sonitus,
sermo, ahd. galstar, calstar, mhd. galster st. n. Gesang, Zauber-
gesang, ahd. galstarôn, calstrôn Zauberlieder singen. Beachte
nord. ags. galdra- ohne das im Hochdeutschen eingeschobene s.
Von galan.

gall, gellan gall gellen.

an. galla (oder gjalla) gall gullum gollin ertönen, gollir m. von gellender Stimme. + ahd. gëllan, këllan, mhd. gëllen abl. 1 gellen, tönen. klingen, schreien, nhd. gellen schw. Vgl. galan göl.

galgan m. Galgen.

an. gâlgi m. Galgen. + goth. galgan- m., as. galgo, ags. galga, gcalga m., ahd. galgo, kalgo, mhd. galge schw. m., nhd. Galgen.

(galt) schreien, Weiterbildung von gal.

Germanisch in galtan, gelta, geltan.

gelta Geschrei.

an. gelt n. Geschrei, Geheul, gelta gelta schreien. + ahd. gël-zön, këlzön, mhd. er-gëlzen die Stimme hören lassen, aufschreien.

geltan f. Sau.

an. gyltr und gylta f (besser gilta) Sau. + ahd. gëlzâ schw. f. sucula (neben galzâ s. galtau). Zu gelt aufschreien?

galtan m. f. Schwein.

an. galti m. Borgschwein, majalis vgl. göltr g. galtar dat. gjalti pl. geltir m. (Stamm galtu) Barch, verschnittenes männliches Schwein. + ahd. galzâ schw. f. sucula. Vgl. giltan.

gald, geldan gald goldum goldana gelten, entgelten, vergelten.

an. gjalda gald guldum goldinn bezahlen, entrichten. + goth. gildan gald guldum guldans in fra-gildan vergelten, erstatten, us-gildan vergelten, as. geldan, ags. gioldan, gyldan, engl. geld; ahd. gëltan, këltan, mhd. gëlton erstatten, bezahlen, entgelten, werth sein, nhd. gelten galt gegolten.
Vgl. ksl. žladą žlasti, žlëdą žlës-ti zahlen, büssen, žlëdiva f. Busse, Strafe, Gülte. Von ghal cf. lit. galiu galë-ti vermögen, kymr. gallaf possum.

gelda n. Bezahlung, Entgelt, Vergeltung.

an. gjald pl. gjöld n. Erstattung, Bezahlung; Abgabe, Steuer; Ersatz, Strafe. + goth. gilda- n. Steuer, Zins; as. geld n. Bezahlung, Opfer, Abgabe, Lohn, ags. gield, gild, gyld n. Ersatz, Stellvertretung, Opfer, Götzenbild; ahd. gëld, këlt, mhd. gëlt g. gëltes n. m. Bezahlung, Vergeltung, Ersatz; Opfer, Abgabe, Steuer; Gewinn, Zahlung, geprägtes Gold, nhd. Geld n. und Entgelt. Von geldan.

galp tönen, schallen, prahlen.

an. gjålpr m. Lärm, Brausen, gjålpa adha lärmen, brausen, gjålfra lärmen, brausen. + mhd. gölfen abl. 1 lauten, Schall verursachen, bellen, schreien refl. mit gen. worüber lustig sein = ags. gilpan gealp gulpon

(gielpan, gylpan) gloriari exsultare, gaudere; as. gelp, ags. gilp, ahd.
gelph st. m. Trotzrede vor dem Kampfe u. s. w.
Zu gal, gall vgl. lit. żlep-tereti leise reden. — sskr. hrap, hlap ayati
sprechen, tönen.

gasti m. Gast.

an. gestr g. gests pl. gestir m. Gast.+goth. gasti-s m., as. gast pl. gesti,
ahd. gast, cast pl. gesti, mhd. gast pl. goste, nhd. Gast m. pl. Gäste.
Vgl. lat. hosti-s Fremder, Feind.

gasda m. n. Stachel, Spitze.

an. gadd n. oder gaddr m. Stachel, Spitze. + goth. gazd-a-s m., ahd.
gart, cart, mhd. gart st. m. 1 Stachel, Treibstecken.
Vgl. lat. hasta f. hostire schlagen.

gi, gin, gô gähnen.

Germanisch in giai, gînan, gina, givan, gôma.
Vgl. lit. żió-ti. — ksl. zija-ti. — lat. hiâre. — χαίνω ἔ-χανον. — sskr. hâ
z. B. in vi-hâyas Luft.
Grundform: gha, ghâ = german. ga (gô).

giai gähnen.

ahd. giên, gijên gähnen, klaffen.
Vgl. lit. żióju, żió-ti. — ksl. zijają zijati gähnen, klaffen. — lat.
hio hiâre gähnen, klaffen.

gînan gain ginum ginana gähnen, klaffen.

an. gîna gein ginum gininn klaffen, schnappen mit offnem Munde
nach, inhiare. + ags. bi-gînan bigân inhiare in, tô-ginan tôgân
hiascere, klaffen. Davon gina. Vgl. das schwache Verb ags.
gânian (d. i. gainja), engl. to yawn und ahd. geinôn gähnen.
Entweder aus einem Präsens gi-na- oder aus gan = χαν χανεῖν
χαίνω.

gina n. das Klaffen, offner Rachen.

an. gin n. os hians, rictus + ags. gin n. hiatus, abyssus, vasti-
tas, davon ahd. ginên, kinên, mhd. ginen schw. v. das Maul aufsperren, gähnen. Zu gînan gain ginum.

givan das Klaffen.

an. gjâ (d. i. gjavan) g. und pl. gjâr f. Schlucht, Kluft. + ahd.
in ana-giwên inhiare, gëwôn, këwôn, mhd. giwen, gëwen schw.
Mund aufsperren, gähnen.

(gô) klaffen.

Germanisch nur in gô-ma Gaum.
Vgl. lit. gomury-s, χῆ-μη Gienmuschel.

gôma, gôman m. Gaumen.

an. gômr g. gôms pl. gômar m. Gaumen, Kinnlade. + ags. gô-

ma; ahd. guomo, cuamo, mhd. guome schw. m., nhd. Gaumen, einzeln mhd. guom, st. m. wie anord. Von gò gähnen = ig. ghā vgl. χήμη f. (klaffende) Gienmuschel.
Lit. gomury-s io m. Gaumen.

gid begehren (aus gi hiarc).

goth. gaid-va- n. Mangel, ahd. kit, mhd. gît m. Gierigkeit, Habgier, Geiz, ahd. kit-ac, mhd. gitec gierig, geizig.
Vgl. lit. goidu, geis-ti begehren. — ksl. żęd-ěti verlangen, dürsten, żidati erwarten, żadati (= żěd) cupere.

(gis) haerere.

Germanisch in gîsna, gaisja, gîsla.
Vgl. lit. gaisz-ti zögern, säumen, nachbleiben. — lat. haereo haesum haerere stocken, haften, festhangen.

gîsna sich entsetzen, staunen.

goth. us-geisnan sich entsetzen, von Sinnen sein, staunen.
Vgl. ksl. żasną żasnąti staunen, sich entsetzen (= żěs) u-żas-tĭ f. Staunen.

gaisja erschrecken tr.

goth. us-gaisjan erschrecken, von Sinnen bringen.
Vgl. ksl. żašę (= żasją żěsją) Jmd. erschrecken.

gîsla m. Geisel, obses.

an. gisl pl. gislar m. Geisel, obses. + ags. gisel, ahd. gisal, kisal, mhd. gisel st. m. 1, nhd. Geisel. (An. gisl mit Verkürzung des Vocals vor Doppelconsonanz.)

geutan gaut gutum gutana giessen.

an. gjôta gaut gutum rollen mit den Augen (?). + goth. giutan gaut gutum gutans, as. giotan, ags. geótan; ahd. giozan, kiozan, mhd. giezen, nhd. giessen.
Vgl. lat. fundo fûdi fûsum fundere (fud aus ghud). — χέϝω, χέω, κέχυμαι.

gutha m. n. Gott.

an. gudh g. gudhs m. der christliche Gott. + goth. guth g. guths m., as. god, ags. god m., ahd. got, cot, mhd. got, nhd. Gott m. — an. godh n. der heidnische Gott. + goth. gud pl. guda st. n. Götter, Götzen, ags. god pl. godu n. Gott, Götter. Die Unterscheidung des masc. und neutr. (allgemeiner und besonderer Gott) scheint allgemein germanisch, vom Christenthume nur benutzt zu sein, um den Christengott den Volksgöttern auch sprachlich entgegenzustellen.

gudjan m. Priester, priesterlicher Vorstand.

an. godhi m. der Gode, priesterlicher und richterlicher Vorsteher eines Bezirks auf Island, gydja f. Priesterin. + goth. gudjan- m. Priester, ahd. (gutja), mhd. göte, götte und gute schw. m. Pate,

Patenkind, ahd. gotâ, mhd. gote, gotte schw. f. Patin, weibl.
Patenkind. Dazu der Eigenname Göthe. Von gutha. Vielleicht
neben gudjan (goth. gudjan, an. gydhja Stamm gudhjan- f., mhd.
göte) ein Thema gudan- (an. godhi Stamm godhan-, ahd. gotâ,
mhd. gote schw. f.) aufzustellen.

gup in sich aufnehmen.

an. in gaupn f. die hohle Hand, gaupna, geypna cava manu includere. +
ags. geópan praet. geáp in sich aufnehmen, geáp patulus, amplus, callidus, horn-geáp pinnaculis prominens, sae-geáp (naca) ad navigandum satis amplus, mhd. goufe f. hohle Hand, ahd. goufan poples.

gaupna f. die hohle Hand.

an. gaupn f. die hohle Hand. + ahd. coufana f., mhd. goufe
schw. f. hohle Hand. Von gup.

gersta f. Gerste.

as. gersta, ahd. gersta, nhd. Gerste f.
Vgl. $\varkappa\varrho\bar{\iota}\vartheta\acute{\eta}$ f. $\varkappa\varrho\bar{\iota}$ (= $\varkappa\varrho\iota\vartheta$) n. — lat. hordeu-m Gerste.

gelda (galda) gelt, unfruchtbar.

an. geldr castrirt, von weiblichen Thieren unfruchtbar (part. praet. von?)
gelda gelda entmannen, geldingr m. Hammel, Schöps. + mhd. gelde unfruchtbar, nhd. gelt, gelte, bairisch mundartlich galt. Grundform galdja?

ges gestern, adv.

an. gjâr adv. (gaer) gestern. + deutsch in gestra.
Vgl. $\chi\vartheta\acute{\epsilon}\varsigma$, lat. heri, sskr. hyas gestern.

gestra gestern.

an. gaer, gjâr adv. i gaer, i gjâr gestern. + goth. gistra-dagis
gestern, ags. gistran dâg, engl. yesterday; ahd. gëstoron, mhd.
gëster adv. eigentlich acc. sg., nhd. gestern.
Vgl. $\chi\vartheta\acute{\epsilon}\varsigma$, heri, hester-nu-s.

goman m. Mensch, Mann.

an. gumi m. pl. gymar und gumar Mensch. + goth. guman- m. Mann,
guma-kunds männlichen Geschlechts, männlich, gumein-a-s männlich, as.
gumo, ags. guma m., ahd. gomo, como, mhd. gome schw. m. Mann.
Vgl. lit. žmū pl. žmonés Mensch. — lat. homo g. hominis. Zu $\chi\alpha\mu$-$\alpha\ell$,
lat. humu-s, lit. žemé = ksl. zemo, zemlja f. Erde.

grâtan gegrât grâtana weinen, beweinen, schreien.

an. grâta grêt grâtinn beweinen, weinen, grâtr m. das Weinen. + goth.
grêtan gaigrôt grêtans weinen, klagen, goth. grêts das Weinen, ags. grae-
tan, grêtan, as. grâtan weinen, beweinen, mhd. grâzen schreien, toben.
Vgl. sskr. hrâd, hrâdati tönen, rasseln.

grad ausgreifen, schreiten; begehren.

goth. grid-i-s f. Schritt, Stufe, grêdu-s m. Gier, Hunger s. grâdu.

Vgl. ksl. grędą gręs-ti schreiten, gladŭ Hunger, žlŭd-ati begehren. — lat. gradior gressus sum gradi, gradu-s, grassári.

sskr. gardh grdhyati ausgreifen, streben nach, gierig sein, grdhnu hastig, gierig, grdhyā f. Gier.

grâdu m. Gier, Hunger.

an. grâdhr g. grâdhs m. Gier, Hunger. + goth. grêdu-s m. Gier, Hunger, ags. graed m., engl. greed Gier, Hunger.

Vgl. ksl. gladŭ m. Hunger.

grûdaga hungrig, gierig.

an. grâdhigr, grâdhugr hungrig.+ goth. grêdag-a-s hungrig, as. grâdag, ags. graedig, grêdig gierig. Zu grâdu.

(gran) fremere, greinen.

granja fremere, greinen, grinsen.

an. grenja brüllen, heulen, schreien. + ags. grennian grinsen, ahd. grennan mutire.

Vgl. grama, grima, grin.

grana f. Granne, Barthaar.

an. grön g. granar f. Barthaar, (bärtige) Oberlippe. + ahd. grana, crana, mhd. grane, gran st. schw. f. Barthaar an der Oberlippe, stachlichtes Haar, Granne. Vgl. gothisch-lat. granus Schnurrbart.

Vgl. lat. hir-tu-s und a. grasa, grôja.

granda vitium.

an. grand n. Schaden, Nachtheil, grand-lauss ohne Schaden. + ags. in grandor-leás vitiorum expers.

graban grôb grabana graben.

an. grafa grôf grafinn graben. + goth. graban grôf grôbum grabans, as. bi-grabhan, ags. grafan; ahd. graban, crapan, mhd. graben, nhd. graben grub gegraben.

Vgl. ksl. grebą greti graben, schaben, kämmen; rudern, grebeni m. Kamm, greb-l-ja f. Ruder, grebŭ m. Grab, grobŭ m. Grab, Grube.

graba f. Graben, Grube.

an. grôf g. grafar f. Grube. + goth. graba f. Graben, as. graf, ahd. grab, crap, mhd. grap, nhd. Grab st. n. Von graban.

Vgl. ksl. grebŭ m. Grab, grobŭ m. Grab, Grube.

grafti f. Gruft.

an. gröptr g. graptar m. (und gröptr g. graptrar m.) Begräbniss, Grab. + ags. gräft m. n. f. sculptile, ahd. graft, craft g. grefti, mhd. graft st. f. 2 caelatura, sculptura, Grab, Begräbniss, holländ. Gracht Graben. Von graban.

grôba f. Grube.

an. gróf g. grófar f. Grube.+goth. gróba f., ahd.gruoba, cruopa, mhd. gruobe st. f. 1, nhd. Grube. Von graban gröb.

grama gram.

an. gramr, gröm, gramt gram, feindselig, erzürnt gegen.+goth. in gramjan s. d., as. gram, ags. gram, gròm; ahd. mhd. nhd. gram.

vgl. ksl. grimati sonare, gromū m. Donner. — χρεμίζω, χρόμος, Χρέμης, Χρέμυλος, χρόμαδος, χρεμετίζω.

zend. grañ-ta grimmig; sskr. harman das Gähnen, harmita gegähnt. Dazu auch granja, grînan.

gramîn f. Zorn, Erbitterung.

an. gremi f. Zorn. + ahd. gremi f. exacerbatio. Von grama.

gramja gram, zornig machen.

an. gremja gramda erzürnen, zornig machen. + goth. gramjan, ags. gremian, gremman; ahd. gremjan, cremjan erzürnen, zornig machen, mhd. gremen zornig sein. Von grama.

gramata Geknirsch, Grimm.

ags. grimatan knirschen, ahd. gremizâ f. Grimm, gramizzôn, gremizzôn murren, knirschen, brummen.

Vgl. χρόμαδο-ς m. Geknirsch.

grema (gremma) grimm, grimmig.

an. grimmr grimm, grimmig. + as. grim, ags. grim; ahd. grim, crimm fl. crimmêr, mhd. grim fl. grimmer, nhd. grimm. Zu grama.

Vgl. grin, grînan.

grâva grau.

an. grár, grâ, grátt grau. + ags. graeg; ahd. grâ, crâ fl. crâwêr, mhd. grâ fl. grâwer, nhd. grau.

Vgl. lat. râvu-s (für hrâvu-s) grau.

grasa n. Gras.

an. gras pl. grös n. Gras.+ goth. grass- n., as. gras, ags. gräs, gärs n., engl. grass; ahd. gras, cras, mhd. gras st. n., nhd. Gras n. Wohl zu ig. ghars horrere. An. grasgardhr m. Grasgarten, an. grasgroenn = ahd. grasegruoni, nhd. grasgrün.

Vgl. grana, grôja, grônja.

greuta n. Gries, Stein.

an. grjöt n. collect. Steine, grŷta (= greutja) grŷtta steinigen. + as. griot m. Stein, Sand, Gries, ags. greót m. Sand, Staub; ahd. grioz, crioz, mhd. griez m. n. Sandkorn, Sand, Kiessand, Kiesstrand, nhd. Gries. Gleichen Stammes an. grautr m. Grütze, mhd. grûz st. m. und st. f. 2 Korn, ahd. gruzi, cruzi n. Gemisch, nhd. Grütze, ags. grytt, grytte f. furfur.

Vgl. lit. gruda-s m. Korn, Kern. — ksl. gruda f. Scholle. — lat. rudi-s, rûdus, rûdera.

grida n. Friede.

an. gridh n. meist pl. Friede, Waffenstillstand, Versöhnung, Erlaubniss.
+ ags. gridh n. pax, meist in der Wendung gridh und fridh.

grin, grînan grain grinum grinana greinen.

an. in grîna (grinja) grinda greinen, den Mund verziehen. + ahd. grînan, crînan crein, mhd. grînen groin greinen, knurren, mhd. grîn m. Gewieher; Rachen, ags. grânian (d. i. grainian) greinen, engl. grown. Vgl. granja, grama und grîman.

grîman Maske.

an. grima f. Maske. + ags. grîma, grimma schw. m. masca, larva, spectrum, galea. Zu grînan (wie goth. skei-ma zu scheinen).

grenda, grendi Gebälk, Riegel.

an. grind g. grindar pl. grindr f. Gitter, Gatter, Gatterthor. + ags. grindel, ahd. grintil, crintil, mhd. grindel, grintel m. Riegel, Balken, Stange. Vgl. lit. granda f. grindi-s m. Gebrücke, Bohlenbelag im Stalle, preuss. grandico f. Bohle, dickes Brett. — ksl. grędŭ m. gręda f. Balken (grądĭ m. Brust = Gebälk).

grip, grîpan graip gripum gripana greifen.

an. grîpa greip gripum gripinn greifen. + goth. greipan graip gripum gripans greifen, as. grîpan, ags. grîpan; ahd. grîfan, crîfan, mhd. grîfen, nhd. greifen griff gegriffen.
Genau entspricht lit. grēbiu grēb-ti ergreifen, graib-ýti durativ.
Vgl. ksl. grab-l-ją grabiti und lett. grāb-t greifen. — sskr. garbh grbbnâti garbhâyati greifen.

graipa f. Gabel, Hand mit ausgespreizten Fingern.

an. greip f. Hand, eigentlich Hand mit ausgestreckten Fingern. + ags. grâp f. Hand mit gespreizten Fingern, intervallum digitorum, manus ad sumendum vel prehendum aliquid dispansa, engl. grape Mistgabel, ndd. Mess-grêpe f. Mistgabel; ahd. greifa f. bidens. Von grîpan greifen.

gruna Ahnung, Bedenken.

an. grunr m. Ahnung, Bedenken. + ags. gryn moeror, luctus, malum; ahd. grun m. und grunni f. Jammer, Unheil, Elend (eigentlich res dubia?).

grondu m. Grund.

an. grunn n. oder grunnr m. Grund, Boden, grunnr seicht, grund-völlr m. Grundfläche. + goth. in grundu-vaddjus Grundmauer, as. grund m., engl. ground: ahd. grunt, crunt, mhd. grunt g. grundes st. m., nhd. Grund pl. Gründe. Vgl. lit. gramzdu-s tief gehend (Schiff). An. grunnlauss grundlos vgl. ags. grundleás, mhd. grundelôs, nhd. grundlos.

grὸ, grὸja wachsen, gedeihen, grünen.

an. gróa grêra wachsen, gedeihen, grünen; zuheilen (Wunde). + ags. gróvan, engl. to grow; ahd. gruoan, mhd. grüen wachsen, gedeihen, grünen.
Dazu grana und grasa.
ksl. żrĕją żrĕti reifen wird doch wohl besser zur Wz. ig. gar, γηράσκω gezogen.

grônja grün.

an. groenn grün. + as grûni, ags. grêne, engl. green; ahd. gruoni, cruoni, mhd. grüene, nhd. grün. Aus grô-na- und dies von grô-ja.

glada glatt, froh.

an. gladhr, glôdh, glatt froh, fröhlich. + as. glad-môd m. Frohmuth, ags. glâd glänzend, fröhlich; ahd. glat, clat, mhd. glat, nhd. glatt glatt, glänzend; ahd. clata-muodi fröhlich, lustig = as. gladmôdi dass.
Zur Wz. gal, ep. gbal glänzen, vgl. ksl. golù bloss, nackt, golina f. terra inculta, Blösse.
Vgl. lit. gloda-s glatt. — ksl. gladükü glatt.

gladîn f. Glätte, Fröhlichkeit.

an. gledhi f. Fröhlichkeit. + ahd. gletî und gletîn f., nhd. Glätte.
Von glada.

glavu genau, deutlich.

an. glôggr genau, deutlich. + goth. in den adv. glaggvuba und glaggvô genau, sorgfältig, ags. gleáv, as. glau fl. glawêr; ahd. glau; clau fl. glawêr klug, erfahren, vorsichtig, einsichtig, sorgsam.
Basirt auf glag reduplicirt aus gal glänzen, vgl. lit. żvelg-ti sehen, apżvalgu-s umsichtig, pra-żvalgus vorsichtig.

glit (glîtan glait glitum glitana?) glänzen.

an. glit g. glits n. Glitzerndes, Glimmerwerk, glänzende, eingewebte Figuren, davon glita adha glänzende Figuren einweben, glitta (glit-ja) glitta glänzen, glitra adha glitzern. + goth. in glit-mun-jan glänzen, as. glitan, ags. glîtan; ahd. glîzan, clîzan, mhd. glîzen st. abl. 5 gleissen, glänzen, ahd. gliz, cliz, mhd. gliz m. Glanz. Goth. glîtman- in glitmunjan = ahd. glizemo (Stamm glizeman-) schw. m. Glanz. Vgl. den Stamm (glat) in mhd. glinzen, glanz abl. 1 glanz m. Glanz adj. glänzend.
Vgl. ksl. glęźdą (= ględ-ją) ględĕti sehen. — χλιδή Ueppigkeit, Prunk.

glita Glanz.

an. glit g. glits n. Glitzerwerk s. o. + ahd. gliz, cliz, mhd. gliz m. Glanz. Von glit.

(glu) spielen.

Germanisch in gleuja, glauma.
Vgl. lit. glau-da-s Spiel, Kurzweil. — χλεύη Hohn, Spott.

gleuja n. Lust, Spiel.

an. glỳ n. (= gliuja) laetitia, gaudium, glỳ-ja froh machen, glỳ-jadhr froh, froh machend. + ags. glɛóv, gleó, gliv, glig n. Lust, Spiel, Musik, engl. glee, ags. gliv-stäf signum laetitiae, ags. glivian laetificare.

Vgl. χλεύη = (χλευ-jη) Spass, Spott, Hohn.

glauma m. n. Jubel, laute Lust.

an. glaumr m. Lärm, Getös, laute Lust, gleymr (= glaumja-s) fröhlich. + ags. gleám n. jubilatio, strepera hilaritas. Vgl. gleuja. ksl. glumŭ Spiel ist vielleicht entlehnt.

glomja strepere, Wurzel glam.

an. glumra adha dröhnen (Donner) und glymja glumda dröhnen. + amd. glumen (d. i. glumjan) dröhnen. Vgl. an. glam, glamm n. heller Klang. Die Basis glam ist sonst nicht nachzuweisen.

T.

(ta) theilen, zertheilen.

Germanisch in tada, tadja, tassa, tanthu, tenda.

Vgl. δα-νά Theil, δά-νος, δα-τί-ομαι, δάσ-σασθαι zutheilen. — sskr. da dyati dâti abschneiden, abtrennen, zertheilen.

tada Zerstreutes, Zotte.

an. tadh n. Mist, tadha f. Mistacker, tedhja misten. + ahd. zatâ, zotâ f. schw. und zato, zoto schw. m., mhd. zote schw. m. f. Zotte, ahd. (zatjan) zettan, mhd. zetten verzetteln, streuen, zerstreut fallen lassen; dazu auch goth. unga-tassa- ungeordnet (tassa- regelrecht für tath-ta-).

Vgl. δατέ-ομαι, δάσσασθαι theilen. — sskr. dâta, dita abgeschnitten, zertheilt.

tadja zerstreuen.

an. tedhja misten. — ahd. zettan, mhd. zetten, nhd. verzetten.

Vgl. δατέομαι, δάσσασθαι.

tassa zerstreut.

goth. un-ga-tassa- ungeordnet (für tath-ta).

Vgl. δαστό-ς part. pf. pass. von δατέομαι, δάσσασθαι.

tanthu m. Zahn (und tanthi).

an. tönn g. tannar pl. tenn, tenni, tennar f. Zahn, tann-gardhr m. ἕρκος ὀδόντων. + goth. tunthu-s m., as. tand st. m. dat. pl. tandon, ags. tódh pl. tédh m., engl. tooth pl. teeth; ahd. zand, zan pl. zendî, zeni, mhd. zant, zan pl. zende, zene m.

tanthu aus tanth, wie fôtu aus fôt, vgl. lit. danti-s m. f. gen. pl.
dant-u — ὀδούς g. ὀδόντος m. — lat. dens dent-is m. — altirisch
dét, cambr. dant m. — sskr. dant m. Zahn.

tenda m. Zacke, Zinke, Zinne.

an. tindr m. Spitze, Felsspitze, tindôttr spitzig, kantig, zackigt.
+ mhd. zint g. zindes m. Zacke, Zinke; ein Blasinstrument;
mhd. zindeleht zackigt, ahd. zinna, mhd. zinne st. schw. f., nhd.
Zinne. Zu tanthu, ig. dant Zahn.
Vgl. sskr. danta m. Zahn, Berggipfel, Bergspitze.

(tî, tai) theilen, Antheil nehmen.

Germanisch in tidi, timan, taikura.
Vgl. δαίομαι, δαί-νυμι, δαί-ς, δαι-τύ-ς, δαι-τρό-ς. — sskr. day
dayate theilen, zutheilen, Antheil nehmen; zerstören vgl. δαΐζω.

tîdi f. Zeit.

an. tidh pl. tidhir f. Zeit. + as. tid st. f. 2 nom. pl. tidi,
ags. tid f., engl. tides pl. die Gezeiten (Ebbe und Fluth),
ahd. mhd. zît st. f. 2, nhd. Zeit.
Vgl. tidhr adj. üblich, häufig. Zu ig. dâ theilen; Bezzenberger verweist auf Haug, Gâthâs II, XII hû-frâshmô-
dâitîm Mitternacht.

tîman m. Zeit.

an. timi m. Zeit, einn tima einmal, tima timda sich ereignen für. + ags. tîma m., engl. time, one time. Vgl.
ti-di 1.

taikura m. Schwager.

ags. tâcor, tâcur m., ahd. zeihhor, zeichor m. Schwager.
Möglicherweise war die urdeutsche Form taivura, wie ja
noch das reine goth. qiva- lebendig neben dem entstell-
ten kvika- der übrigen Dialecte besteht.
Vgl. lit. dĕveri-s g. dĕver-s, ksl. dĕveri, δαήρ ἑρος, lat.
lëvir, sskr. devar, devara, devan Schwager.
Von tai = dai Antheil nehmen.

taikna n. Zeichen.

an. tákn n. Zeichen, Himmelszeichen, jar-teikn (jarteign) f. Wahrzeichen.
+ goth. taikn-i-s f. Zeichen, Wunderzeichen, Anzeige, Beweis, as. têkan
n., ags. tâcen, tâcn n., ahd. zeihhan, zeichan, mhd. zeichen st. n., nhd.
Zeichen n. Geht auf tik = dig zeigen, welches wohl als Nebenform zu
tih = ig. dik zeigen zu betrachten ist. Oder zu ig. div?
Zur Bildung vgl. faikna, baukna.

taiknâ bezeichnen, zeigen.

an. tákna adha anzeigen, verkünden. + ahd. zeihhanôn, mhd.

zeichenen, zeichen, zeichnen, bezeichnen, anzeigen, nhd. zeichnen, be-zeichnen. Von taikna.

taita heiter, anmuthig.

an. teitr laetus, hilaris. + ahd. zeiz zart, anmuthig, angenehm. Vgl. *δαί-
δαλο-ς*? ig. dî didi sehen.

taitja taita machen.

an. teita (= teitja) teitta erfreuen, froh machen. + ags. taetan
liebkosen. Von taita.

tauja fördern, machen; ziehen.

an. s. tauila, tauma. + goth. taujan, ahd. zawjan machen, thun, ahd.
zawa tinctura vgl. *δεύω* netze, mhd. zûwen zou sich eilig vorwärts bewegen, ziehen.!
Grundbedeutung: bewegen vgl. *δύω*, *ἔ-δυ-ν*, *δεύ-ω*, vgl. ahd. zawjan färben u. s. w.
sskr. duvas hinausstreben; dûta Bote, dû-ra, daviyâms, davishṭha fern.

tauila n. Werkgeräth.

an. tôl (aus tauila wie sôl aus sauila) n. Werkzeuge, besonders
zum Schmieden, toela toelda sich mit Jmd. zu thun machen,
Jmd. dulden, ertragen. + engl. tool Werkzeuge. Von goth. taujan, ahd. zawjan bereiten.

tauma m. Zaum.

an. taumr pl. taumar m. Zaum, Zügel. + as. tôm st. m. Zaum;
ahd. zoum, mhd. zoum pl. zoume und zöume m. Zaum, Seil,
Riemen, nhd. Zaum pl. Zäume. Zu tav Grundbedeutung ziehen
vgl. ahd. zawên von Statten gehen, zûwen zou ziehen (intrs.).

taubra n. Zauber.

an. taufr (töfr) n. Zauber, Zauberei. + as. toufere st. m. Zauberer; ahd.
zoubar, zoupar, mhd. zouber n. m., nhd. Zauber.
taubra aus tab-ra, vgl. tab *δάπτω* (oder sskr. dabh dabhnoti trügen,
schädigen?).

takan tôk anfassen, anrühren, nehmen.

an. taka tôk takinn fassen, ergreifen, nehmen, erhalten, tak n. Griff, tekja
f. Beute, til-tekt f. Benehmen. + goth. têkan taitôk têkans anfassen, berühren, engl. take took taken.

(tah tang) beissen = zerreissen; kneifen, drücken.

Germanisch in tagra, tagla, tanga, tanga; goth. tahjan reissen, zer-
schütteln.
Vgl. *δάκ-νω* *ἔδακον* beissen. — sskr. daç daṁç daçati beissen, daṁçita
auch (gebissen = gekniffen) gedrückt von etwas eng Anliegendem.

tagra n. Zähre.

an. tār n. (aus tahr) Zähre. + goth. tagra- n., ags. teagor und
teâr, taer m., engl. tear; ahd. zahar pl. zaharî, mhd. zaher pl.
zäher, md. zâr pl. zëre st. f. 2 Zähre, Tropfen.
Vgl. δάχρυ n. — altlat. dacruma = lacrima. — altirisch dér,
cymr. dacr Zähre.
Von tah = dak beissen; die Thräne „beisst“.

tagla n. Haarschwanz.

an. tagl n. Pferdeschwanz. + goth. tagla- n. Haar, engl. tail
Schwanz; ahd. mhd. zagel m. Schwanz, Stachel, männliches
Glied, Ruthe.
Vgl. sskr. daçâ Franse.
Von tah = dak zerbeissen.

tanga f. Zange.

an. tōng g. tengr pl. tengr f. (u-Stamm) Zange. + ahd. zanga,
zanka, mhd. zange st. f. 1 Zange, Lichtputze, nhd. Zange.
Die Zange „beisst, kneift“ vgl. sskr. damçita gekniffen, gedrückt
= gepanzert.

tanga, tangja dicht an, pressend, verbunden.

an. tengja tengdha verbinden, tengdhir f. verwandtschaftliche
Verbindung, tengsl n. pl. Seile oder Taue, mit denen die Schiffe
mit einander verbunden werden. + as. bi-tengi, as. ge-tenge
nahe an Jmd. oder etwas befindlich, verbunden, as. auch lastend,
drückend, ags. ge-tang verbunden, addictus; ahd. gi-zango adv.
proxime, ganz nahe, adv. gi-zengi (= ags. getenge) conjunctus,
proximus. Hierzu auch an. tangi m. oberstes in den Griff zu-
rückgehendes Stück der Schwert- oder Messerklinge (= Verbindung). Mit tanga Zange zu ig. dak beissen, kneifen.

(tahs) es recht machen.

Germanisch nur in tehsva rechts.
Vgl. sskr. dakshati, dakshate es recht, zur Genüge machen, med. taugen.

tehsva dexter.

goth. taihsv-a-s, as. tesewa schw. f. die rechte (Hand), ahd. zëso
fl. zësawêr, mhd. zëse fl. zësewer, zëswer dexter.
Vgl. altgallisch Dexsiva Dea, altirisch dess, des, cambr. dehou,
deheu, corn. dyghow, dyow dexter, Grundform deksva.
Weiter: δεξιός, δεξίτερος. — lat. dexter, dexterior, dextimu-s. —
lit. deszinė f. die Rechte. — ksl. desīnŭ rechts = sskr. dakshina
rechts.

tand zünden (tendan tand tondum).

an. in tandra, tendra entzünden s. tandra, tundr n. Zunder s. tondra,
tundra adha entbrennen. + goth. tand-jan anzünden, tund-nan entzündet
werden, brennen; ahd. zantaro s. tandra, ahd. zundën, mhd. zunden in

Brand stehen, brennen, ahd. (zuntjan) zuntan, mhd. zünten, nhd. zünden. Ein altes starkes Verb (tendan tand tondana) lässt sich erschliessen.

tandra Gluth.

an. in tandra, tendra adha entzünden. + ahd. zantaro, mhd. zanter, zander schw. m. glühende Kohle. Zu tand.

tondra n. Zunder.

an. tundr g. tundra n. Zunder. + ags. tynder, engl. tinder; ahd. zuntera schw. f., mhd. zunder m. n., nhd. Zunder. Von tand.

tapan m. Zapfen.

an. tappi m. Zapfen. + ahd. zapho, mhd. zapfe schw. m., nhd. Zapfen.

topa m. Spitze, Topf.

an. toppr m. oberste Spitze z. B. Gebirgsspitze, Haarbüschel an der Stirn eines Thieres. + ags. top m., engl. top Spitze, Gipfel; ahd. zoph, mhd. zopf st. m. 2 Ende eines Dinges, Zopf, nhd. Zopf pl. Zöpfe m.

tab δάπτω.

an. tafn n. Opfer, Opferthier. + ags. tiber, ahd. zëbar, zëpar n. Ziefer, opferbares Thier, nhd. Ungeziefer n. (eigentlich unreines, nicht opferbares Gethier).

Vgl. δάπτω, δαπάνη, δεῖπνον, δέπας. — lat. dap-s, dapinare, damnu-m.

(tam) zähmen, zahm sein.

Germanisch in tama, tamja, goth. ga-timan tam geziemen.

Vgl. δάμνημι, δαμάω, ἐδάμην. — lat. domâre. — sskr. dam dâmyati zahm, sanft sein; zähmen, bändigen, bezwingen.

tama zahm.

an. tamr zahm. + ags. tam, tom; ahd. zam, mhd. zam, nhd. zahm.

tamja zähmen.

an. temja tamda zähmen, zahm machen, gewöhnen. + goth. gatamjan; ahd. zamjan, zemman, mhd. zemen, nhd. zähmen. Von tama zahm.

(tam) δέμω.

Germanisch nur in temra.

Vgl. δέμω, δέμας, οἰκο-δομή.

temra n. Bauholz, Bau.

an. timbr n. Bauholz. + goth. in timr-jan erbauen, as. timbar n. Bau, ags. timber n. Bauholz, Bau, engl. timber; ahd. zimbar, zimpar, mhd. zimber n. Bauholz, Bau, nhd. Zimmer n. Die reine Grundform timra- nur im Goth. Zu tam = δέμω bauen.

tar (teran tar târum torana) zerstören, auflösen, zerreissen.

goth. dis-, ga-tairan tar têrum taurans zerreissen, as. teran; ahd. zëran, mhd. zërn auflösen, zerstören, zerreissen.
Vgl. lit. diru dir-ti schinden. — ksl. derą dra-ti spalten, zerreissen, dira f. Spalt. — δέρω schinden = lit. diru. — sskr. dar dṛṇâti zerbersten, zerreissen, dṛ-ti f. Balg, Schlauch.

tetruga m. Flechtenausschlag.

ahd. zitaroch m. flechtenartiger Ausschlag.
Vgl. lit. dederv-iné f. Hautflechte, sskr. dardru, dardu, dadru m. und dadruka m. (letzteres = ahd. zitaroch) Art Hautausschlag, eine Form des Aussatzes.
Von dar in der Bedeutung des sskr. pari-dar ⬛ rings ablösen, von der Haut eines Wassersüchtigen, dṛ-ti Balg, Schlauch, δέρω = lit. diru schinde.

torva Kienholz.

an. tyrr m. tyrvi-tré Pechföhre, tyr-vidhr m. Kienholz.
Vgl. lit. dervà f. Kienholz.

treva n. Baum, Holz.

an. tré n. Baum. + goth. triva-, nom. triu g. trivis n., as. trio, treo n. Baum, Balken, ags. treó n. Holz, Baum, Stock, engl. tree.
Vgl. ksl. drẽvo g. drẽvese und drẽva n. Baum, Holz, drûva pl. n. ξύλα. — δρίος n. pl. τὰ δρία Holz, δόρυ n. Balken, Holzstück, δρῦ-ς Eiche, δρυ-τόμος holzhauend. — sskr. dâru δόρυ, dru, druma.

trevîna hölzern.

goth. trivein-a-s hölzern.
Vgl. ksl. drĕvĭnŭ und drĕvĕnŭ hölzern.

truga m. n. Trog.

an. trog st. n. Trog. + ags. trog m., ahd. trog, mhd. troc g. troges m. Trog.
Deminutiv aus tru = δρῦ-ς, δρυ- Holz = sskr. dru m. n. Holz, Holzgeräth, auch im ksl. drŭ-kolŭ Holzpfahl, drûva n. pl. Hölzer.

trugila kleiner Trog.

an. trygill m. kleine Schüssel. + ahd. trugili, trugilin, mhd. trügel, trögel n. kleiner Trog. Demin. von truga.

trann trennen, trennan trann tronnana.

mhd. trinnen trann getrunnen davon gehen, sich absondern, m. dat. entlaufen, trennen trante trennen, schneiden, nhd. trennen, sich trennen.
trann aus dem Präsensthema tor-na = sskr. dṛṇâti sich abtrennen,

spalten, bersten, wie ran̄ rin̄an̄ aus ar-nu = sskr. r̥nóti,
ὄρνυ-ται.

tarh, trah δέρκομαι.

goth. tarhjan auszeichnen, ahd. zoraht helle, ags. gi-trahtian considerare,
ahd. trah-tôn, nhd. trachten, be-trachten.

Vgl. δέρκομαι ἔδρακον δέδορκα sehen — sskr. darç, aor. adarçat pf. da-
darça sehen, blicken.

torhta helle.

as. torht, toroht, ahd. zoraht, zorſt helle.

Vgl. sskr. dr̥shṭa part. pf. pass. gesehen.

targ festmachen.

Germanisch nur in targa w. s.

Vgl. ksl. drūžą drūzati halten, festhalten. — δράσσω, δράσσομαι halte
fest, greife. — sskr. darh, dr̥hyati fest machen, med. fest sein.

targa f. Einfassung, Rand.

an. targa f (Rand =) Schild, Tartsche. + ahd. zarga f. Seiten-
einfassung eines Raumes, Rand, Ring; Getreidemaass.

Vgl. lit. darża-s m. Garten, Hof (um den Mond).

tarb winden, drehen.

mhd. zirben im Kreise umherspringen, wirbeln, zirbel-wint m. Wirbelwind, ahd. (zarbjan) zerban praet. zarpta sich drehen, sich umwenden.
S. ig. darbh.

Vgl. lit. drab zusammenhängen, haften, drib-ti aneinanderhängen, drobé
Leinwand. — sskr. darbh, dr̥bhati zu Ringen, Büscheln, Ketten bilden,
winden, flechten, verknüpfen.

torba Torf, Rasen.

an. torf n. Torf, torfa f. Torfscholle. + ags. turf f. gleba, cespes,
solum, engl. turf Rasen; ahd. zurba und zurf f. Torf (nhd. Torf
aus dem Niederdeutschen).

Vgl. darbha m. Grasbüschel, Buschgras.

tal absehen, zielen auf, berücksichtigen.

Germanisch tela, tala, talâ, talja, tâla, tola.

Vgl. δήλομαι will, δεν-δίλ-λω blicke mich um, δέλ-εαρ, δέλ-ετρον, δέλ-ος
Köder, δόλ-ος Köder, List. — lat. dolu-s s. tâla.

Aus tar = dar, sskr. dar â-driyate berücksichtigen, â-dara Rücksicht,
â-dâra Anziehung; Anlockung.

tela n. Ziel.

an. til (eigentlich acc. sg.) praep. c. gen. bis zu, zu, adv. zu, da.
+ engl. til praep. bis, ahd. zil n., nhd. Ziel. Vgl. goth. ga-til-
a-s passend, geeignet, gleichen Stammes mit tala, tâla, tola.

tala f. Erzählung, Zahl.

an. tal n. Gespräch, Unterhaltung; Zahl, Zählung, Berechnung, tala f. Angabe, Bericht, Rede, Erzählung. + as. tala st. f. Zahl, Summe in gêr-tala Jahreszahl, ags. talu f. Erzählung, Zahl; ahd. zala, mhd. zal st. f. 1 Erzählung, Bericht, Rede; Zahl, Zählung, Menge.

talâ erzählen, zählen.

an. tala adha erzählen, reden, sprechen. + as. talôn zählen, berechnen, überlegen; ahd. zalôn, mhd. zaln zählen, erzählen, nhd. zählen. Von tala.

talja erzählen, zählen.

an. telja talda sagen, sprechen; zählen, rechnen zu. + as. tellian talda erzählen, aufzählen, sagen; schätzen, ansehn, achten; aussagen auf, beschuldigen, ags. tellan engl. to tell; ahd. (zaljan) zeljan, zellan, mhd. zeln erzählen, sagen; zählen, rechnen. Von tala.

tâla f. List, Betrug.

an. tâl pl. tâlar f. List, Betrug. + ags. tâlu f. Verläumdung, Hohn, Schmach; ahd. zâla, mhd. zâle f. Gefahr.
Vgl. δόλο-ς. — lat. dolu-s.

tola m. Zoll, Tribut.

an. tollr g. tollar m. Zoll, Tribut. + as. tol m., ahd. mhd. zol g. zolles m., nhd. Zoll m. Oder tolla aus tol-na?

(tal) spalten.

Germanisch in telda, ahd. zol, zolle m. Klotz.
Vgl. lit. dalis Theil, dil-ti sich abnutzen, delna flache Hand. — ksl. dola Theil, dlanĭ Flachhand, dly f. Fass. — δέλ-το-ς f. Schreibtafel, δηλέομαι zerstöre. — lat. dolium Fass, dolâre behauen, dolet, dolor, dêleo zerstöre. Aus dar vgl. sskr. dal dalati bersten, aufspringen.

telda n. Zelt (Teppich).

an. tjald n. Zelt, Zelthaus; Teppich, Vorhang. + ags. teld n., ahd. zëlt, mhd. zëlt st. n., nhd. Zelt n.
Eigentlich „Spalte, Spelte" vergl. Zelt-kuchen und δέλτο-ς f. Schreibtafel.

talg schneiden, stechen.

an. tjálga in tjálgu-knifr Schnitzmesser, telgja telgdha schnitzen, mit dem Messer bearbeiten.
Vgl. lit. dalg-i-s io m. Sense, dilg-ė f. Nessel. Von dal dolâre weitergebildet.

taskan f. Tasche.

an. taska f. Tasche, + ahd. tasca st. schw. f., mhd. tasche schw. f., nhd.

Tasche pl. Taschen schw. f. eigentlich niederdeutsche Form, vgl. ahd. zascôn rapere.

tih, tîhan taih tihum tihana zeigen, zeihen.

an. in tjá (d. i. tjaha = tiha) tjádha zeigen, erweisen vgl. in-dicare (dagegen an. toeja dass. = as. tôgian zeigen). + goth. ga-teihan, taih, taihum, taihans anzeigen, as. af-tihan versagen, ahd. zîhan, mhd. zîhen aussagen von Jmd, beschuldigen, nhd. zeihen.
Vgl. δείκ-νυμι, δείξω, δίκη. — lat. dico dic-tum dicere, ju-dex. — sskr. diç dideshţi lehren, zeigen, weisen.

tihti f. Zicht.

ahd. ziht, in-ziht, nhd. In-zicht f.
Vgl. sshr. dishţi f. Weisung.

taihan f. Zehe, Finger.

an. tá g. târ pl taer f. Zehe. + ags. tá f., engl. toe; ahd. zêhâ, mhd. zêhe schw. f., nhd. Zehe pl. Zehen f. Zu tîhan zeigen.

titrâ zittern.

an. tittra adha zittern. + ahd. (zitarôn) zitterôn, mhd. zitern, nhd. zittern, mhd. ziter m. das Zittern.

tina n. Zinn.

an. tin n. Zinn. + ags. tin n., engl. tin; ahd. zin, mhd. zin g. zines n., nhd. Zinn n. Vgl. taina Metallstäbchen.

taina m. Stab, Ruthe, Metallstab.

an. teinn g. teins m. ramus in blaut-teinn in Opferblut (blaut n.) getauchter Zweig, Sprengwedel; metallener Stab, Spiess, Bratspiess. + goth. tain-a-s m. Zweig, ags. tán m., nnd. teen m. Zweig, dünner Metallstab; ahd. zein pl. zeinâ und zeini, mhd. zein st. m. Stab, Metallstäbchen (penis).

tainja Metall zu Stäben strecken.

an. teina teinda Metall zu Stäben strecken. + ahd. (zeinjan) zeinnan praet. zeinta, mhd. zeinen schmieden, Metall zu Stäben strecken. Von taina.

tebâ trippeln.

an. tif g. tifs n. kleiner Schritt, tifa adha trippeln. + mhd. zipfen schw. v. in kleinen Ansätzen gehen, trippeln, mhd. zippel-trit Zappeltritt, Trippelschritt. Vgl. ahd. zabalôn zappeln.
Vgl. δίψω gerben, eigentlich treten.

tîra m. Ruhm, Zier.

an. tirr g. tirs m. Ruhm, Ehre. + ags. tir, týr m. Ruhm, Ehre, Zier; ahd. in ziari, mhd. ziere adj. schmuck, nhd. zier, ahd. ziari, mhd. ziere f. Zier, Schmuck, ahd. ziarida, mhd. zierde, nhd. Zierde f.

tiva m. Name eines Gottes.

an. Týr g. Týs (d. i. dju-s, dju-is) und gen. Týrs (von einem Thema Týr-
ig. divas) m. Kriegsgott, in Zusammensetzungen überhaupt Gott. + ags.
in Tives-däg m. auch Tig m. (verderbt), ahd. (Ziu, Zio g. Ziwes) in ziestac Dienstag, Name des deutschen Kriegsgottes.

Vgl. Jupiter, Jovis, Diespiter. — Ζεὺς πατήρ s. Διός. — sskr. dyaush-
pitar Vater Himmel, div dyu Himmel, Tag.

tivisdaga m. Tag des Tiva, Dienstag.

an. týsdagr m. Dienstag (und týrsdagr s. tiva). + ags. tivesdäg,
engl. tuesday Dienstag; ahd. ziestac, mhd zistac m. verderbt
zinstac, mhd. dinstag, nhd. Dienstag. tivis gen. von tiva+daga.

(tu) stark sein.

Germanisch in tûna Zaun.

Vgl. lat. dû-ru-s, altgall. -dûnum Feste in Städtenamen. — δύ-ναμαι
vermag.

tûna Zaun, Geheg.

an. tûn n. eingehegter Grasplatz vor dem Haus, auch Stadt, town.
+ as. tûn st. m. Zaun, ags. tûn pl. tûnas m. septum, pagus,
vicus, engl. town; ahd. zûn pl. zûni, mhd. zûn pl. ziune, nhd.
Zaun pl. Zäune m.

Vgl. gallisch -dûnum in Städtenamen.

(tu) (brennen) quälen.

Germanisch in teuna, teunja.

Vgl. δαίω δεδαυμένος brennen, δύη Qual. — sskr. du dunoti dùyate vor
Gluth vergehen, brennen, hart mitnehmen, quälen, dû-na gequält.

teuna n. Schaden, Nachtheil.

an. tjòn n. Schaden, Nachtheil, Verlust. + ags. teón n. damnum,
pernicies, infestatio, vgl. as. tiono schw. m. Böses, Uebelthat,
Verbrechen = as. teóna schw. m. damnum, injuria, criminatio,
pernicies, infestatio, teóne f. injuria.

teunja schädigen, verderben.

an. týna týnda umbringen, verderben, verlieren. + as.
gi-tiunean Böses, Schaden thun, ags. týnan injuriari, af-
fligere. Von teuna.

tuh, teuhan tauh tuhum tuhana ziehen, führen.

an. in toginn part. gezogen, tog n. tractus s. tuga, toga adha ziehen,
reissen s. tugâ, tygill m. Ziehband s. tugila, taug f. Strick s. tauga,
teygja ziehen s. taubja. + goth. tiuhan tauh tauhum taubans ziehen,
führen, fortziehen, as. tiohan, ahd. ziohan, mhd. ziehen, nhd. ziehen zog
gezogen.

Vgl. ἐν-δυκέως, πολυ-δευκής, ἀ-δευκής („anziehend") intens. δαι-δύσσεσθαι·
ἕλκεσθαι. — lat. dûco duxi ductum ducere.

tuhti f. Zucht.

ahd. mhd. zuht f. 2, nhd. Zucht.
Vgl. lat. ducti-m, ductio.

tuga m. n. Zug.

an. tog n. tractus. + mhd. zoc g. zoges m. das Ziehen, Zug und ahd. zug, mhd. zuc g. zuges m. Zug, nhd. Zug pl. Züge. Von teuhan.

tugâ ziehen, reissen.

an. toga adha ziehen, reissen. + ahd. zogôn, zocôn, mhd. zogen ziehen reissen. Vgl. lat. ė-ducâre. Von tuga.

tugila m. Band, Ziehband.

an. tygill m. Band, Ziehband. + ahd. zuhil, zugil, zuol, mhd. zügel m., nhd. Zügel m. Von teuhan.

tauha, tauhi f. Strick.

an. taug pl. ir 'f. starker, dicker Strick. + ags. teág f. funis, habena, vinculum. Von teuhan ziehen.

tauhja ziehen.

an. teygja (d. i. taugja) teygdha ziehen (vom Saugen). + ahd. (zôhjan) zôhan, mhd. zoehen ziehen machen, treiben. Von teuhan ziehen.

tongan f. Zunge.

an. tunga f. Zunge. + goth. tuggôn- f., as. tunga st. und schw. f., ags. tunge schw. f., engl. tongue; ahd. zungâ, zunkâ, zunga, mhd. zunge st. schw. f., nhd. Zunge pl. Zungen f.
Vgl. lit. lëzuvi-s. — preuss. insuwi-s. — ksl. ję̨zy-kŭ m. — lat. dingua, lingua. — altirisch tenge. — sskr. jihvâ, juhû f., zend. hizva, hizu.

tongla n. Gestirn.

an. himin-tungl n. Himmelsgestirn, tungl n. Mond. + goth. tuggla- n., as. tungal, ags. tungol n. Gestirn, ahd. himil-zungal n. Himmelsgestirn.

tus- übel-, miss-, schwer-.

an. tor- übel-, miss-, schwer-. + goth. in tuz-vêrjan (übel glauben =) zweifeln; ahd. zur- in zur-lust f. Unlust, zur-gang m. defectus, zur-wâri f. Verdacht, Aberglaube.
Vgl. δυσ-. — altirisch du-, do-. — sskr. dus- übel-, miss-.

tehan zehn.

an. tin zehn, tein- in tein-aeringr m. Zehnruderer, -tjân, -tân in fjôr-tân vierzehn. + goth. taihun, as. tehan, tehin, ags. tyn, engl. -teen, ten; ahd. zëhan, zên, mhd. zëhen, zên, nhd. zehn.
Vgl. lit. deszimti-s. — ksl. desętĭ. — δέκα. — decem. — altirisch deich, cambr. dec — sskr. daçan.

tchandan der zehnte.

an. tiundi m. der zehnte, tiund pl. ir f. der Zehnte, decìmae, tiunda adha zehnten, den Zehnten entrichten. + goth. taihundan-, as. tehando, tegotho; ahd. zéhanto, mhd. zëhente, nhd. der zehnte. Vgl. lit. deszimta-s. — δέχατο-ς der zehnte.

tchandi Zehnzahl.

goth. taihund, sibun-taihund, taihun-taihund.
Vgl. lit. deszimti-s = ksl. desętĭ zehn.
sskr. daçati f. Zehnzahl, Dekade.

tchanfaltha zehnfältig.

an. tifaldr zehnfältig. + ahd. zëhanfalt zehnfältig, zehnfach. Aus tehan und faltha w. s.

tegu m. zehn, -zig.

an. tigr (tugr, togr, tögr, tegr) g. tigar pl. tigir acc. tigu m. Dekade, Zehend. + goth. tigu-s m. Zehend, -zig, ahd. -zig, -zog, nhd. -zig. Aus tehan.

tô praep. zu.

ags. tô, ahd. za, ze, zi, zuo, mhd. ze, zuo.
Vgl. lit. da, ksl. do praep. bis an, zu.

tôma leer, frei von.

an. tômr leer, tôm n. Musse, toema toemda leeren. + ags. tôme adv. frei von etwas, as. tômig frei, erlöst von, tômean lösen, befreien; ahd. zòmi léer, frei von.

tômja leer, frei machen.

an. toema toemda leeren. + as. tômean lösen, befreien. Von tôma.

(trau) trauen, glauben.

Germanisch in treva, trevitha, traua, trausta, traustja.
Vgl. preuss. druwi-s m. druwi f. acc. druwie-n Glaube, druw-it glauben, po-druwi-sna-n und na-druwî-sna-n acc. sg. f. Hoffnung.

treva treu.

an. tryggr treu, zuverlässig, schw. Form tryggvi als Eigenname, tryggja oder tryggva adha treu, zuverlässig machen. + goth. triggv-a-s treu, zuverlässig, triggva f. Bund, Bündniss, Testament, as. triwi, triuwi, ags. trývе; ahd. triu und triuwi, mhd. triu und triuwe, ge-triuwe, nhd. treu; goth. triggva f. = as. trewa, ags. treóve, ahd. triuwa, triwa, mhd. triuwe, triwe st. f., nhd. Treue.

trevitha f. fides.

an. trygdh f. pl. ir fides, Vertrag, Sicherheit. + ags. treóvdh f. Treue, Wahrheit, engl. truth. Von treva.

traua Zuversicht, trauâ trauen.

an. trû g. trûar f. und trûa g. dat. acc. trû f. Treue,
Glaube, trûr, trû, trûtt treu, zuverlässig, trûa trûdha
glauben, vertrauen, trûadhr gläubig, trûnadhr m. Treue,
Vertrauen. + goth. trauan (Stamm trauai) trauen, über-
zeugt sein, trauaini- f. Vertrauen, Zuversicht; as. trûon
glauben, vertrauen, ags. trûvian, ahd. trûôn, trûwên,
mhd. trûwen, trouwen, nhd. trauen. Oder trûa und die
Steigerung zu au speciell gothisch?

trausta Zuversicht, Hülfe, Schutz.

an. traust n. Zuversicht, Muth; Hülfe, Schutz, Sicherheit, traustr
zuverlässig, sicher. + vgl. goth. traustja- n. Bündniss, Vertrag;
ahd. trôst, mhd. trôst st. m. 1 Trost, freudige Zuversicht; Hülfe,
Schutz, nhd. Trost m. An. traustlauss hülflos, schutzlos = ahd.
trôstolôs, mhd. trôstelôs schutzlos, nhd. trostlos. Zu trau trauen.

traustja Zuversicht hegen, geben.

an. treysta (d. i. traustja) treysta Vertrauen fassen, wagen, sich getrauen; fest machen, versuchen, sich anstrengen. + ahd. (trôstjan) trôstan, mhd. trôsten, troesten
trösten, zuversichtlich, muthig machen, Schutz geben,
helfen, Bürgschaft leisten, versichern. Denom. von trausta.

(trag) ermatten.

Germanisch in traga, tregan.
Vgl. lit. dirg-ti, su-dirg-ti schwach, elend werden. — sskr. drâgh quälen.
— zend. dregvant schlecht.

traga unwillig, träg.

an. tregr unwillig, unlustig. + ags. trag unwillig, träg, schwierig,
übel, tragu f. Pein, Qual. Dazu ahd. trâgi, mhd. traege, nhd.
träge. Vgl. tregan.

tregan m. Qual, Pein.

an. tregi m. Qual. + ags. trega m. dolor, afflictio, dazu goth.
trigôn- f. Traurigkeit. Das starke Verb tregan ist nur im As. erhalten: as. tregan nur im inf. c. dat. pers. leid sein, betrüben.

trad, trodan (und tredan) trad trâdum treten.

an. trodha tradh treten. + goth. trudan trath treten, keltern, aber ags.
tredan, ahd. trêtan trat trâtum, mhd. trêten abl. 2, nhd. treten.
Vgl. δι-δρά-σκω, δρᾶ-ναι laufen. — sskr. drâ laufen, dram laufen, δραμ-
εῖν und sskr. dru laufen.

trada f. Tritt, Weg.

an. trôdh pl. trodhir f. eingehegter Weg. + as. trada f. (oder
trâda?), ahd. trata, mhd. trat f. Tritt, Spur, Weg, Trift. Von
tredan, trad.

trolla gespenstischer Unhold.

an. tröll n. Unhold, trylla zaubern. + mhd. trolle schw. m. gespensti-
sches, zauberhaftes Wesen; grober Kerl, nhd. Trulle f.

trollja zaubern.

an. trylla trylda zaubern, Zauberei treiben, tryldhr part. praet.
von Zauber besessen. + mhd. trüllen schw. m. gaukeln, betrügen.
Von trolla.

trus spritzen, abfallen.

an. tros n. Abfall. + goth. ufar-trusnjan übersprengen; ahd. trusana f.
Hefe wird richtiger zu dreusan abfallen gestellt. Zu sskr. dru laufen.

tvai tvâs tva zwei.

an. tveir tvaer tvau (tvâ = tva) zwei. + goth. tvai tvôs tva; as. twêne
twâ und twô twê, ags. tvegen tvâ tu; ahd. zwêne zwô zwei; mhd. zwêne
zwô zwei, nhd. (zween zwo) zwei.
Vgl. lit. du m. dvi f. zwei, in Comp. dvi. — preuss. dwai zwei, dwi-gubbus
doppelt. — ksl. dva zwei, in Comp. dva und dvo. — δύο, in Comp. δυα-
und δι = δϝι. — lat. duo duae duo, duŏ-decim, bi-ceps. — altirisch dé,
dí, in Comp. dé.
sskr. dva nom. dvâ, dvau m. dve f. dve n., in comp. dvâ und dvi.

tvaitegjus zwanzig.

an. tuttugu, tottogo zwanzig. + goth. tvai tigjus, ags. trêntig,
ahd. zweinzug, mhd. zweinzec, zwênzic, nhd. zwanzig. An. tut-
tugasti der zwanzigste = ahd. zweinzugôsto, mhd. zweinzegeste,
nhd. zwanzigste; Grundform wäre tvaitegjästan.

tvalif zwölf.

an. tôlf zwölf. + goth. tvalif, as. twelif; ahd. mhd. zwelif, zwelf,
nhd. zwölf. Aus tva und lif vgl. ain-lif.
Vgl. lit. dvylika os f. zwölf.

tvaliftan der zwölfte.

an. tôlfti, tôlpti m. der zwölfte. + ahd. zwelifto, mhd.
zwelfte, nhd. zwölfte. Von tvalif.

tvis adv. zweimal.

mhd. zwis zweimal.
Vgl. lat. bis. — δίς. — sskr. dvis zweimal.

tvisvâr zweimal.

an. tysvar (= tvisvar) zweimal. + ahd. zwirôr adv. zweimal, zum zweiten Mal (compar. zu?) zwiro, mhd. zwir,
nhd. zwier adv. zweimal, zweifach. Zu vâr sskr. vâra
vices.

TH.

tha pron. demonstr. nom. sa sô that der, die, das.

an. sâ ·sú that g. thess u. s. w. + goth. sa sô thata, sah, sôh, thatuh.
Vgl. lit. ta-s tà m. f. — ksl. tŭ ta m. f. — ó ἡ τό g. τοῖο u. s. w. —
lat. iste ista istud, tam, tum.
sskr. sa sá tad g. tasya-der, die, das.

thâ adv. da, damals.

an. thâ adv. da, damals, dann, conj. als. + as. thô thuo; ahd.
mhd. dô duo adv. da, darauf, aber, doch conj. als, nhd. da.
Vgl. ksl. ta da, dann; und.

thauh doch.

an. thô und thôat (thôtt) adv. doch, zugleich, conj. obgleich. +
as. thôh, ags. theáh adv. doch, dennoch conj. obgleich, engl.
though; ahd. doch, mhd. doch adv. doch, dennoch, auch, auch
so, auch nur, conj. wenn auch, obgleich, nhd. doch. Aus tha
und uh.

thathrâ adv. dort.

goth. thathrô dort. + an. thadhra dort.
Vgl. sskr. tatra dort.

thar da, dar- adv.

an. thar da, dort, dar-. + goth. thar daselbst, thar-ei wo, as.
thâr; ahd. dâr, mhd. dâr, dâ, nhd. dar, da, dar-in, dar-auf,
dar-um. Zu tha.
Gebildet wie hvar, hir von hva, hi.
Vgl. lat. igi-tur, sskr. tar-hi.

thak decken.

Germanisch in thaka, thakja, thakjan, thehta.
Vgl. τέγη = στέγη, τέγος = στέγος Dach. — lat. tego texi tectum te-
gere, toga, tugurium. — altirisch teg Haus.
Mit st: lit. stegu, steg-ti Dach decken. — ksl. o-stegŭ toga, na-steg-ny
Sandale. — στέγω, στέγη, στέγος. — sskr. sthag sthagati bedecken.

thaka n. Dach.

an. thak n. Dach. + ahd. dah, dach, mhd. dach st. n., nhd.
Dach.
Vgl. τέγη, Dach.

thakja thakida decken.

an. thekja thakta decken. + ags. theccan; ahd. dachjan,
decchan, mhd. decken dacte, nhd. decken. Von thaka.

thakjan f. Dach, Decke.

an. thekja f. Dach. + ahd. decchi, mhd. decke schw. f., nhd. Decke. Zu thakja.

thehta dicht.

an. thêttr (d. i. thehtas) dicht. + nhd. dicht. Eigentlich „gedeckt" = lat. tectu-s, vgl. ἄ-στεκτο-ς undicht.

thak, thank meinen, denken.

Germanisch in thakja, thank, thanka, thankâ, thonkja.
Vgl. lat. dial. tongêre nosse, tongitio cognitio, oskisch .tanginud abl. senteutiâ.

thakja lieb, werth.

an. thekkr gratus, acceptus, thekkt f. Angenehmes, Willkommenes (vgl. thokki m. Gunst, Wohlwollen) zu thekkja thekta erkennen, sich zurecht finden. + ahd. dechi lieb, werth. Zu thak = thank dünken, gut dünken.

thank (thankja) denken.

an. s. thakja, thanka, thonkja. + goth. thagkjan, thâhta = nhd. denken, dachte. ·(thâh-ta = thanh-ta).

thanka Dank.

an. thökk g. thakkar pl. ir f. Dank, thakk-samliga adv. dankbar. + goth. thagk-a-s (oder thagk-i-s) m. Dank, as. thank m. Dank; ahd. danch, mhd. danc m. Dank, Geneigtheit, Wille; ·Denken, Gedanke, Erinnerung. Von thank denken.

thankâ danken.

an. thakka adha danken. + as. thankôn, ahd. danchôn, mhd. nhd. danken. Von thanka.

thonkja praet. thonhta dünken.

an. thykkja thôtta dünken, scheinen, gefallen. + goth. thugkjan thûhta, as. thunkian; ahd. dunchan, mhd. dunken, nhd. dünken, scheinen, meinen. Zu thank; thûhta aus (thunh-ta, thonh-ta).

(thah) thahja und thahai schweigen.

an. thegja schweigen, thögull schweigsam. + goth. thahan (Stamm thahai), as. thagian; ahd. dagên, mhd. dagen schweigen.
Vgl. lat. taceo tacui tacitum tacêre schweigen.

thahs hauen, behauen, zurichten.

mhd. dëhsen abl. 3 den Flachs schwingen und brechen, ahd. dëhsala, mhd. dëhsel f. Axt, Beil.

Vgl. lit. taszau, taszyti behauen, zimmern. — ksl. tešą tesa-ti behauen, hauen. — lat. texo texui tex-tum texere wirken, weben. — τέκτων Zimmermann.

sskr. taksh takshati tataksha fertigen, machen, behauen, takshan Werkmeister, Zimmermann.

thehsla f. Axt, Beil.

ahd. dëhsala, mhd. dëhsel f. Axt, Beil. Von thahs.

Vgl. ksl. tesla f. Axt, Beil.

thag, thegja thag thâgum thegana annehmen.

an. thiggja thâ thâgum thiginn nehmen, in Empfang nehmen, entgegen nehmen, thaga f. das Empfangen, thaegr (= thâg-ja-s) annehmlich. + ags. thicgan, thicgean, praet. thêgun zu sich nehmen, empfangen, annehmen; vgl. as. thiggian, ahd. dikkan, mhd. digen anflehen, bitten. Vgl. lit. tenk-ti zutheil werden und τυγχάνω.

(thag, thah) τεκεῖν.

Germanisch nur in thegna τέκνον.

Vgl. τίκτω ἔτεκον τέτοκα zeugen, gebären.

thegna m. Mann, Diener.

an. thegn g. thegns m. freier Unterthan, freier Mann. + as. thegan, ags. thegen m., ahd. dëgan, mhd. dëgen st. m. 1 Knabe, Diener, Krieger, Held. Identisch mit τέκνον.

thang spannen, zusammenziehen = thvang.

Germanisch in thanga, thanhta.

Vgl. sskr. tańc tanakti zusammenziehen.

thanga m. n. Tang, Seegras.

an. thang n. Tang. + nhd. Tang m. vielleicht aus dem Nordischen. Vgl. thanh-ta Faden.

thanhta Faden.

an. thâttr g. thâttar pl. thâttir acc. -u m. eigentlich filum, funiculus, dann Abschnitt, besonders in den Rechtsbüchern. + ahd. mhd. däht st. n., nhd. Dacht, Docht m.

than spannen, dehnen.

Germanisch in thanja, thonja, ahd. (donâ), nhd. Dohne f., mhd. done f. Anspannung, ahd. donên sich anspannen.

Vgl. lett. tinu, ti-t winden (cf. sskr. tan Gewebe aufspannen, lat. tunica), lit. tin-kla-s Netz, tē-sù-s (= tę-su-s) gerade. — ksl. tĭnŭkŭ dünn, tonoto Dohne. — τανύω, τάνυμαι, τείνω. — lat. teneo, tendo, tendicula. sskr. tan tanoti tanute dehnen, spannen.

thanja dehnen.

an. thenja thanda ausdehnen. + goth. thanjan, as. thenian, ags.

thenian; ahd. (denjan) dennan, mhd. denen, nhd. dehnen. Dazu
mhd. done, don f. Spannung, Bemühung, ahd. donēn, mhd. do-
nen sich spannen, strecken, in Gemüthsspannung sein, sich quälen.
Vgl. τείνω (= τεν-ιω) ἔτεινα dehnen, spannen.

thonu, thonja, thonva dünn.

an. thunnr dünn. + ags. thyn, thin, engl. thin; ahd. dunni, mhd.
dünne, nhd. dünn.

thonja aus thonu = ig. tanu.

Vgl. lett. tiw-a-s (= tinva-s) dünn. — ksl. tīnūkŭ. — lat. tenu-
i-s dünn. — sskr. tanu dünn.

(than) tonare.

Germanisch in thonja, thonra.

Vgl. lat. tono tonui tonāre donnern, tonitru Donner, Jupiter tonans.
sskr. (tanaya, tanya in) tanayitnu tosend, donnernd, tanyu tosend, rauschend, tanyatā f. tanyatu m. Dröhnen, Donner.

thonja donnern.

ags. thunian donnern vgl. lat. tonāre, sskr. tanyu, tanya-tā, ta-
nya-tu.

thonra m. Donner, Donnergott, Donar.

an. Thôrr g Thôrs m. der Gott Thor. + as. thuner, ags. thunor
g. thunres m. Donner, engl. thundre; ahd. donar m. Donner,
Donar, mhd. doner, nhd. Donner m., Donners-tag. An. dunr gehört zu dun w. s.

thans (thensan thans thonsum thonsana?) ziehen.

goth. at-thinsan thans thunsum thonsans ziehen; ahd. dinsan; mhd. din-
sen abl. 1 ziehen, reissen, schleppen, tragen, ahd. dansön spannen, dehnen, ziehen.

Vgl. lit. tęsiu tęs-ti ziehen, recken, tąsau tansýti zerren, recken, preuss.
tiêns-twei reizen; vgl. lit. tansyti-s sich einander zerren. — sskr. taṁs
taṁsati schütteln, hin und her ziehen, vi-tas-ti f. Spanne.

(tham) dunkel sein.

Germanisch in themra, themstra vgl. as. thimm dunkel.

Vgl. lit. tem-sta, tema, tem-ti es wird dunkel, Abend, tam-sà f. Dunkel,
tam-su-s dunkel, tim-sra-s bleifarbig, schweissfüchsig. — ksl. tīma f. Dunkel. — lat. tenebrae, temere blindlings. — sskr. tamas n. Dunkel, ta-
misra n. Dunkel, tamra verdunkelnd, timira dunkel, finster.

themra Dunkel, Dämmer.

ahd. demar m. st., demere st. f., demerunga f., nhd. Dämmer,
dämmern, Dämmerung.

Vgl. lat. temere blindlings. — sskr. tamra verdunkelnd, timira
dunkel, finster.

themstra düster.

ags. theostor düster = ahd. dinstar, dinster = nhd. düster, mit Einschub von s wie in galstra, haifsti, nhd. Gunst, Kunst, Brunst u. s. w.

Vgl. lat. têter, tétricus. — zend. táthra dunkel, düster.

thamb spannen.

an. thamb g. thambs n. Anspannung, Vollpfropfung, thamba adha vollstopfen, thömb g. thambar f. etwas Gespanntes, Aufgeblasenes, dicker Bauch, auch vielleicht Bogen, Bogensehne.

Vgl. lit. tempiu temp-ti spannen, tamp-ýti durat. spannen, dehnen, recken, temptiva f. = ksl. tetiva Bogensehne, timpa f. Sehne am Körper. — ksl. tapŭ obtusus, crassus. — Τέμπεα, ταπεινό-ς. — lat. tempus Schläfe, tempus Zeit (= Spanne), ex-templo von der Zeit, von Stund an, temp-lu-m, con-templári cf. ἀτενίζω.

(thar) durchdringen, bohren, reiben.

Germanisch in tharma, thorna, thrama.

Vgl. lit. trin-ti (= ter-in-ti) reiben. — ksl. tera tero. — τέρετρον, τορό-ς, τορ-μό-ς, τρητός. — sskr. tar tarati überhinsetzen, durchdringen, zend. ti-tarat er drang ein u. s. w.

tharma m. Darm.

an. tharmr pl. tharmar m. Gedärme. + ags. thearm m., ahd. daram pl. daramâ, mhd. darm pl. derme, nhd. Darm pl. Därme.

Vgl. τράμι-ς Mastdarm, After, τορ-μό-ς Loch.

thorna m. Dorn.

an. thorn g. thorns pl. thornar m. Dorn. + goth. vgl. thaurnu-s m., as. thorn m. 1, ags. thorn m 1, ahd. dorn m. 1, mhd. dorn m. 1, nhd. Dorn.

Vgl. ksl. trŭnŭ m. Dorn (sskr. tṛṇa m heisst Gras).

thornina dornen.

goth. thaurnein-a-s, ags. thyrnen, ahd. durnin, nhd. dornen.

Vgl. ksl. trŭněnŭ dornen, von Dornen.

thrama Ende.

an. thrömr g. thramar m. äusserster Rand. + ahd. drum, mhd. drum n. Endstück, Ende, Stück, ahd. drumôn, mhd. drumen, drümen abschneiden, kürzen, zerbrechen, intrs. in Stücke gehen.

Vgl. τέρμων, τέρμα. — lat. termo, terminu-s. — sskr. tarman Spitze des Opferpfostens.

tharb thorbum thorfta thorban bedürfen, dürfen.

an. tharf thurfum thurfta thurfa nöthig haben, bedürfen, brauchen zu. + goth. tharf thaurbum thaurfta thaurban, as. thurbhan, ags. thurfan,

9*

thorfan; ahd. durfan, mhd. durfen, dürfen nöthig haben, brauchen; Freiheit haben, dürfen, können, nhd. dürfen, be-dürfen.
Vgl. ksl. trêba f. negotium, trêbū necessarius.

tharba f. Bedarf.

an. thörf g. tharfar pl. tharfar f. Bedarf, Nothwendigkeit. + goth. tharba f. Mangel; ags. thearfu f., ahd. darba st. schw. f. Mangel, Entbehrung. Von tharb.
Vgl. ksl. trêba f. negotium.

tharba nöthig.

an. tharfr, thörf, tharft nützlich. + goth. tharb-a-s nöthig, bedürftig. Von tharb.
Vgl. ksl. trêbū necessarius.

tharban bedürftig sbst. der Bedürftige.

an. tharfi bedürftig sbst. der Bedürftige. + goth. tharban- m. der Arme, ags. thearfa m. der Bedürftige. Von tharba.

thorfti f. Bedürfniss.

an. thurft f. Bedarf, Befriedigung desselben, Unterstützung. + goth. thaurft-i-s f. Bedürfniss, Noth, as. in nôd-thurft f. 2 Nothdurft, ahd. duruft, durft, mhd. durft st. f. 2 Bedürfniss, nhd. Noth-durft. Zu tharb.

thars (thersan thars thorsum thorsans) dürr sein, lechzen.

an. therra trocknen s. tharsja, thurs m. Riese s. thorsa, thurr dürr s. thorsu, thorsti m. Durst s. thorsta, thorna trocken werden s. thorsnâ. + goth. ga-thairsan thars thaursum thaursans dürr sein, lechzen.
Vgl. ταρσός, τρασιά Darre, τερσαίνω. — lat. torreo, torrui, tos-tum, torrêre, torris, terra. — sskr. tarsh tṛshyati dürsten, lechzen.

tharsa Darre.

ahd. darra, mhd. darre, nhd. Darre f.
Vgl. ταρσό-ς, ταρσιά, τερσιά, τρασιά Darre.

tharsja dörren, trocknen.

an. therra therdha trocknen, abwischen. + ahd. (darrjan) derran, mhd. derren, nhd. dörren. Causale von tars.

thorsa und thorsan m. Riese.

an. thurs (thuss) oder thursi m. Riese. + ags. thyrs, ahd. duris, durs (turs) pl. tursâ st. m. 1, mhd. dürse, turse schw. m. Riese. Von thars lechzen, wie an. jötunn von etan essen.

thorsu dürr.

an. thurr dürr, trocken.+ goth. thaursu-s, ags. thyrr; ahd. durri, mhd. dürre, nhd. dürr, trocken, mager. Von thars.

Vgl. sskr. tṛshu lechzend, gierig. (altlat. toru-s torridus wohl alter u-Stamm).

thorsta m. Durst.

an. thyrstr (d. i. thurst-ja-s) durstig, thorsti m. Durst. + as. thurst, ags. thurst, thyrst st. m., engl. thirst, vgl. goth. thaurstein- f. Durst; ahd. mhd. durst st. m., nhd. Durst. Von thars. Vgl. altirisch tart Durst.

thorstja dürsten.

an. thyrsta thyrsta dürsten. + as. thurstian, ags. thyrstan, engl. thirst; ahd. (durstjan) durstan, mhd. dürsten, nhd. dürsten. Von thursta.

thorsna trocken werden.

an. thorna adha trocken werden (vom Wetter). + goth. ga-thaursnan vertrocknen, verdorren. Von thars.

(thal) τλῆναι.

Germanisch in tholai dulden.

Vgl. ksl. to'ją toliti placare. — τάλας, τάλαντον, ἀτάλαντος, τόλ-μα, τλῆναι, τλητό-ς. — lat. tulo tetuli, tuli, tollere, tolerāre, lātum (= tlātum). — altirisch tol voluntas.

Vgl. sskr. tul tolati aufheben, wägen; vergleichen, gleichen, tola bestimmtes Gewicht, tula Wagbalken.

tholai dulden.

an. thola tholdha dulden, ausstehen. + as. tholōn, tholian, ags. tholian dulden; goth. thulan (Stamm thulai-)=ahd. dolēn dulden.

theuba m. Dieb.

an. thjófr g. thjófs m. Dieb. + goth. thiub-a-s, as. theof, thiof, ags. theóf m., engl. thief; ahd. deob, diup, diob, mhd. diep g. diebes, nhd. Dieb m.

Vgl. lit. tup-ti sich ducken?

theubitha f. Diebstahl.

an. thýfdh f. Diebstahl. + engl. theft Diebstahl.

theubja n. Diebstahl.

an. in átu-thýfi n. Diebstahl von Speisewaaren. + goth. thiubja-n., as. thiubi n. Diebstahl; ahd. diubja, diuba; mhd. diube st. f. 1 Diebstahl, Gestohlenes. Von theuba.

(thiku) thikja dick, dicht.

an. thjokr, thykkr dick, dicht, eng neben einander. + as. thikki, ags. thic, thicce, engl. thick; ahd. dich und dicchi, mhd. dik und dicke dick, dicht, häufig.

Vgl. altirisch tiug, cambr. teu, tew dick, dicht, altir. compar. tigiu dicker.

thikitha f. Dicke.

an. thykt f. Dicke, Dichtigkeit. + ahd dichida f. Dicke, nhd. noch provinciell: Dickde.

thih gedeihen, gerathen, thîhan thaih thihana.

goth. theihan thaih thaihans gedeihen, vorwärts kommen, zunehmen, theihsa- n. Zeit.

Vgl. lit. tinku, tik-ti sich wozu schicken, taugen, passen; genügen, wohl-gerathen, ne-tikti nicht gerathen, nicht gedeihen, unnütz sein.

(thih) thinh vertrauen.

ahd. (dingjan) dingan, mhd. dingen glauben, hoffen, Zuversicht haben.

Vgl. lit. tikiu tikéti glauben, vertrauen.

thedura, thedra m. Art Hahn.

an. thidhur-r m. Auerhahn.

Vgl. lit. tytara-s Truthahn. — ksl. tetrja f. Fasanenhenne. — τέταρο-ς, τατύρα-ς Fasan, τετρα-δών, τέτρ-αξ Auerhahn. — sskr. tittiri (tittira) m. Rebhuhn.

thinga n. Ting, Ding.

an. thing n. Zusammenkunft, namentlich gerichtliche, ihre Zeit, ihr Ort n. pl. Dinge = Sachen. + as. ags. thing n. Ting, Ding, engl. thing; ahd. dinc, mhd. dinc g. dinges n. Gerichtsverhandlung und -versammlung, Ge-richt, Rechtssache, Ursache, Sache, Ding.

ksl. teza f. Gericht, Urtheil, Gerichtsverhandlung (entlehnt?)

Zu lit. tenk-ti zu theil werden, zukommen? vgl. thag.

thingâ Ding halten.

an. thinga adha ein Thing abhalten. + as. thingôn dass., ahd. dingôn, mhd. dingen Ding, Gericht abhalten, Sache führen dingen.

thistila m. Distel.

an. thistill g. thistils m. Distel. + ags. thistel m., engl. thistle; ahd. distil, mhd. distel st. m., ahd. auch distula f., nhd. Distel f. Zu thans, goth. thinsan reissen, Grundform tas vgl. z. B. sskr. vi-tas-ti f.

thû du g. thîna dein d. thves acc. thvek.

an. thû g. thin dat. thér acc. thik. + goth. thu g. theina d. thus acc. thuk; nhd. du, dein, dir, dich. Mit thve-k vgl. σέ-γε, wie me-k mit ἐ-μέ-γε.

Vgl. lit. tù. — ksl. ty. — τύ, σύ. — lat. tû.

sskr. tvam (vedisch oft tu-am), zend. tûm, altpersisch tuvm du.

thîna dein.

an. thinn, thin, thitt dein. + goth. thein-a-s, as. thin, ags. thin, engl. thy, thine; ahd. mhd. din, nhd. dein. Zu thû.

thu schwellen; stark sein,

Germanisch in theuha, thûman, thauja; theva, theuna, theuja, theusnan; theutha, theuda, theura.

Vgl. lit. tv-ana-s Furth, tyvalóti fett werden, tauka-s Fett. — ksl. tyją ty-ti fett werden. — τύ-λο-ς, τύλη Anschwellung. — lat. tumeo, tumulus, tumul-tus. — sskr. tiv tivati fett werden, to-ya Wasser, tu-mra strotzend, tumula lärmend, Tumult.

Zu (thu) stark sein, gelten ags. thau Sitte. — sskr. tu taviti und tauti Macht, Geltung haben; tuvi stark, mächtig.

theuha n. Schenkel, Dickbein.

an. thjò n. pl. lumbi Arsch, thjö-leggr m. Schenkelknochen. + as. thio n., ags. theóh, theó n., engl. thigh; ahd. deoh, dioh, mhd. diech st. n. Schenkel.

Eigentlich „das Dicke, Fette", vgl. lit. tauka-s = ksl. tykú m. Fett von ksl. ty-ją ty-ti fett werden.

theura m. Stier.

an. thjör-r g. thjör-s pl. ar m. Stier.

Vgl. sskr. tivra torvus, tivati fett werden, tu-mra strotzend, lat. tumêre u. s. w. ταῦρο-ς für ταρϝο-ς = altgallisch tarvo-s Stier = lat. torvu-s?

Wohl nicht zu steura Stier w. s.

thuman m. Daumen.

an. thumall m. Daumen, thumlungr m. Daumen, Däumling am Handschuh. + ags. thúma m., engl. thumb; ahd. dûmo, mhd. dûme schw. m., nhd. Daumen. Zu ig. tu valere vgl. zend. tûma stark, lat. tumeo.

thavja auflösen, schmelzen.

an. thá f. eisfreie, aufgethaute Erde (aus thavan), theyr g. theyjar (d. i. thauja) m. Thauwind, Thauwetter, theyja thauen (= thauja). + ahd. (dawjan) dawan, dewan, dowan, douwan, mhd. döuwen verdauen, nhd. verdauen.

Vgl. sskr. toya Wasser.

theva m. Diener, Knecht.

an. in thý, thjönn, thjóna s. theuja, theuna, theuná. + goth thiva-, nom. thius g. thivis m. Knecht, vgl. thévis n. dass., ahd. deo-lihho = as. theo-lihho.

theuna m. Diener.

an. thjönn m. Diener. + as. ahd. nhd. in thionón, dionón dionen.

ksl. tijunú Diener ist aus dem Deutschen entlehnt.

theunâ dienen.

an. thjôna adha dienen. + as. thionôn, ahd.
deonôn, dionôn und dionên, mhd. dienen, nhd.
dienen. Von theuna.

theunâsta Dienst.

an. thjônosta, thjônusta f. Dienst. + as. thio-
nost, thionust st. n., ahd. deonost, dionost,
mhd. dienest st. m. n. und ahd. dionosti f.,
nhd. Dienst m. Von theunâ.

theuja, thevja f. Dienerin, Magd.

an. thŷ oder thŷr g. und n. pl. thŷjar f. (d. i. thiujâ-s)
Magd. + goth. thiuja- nom. thivi g. thiujôs f., as. thiwi
st. f. 1, ahd. diuwa st. f. Magd, vgl. ahd. diu g. diuwi
st. f. 2, mhd. diu g. diuwe f. Magd. Femin. zu theva
Knecht.

theusnan f. Magd, Dirne.

an. therna f. Magd, Dirne. + as. thiornâ, theorna, ahd.
diornâ, mhd. dierne, dirne schw. f. Magd, Dienerin, Mädchen, nhd. Dirne pl. Dirnen. Zu theva.
Von (thius = thevis-) cf. goth. thêvis- Knecht.

theutha n. Gutes, Gut.

an. thjôdh bonum in thjôdh-vel trefflich adv., thjôdh-râdh treffi-
licher Rath, thjôdh-skald trefflicher Dichter. + goth. thiutha n.
Gutes, Gut. Zu ig. tu valere.

theuda f. Volk

an. thjôdh g. thjôdhar pl. ir f. Volk, Nation, Leute. + goth.
thiuda f., as. thioda f. 1 und thiod st. f. 2, ags. theód f. 2; ahd.
deot, diot m. n., mhd. diet m. n. f. und ahd. diota st. schw. f.
Volk, Menge, mhd. st. m. Mensch, Kerl.
Von thu = sskr. tu valere.
Vgl. lit. tauta, preuss. tauto f. Land, lett. tauta Volk. — oskisch
tauta, touto, sabin. touta, tóta Gemeinde, Equus Tûtjcus. — altirisch túath, túad Volk.

theudja deuten.

an. thŷdha thŷdda douten. +-ahd. mhd. diuten, tiuten deuten,
erklären, bedeuten; ahd. diuta, mhd. diute, tiute st. f. Deutung,
Auslegung, eigentlich „valor" = Bedeutung, Sinn.

theudinga f. Deutung.

an. thŷdhing pl. ar f. Deutung, Auslegung. + mhd. diu-
tunge st. f. 1, nhd. Deutung, Bedeutung. Von theudja
deuten.

thut, theutan thaut thutum thutans ertönen.

an. thjóta thaut thutum thutinn ein starkes Geräusch von sich geben. +
goth. in thut-baurna- n., ahd. diozan, mhd. diezen abl. 6 laut tönen,
tosen, rauschen; quellen, schwellen, zucken, mhd. duz m. Geräusch, Strom,
Schwellung, ahd. mhd. dôz m. Geräusch s. thauta, mhd. diez m. s. theuta.
sskr. tud tudati stossen, tundere, wird auch vom Hervorstossen des Tones
gesagt.

theuta m. Schall, Getös.

an. thýtr m. sonus, stridor. + mhd. diez st. m. Schall, Lärm
(Zucken). Zu theutan.

thauta Getös.

an. in theyta (= thautja) theytta tosen machen. + ahd. dôz,
mhd. dôz st. m. 1 Schall, Geräusch, Rauschen. Von theutan.

thuftan f. Ruderbank.

an. thópta f. Ruderbank, thófti m. der auf der Ruderbank sitzt. + ahd.
doftâ schw. f. Ruderbank, ags. ge-thofta = ahd. kidofto schw. m. Ru-
dergenoss, Genoss, ahd. gadoftâ schw. f. socia.
Vgl. lit. tup-ti sich setzen, niederkauern.

thûsundja n. f. Tausend.

an. thusund f. n. und thusundir f. pl. tausend. + goth. thusundja- n. f.,
as. thûsint n. pl. und thûsundig, ags. thûsend n., engl. thousand; ahd.
dûsunt, mhd. tûsend n. pl., nhd. Tausend n.
Vgl. lit. tukstanti-s ês f. jetzt czo m., preuss. tûsimto-ns acc. pl. — ksl.
tyąšta (für tysantja) f. tausend.

thûsundjâstan der tausendste.

an. thusundasti m. der t. + ahd. dûsuntôsto schw. m., nhd. der
tausendste.

therba derb, ungesäuert.

an. thjarfr, thjörf, thjarft heftig, gewaltsam; ungesäuert. + ags. theorf,
therf; ahd. dërp, mhd. dërp flectirt dërber derb, fest, ungesäuert.
Zu lit. tirp-stu, tirp-ti erstarren, steif werden. — nsl. o-trp-nêti starr
werden. — lat. torpeo, torpère.

thela m. n. Diele.

an. thil oder thili n. Bretterwand. + ags. thel n. Brett, Diele; ahd. dil
st. m. und dilo schw. m., mhd. dile, dil schw. m. Brett, Diele, Bretter-
verkleidung des Zimmers, bretterne Zimmerdecke.
Vgl. ksl. tilo n. Grund, Boden. — sskr. tala m. n. Fläche, Boden.

theljan f. Brett, Diele.

an. thilja f. Ruderbank. + ags. thille f. tabula, ahd. dillâ, mhd.
dille schw. f. Brett, Diele; bretterner Fussboden; Schiffsverdeck.
Von thela.

Vgl. ksl. tlja f. Estrich, Diele. — lit. tilė (= tilja) f. Brettchen
auf dem Boden des Handkahns.

theljâ dielen, mit Brettern belegen.

an. thilja thiljadha dielen. + ags. thillian, thilian; ahd.
gi-dillôn (d. i. diljôn), mhd. dillen, nhd. dielen. Von
thela, theljan.

thorpa n. Gehöft.

an. thorp n. kleineres Gehöft. + goth. thaurpa- n. Feld, as. thorp; ahd.
dorf, mhd. dorf st. n. 1 Dorf.
Vgl. lit. troba f. Gebäude, trobolė Häuschen. — altgallisch A-treb-ates
vgl. altirisch a-treb Wohnung.

thorska m. Dorsch.

an. thorskr m. Dorsch. + nhd. Dorsch m. vielleicht aus dem Nordischen.

thrak bedrängen, bedrohen.

Germanisch in thraka, throhta, vgl. an. thjarka schelten, ags. thracian
fürchten, angst sein, as. môd-thraka = ags. môd-thracu f. Herzens-
kummer.
Vgl. τάρβ-ος n. Angst, Scheu, ταρβέω. — sskr. tarj tarjati drohen, schmähen; erschrecken, in Angst setzen.

thraka, thrakja Kraft, Drang.

an. threk n. threkr m. Kraft, Stärke, threk-adhr überwältigt,
geschwächt, erschöpft. + ags. thracu f. (virtus, fortitudo) impetus,
tumultus. Vgl. throhta.

throhta m. das Ertragen.

an. thrôttr g. thrôttar m. Kraft, Stärke. + ags. throht m. labor,
throht adj. laboriosus, dirus, throht-heard stark im Ertragen,
hart zu ertragen.
Vgl. thraka

thrakja m. Dreck.

an. threkkr m. Dreck, Schmutz. + ahd. drech, mhd. drec m., nhd. Dreck.

thrag laufen.

goth. thragjan laufen, an. in thraell m. s. thragila.
Vgl. τρέχω laufe. — altgallisch in ver-tragu-s Windhund (ver sehr + trag
laufend).

thragila m. (Läufer) Diener.

an. thraell g. thraels m. Knecht, der Unfreie. + ahd. drigil
drēgil, trikil, trigil m. Diener. Vgl. τρόχιλος.

(thranh) drehen, drängen, torquêre.

Germanisch in thranhja, thranhti, thrang, thrangva, thrangvja (throg).

Vgl. lit. trenkiu trenk-ti drücken, drängen, stossen, trank-sma-s Gedräng.
— ταράσσω (= ταραγχ-jω) wirre, τέτρηχα bin gedrängt, ταραγ-μό-ς, τραχύς.
trank aus tark drehen vgl. ἀ-τρεκ-ής, ἄ-τραχ-το-ς Spindel, lat. torqueo torsi tortum torquere, vgl. thvarh, throg.

thranh, thranhja drehen.

an. in thrádhr Draht. + ahd. drähjan, dräjan, mhd. draejen, draen, nhd. drehen.
Vgl. lit. trenkiu = ταράσσω (ταραγχιω).

thranhti m. Draht, Faden.

an. thrádhr pl. thraedhr m. Faden, Zwirn. + ags. thraed m., engl. thread; ahd. mhd. drât st. m. 2 Draht, Faden, nhd. Draht pl. Drähte m., drei-dräht-ig.

thrang (threngan thrang throngum throngana) dringen, drängen.

an. in thröngr s. thrangva, thröngva s. thrangvja. + as. thringan, ags. thringan abl. 1, ahd. dringan, mhd. dringen abl. 1 intrs. sich drängen, andringen; trs. drängen, fest andrücken, flechten, weben, nhd. dringen drang gedrungen nur intrs.
Vgl. lit. trenk-ti, trank-smas Gedräng.

thrangva gedrang, enge subst. Drang, Gedränge.

an. thröngr enge, gedrang, thröng g. thröngvar f. Gedränge. + mhd. drange, ge-drange adv. enge, nhd. gedrang adj. enge; ags. thrang m., engl. throng; mhd. drauc g. dranges st. m. Gedränge, Drang, nhd. Drang m. Von thrang.

thrangvja drängen.

an. thröngva, thröngdha drängen. + mhd. drengen, nhd. drängen. Von thrangva.

throg drücken.

an. thrúga adha drücken, thrúgan f. das Drücken. + ahd. druc g. drucches, mhd. druc g. druckes m. Druck, Anprall, ahd. drucchen, mhd. drücken, nhd. drücken. Zu thrang dringen, drängen.

thrafta n. Geschwätz.

an. thrapt n. Geschwätz, Gezänk, thrap n. Geschwätz, thrapr m. Schwätzer. + ags. thräft n. Geschwätz, Gezänk. Nach Grein.

thram, threman, thram tremere.

as. thrimman, thramm springen, hüpfen, sich bewegen, goth. thram-stei f. Heuschrecke.
Vgl. lit. trimu, trim-ti zittern, tremu, trem-ti wegjagen. — τρέμω, τρόμος, τρομέω, ἀ-τρέμας unbeweglich, still. — lat. tremo tremere.

thrask (threskan thrask throskum throskana) dreschen.

an. schwach threskja threskta dreschen s. thraskja. + goth. thriskan thrask thruskum thruskans dreschen, ahd. drëskan, mhd. dréschen, nhd. dreschen drasch gedroschen.

Vgl. lit. tarszkéti, traszkéti klappern, rasseln. — ksl. trëskŭ Krach, troska Blitzschlag, trčs-nąti einschlagen (vom Blitze).

thraskja dreschen.

an. threskja threskta dreschen. + ags. threscian dreschen. Von thrask.

threskvalda m. Thürschwelle.

an. thresköldr m. Thürschwelle. + ags. threscvald, therscvald m., engl. threshold; ahd. wunderlich entstellt driscûfli, mhd. drischûvel n. Thürschwelle. Eigentlich „Dreschbalken" thresk+ valda.

thrasta m. Drossel.

an. thröstr g. thrastar pl. threstir m. (u-Stamm?) Drossel. + ags. thrisc, throstle, engl. thrush und throstle; ahd. drosca, droscela f., mhd. droschel, trostel f. st., nhd. Drossel. Die Formen mit k scheinen entstellt.

Vgl. lit. strazda-s Drossel, preuss. treste Drossel. — (ksl. drozgŭ entlehnt). — lat. turdus, turdela Drossel. — ved. tarda m. ein Vogel (vielleicht Drossel).

thrastila f. Drossel.

ags. throstle f., engl. throstle, mhd. trostel (ahd. droscela, mhd. droschel entstellt).

Vgl. lat. turdela f. Drossel.

(thru) τρύω.

Germanisch in thrâvja.

Vgl. ksl. try-ti aufreibén = τρύω.

thrâvja leiden, aushalten.

an. thrâ f. desiderium, dolor Svb. Egils. thrâ n. Störrigkeit, Trotz (= Aushalten), thrâr pertinax, thrâ oder threyja (= thrauja) thrâdba sich sehnen nach. + ags. thrûvan, ahd. druoan praet. druota und druoên pati.

Vgl. lit. trivoju, trivóti dulden, ertragen.

thrut, threutan thraut thrutum thrutans belästigen.

an. thrjóta thraut thrutum throtinn mangeln, hindern, im Wege sein, thraut f. Mühsal, Beschwerde s. thrauta, throt n. Mangel, Armuth, throtinn part. praet. erschöpft. + goth. us-thriutan thraut thrutum thrutans beschweren, belästigen, schmähen; ahd. driozan in ar-driozan verdriessen = goth. us-thriutan, ur-drioz st. m. Beschwerde, mhd. driez m. Verdruss,

Ueberdruss, mhd. ur-druz st. m. Verdruss, nhd. ver-driessen, ver-drossen, Ver-druss.

Vgl. ksl. trudū Mühsal s. thrauta. — lat. trúdo trúdere, trûsare, trûsitare, trûdis.

thrauta Mühsal, Beschwerde.

an. thraut g. thrautar pl. thrautír f. Mühsal, Beschwerde. + ags. threát tribulatio, castigatio, calamitas, engl. threat Drohung. Zu threutan.

Vgl. ksl. trudū m. Mühsal.

thrautja quälen, bedrängen.

an. threyta threytta fatigare, fatigari. + ags. threátian quälen, bedrängen, schelten.

Vgl. ksl. truždą truždati quälen, bedrängen.

thri, n. thrîs, thrijâs, thrija drei.

an. thrir, thrjâr, thrjû drei. + goth. (threis, thrijôs) thrija drei; ahd. driĕ, driŏ, driu, mhd. drîo, drîe, driu, nhd. drei.

Vgl. lit. trys m. f. — ksl. trije. — τρεῖς, τρία. — lat. três, tria. — altir. trí m. n. drei.

Vgl. sskr. tri trayas tisras trîṇi drei.

thredjan der dritte.

an. thridi thridja der, die dritte. + goth. thridjan-, as. thriddjo, ags. thridda, engl. third; ahd. dritjo, dritto, mhd. dritte, nhd. dritte schw.

Vgl. lit. treoza-s (= tretja-s), preuss. tirt-s. — ksl. tretij. — äol. τέρτο-ς = τρίτος. — lat. tertiu-s. — altirisch tris (aus trit), cambr. tritid = τρίτατο-ς.

sskr. tṛtiya, zend. thritya der dritte.

trijatehan dreizehn.

an. thréttän dreizehn. + ags. threóteon, threótine, engl. thirteen; ahd. (drizëhan) drizën, mhd. drizëhen n. driuzëhen, nhd. dreizehen. Ursprünglich thris-, thrijäs-, thrija-tihan?

Vgl. τρεις-καί-δεκα, trédecim, sskr. trayodaçan.

thrîs tegjus (drei Zehner =) dreissig.

an. thrir tigir dreissig. + goth. threis tigjus, as. ags. thrîtig; ahd. drizuc, mhd. drizec, nhd. dreissig.

thrisvâr dreimal.

an. trisvar, thrysvar dreimal. + ahd. trirôr adv. dreimal. Vgl. tvisvâr zweimal.

Aus (thris) = τρίς = lat. ter = sskr. tris adv. dreimal.

thrib greifen, fassen nach, drücken.

an. thrifa threif thrifum thrifinn ergreifen, erfassen, threifa threifadha mit der Hand greifen nach, berühren, befassen. + ags. thráfian (d. i. thraifian) urgere, compellere, engl. dialect. to thrave urgere. Nach Grein. Vgl. τρίβω.

thruma m. lärmender Haufe (thrumja?).

an. thrymr m. Lärm. + ags. thrym, thrim m. lärmende Schaar; Macht, Kraft, Ruhm, Glanz, Majestät. Nach Grein, vgl. lat. turma. Wohl zu thvar.

thvahan thvôh thvôhum thvahana waschen.

an. thvá thvô thó (und thvôda) thvôgum thvahinn waschen, sik, sér. + goth. thvahan thvôh thvôhum thvahans waschen, sich waschen; as. thwahan, ags. thveahan, thvean; ahd. dwahan, twahan, mhd. dwahen, twahen, zwahen, nhd. zwagen waschen.

preuss. twaxta-n Badeschürze (aus Quast, Queste?).

thvahila und thvahilja Badetuch.

an. thvegill m. und thvaeli n. Badetuch, Badegewand. + ahd. dwahilja, dwchila, twahilla, mhd. dwehele, twehele st. schw. f. Badetuch, Handtuch, nhd. dialect. Zwehl. Von thvahan.

thvang zwingen, zwängen.

an. thvinga adha zwingen, thvengr g. thvengs oder thvengjar m. Riemen. + as. thwingan; ahd. dwingan, mhd. dwingen, twingen abl. 1, nhd. zwingen, zwang, gezwungen.

Vgl. ksl. tęgo g. tęgese n. Riemen, tęgū labor, tęzą traho, tąga f. Beengung, Angst, Druck, tągū fortis (√tang = tank). — lit. tankus dicht, tvank-us schwül, tvenk-ti drückend heiss sein, drücken, schmerzen. — sskr. tańc tanakti, tvańc, tvanakti (auch tańj unbelegt) zusammenziehen.

thvar drehen, herumdrehen, quirlen.

an. thvara f. Quirl, thvari m. tigillum in bryn-thvari m. Art Lanze. + ahd. dwëran, thwëran, twëran, mhd. twërn abl. 1 schnell herum drehen, durch einander rühren, mischen. Vom slavodeutschen tvar fassen, coercere zu scheiden. Vgl. τύρο-ς.

Dazu auch thruma = lat. turma, τύρβα, lat. turba.

thverha quer, hinderlich, widersprechend.

an. thverr adj. quer, hinderlich, widersprechend. + goth. thvairb-a-s zornig (adversus), thvairhein- f. Zorn; ahd. dwërah, thwërah, mhd. dwërch, twërch schräg, quer, verkehrt, nhd. über-zwerch, Zwerch-fell, Zwerchsack.

Vermuthlich von (thvarh = tharhv =) torqueo.

D.

daila Theil.

an. in deila (= deil-ja) theilen s. dailja, deila f. (= deil-jan) Zwiespalt,

Streitigkeit, Krieg, deild f. Theilung s. dailitha. + goth. dail-i-s f., as.
dêl st. m., ags. dael st. m. 1; ahd. teil, mhd. teil st. m. 1 und n., nhd.
Theil m. Goth. daila f. Theilung, Gemeinschaft, abd. teila, mhd. teile
st. f. 1 Theilung, Zugetheiltes, Eigenthum.
Vgl. ksl. dêlü m. Theil. — Mit goth. in dailai c. gen. in Hinsicht, wegen
vgl. lit. dêl praep. und postpos. c. gen. dêlei postpos. c. gen. wegen. —
ksl. dêlja, dêlima postpos. c. gen. wegen.
Hierher auch lit. dali-s, dalà f. Theil, dalyka-s Theil = preuss. dellik-s
Theil. — ksl. dola f. Theil (?).

dailja theilen.

an. deila (= deilja) dailda theilen. + goth. dailjan, as. dêlian,
ags. daelan; ahd. (teiljan) teilan, mhd. teilen, nhd. theilen. Von
daila.
Vgl. ksl. dêlją dêliti theilen.

dailitha f. Theilung.

an. deild ,f. Theilung, Eintheilung. + ahd. teilida f. Theilung.
Von daila, dailja.

dauja praet. dau sterben, devan, dau, devana.

an. deyja dó sterben, dâinn gestorben, dâ n. bewusstloser Zustand, dâ-
nar gen. des Todes, in dânar-fê, dânar-doegr Todestag, dânar-akr Todes-
feld. + as. dôjan, dôan; ahd. towjan, towan, teuwan, mhd. töuwen sterben. Zum an. starken praet. dô ist das ganze starke Verb erhalten im
goth. divan dau dêvum divana sterben.
Vgl. ksl. davlją davi-ti würgen, ersticken. — lit. doviju dovi-ti abquälen,
zunichte machen.
Eigentlich verbauchen, vgl. du.

dautha todt.

an. daudhr todt. + goth. dauth-a-s, as. dôd, ags. deád, engl.
dead; ahd. tôd, mhd. tôt, nhd. todt. Eigentlich part. praet. von
dau sterben.

dauthja todt machen, tödten.

an. deydba (= daudb-ja) deydda tödten. + goth. dauth-
jan; ahd. (tôdjan) tôden, mhd. toeden, nhd. tödten. Von
dautha.

dauthu m. Tod.

an. daudhr m. auch daudhi schw. m. Tod. + goth. dauthu-s m.,
as. dôdb, ags. deádh m., engl. death; ahd. tôd, mhd. tôt g. tôdes,
nhd. Tod m.
Von dau sterben.

daga m. Tag.

an. dagr g. dags dat. degi pl. dagar m. Tag, daga adha Tag werden,

tagen. + goth. dag-a-s m., as. dag, ags. däg st. m. 1; ahd. tak, tag,
mhd. tac g. tages st. m. 1; ags. dagian, ahd. tagên, mhd. tagen, nhd.
tagen Tag werden, einen Tag abhalten.

Zu lit. degu degti brennen, dagù f. Sommerzeit. — ksl. ždegą žegą
žeš-ti brennen. — sskr. dah dahati brennen, ni-dâgha m. Hitze, heisse
Zeit, Sommer (?).

dagan m. Tag.

an. -dagi m. schwache Form von dagr z. B. in ein-dagi m. bestimmter Tag, Termin s. sindagan. + ags. daga g. pl. dagena
m. Tag, auch in ân-daga (s. sindagan) = as. èndago m. = an.
eindagi m. bestimmter Tag, Termin. Zu daga.

An sskr. ahan = zend. azan m. Tag ist schwerlich zu denken.

dôga, dôgisa n. Tag.

an. doegr (aus dôgisa-) n. Tag oder Nacht, Hälfte des Tages. +
goth. in fidur-dôg-a-s viertägig, ags. dôgor m. n. Tag von 12,
nach Andern von 24 Stunden. Zu daga wie dôlja zu dala, hôna
zu hanan.

(dan) schlagen.

Germanisch in denra, vgl. ahd. tenni n., mhd. tenne n. f., nhd. Tenne
und damma (= dan-ma?).

Vgl. ϑείνω schlage, lat. fen-dere s. dant.

denra flache Hand.

ahd. tènar, mhd. tèner st. m. und ahd. tènra, mhd. tènre st. f.
flache Hand, gleichen Stamm ahd. tenni, mhd. tenne st. n., nhd.
Tenne f.

Vgl. ϑέναρ n. flache Hand.

Gleichen Stammes scheint lit. denè f. Brett im Handkahn.

dant, dentan (dant dontum dontana) aufschlagen.

an. detta datt duttum dottinn schwer und hart niederfallen, datta
adha schlagen intrs. (Herz). + ags. dynt m. ictus, engl. dint.

Vgl. lat. fend schlagen in of-fendere, dè-fendere, fê-nu-m (=
fend-num) Heu.

dang hämmern, dangja.

an. dengja dengdha hämmern, dengela f. das Hämmern. + ags. dencgan
hämmern, mhd. tengelen, tengeln hämmern, klopfen, nhd. dengeln (die
Sense) von ahd. tangol m. Hammer. Vgl. ϑήγω.

dab, daban (dôb) passen.

goth. ga-daban dôb dabans es begegnet, widerfährt; geziemt, ga-dôb-a-s
schicklich, passend.

Vgl. lit. dab-inti schmücken, ordnen, dab-nu-s geordnet, zierlich. — ksl.
doba f. opportunitas, dob-l-ĭ stark, tüchtig, dob-rŭ schön, gut.

Vgl. lat. faber künstlich m. Werkmeister. — *θιμβρό-ς, θιβρό-ς* prächtig, hübsch.

damp dampfen.

mhd. dimpfen, dampf rauchen, dampfen, ahd. dampb, mhd. dampf, nhd. Dampf, dämpfen.

Vgl. lit. dumpiu, dump-ti das Feuer anblasen, anfachen, dump-lé und dump-tuvé f. Blasebalg.

Vgl. sskr. dhmâpaya, aor. adi-dhmap-at caus. zu dham dhamati dhmâsyati dadhmau blasen = ksl. dûmę dą-ti blasen.

damma m. Damm.

an. dammr m. Damm. + goth. in faur-dammjan verdämmen, verhindern, entziehen, engl. dam; mhd. tam g. tammes m. Damm, Deich, nhd. Damm m.

Vermuthlich für dan-ma von dan schlagen = festschlagen.

(da) daja säugen.

altschwed. döggja säugen. + goth. daddjan; ahd. tâan, tâjan säugen; dazu auch wohl mhd. tigen saugen.

Vgl. lit. délé f. Blutigel. — ksl. doję doi-ti saugen. — *ί-θη-σα, θή-σατο, θή-σθαι*. — lat. fellâre s. dela. — sskr. dhâ, dhayati saugen, adhâsam sog = *ίθησα* säugte.

dodan Brustwarze, Zitze.

ahd. tuto, tutto m. tutâ, tuttâ f. Zitze, Brust.

Vgl. *τιτθό-ς* m. Zitze, *τίτθη, τιθήνη* Amme.

Vom reduplicirten Stamme, wie auch preuss. dada-n Milch vgl. sskr. dadhan, dadhi n. Milch, saure Milch.

dela f. Zitze.

ahd. tila f. Zitze, tilli demin. (aus til-ili).

Vgl. *θηλή* Zitze. — lat. fellâre (fêlare) saugen (lit. délé Blutigel).

dars, dorsan dars dorsum wagen.

goth. ga-daursan dars daursum daursta wagen, ags. durran dear dorste, ahd. turran, ki-turran, mhd. turren, ge-turren wagen, dürfen.

Vgl. lit. drįs-tu, drįs-ti sich erkühnen, dreist sein, drąs-ù-s kühn. — *θάρσ-ος, θρασ-ύ-ς, θαρσ-έω*. — sskr. dharsh dharshati dreist, muthig sein, wagen, sich wagen an.

darsa Wurfspiess, Lanze.

an. darr n. dörr m. und darradhr m. Wurfspiess, Lanze. + ags. in darodh, dearedh m., ahd. in tart m. Wurfspiess.

Zu lat. ferru-m wie german. flaina Wurfspiess zu lit. plêna-s Stahl. (Oder zu lit. dur-ti stechen?).

darsâda m. Wurfspiess, Lanze.

an. darradh-r m. W., L. + ags. darodh, dearedh m., engl.
dart, ahd. tart W., L.
Vgl. lat. ferrâtu-s.

dorsta kühn part. praet. von dars.

goth. ga-daurst-a-s part. von ga-daursan vgl. sskr. dhṛshṭa kühn,
keck, frech.

dorsti f. Kühnheit, Verwegenheit.

ags. ge-dyrst, ahd. ga-turst, mhd. turst f. 2 Kühnheit, Verwegenheit.
Vgl. sskr. dhṛshṭi f. Kühnheit.

dala m. n. Thal.

an. dalr g. dals pl. dalir oder dalar m. Thal. + goth. dala- n. Thal,
Grube, as. dal n., ahd. tal pl. telir, mhd. tal pl. teler, nhd. Thal pl.
Thäler n.
Vgl. ksl. dolŭ m. Thal, dolĕ, dolu adv. unten (vgl. goth. dalath abwärts,
dalatha unten, dalathrô von unten). — θόλο-ς m. Tiefbau, Kuppel. —
sskr. dhârâ Tiefe (unbelegt), dharuṇa Grund.

dôlja f. Thal, Vertiefung, Tülle.

an. doel g. doelar f. kleines Thal, Vertiefung, doelar m. pl. Be-
wohner eines Thales. + ahd. tuolla d. i. tuolja st. f. Vertiefung,
Tülle, demin. tuillili n. kleines Thal, nhd. Tülle f. Von dala
Thal wie dôga von daga, Huhn von Hahn.

dalb (delban dalb dolbum dolbana) graben.

as. bi-delbhan begraben, ags. delfan graben; ahd. bi-dëlhan, pi-tëlpan
begraben, mhd. tëlben abl. 1 graben. Vgl. goth. ga-draban drôb ein-
hauen.
Vgl. ksl. dlŭbą dlŭb-sti graben, eingraben, kerben, dlato n. scalprum =
preuss. dalpta-n Durchschlag.
Zu dala Thal (vgl. lit. dirb-ti arbeiten von dar-ba-s Arbeit, und dies von
dar-ýti thun, δράω).

(dav) rinnen, rennen.

Germanisch nur in dava Thau.
Vgl. θέω θεύσομαι rennen. — ksl. dhav dhavati rennen, rinnen, strömen,
dhau-ti f. Quelle.

dava Thau.

an. dögg g. und n. pl. döggvar f. Thau, döggva döggdba be-
thauen, irrigare. + ags. deáv st. m., engl. dew; ahd. mhd. tou
g. touwes st. n. Thau, ahd. towên und towôn, mhd. touwen,
nhd. thauen.

diurja theuer.

an. dýrr, dýr, dýrt theuer, kostbar. + as. diuri, ags. dióre, deóre, engl.
dear; ahd. tiuri, mhd. tiure, nhd. theuer.

diuritha f. Herrlichkeit.

an. dýrdh f. Herrlichkeit. + as. diuridha f. Werthhaltung: Ehre, Herrlichkeit: Liebe, Theilnahme, Mitleid; ahd. tiurida f., mhd. tiurde f. Herrlichkeit, Ehre, Kostbarkeit, Theuerung. Von diurja theuer.

diurlinga m. Liebling.

an. dýrlingr m. Liebling. + ags. dýrling, deórling m., engl. darling, dearling Liebling. Von diurja.

(dik) stechen.

Germanisch nur in dika.

Vgl. lit. dig-sni-s Stich, dyg-u-s stechend, děg-ti stechen (unpers.), daig-ýti stechen. — lat. figo fixi fixum figere stechen, stecken, heften, transfixus durchstochen. — vgl. ϑιγγάνω, ἔ-ϑιγον berühren.

dîka Teich.

an. diki g. diks n. Teich, See, Sumpf. + as. dik m. Teich, ags. dic Graben, Damm; mhd. tich st m. Teich, Sumpf, Kanal, nhd. Teich m. Nhd. Deich (= Damm) stammt aus dem Niederdeutschen Dik.

dig, dîgan daig digum digana fingere, kneten, aus Thon bilden.

an. in digr s. digra, digna adha weich werden, deigr teig, deig n. Teig s. 1. 2 daiga. + goth. deigan daig digum digans aus Thon bilden, ga-dig-is n. Gebilde, Werk.

Vgl. τεῖχ-ος, τοῖχ-ος. — lat. fingo finxi fic-tum, fig-ûra Gestalt, fig-ulu-s Töpfer. — sskr. dih, deg-dhi bestreichen, verkitten, salben, deha Körper; altpers. dida Festung.

digra dick.

an. digr, digr, digrt dick, umfänglich. + goth. in digr-ein- f. Dichte, Menge, Ueberfluss, mhd. tigere, tigre, nhd. deger adv. ganz und gar, völlig. Von dig.

digla m. Tigel.

an. digul-l m. Tigel. + ahd. těgel, mhd. těgel, nhd. Tigel m. Von dig; lat. figulu-s heisst Töpfer.

1. daiga, teig, weich.

an. deigr weich (vom Metall). + mhd. teic flectirt teiger weich (besonders von Birnen beim Beginn der Fäulniss), nhd. teig. Von digan, daig.

2. daiga Teig.

an. deig n. Teig. + goth. daig-a-s m., ahd. teig, teic, mhd. teic g. teiges m., nhd. Teig. Von digan, daig.

dimma dunkel.

an. dimmr dunkel, dimma adha dunkel, finster werden. + ags. dim g. dimmes, engl. dim dunkel, trübe; vgl. ahd. timber, mhd. timber, timmer dunkel, finster, dumpf.

dîsa einsichtig, Gott.

an. dis f. Göttin, pl. dîsir. + goth. in filu-deisei f. Schlauheit, Arglist. Vgl. *θεό-ς, θέσ-φατο-ς (θjεσο-), θέσ-σασθαι* bitten, *πολύ-θεσ-το-ς* viel erfleht. — sskr. dhîsh f. das Aufmerken, die Andacht, dhîsh-anya aufmerksam, andächtig sein, beten.

du anfachen, hauchen, schütteln, stürmen, stürmisch erregt sein.

Germanisch in dûja, dûna, dauni, dauma, deusa.
Vgl. lit. dumai pl. Rauch, du-je Dune, du-ka toll = ksl. di-kü wild, toll. ksl. divo Wunder (cf. *θαῦμα*), divij' wild, du-rî-nû toll cf. *θοῦ-ρο-ς*. — *θύ-ω* (fache an =) opfere, *θύ-ος* n. Räucherwerk, *θυ-μ-ιάω* räuchere, *θύ-μο-ν* Thymian, *θέϊ-ειον, θέϊον* Schwefel, *θύ-ελλα* Sturm; *θύ-ω, θύ-νω* stürme, *θυ-μό-ς* Erregung, *θαῦ-μα* Verwunderung. — lat. sub-fîo, sub-fîmen, fû-mu-s.
sskr. dhû dhûnoti dhûnâti dhavati dhuvati anfachen (dhavitra Fächer) schütteln, rütteln, dhûma Rauch.

dû dûja schütteln.

an. dŷja, dúda bewegen, schütteln.
Vgl. sskr. dhû dhûnoti bewegen, schütteln; *θύ-ω* (*θύ-jω*) *θύτω* stürmen.

dûna Dune, pluma.

an. dûnn m. Dune, dyna f. mit Dunen gefüllte Decke. + nhd. Dune, Daune f. Vgl. dûja. Lit. dujé f. eine Daune, Flaumfeder, duja Staub.

dauni m. f. Dunst, Geruch.

an. daunn m. Geruch, Gestank, daunsna adha schnobern. + gotb. daun-i-s f. Dunst, Geruch.

dauma m. Dunst, Geruch, Geschmack.

an. dâmr m. Geschmack. + ahd. toum; mhd. toum m. Dampf, Dunst, Duft, Geruch.
Vgl. lit. dumai pl. t. Rauch. — ksl. dymü Rauch. — lat. fûmu-s vgl. *θυμ-ιάω*. — sskr. dhûma Rauch.

deusa n. Thier.

an. dŷr n. Thier. + goth. dinsa- n. g. diuzis, as. dior, dier, ags. diór, deór n., engl. deer; ahd. tior, mhd. tier, nhd. Thier st. n. Vgl. ksl. divij' wild, di-kü wild (djü-kü) = lit. du-ka toll. Gleichen Stammes ksl. duchü m. anima.

dug, dugan taugen.

an. duga dugdha von Nutzen sein, helfen, taugen, dygdh f. Bravheit. + goth. dugan daug dugum dauhta dauht-a-s, as. ags. dugan; ahd. tugan, mhd. tugen,. tügen, nhd. taugen. Ags. dugudh, dugodh, ahd. tuged st. f. 2, daneben ahd. tugund, mhd. tugent st. f. 2, nhd. Tugend.

Vgl. lit. daug c. gen. viel.

Zu sskr. duh dogdbi molken, Nutzen, Ertrag ziehen von, milchen, Nutzen, Ertrag geben.

duhtar f. Tochter.

an. dóttir g. dóttur pl. doetr f. Tochter. + goth. dauhtar, ags. dóhtor f., engl. daughter; ahd. tohter, mhd. tohter, nhd. Tochter f.

Vgl. lit. dukté g. dukter-s. — ksl. dušti g. duštere. — θυγάτηρ. — sskr. duhitar = zend. dughdhar Tochter.

Von dug = sskr. duh milchen, Milch geben, eigentlich Kind weiblichen Geschlechts.

1. dun (aus dvan) tönen.

Germanisch in duni, dunja.

Vgl. lit. dun-déti tönen, rufen. — sskr. dhvan dhvanati tönen, dhuni tosend, dhunaya rauschen.

duni, dunja m. Geräusch, Lärm, Getös.

an. dynr m. Geräusch, Lärm, Getös. + ags. dyn m., engl. din dass.

Vgl. sskr. dhuni tosend, dhunaya rauschen.

dunja dröhnen, tönen.

an. dynja dunda tönen, duna f. fragor, duna dunadha dröhnen. + as. dunjan, mhd. dunen, dünen dröhnen, ags. dyn m., engl. din sonitus, fragor, dynnan praet. dynede, engl. to din sonare, clangere, fragorem edere.

Vgl. sskr. dhunaya rauschen, rauschend fliessen.

2. dun duns zerstieben (aus dvan, dvans).

Germanisch in dunsta Dunst.

Vgl. θαν-εῖν (θϝαν-). — sskr. dhvan erlöschen, dhvas dhvaṁsati zerstieben, dhvas-ta in Staub gehüllt.

dusta, dunsta m. n. Dust, Dunst.

an. dust n. Staub. + ags. dust m., engl. dust Staub, nhd. Dust m. (Göthe Faust „die andre (Seele) reisst gewaltsam sich vom Dust") vgl. ahd. dunist, tunst, mhd. dunst st. f. 2, nhd. Dunst pl. Dünste. Zu ig. dhvas stieben.

donga Dung, mit Dung bedecktes Gemach.

an. dyngja f. Haufen; Frauengemach. + ags. ding (für dyng) f. carcer,

ahd. mhd. tunc g. tunges st. m. f. unterirdische mit Mist bedeckte Stätte
als Winterwohnung, daher Frauengemach, auch Aufbewahrungsort der
Feldfrüchte; ags. dung m. dyngung f., ahd. tunga st. f. 1 tungin f. und
tungunga f. Dung, Dünger, Düngung.
Vgl. lit. dengiu, deng-ti decken, Wz. dang.

dup und dub einsinken.

Germanisch in deupa tief, vgl. ags. dúfan deáf tauchen intrs. (tauchen
ndd. aus taufen), dýfan tauchen trs., engl. dive, goth. dúbo, nhd. Taube,
mhd. tobel, nhd. Tobel Thalschlucht u. s. w.
Vgl. lit. dub-ti hohl werden, einfallen, dub-u-s tief, löcherig, hohl, dubé,
daubé f. Grube, Höhle, Loch, Grab. — ksl. dlb-rĭ (= djúbrĭ) Thal,
Schlucht, dŭ-no (= dŭb-no) n. Grund, dup-lĭ hohl, dip-la fistula. — δύπ-
τη-ς Taucher kann auf δυφ = Wz. dhubh zurückgehen vgl. βυϑ = Wz.
bhudh.

deupa tief.

an. djúpr, djúp, djúpt tief. + goth. diup-a-s, as. diop, ags.
deóp, engl. deep; ahd. tiuf, tiof, mhd. tief, nhd. tief.

deupitha f. Tiefe.

an. dýpt f. Tiefe. + goth. diupitha f., engl. depth Tiefe.
Mit an. dýpi n. Tiefe vgl. goth. diupein- f., ahd. tiufî f.,
nhd. Tiefe f.

dub τύφω qualmen, betäuben.

Germanisch in dufta, dumba, dauba vgl. ndd. duff dunkel, an. dofinn
betäubt, ahd. tobên, nhd. toben.
Vgl. τύφω, ἐ-τύφ-ην qualmen, τυφ-λό-ς blind, τῦφ-ος Rauch, Qualm,
Dunkel. — sskr. dhúpa m. Rauch, Räucherwerk, Duft.

dufta m. n. Dunst.

an. dupt n. Staub. + mhd. duft, tuft m. Duft, Dunst, Nebel,
Thau, Reif.

dumba stumm.

an. dumbr stumm. + goth. dumb-a-s, ags. dumb stumm; ahd.
tumb, mhd. tump fl. tumber stumm, dumm, jugendlich uner-
fahren.

dauba taub, betäubt.

an. daufr taub, dauf-líga adv. still, traurig. + goth. daub-a-s
taub, verstockt, as. dôf, ags. deáf, engl. deaf; ahd. toub, mhd.
toup flectirt touber, nhd. taub.

daubitha f. Taubheit.

an. deyfdb f. Taubheit. + goth. daubitha f. Taubheit,
Verstocktheit. Von dauba.

daubja be-täuben.

an. deyfa deyfdha stumpf machen. + goth. ga-daubjan verstocken, mhd. touben, töuben betäuben, kraftlos, leblos machen. Von dauba.

dura n. f. Thor, Thür.

an. dyrr gen. dura f. oder n. pl. Thor, Thür. + goth. daur-a n., as. dor, dur pl. doru, duru n., ags. dor pl. doru n. und duru f. Thor, Thür; ahd. tor, mhd. tor st. n. Thor, Thür.
Vgl. lit. dvara-s Hof, dury-s pl. Thür. — ksl. dvorŭ Hof, dvĭrĭ f. Thür. — θύρα Thür. — lat. fora-s, fore-s, foru-m. — cambr. dor valva, alt-irisch dorus porta. — sskr. dvâra n. dvâr, dur f., zend. dvara n. Thor, Pforte, Hof.

derba verwegen.

an. djarfr, djörf, djarft kühn, dreist, keck. + as. derbbi verwegen, frech, ruchlos. Nicht mit therba derb zu verwechseln.

dô, inf. dôn setzen, legen, thun.

an. nur in dâdh f. That s. dâdi, dômr s. dôma. + as. dôn, duon, duan, ags. dôn, engl. do; ahd. tuon. tuan (tôn), mhd. tuon, nhd. thun.
Vgl. lit. dedù dé-ti. — ksl. dеždą dě-ti. — θη, θι, τίθημι setze. — sskr. dhâ dadhâti.

dôna part. gethan.

ags. dôn, engl. done, mhd. ge-tân, nhd. gethan.
Vgl. ksl. dŭnŭ gelegt, gesetzt, gethan.

dôma m. Satzung, Urtheil, Entscheidung, Gericht.

an. dômr g. dôms pl. dômar m. Urtheil, Entscheidung. + goth. dôm-a-s m. Sinn, Urtheil, as. dôm st. m. 1 Meinung, Urtheil, Gericht, ags. dôm st. m. 1 Meinung, Sinn, Urtheil, Gericht; Satzung, Sitte; Herrschaft, Macht, Ansehn, Herrlichkeit; ahd. tuom, mhd. tuom st. m. n. That, Werk; Macht, Würde, Stand; Urtheil, Gericht.
Vgl. sskr. dhâman n. Satzung, Gesetz, Zustand, Weise.

-dôma m. affixartig -stand, -thum.

an. rikdômr m. = nhd. Reichthum, sjûk-dômr m. = Siechthum, trolldômr m. Zauberei u. s. w. = 1 dôma.

dômja urtheilen.

an. doema doemda urtheilen, zuerkennen, verurtheilen. + goth. dômjan urtheilen, beurtheilen, für etwas halten, unterscheiden, ags. déman urtheilen, halten für; rühmen, preisen (vgl. ags. dôm), engl. deem; ahd. tuomjan, mhd. tüemen urtheilen, richten; rühmen, preisen vgl. tuom Würde. Von dôma.

dad dâdum that, thaten praet. zu dôn.

an. -db, -dhum flectirt das schwache Präteritum = goth. -da, -dêdum; ahd. tat, tâtun, nhd. that, thaten.

dâdi f. That.

an. dâdh pl. ir f. That. + goth. dêd-i-s, as. dâd, ags. daed f. 2, engl. deed; ahd. tât, mhd. tât st. f. 2, nhd. That pl. Thaten f. Von dad dâdum.

-dâdjan m. f. Thäter, Thäterin.

an. for-daedha f. (= dâdhjan) Unhold. + goth. vai-dêdjan m. Uebelthäter, Räuber, Mörder. Von dâdi.

dôka m. Tuch.

an. dôkr dûkr m. Gewebe, Zeug. + ndd. dôk, nld. doek n., ahd. tuoch n. m., mhd. tuoch, md. dûch n. Tuch, Stück Zeug, Leinwand. Vgl. sskr. dhvaja m. Fahne.

dolga m. n. Kampf (Wunde).

an. dôlg m. Feindseligkeit, Kampf, dôlgr·m. Feind, dylgja f. Streit, Feindschaft. + ags. dolg st. n. Wunde, ahd. tolc m. n. Wunde, Wundmal.

dolga m. Schuld.

goth. dulg-a-s m. Schuld.
Vgl. ksl. dlûgû m. Schuld.
Gleichen Stammes altirisch dligim mereo und lit. algà = preuss. alga f. Lohn, Verdienst (alga für dalga wie lit. ilga-s lang = ksl. dlûgû lang).

drauma m. Traum.

an. draumr m. Traum. + as. drôm m. Traum, meist jedoch wie ags. dreám m. buntes, jubelndes Treiben, aber engl. dream Traum; ahd. troum, mhd. troum st. m. 1, mhd. auch i-Stamm wie nhd. Traum pl. Träume.
Da die Grundbedeutung jubilatio ist, so vergleicht Grein sehr richtig θρέομαι, θρόο-ς, θρῦ-λο-ς.

draumja träumen.

an. dreyma (= draumja) dreymda träumen. + (as. drômian, ags. drŷman, drêman sich fröhlich bewegen, jubeln aber) engl. to dream träumen; ahd. trouman, mhd. troumen, nhd. träumen. Von drauma.

1. drag, dragan drôg drôgum dragana ziehen.

an. draga drô drôgum dreginn ziehen, hinziehen, in die Länge ziehen, ausdehnen, erweitern, drag n. Unterlage eines gezogenen Gegenstandes, draga adha nachschleppen. + ags. dragan praet. drôgon, engl. drag, draw ziehen.

Vgl. sskr. dhraj, dhrajati hingleiten, streichen, ziehen, dhráji f. das Streichen, Zug (auch *θέλγω*).

2. drag, dragan drôg drôgum dragana tragen.

goth. dragan drôg dragans, nhd. tragen, trug, getragen.

Vgl. ksl. drūžą drūža-ti halten. — *θράσσομαι* fasse. — sskr. darh drṃhati festmachen, dâdṛhāṇa festhaltend.

dragja f. Hefe.

an. dregg f. gen. dreggjar Hefe, Bodensatz. + engl. dreg-s pl. Bodensatz, Hefe, Unrath.

Vgl. preuss. dragios f. pl., ksl. droždiją Hefe.

(dran) dröhnen.

Germanisch in drenan, dronja.

Vgl. *θρῆν-o-ς, θρώναξ* Drohne, *τεν-θρήνη, τεν-θρη-δών.* — sskr. dhraṇ dhraṇati tönen, intens. dan-dhraṇ-mi.

drenan Drohne.

mhd. treno Drohne, nhd. Drohne aus dem Ndd.

Vgl. *θρώναξ* lakonisch Drohne, *τεν-θρήνη* Art Biene.

dronja dröhnen, dronju oder dronja m. Gedröhn.

an. drynr g. dryns pl. ir m. Gedröhn, drunja dröhnen, brüllen. + goth. drunju-s m. Schall, ndd. drönen, woher nhd. dröhnen.

drank, drenkan drank dronkum dronkana trinken.

au. drekka drakk drukkum drukkinn trinken, zechen. + goth. drigkan dragk drugkum drugkans, as. drinkan, ags. drincan; ahd. trinkan, trincban, mhd. trinken, nhd. trinken trank getrunken.

drankja tränken, ertränken.

an. drekkja drekta ertränken. + goth. dragkjan tränken, as. drenkian, engl. drench ertränken; ahd. (trankjan) trencan, mhd. trenken tränken, ertränken, nhd. tränken. Causale zu drenkan.

dronki m. Trunk.

an. drykkr g. drykks und drykkjar pl. -ir m. Trunk. + ahd. trunch, mhd. trunc pl. trünke, nhd. Trunk pl. Trünke m. Von drenkan.

drap, drepan drap drâpum drepana treffen.

an. drepa drap drâpum drepinn schlagen, stossen, erschlagen, an. dráp n. Schlag, Todschlag, Tödtung, draepr (= dráp-ja-s) der getödtet werden darf, kann. + ags. drepan; ahd. trëfan, trëffan, mhd. trëffen, nhd. treffen traf getroffen.

drepa m. Treff, Schlag.

an. drep n. Schlag, Stoss. + ags. drepe, drype st. m. Schlag; mhd. trëf g. trëffes m. n. Zusammentreffen, Treff, Streich, Schlag. Von drepan.

drab, draban hauen.

goth. ga-draban drób aushauen.

Vgl. ksl. drob-ljꙗ drob-iti conterere, scindere, drobinŭ exiguus. Vgl. dalb.

drastja Hefe, Trester.

ags. därste f. Hefe, ahd. trestir, nhd. Trester pl. n.

Vgl. ksl. droštija n. pl. Hefe, dazu dręch-lŭ trübe, lit. drums-ti trübe werden (?).

drib, dríban draib dribum dribana treiben.

an. drifa dreif drifum drifinn sich schnell vorwärts bewegen, treiben, besonders vom Schneetreiben. + goth. dreiban draib dribum dribans treiben, stossen, as. dribhan, ags. drifan; ahd. tríban trîpan, mhd. triben abl. 5 treiben, betreiben, nhd. treiben.

1. drug, dreugan draug drugum drugana trügen.

an. nur in draugr s. drauga. + as. bi-driogan betrügen; ahd. treogan, triugan, triukan, mhd. triegen abl. 6, nhd. triegen trügen trog.

Vgl. sskr. druh druhyati zu schaden suchen, schädigen, zend. druj druzhaiti lügen, belügen, altpers. duruj impf. 3 sg. adurujiya lügen.

drauga m. Trugbild, Gespenst.

an. draugr m. Gespenst. + as. gi-drôg m. Trug, Trugbild, Gespenst, vgl. ahd. ka-troc, mhd. getroc g. ges m. oder n. Trug, Gespenst. Von dreugan.

Vgl. sskr. druh = zend. druj f. Unhold, zend. draogha, altpers. drauga Lüge, Trug.

2. drug, dreugan draug drugum drugana wirken, leisten.

an. in drjúgr, drúgr langhin-, weit-, ausreichend, voll, stark, mächtig, drjúgum adv. sehr, drýgja, drýgdha vollziehen, ausüben und s. druhti. + goth. driugan drauh drugum drugans nur in der speciellen Bedeutung Kriegsdienste leisten, kämpfen; ags. dreógan dreág dreáh drugon ertragen, leisten, ausüben, vollführen intrs. thätig sein. Davon druhti, druhtina.

Vgl. lit. drauga-s = ksl. drugŭ m. Genosse (cf. druhti Gefolge), preuss. drukt-a-s stark (?).

druhti f. Gefolge, Schaar.

an. drótt f. Gefolge, Leibwache. + goth. in ga-drauhti- m. Soldat, drauhti-vitôth n. Kriegsgesetz, Kriegsdienst, Kampf, drauhtinôn Kriegsdienste thun, drauhtinassu-s m. Kriegsdienst; as. druht-folk Heer, druht-skepi n. Herrschaft, ags. dryht, driht st. f. Volk, Gefolge, Menge; mhd. truht st. f. 2 Schaar, Trupp, Zug. Von dreugan, vgl. lit. drauga-s = ksl. drugŭ m. Genosse.

druhtina m. Gefolgsherr, Fürst.

an. dróttinn pl. dróttnar m. Fürst, der frühere Name der

Könige. + as. drohtin, ags. dryhten, drihten; ahd. mhd.
truhtin, trohtin st. m. Herr, Kriegsherr, meist von Gott
als Herrn der Heerschaaren. Von druhti.

drup, dreupan draup drupum drupana triefen.

an. drjúpa draup drupum dropinn triefen, tröpfeln. + as. driopan dróp,
ags. dreópan, ahd. triufan, mhd. triefen abl. 6, nhd. triefen troff getroffen.

drupan m. Tropfen.

an. dropi m. Tropfen. + ags. dropa, as. dropo schw. m., ahd.
tropho, mhd. tropfe m. Tropfen (Schlagfluss), nhd. Tropfen. Von
dreupan triefen.

drus, dreusan draus drusum drusana fallen, herab-fallen.

an. in dreyri m. s. drausa. + goth. driusan draus drusum drusans fallen,
herabfallen, zu Jmd. hindringen, drusa- m. Fall, us-drus-ti f. Ausfall, Ver-
fall, schlechter Weg, drausjan werfen; as. driosan, ags. dreósan fallen.
Aus Wz. dhru sskr. dhru-ti f. das zu Fall bringen = dhvar dhvarati
durch s weitergebildet.

drausa m. triefende Feuchtigkeit, Blut.

an. dreyri m. (aus drausan- mit ey wie in eyra n. Ohr = ausan)
Blut, dreyra bluten, dreyrugr blutig. + as. drór, ags. dreór m.,
mhd. trór m. n. triefende Flüssigkeit, Thau, Regen, Blut. Von
dreusan. An. dreyra dreyrdha bluten ist denom. von drausa,
dagegen goth. ga-drausjan herabstürzen, niederwerfen, ahd. (trór-
jan) tróran, mhd. tróren tröpfeln, triefen machen, vergiessen,
abwerfen causale zu dreusan.

drausaga triefend, blutig.

an. dreyrugr blutig. + as. drórag, dróreg, ags. dreórig;
ahd. (trórac), mhd. trórec triefend, blutig. Von drausa.

dval wirren, stören.

an. dul f. Einbildung, Wahn, dvali m. Betäubung, Schlaf, Tod. + goth.
in dval-a-s, as. dol, engl. dull; ahd. mhd. tol, nhd. toll; as. for-dwelan,
ags. ge-dwelan errare, in errorem duci, ahd. twēlan abl. 3 torpere, so-
piri, cessare in gi-twēlan, ar-twēlan u. s. w.
Vgl. ϑολός, ϑολερός trüb, sskr. dhvar, dhvarati stürzen, zu Fall bringen.

dvalja dvalida hemmen, aufhalten.

an. dvelja dvalda aufhalten, hemmen. + as. bi-dwelian, ags.
dvellan, engl. dwell; ahd. twaljan, twellan, mhd. twellen, tweln
trs. aufhalten, verzögern; intrs. sich aufhaltrn, zögern, weilen.
Von dval.

dverga m. Zwerg.

an. dvergr g. dvergs pl. dvergar m. Zwerg. + ags. dveorg m., engl.

dwarf; ahd. twẽrg, mhd. twẽrc g. twẽrges (auch quẽro m.), nhd. Zwerg
m. Dverga von Wz. dvar, vgl. ved. dhvaras f. (Hervorstürzerin) Name böser Feen (nach Roth).

N.

nâ, nâja nähen, schnüren.

an. in nâ-l f. Nadel s. nâthla. + ahd. nâjan nâta, mhd. naejen (naehen,
naen) nâte naete, nähen, schnüren, einschnüren, ahd. nât, mhd. nât pl.
naete, nhd. Naht pl. Nähte f.
Vgl ksl. niti, ništa f. filum. — νέω νήσω spinnen. — lat. neo nẽvi nẽ-
tum nẽre spinnen.

nâthla f. Nadel.

an. nâl g. nâlar f. Nadel. + goth. nẽthla f., as. nâdblâ schw. f.;
ahd. (nâdala) nâdela, nâdla, mhd. nâdel st. schw. f. (auch ahd.
nâlda, mhd. nâlde), nhd. Nadel. Von nâja nähen.

nadra m. und nadran f. Natter.

an. nadhr m. und nadhra f. Natter. + goth. nadr-a-s m., as. na-
dra, ags. nâdre, nâddre, nedre schw. f., engl. adder; ahd. natrâ,
natarâ, mhd. natere, nater schw. f., nhd. Natter pl. Nattern.
Von nâ schnüren, wie bladran Blatter von blâ blähen, blasen;
dagegen lat. nâtrix Wasserschlange ist anguis natrix schwim-
mende Schlange und gehört zu nare schwimmen, Wz. snâ.

naudi f. Noth.

an. naudh g. naudhar pl. ir f. Noth, calamitas, naudhr f. Nothwendigkeit. + goth. nauth-i-s f. Noth, Zwang, naudi-thaurft-a-s nothdürftig,
dürftig, as. nôd g. nôdi f. Bedrängniss, Drangsal; ahd. nôt g. nôti, mhd.
nôt pl. noete f., ahd. auch st. m. wie im mhd. adv. gen. nôtes, nhd. Noth
pl. Nôthe. f. Zu ahd. niuwan, nûan part. gi-nuwan, mhd. niuwen, nûwen
abl. 6 zerstossen, zerschlagen, zerdrücken, zerreiben, quetschen, vgl. an.
g-nûa reiben und sskr. nu-d stossen.
S. Peters, Programm von Leitmeritz 1871.
Vgl. preuss. nauti-n acc. sg. nauti-ns acc. pl. Noth (nicht entlehnt).

naudaga nöthig.

an. naudbigr, naudbugr gezwungen, Zwang erfahrend. + ahd.
nôtag, nôteg, mhd. nôtec, nôtic, noetec, noetic fl. ger Noth habend, Noth leidend; Noth, Zwang anthuend, Noth thuend, noth-
wendig, nhd. nöthig. Von naudi.

naudagâ nöthigen.

an. naudbga adha nöthigen, zwingen. + ahd. (nôtagôn)
nôtegôn, mhd. nôtegen, nôtigen Zwang anthun, nhd. nöthigen. Von naudaga nöthig.

nakvatha nackt.

an. nökkvidhr, nöktr und nakinn nackt. + goth. naqath-a-s, ags. nacod, naced, engl. naked; ahd. nacot, naccot, nachot, nahhut, mhd. naket, nhd. nackt.

Vgl. lit. nûga-s = ksl. nagü nackt, lit. nôgatà = ksl. nagota f. Nacktheit, Blösse. — altirisch nocht, cambr. noeth, armor. noax nackt. — sskr. nagna = zend. maghna nackt.

nakvan m. Nachen.

an. nökkvi m. Boot, Nachen. + as. nako, ags. naca schw. m., ahd. nacho, mhd. nache schw. m., nhd. Nachen m. Zu ig. nava wie ags. tâcor, ahd. zeihhur zu ig. daivar.

Vgl. sskr. nâvâ f. Schiff, und weiter ναῦς. — lat. nâvi-s f. — altirisch nau, nói Schiff. -- sskr. nau f. Schiff.

nah hinreichen, genügen.

an. in gnòtt s. ganuhti, nôgr, gnôgr hinreichend s. ganôha, noegja genügen, hinreichen s. nôhja. + goth. ga-nauhan, -nah, -nauhum, -nauhta, -nauht-a-s genügen; bi-nauhan dürfen, nauh adv. = ahd. noh = nhd. noch, ga-nauhan- m. Genüge, ga-nôh-a-s s. ganôha, ganôhjan s. ganôhja; ahd. ganah, kinah es genügt, ahd. noh = nhd. noch, ahd. ginuog s. ganôha, ahd. ginuogan s. ganôhja.

Vgl. ἐνεγκεῖν, ποδ-ηνεκής zu den Füssen reichend. — lat. nanc-isci. — sskr. naç naçati erreichen, erlangen, treffen auf.

ganah genügen.

an. in gnòtt s. ganuhti, gnògr s. ganôha. + goth. ganauhan ganah genügen.

ganohti Fülle, Genüge.

an. gnòtt pl. ir f. Genüge, Fülle, Ueberfluss. + ahd. ginuht f. 2 Genüge, Fülle.

ganòha adj. genugsam, hinreichend.

an. gnôgr und nôgr adj. hinreichend, reichlich. + goth. ganôh-a-s, as. ginôh, ginôg, ags. genôh, genôg: ahd. ginuog, kinuoc, ganôc, mhd. genuoc fl. ger adj. genugsam, hinreichend. Zu ganah.

ganôhja genügen.

an. noegja noegdha genügen, hinreichen. + goth. ganôhjan Genüge leisten, befriedigen, zufrieden stellen, ahd. ginuogan, kanuakan, mhd. genüegen Genüge leisten, unpers. genug sein, nhd. genügen, es genügt. Von ganôha.

nâhv und nâhva adv. nahe.

an. nâ- in nâ-borinn (nahgeboren =) nahverwandt, nâ-bui m.

Nachbar. + goth. nêhv adv. nahe, nahe zu, nahe an, ƿêhva adv.
nahe; as. nâh, ahd. nâh und nâho, mhd. nâ, nâch, nâhe adv.
nahe, in der Nähe, in die Nähe, beinahe, genau.
nâhva aus nanh-va vgl. lat. nanc-isci. (ἐγγύ-ς vielleicht = ἐ-νεγχυ-ς, jedenfalls nicht zu ἄγχι).

nâhvâ nahen, nahekommen.

an. nâ nâdha nahe kommen, sich nahen; erreichen, in
Besitz gelangen, bekommen, mit inf. können, ermögli-
chen. + as. gi-nâkôn praet. gi-nâkida sich nahen (sonderbar für nâhôn), mhd. nâhen praet. nâhete, nâhte (aus
ahd. nâhôn oder nâhên) nahe kommen, nahen refl. sich
nahen, nhd. nahen, sich nahen. Von nâhv.
Lett. nâk-t herankommen ist aus dem Deutschen entlehnt.

nâhvana nahe.

an. nâinn adj. nahe. + ahd. nâhana, mhd. nâhen adv.
nahe.

nâhvandi f. Nähe.

an. nând f. Nähe (aus nâ [= nâhv] and). + goth. in nêhv-
vund-jan- m. der Nächste, vgl. ahd. nâhunt, mhd. nâ-
hent, nâhet adv. nahe, in der Nähe; beinahe, deutlich.
Von nâhv.

nâhvavesti f. das Nahesein.

an. nâvist f. Aufenthalt in der Nähe Jmdes. + ahd. nâh-
vist st. f. 2 Nähe. Aus nâhva und vesti f. w. s.

nâhvis näher, comp. adv. von nâhva.

an. naerr comp. adv. näher. + goth. nêhvis comp. adv.
näher, vgl. as. ahd. nâhôr, mhd. nâher, naeher adv. näher. Von nâhva.

nâhvista der nächste.

an. naestr superl. adj. der nächste. + ahd. nâhist und
nâhôst, mhd. nâhest, naehest, nhd. nächst adj. der nächste adv. nächst. Von nâhva.

nahti (nahta) f. Nacht.

an. nâtt (nôtt) g. nâttar und naetr pl. naetr f. Nacht, nâtta adha Nacht
machen, zu Bett gehen, Nacht werden. + goth. naht-i-s st. f. dat. pl.
nahtam, nahta-mats Nachtessen, as. naht, ags. neaht, neht, niht, nyht
f. 2, engl. night; ahd. mhd. naht st. f. anom. Nacht; ahd. nahtên, mhd.
nahten, nhd. nachten Nacht werden.
Vgl. lit. nakti-s f., ksl. noštĭ f., νύξ, νυκτι- f., lat. nox nocti-um, cambr.
noid, noeth, sskr. nakti f. Nacht.
Zum Thema nahta νυκτο- und sskr. nakta n. sg. und f. du. Nacht, nak-
tam adv. bei Nacht.

nag nagen, stechen, nagan, nôg, nôgum, nagana.

an. g-naga (aus ga-nagan) gnô, gnôgum gneginn nagen, nagg g. naggs
n. das Nagen, nagga adha nagen, naggr g. naggs m. kleine scharfe
Stein- oder Klippenspitze. + ahd. nagan, mhd. nagen abl. 4 nagen, be-
nagen, zernagen, mhd. nage st. f. und nagunge st. f. das Nagen.
Vgl. lit. nėža-s Krätze. — ksl. nožĭ m. Schwert, nĭzę nĭs-ti durchdringen.
νύσσω (νυχ-jω) νύξω stechen, bohren, νύχμα. — sskr. nagha- eine Krankheit (wohl „Krätze"), niksh nikshati bohren, stechen.

nagla, nagli m. Nagel.

an. nagl g. nagls pl. negl m. Nagel am Finger, nagli m. Nagel,
clavus. + goth. in ga-nagljan, as. nagal pl. naglôs, ags. nägel
pl. näglas m.; ahd. nagal pl. nagalâ und selten negili, mhd. nagel pl. nagele selten negele, nhd. Nagel pl. Nägel st. m. Zu
nag nagen.
Vgl. lat. ungula. — sskr. nakhara m. f. n. Nagel, Kralle, und lit.
naga-s Nagel. — ksl. noga f. Fuss. — ὄνυξ χος m. — lat. unguis.
— irisch inga dat. ingnib (Stamm ingen-) Nagel. — sskr. nakha
m. n. Nagel, Kralle.

naglja nageln.

an. negla (= naglja) neglda nageln, durch Nägel befestigen. + goth. in ga-nagljan annageln, as. neglian annageln, ahd. (nagaljan) nagalan, nacalan, negilan, nekilan,
mhd. nagelen, negelen nageln, benageln, nhd. nageln.
Von nagla.

(nag, nahs) nectere.

Germanisch in nehsta Nestel, ahd. nuscja, nusca (nag-ska-), mhd. nusche f. Spange.
Vgl. lat. nectere, nexere. + altirisch nasc ring, nasgaim I bind, tie, ro-
nenasc I bound nach Windisch, Zeitschrift XXI, 5, 427 (Grundform nag-
ska). — sskr. nah nahsyati nectere.

nehsta Heftel, Nestel (aus nehsta).

an. nist, nisti n. Heftnadel am Kleide, Nestel, nista (= nistja)
nista zusammenheften. + ahd. nusta st. schw. f. nexa, Verknüpfung, Nestel, ahd. nestila st. schw. f. und nestilo schw. m., mhd.
nestel st. f. Bandschleife, Schnürriemen, Binde, nhd. Nestel f.
Vgl. auch ahd. nuscja, nusca, mhd. nusche st. schw. f. Spange,
Mantel-, Gürtelschnalle.

nohska, noskja Spange (für nahska).

ahd. nuscja, nusca, mhd. nüsche f. Spange.
Vgl. altirisch nasc ring, nasgaim I bind, tie. — lat. nexo nexere (für nec-scere).

natja n. Netz.

an. net n. Netz. + goth. natja- n., as. in fisknet n. Fischnetz und netti
n., ags. engl. net; ahd. nezi, nezzi n., mhd. netze n., nhd. Netz n.
Vgl. goth. nat-a-s nass, lat. nassa f. Reuse (?). — sskr. ned nedati über-
fliessen (ned aus nad).

nath niti, nethan nath nâthum nethana.

goth. nithan nath nêthum nitbans stützen, unterstützen, germanisch nâtha, nanth, nanthja.
Vgl. lat. nitor nisus niti. — sskr. nâth Stütze suchen, nâthita hülfsbe-
dürftig, in Noth, nâthita n. das Bitten, Flehen, nâtha n. Stütze, Hülfe,
Zuflucht m., Schützer, Herr.

nâtha f. Ruhe, Gnade.

an. nâdh g. nâdhar pl. -ir f. Ruhe, Frieden, Gnade. + as. nâdha
Gnade, gi-nâdhig gnädig; ahd. gi-nâda, mhd. ge-nâde st. f. das
sich Niederlassen, Ruhe, Neigung, Gunst, Gnade. Zu nethan
nath, nâthum.

nanth nenthan nanth Muth fassen.

ahd. gi-nindan ginand Muth fassen zu, freudig auf sich nehmen,
nand m. Verwegenheit. Davon nanthja w. s.
Vgl. lat. niti streben.

nanthja muthig, bereit sein zu.

an. nenna nenta sich bereit erklären, sich verpflichten zu.
+ goth. in ana-nanthjan Muth fassen, wagen, as. nâdhian
sich wagen, vorwärts streben, ags. nêdhan nêdhdhe dass.,
ahd. (nendjan) nendan, mhd. nenden, gewöhnlich ge-nen-
den Muth fassen, wagen. Von nenthan nanth.

naba f. die Nabe, Radnabe.

ags. nafu f., ahd. naba, napa, mhd. nabe st. f. 1 Nabe, Radnabe.
Vgl. preuss. nabi-s Nabe, Nabel. — sskr. nâbhi f. Nabe, Nabel, nabhya
n. Nabe. Dazu lett. naba f. Nabel und sskr. nâbhi Nabel.

nablan m. Nabel.

an. nafli m. Nabel. + ags. nafela m., ahd. nabalo, napalo, mhd.
nabele schw. m. und mhd. nabel st. m., nhd. Nabel m.
Von naba in der Bedeutung „Nabel".
Vgl. ὄμφαλο-ς. — lat. umbilicu-s. — altirisch imbliu Nabel.

nam, neman nam nâmum nomana nehmen.

an. nema nam nâmum numinn nehmen (geistig aufnehmen =) lernen. +
goth. niman nam nêmum numans, as. niman, neman, ags. niman, neoman,
nyman nehmen; ahd. nêman, mhd. nêmen abl. 3 nehmen, wegnehmen,
geistig erfassen, nhd. nehmen nahm genommen.
Vgl. lit. nama-s Haus, oder = damas. — lett. nemu, nem-t nehmen,

— ksl. nuta = polab. nögta, also = nąta f. Kuhheerde (von nam weiden). — νέμω zutheilen, weiden lassen, νέμος = lat. nemus. — sskr.
upa-nam zukommen, zutheil werden (sonst heisst nam beugen), zend. nimata Weide.

nemida Weide.

altfränkisch nimid Weide.

Vgl. zend nimata Weide. — νέμω lasse weiden. νέμος.

nâma n. das Nehmen, die Nahme.

an. nâm n. das Nehmen, Unterricht, land-nâm n. genommenes
Land, Landstrich. + goth. in anda-nêma- Annahme, ags. nâme
st. f., ahd. nâma, mhd. nâme st. f. 1 Wegnahme, Beraubung,
nhd. Weg-nahme. Von neman nâmum.

nâmja zu nehmen.

an. in fast-naemr anhänglich, treu, net-naemr mit dem Netze zu
fangen, tor-naemr schwer zu erfassen, zu erlernen. + ahd. nâmi
genehm, mhd. ge-naeme, nhd. genehm, angenehm. Von neman
nâmum.

naman n. Name.

an. nafn pl. nöfn (d. i. namna-) n. Name. + goth. namô pl. namna n.,
as. namo m., ahd. namo, mhd. name, nam schw. m., nhd. Name, Namen.
Vgl. preuss. emnan acc. Namen. — ksl. imę n. Name. — ὄνομα. — lat.
nômen, co-gnômen. — altirisch ainm g. anma n. — sskr. nâman n. Name.

namnja nennen.

an. nefna (d. i. namnja) nefnda nennen, benennen, bestimmen,
verabreden. + goth. namnjan, as. nemnian; ahd. namnan, nem-
nan, nemman, nennan, mhd. nemnen, nemmen, nemen, nennen,
nhd. nennen. Von naman, vgl. ὀνομαίνω = ὀνομαν-jω.

navi m. der Todte, Leichnam.

an. nâr m. Leiche. + goth. navi- nom. nau-s g. navis m. der Todte,
nau-s (Stamm nava-) adj. todt, ga-navistrôn begraben.
Vgl. ksl. navi m. der Todte (und preuss. nowi-s der Rumpf?). Vielleicht
gleichen Stammes mit naudi Noth.

nas, nesan nas nâsum nesana heil hervorgehen aus; sich erhalten, sich nähren.

an. in nest n. Wegzehrung s. nesta und in noera (besser naera = nâr-ja)
noerdha nähren, mit Nahrung versehen. + goth. ga-nisan nas nêsum ni-
sans, ahd. ga-nêsan, nhd. genesen, goth. caus. nasjan retten, selig machen = ahd. nerjan, mhd. nern heilen, retten; erhalten, ernähren, nhd.
nähren; ahd. nara f. Heil, Rettung; Nahrung, Unterhalt.
Vgl. νεσ νέομαι herzugehen, kommen, heimkehren, νόσ-το-ς, νίσ-σομαι;
ναίω, ἔ-νασσα, ἐ-νάσθην wohnen. — sskr. nas nasate zusammenhausen,
wohnen mit, sam nas zusammenkommen, sich vereinigen.

nesta n. Zehrung, Reisekost.

an. nest n. Wegzehrung, Reisekost. + ags. nest, nyst n., ahd.
nêst, nist st. n. Kost, Unterhalt, Wegzehrung, wêga-nist, fart-
nist n. Reisekost Von nesan, vgl. νόστο-ς.

nesta n. Nest.

ags. ahd. nest, nhd. Nest n.
Vgl. lat. nîdu-s (für nisdus). — sskr. niḍa (für nisda) m. n. Ruhe-
platz, Lager, Nest. Von nesan in der Bedeutung von ναίω ἵνασ-
σα wohnen.

nasa f. Nase.

an. nôs pl. nasar und ir f. Nase. + ags. näse f., ahd. nasa, mhd nase st.
schw. f., nhd. Nase pl. Nasen f.
Vgl. ksl. nosŭ m. Nase. — sskr. nâs nasâ f. Nase.

nôsa f. Nase.

ags. nôsu f. acc. nôse Nase, engl. nose.
Vgl. lit. nosi-s f. — lat. nâsu-s, nâri-s. — sskr. nâs, nâsâ, nâsikâ f. Nase.

ne nicht.

an. ne, nicht nur ganz einzeln in der Edda, nê non, ne, neque = goth.
nih oder niu? + goth. ni nicht, ni-ba wenn nicht, niu Fragwort nonne,
as. ní, ne, ahd. ni, nê, mhd. ne, en, nicht.
Vgl. ksl. ne. — lat. ne. — sskr. na nicht.

nî nicht.

an. ni in ni-ta (= ni-tja) nitta verleugnen. + goth. nei Fragwort
nicht? ahd. ni nicht bei kurzer betonter Wiederholung.
Besser nê, nei, vgl. lit. nê nicht.

(ni) nieder.

Germanisch in nithana, nithar, nithara.
Vgl. ksl. nizŭ κάτω. — sskr. ni niederwärts, hinunter, hinein, rückwärts
praefix.

nithana nieden, unten.

an. nedhan adv. von unten her, unten, praep. mit acc. unterhalb.
+ as. nidana von unten, ags. neodhan; ahd. nidana, mhd. niden
adv. unten, nhd. hie-nieden. Vgl. ags. nidhe, ahd. nida, mhd.
nid, mhd. praep. mit dat. und acc. unter, unterhalb; nhd. (Un-
terwalden) nid dem Wald. Von ni = sskr. ni.

nithar adv. nieder, niederwärts.

an. nidhr adv. nieder, niederwärts. + as. nidhar, ags. nidher,
nydher, nydhor, niodhor, engl. nether; ahd. nidar, mhd. nider
adv. nieder, herunter, hinunter, nhd. nieder.
Vgl. sskr. nitarâm adv. acc. sg. f. niederwärts.

nithara adv. unten.

an. nidhri adv. unten. + ahd. nidaro, mhd. nidere, nider adv.
niedrig, tief.

neuhsja untersuchen.

an. nýsa nýsta untersuchen. + goth. in bi-niuhsjan ausforschen, auskund-
schaften, ags. neósan, niósan und neúsian, niósian versuchen, untersuchen,
as. niusian und niusôn; ahd. niusen versuchen.

neuhsîni f. das Nachsuchen.

an. njôsn pl. ir f. Ausspähen, Nachforschen, Kunde, Nachricht,
Mittheilung, njôsna adha Nachforschung halten. + goth. niuhseini-
f. Heimsuchung. Von neuhsja.

neuran Niere.

an. nýra n. Niere, skôgar-nýra n. Waldniere, Art Waldnuss. + ahd.
nioro, niero, mhd. niere schw. m., nhd. Niere pl. Nieren f.
niuran entstand aus ni-u-bran, nibran, nebran = lat. nefrôn-es, nebrun-
dines Nieren, Hoden vgl. νεφρό-ς Niere. Aehnlich bauna Bohne aus
babna, ba-u-bna vgl. lat. faba, goth. haubith aus ha-u-bith, habith =
an. höfd = lat. caput, an. björr Bieber = biura = bi-u-bra = bibra
= bebra u. s. w.

nikisa m. Wassergeist, Nix.

an. nykr g. nykrs pl. nykrar m. auch nikr g. niks m. Flussunthier (Fluss-
pferd), Wassergeist. + ags. nicor pl. niceras, nicras st. m. 1 Wassergeist,
engl. nick böser Geist, Teufel; ahd. nichus, nihhus, mhd. niches, nickes
st. m. n. Flussunthier, Wassergeist, nhd. Nix m. vgl. ahd. (nihhusja) ni-
chessa, mhd. nixe, nhd. Nixe, Wasser-nixe f. Zu ig. nig waschen?

(nit) nait schmähen.

goth. nait-jan, ahd. neizen schmähen, lästern.
Vgl. lett. nîs-t, nîd-ét hassen, naid-a-s Hass, Feindschaft. — ὄ-νειδ-ος,
ὀνειδ-ίζω. — sskr. nid nindati verachten, verspotten, schmähen. schelten,
nid f. Spott, Schmähung.

nîtha n. (Eifer) Neid.

an. nîdh n. Hohn, Beschimpfung, nîdh-stöng f. Neidstange. + goth. nei-
tha- n. Neid, as. nidh m. st., ags. nidh st. m. 1; ahd. nid, mhd. nit g.
nides st. m. Anstrengung, Eifer, Grimm, Hass, Groll, Neid.

nîthja neiden.

an. nidha (= nîdhja) nidda verhöhnen. + ahd. nîdan (aus nîdjan)
und nîdôn, mhd. niden hassen, neiden, nhd. neiden, be-neiden.
Von nîtha.

nevan neun.

an. nîu neun. + goth. niun, as. nigun, ags. nigon, nigen, engl. nine; ahd.
niun, mhd. niun, mhd. auch niwen, nhd. neun.
Vgl. preuss. newînt-s der neunte, lit. devyni. — ksl. devęti neun. —
ἐννέα. — lat. novem. — altirisch nói, cambr. nau, naw. — sskr. navan
neun.

nevantehan neunzehn.

an. nijân neunzehn. + ahd. niunzëhan, mhd. niunzëhen, nhd. neunzehn. Aus nevan und tehan.

nevandan der neunte.

an. niundi der neunte. + goth. niundan-, as. nigundo, nigudo, engl. ninth; ahd. niunto, mhd. niunte, nhd. neunte.
Vgl. preuss. newînt-s. — lit. devynta-s. — ἔννατο-ς, ἔνατο-ς der neunte.

nevandi f. Neunheit.

an. nîund Neunheit, nachgewiesen von Dr. A. Bezzenberger (briefliche Mittheilung) in Helgakvidha Niörvardhssonar str. 28 (Eddaausgabe von Bugge): thrennar nîundir meyja drei Neunheiten Jungfrauen.
Vgl. ksl. devętĭ neun. — zend. navaiti f. Neunheit.

nu, nû adv. nun, jetzt.

an. nû adv. nun, jetzt. + goth. nu, as. nu oder nû, ahd. nu, nû, mhd. nu, nû (nuo).
Vgl. lit. nu, nu nu, nu-gi nun denn, wohlan, nû jetzt, nun. — νυ nun. — sskr. nu, nû nun, also.

nûn adv. nun.

an. nûna adv. nun. — mhd. nuan, nhd. nun.
Vgl. ksl. nynĕ nun. — νῦν. — sskr. nûnam adv. nun.

neuja neu.

an. nŷr nŷ, nŷtt neu, nŷ n. Neumond, nŷ- neu-, eben-, vor kurzem-. + goth. niuja- nom. niuji-s neu, jung, as. niwi, niuwi, nigi, ags. nive, neove, niove, engl. new; ahd. niwi, niuwi, mhd. niuwe, nhd. neu.
Vgl. lit. nauja-s neu. — altgallisch novio- z. B. in Novio-dûnum, Novio-magus, altirisch núe novus. — sskr. navya neu, frisch, jung. Dazu weiter ksl. novŭ. — νέο-ς. — lat. novu-s. — sskr. nava neu, frisch, jung.

nut, neutan naut nutum nutana geniessen, Theil haben, benutzen.

an. njôta naut nutum nutinn Nutzen, Vortheil ziehen, neyta (= nautja) gebrauchen, geniessen, neyti (= nautja) n. Nutzen, Ertrag, neyzla (= nautislan-) f. Benutzung. + goth. niutan naut nutum nutans geniessen, Theil nehmen; as. niotan, ags. niótan, neótan; ahd. niozan, mhd. niezen benutzen, geniessen, nhd. geniessen genoss genossen.
Vgl. lit. naudâ f. Ertrag, Hab und Gut.

nutisama nützlich, brauchbar.

an. nytsamr nützlich, brauchbar. + ahd. nuzzisam brauchbar. Von nut.

nutja nütze, unnutja unnütz.

an. nẏtr nützlich, brauchbar: trefflich, wacker, speciell milchgebend (vgl. nauta Nutzvieh) ů-nẏtr unnütz, schädlich. + gotb.
unnutja- unnütz, ahd. nuzzi, mhd. nütze, nhd. nütze; ahd. un-
nuzzi, uhd. unnütz. Von nut.
Die an. Grundform ist niutja-, die deutsche nutja-.

nutja benützen.

an. nẏta nẏtta benutzen, brauchen. + abd. (nuzjan) nuzzan und
nuzzôn, mhd nützen und nutzen, nhd. nützen und nutzen. Von
nut.
Wiederum an. niutja- neben deutschem nutja.

1. nauta m. Genosse.

an. in fôru-nautr m. Reisegenoss, môtu-nautr m. Speise-, Tisch-
genoss, thingu-nautr m. Thinggenoss, neyti n. (= naut-ja) Genossenschaft. + as. ge-nôt, ahd. ginôz, mhd. genôz st. m. und
ahd. gi-nôzo, mhd. genôze schw. m., nhd. Genosse, ahd. ginôz-
scapht, mhd. genôzschaft f. Gemeinschaft; abd. nôz in nôz-scaf
f. Genossenschaft, mhd. nôzen schw. v. reflex. sich zugesellen.
Von neutan geniessen, Theil haben.

2. nauta n. Nutzvieh, Rindvieh.

an. naut n. Stück Vieh, namentlich Hornvieh, neyti (= naut-ja)
n. Gethier. + ags. neát n. Rindvieh; ahd. nôz, mhd. nôz st. n.,
mhd. pl. nôz und nôzer, noezer Nutzvieh, Vieh, Rindvieh, Esel,
Pferde, auch Wollvieh. Vgl. lit. nauda f. Ertrag, Hab und Gut.
Von neutan geniessen.

(nef) Basis von Verwandtschaftswörtern.

Germanisch in nefan, nefti, nethja (aus nefthja).
Vgl. ksl. netij', böhm. neti Stamm neter Nichte. — νέποϑ-ες, ἀ-νεψιό-ς.
— lat. nepos, nepti-s. — cambr. nei Enkel, altirisch necht Enkelin.
Vgl. sskr. napât, naptar, napti, zend. napâo s. nefan.

nefan m. Nachkomme.

an. nefi m. Nachkomme, Verwandter. + ags. nefa, ahd. nefo,
mhd. nëve schw. m. Neffe, Schwestersohn, auch Oheim, Mutter-
bruder; Verwandter, nhd. Neffe m.
Vgl. zend. napâo m. Nachkomme, Enkel, auch nom. sg. napô (=
napa-s) und loc. pl. naf-shů-câ.

nefti f. Tochter, Abkömmlingin.

an. nipt und nift g. niftar pl. ir f. Schwester, Tochter. + abd.
nift st. f. 2 neptis, privigna, ndd. nicht, daher nhd. Nichte f.
(vgl. ndd. Lucht = Luft, Sticht = Stift (parochia), Klachter =
Klafter u. a.), abd. niftilâ, mhd. niftel schw. f. Nichte, Muhme,
Verwandte, mhd. niftelin demin.

Vgl. lat. nepti-s f. — altirisch necht (für nept), cambr. nith neptis.
— ved. napti nom. sg. napti-s f. Tochter, Abkömmlingin.

nethja m. Abkömmling, Vetter.

an. nidhr g. nidhs m. Abkömmling. + gsth. nithji-s und ga-
nithji-s m. Vetter, Verwandter, nithjön- f. Base, Verwandte. Für
nefthja.

Vgl. ksl. netij' m. Noffe. — *ά-νεψιό-ς* Vetter, Verwandter. —
(zend. naptya n. Familie.)

nebla Nebel, Dunkel.

an. nifl in nifl-bel, nifl-heimr, nifl-vegr. + as. nebhal st. m. Nebel, Dunkel; ags. nifol adj. dunkel; ahd. nebul, nepol, mhd. nëbel st. m. Nebel,
Dunkel.

Vgl. *νεφέλη*. — lat. nebula. — altirisch nél, cambr. nywl nebula. Das
Stammwort liegt in: lit. debes-i-s g. pl. debes-u m. Wolke. — ksl. nebo
g. nebese n. Himmel. — *νέφος* n. Gewölk. — altirisch nem (aus neb) as-
Stamm n., corn. nef Himmel. — sskr. nabhas n. Nebel, Gewölk, Dunst-
kreis, Luft, Himmel.

neblunga m. Niblung (Sohn des Dunkels) myth. Name.

an. niflûngr m. Niblunge. + ahd. nibulunc, mhd. Nibelunc st. m.
1 Nibelung, mythischer Name. Von nebla.

northa Nord, nördlich.

an. in nordh-roenn s. northrônja, nordhan s. northana, nordhr s. northara.
+ as. nordh adv. nordwärts, ags. nordh, engl. north Norden; ahd. nord
st. n. Nord, Nordwind. Vgl. lit. ner-ti eintauchen.

northrônja adj. von Norden kommend.

an. norroenn (für nordhroenn) adj. von Norden kommend. + ahd.
nordrôni, nordarôni von Norden kommend, nordrôni wint Nordwind. Aus northa und rônja w. s.

northana adv. von Norden her.

an. nordhan adv. von Norden her d. i. nach Süden hin, nordhan-
vedhr n. Nordsturm. + ahd. nordana, mhd. norden adv. von
Norden her, im Norden. Vgl. ahd. nordan, mhd. norden st. n.
Norden. Zu northa.

northara nördlich.

an. nordhr n. Norden, nordhr adv. nordwärts, nyrdhri (Grundform nurthisan-) comp. adj. nördlicher, nyrdhstr (d. i. nurthistas)
superl. nördlichster. + vgl. ahd. mhd. norderot, nordert adv. von
Norden her, im Norden.

P.

paida f. Rock, Hemd.

goth. paida f. Rock, as. pêda f., mhd. pfeit m. Hemd, hemdähnliches Kleidungsstück.

Vgl. βαίτη f. Hirtenrock aus Fellen.

puh, pug fauchen.

ndd. pochen, puchen lärmen, räsonniren, pogge f., pock m. Frosch, ahd. pfûch-ôn, nhd. pfauchen, fauchen, germanisch punga- Schlauch, Beutel (= aufgeblasen).

Vgl. ksl. bučą bučati brüllen, bykŭ m. Stier. — βύκ-της ἄνεμος Hom. schnaubender Wind, βυκ-άνη Trompete. — lat. buc-inum Kriegshorn, bucca f. Blase, Backe.

sskr. buk-kára m. (Buk-machen =) Löwengebrüll, bukk bukkati bellen, bukkana n. das Bellen des Hundes.

punga m. Lederbeutel, Geldbeutel.

au. pungr m. Schlauch, Lederschlauch, Geldbeutel; scrotum. + goth. pugg-a-s m. oder pugga- n., ags. pung m., ahd. in scaz-phung, scaz-fung st. m. 1 Beutel, Geldbeutel.

pup lärmen.

ndd. pûpen pedere, mhd. pumpern dumpfe Töne hervorbringen.

Vgl. lit. bub-auti dumpf brüllen, baub-ti brüllen, brummen. — βαύβυκες· πελεκᾶντες. — lat. bubere brüllen (Rohrdommel), bûbo Uhu, baubári bellen.

pusa pusan m. Beutel.

an. puss g. puss pl. pusar m. Beutel. + ahd. phoso, mhd. pfose schw. m. Beutel. (ndd. puso f. cunnus.)

pluk pflücken.

an. plokka adha entreissen, rauben, rupfen. + mhd. pflücken praet. pflucte, nhd. pflücken, ndd. plücken, plüggen.

F.

(fa, fô) hüten, weiden.

Germanisch in fadar, fadi, födja.

Vgl. lit. pë-mŏ = ποιμήν Hirt. — πάομαι erwerbe, πέπαμαι besitze, πῶ-ϋ Heerde. — lat. pasco pâ-vi pastum pascere, pâ-bulum. — sskr. pâ pâti hüten, schützen, wahren, pâ-yu Hüter, Hirt.

fadar m. Vater.

an. fadhir g. födhur dat. fedhr pl. fedhr m. Vater. + goth.

fadar, as. fadar, ags. fäder, engl. father; ahd. fatar, mhd. vater,
nhd. Vater m.
Vgl. πατήρ. — lat. pater. — altirisch athir. — sskr. pitar, zend.
pitar Vater.

fadarvjan m. patruus.

ags. fädera, fädra, fries. foderja, fedrja, fidirja schw. m.
patruus, ahd. (fatarjo) fataro, mhd. vetere schw. m. Vatersbruder; Bruderssohn, Vetter, nhd. Vetter.
Vgl. πάτρω-ς (= πατρο‚ο) = lat. patruu-s (patrovo-)
Vatersbruder. — sskr. pitṛvya Vatersbruder.

samafadrja ὁμοπάτριος.

an. samfedhr (auch erweitert samfedhra, samfeddr) von
gleichem Vater.
Vgl. ὁμοπάτριο-ς (und ὁμοπάτωρ = altpers. hamapitar)
von gleichem Vater.

fadi m. Herr, Vorgesetzter, Gatte.

Nur im goth. in brûth-fath-i-s m. Bräutigam (Brautgatte), hunda-
fath-i-s und thusundi-fath-i-s m. Anführer von hundert, tausend.
Vgl. lit. pati-s m. f. Gatte, Gattin, pron. selbst, vĕsz-pati-s Herr.
— ksl. gos-podi = lat. hospes. — πόσι-ς Gatte, πότνια Herrin,
Frau. — lat. poti-s mächtig, com-pos, i-pse, sua-pte, ut-pote. —
sskr. pati m. Herr, Gatte, patnî f. Gattin. — zend. paithya selbst.

fôdja nähren, aufziehen.

an. foeda foedda nähren, ernähren, aufziehen, gebären. + goth.
fôdjan, as. fôdian, ags. fêdan, fêdde, engl. feed nähren, aufziehen;
ahd. (fuotjan) fuottan, mhd. vuoden, vûten ernähren, aufziehen,
mästen; gebären.
Vgl. ksl. pitają pita-ti nähren, aufziehen. — πατέομαι πάσ-σασθαι
sich nähren, speisen.

fôdra n. Futter.

an. fôdr n. Viehfutter. + goth. fôdra- n. Scheide, Futteral,
ags. fôdor n. pabulum, ahd. fuotar, mhd. vuoter n. Nahrung, Futter; Kleidfutter, Futteral, nhd. Futter. Von
fôdjan (oder direct von ig. pâ pascere).

fôstra n. Ernährung, Erziehung.

an. fôstr n. Ernährung, Erziehung. + ags. fôstur n. Ernährung, Erziehung, engl. foster-child.

faikna Schlimmes.

an. feikn g. feiknar pl. ir f. Schlimmes, Erschreckliches, immanitas. +
ags. fâcen n. Trug, List, Bosheit; ahd. feibhan, mhd. veichen n. Arglist,
Betrug, vgl. as. fêkni, ahd. feihhan arglistig, betrügerisch, ags. faecne

(= as. fêkni) arglistig, böse, ags. fäcne adv. gewaltig, ungeheuer, feindlich. Dazu ags. ge-fic n. dolus, fraus.
Gebildet wie taikna Zeichen, baukna Zeichen.

faiga dem Tode verfallen.

an. feigr moriturus. + as. fêgi, ags. faege; ahd. feigi, mhd. veige dem
Tode verfallen; erst nhd. feige, feig = muthlos.
Lit. pik-ta-s schlecht, pyk-ti zürnen, hassen, paika-s schlecht, unnütz
passt nicht im Sinne, sskr. pakva reif, zum Tode reif (pac kochen, reifen)
passt nicht in der Form.

faigitha f. bevorstehender Tod.

an. feigdh f. bevorstehender Tod. + ags. faegdh f. bevorstehender
Tod. Von faiga.

faita fett, feist.

an. feitr fett, feist. + as. fêt (aber ags. fät, engl. fat), mhd. veiz fett,
veiz n. Fett.
Zu fi = sskr. pi payate pinvate schwellen, strotzen, näher πιδύω quellen, πῖδαξ Quelle.

faitja fett machen.

an. feita (d. i. feitja) feitta fett machen, feitast fett werden. +
mhd. veizen fett machen, dazu part. pf. ahd. feizit, feizt, mhd.
veizt, nhd. feist. Von faita.

faima m. Feim, Schaum.

ags. fâm m., engl. foam; ahd. feim m., nhd. Feim.
Von fi = spi vgl. lat. spûma (aus spoima) Schaum, gleichen Stammes
preuss. spoayno f. Gischt, Schaum. — ksl. pêna f. Schaum. — sskr. phena
(= spaina) m. Schaum.

faiman-a f. edle Frau.

an. feima f. edle Frau, Jungfrau, feim n. und feima f. Scham, Scheu,
feiminn schamhaft, feimar pudet. + as. fêmea (fêhmea) schw. f. Jungfrau, Frau, altfries. fâmne, fômne, fôvne f. virgo, ags. faemne, fêmne f.
Jungfrau, junge Frau. Vgl. goth. in-fei-nan gerührt werden, sich erbarmen, αἰδεῖσθαι.
Etwa zu fai = fa hüten, vgl. lit. pê-mû = ποι-μήν Hirt, ποίμνη, ποίμ-
νιον.

(fah, fag) fügen, passen.

Germanisch in fagina, fagra, fäha, vgl. nhd. Fach, mhd. vuoge = nhd.
Fuge, fügen.
Vgl. πήγ-νυμι, πήσ-σω, ἐ-πάγ-ην festigen, fügen, πηγ-ός fest, παχ-ύς. —
lat. pango pepigi pactum, pâg-ina, pingu-is, pax, pac-isci Vertrag machen.

fagina froh, erfreut.

an. feginn froh, erfreut. + ags. fägen laetus, gaudens. S. faginâ.
Von fah fügen.

faginâ erfreuen, sich freuen.

an. fagna fagnadha begrüssen. + goth. faginôn sich freuen,
faginô imper. χαῖρε, sei gegrüsst, as. faganôn, ahd. faginôn und feginôu sich freuen. Von fagina.

fagra passend, schön.

an. fagr, fögr, fagrt hübsch, schön. + goth. fagr-a-s passend,
nützlich, gut, ags. fägr, engl. fair; as. fagar schön, heiter; ahd.
fagar schön, hübsch. Zu fag = fah fügen.

fagrja, fahrja schön, hübsch machen.

an. fegra (d. i. fagrja) fegrdha (und fegradha) schön machen, verzieren. + goth. ga-fahrjan zubereiten. Von
fagra.

fâha passlich, hübsch.

an. in fâga adha glänzend machen, putzen, pflegen, faegja faegdha
glänzend machen, reinigen. + goth. in ga-fêhaba adv. passend,
schicklich. Vgl. fagra.

fanh, fefanh, fanhana fangen.

an. fâ fêkk erhalten, fassen, ergreifen. + goth. fahan faifah fa-
hans, as. fâhan fêng, ags. fôn fêng; ahd. fâhan fiang, fênc, mhd.
vâhen, vân vieuc, vie fassen, fangen, ergreifen; empfangen, nehmen; goth. ga-fâh-a-s m. Fang, mhd. vâch m. umbe-vâch m.
das Umfangen. Daneben fangan, fefang fangana.
Vgl. πήγνυμι, πάγη, παγίδ Schlinge, Fallstrick. — lat. pangere,
pacisci. — zend. paç paçaiti binden, fesseln, sskr. pâca m. Band
Fessel.

fanga Fang.

an. fang n. + ags. feng m. Umfassung; ahd. fang, mhd.
vanc m. Fang, Fassen, Umfassen. Von fangan = fâhan.

(fah) raufen, pectere.
Germanisch in faht, fahsa.
Vgl. lit. peszu pesz-ti (aus peks-) raufen, rupfen. — πέκω πείκω. — lat.
pecto pectere, pecten.

faht fechten, fohtan faht.
nhd. fechten, focht, gefochten.
Vgl. lat. pectere.

fahsa n. Mähne, Schopf.
an. fax n. Mähne des Pferdes. + as. fahs, ags. feax, fex, alt-
englisch fax Haar, Haupthaar; ahd. fahs, mhd. vahs st. m. n.
Haar, Haupthaar.

(fat) (fallen) gehen, bringen, fassen.

S. fata m. Schritt, fôtu m. Fuss, fatila und fetra m. πέδη Fessel, fasta fest. Dazu auch an. fjat n. in û-fjöt n. pl. Missgriff, Fehler, fit g. und pl. fitjar f. die zwischen den Klauen befindliche Haut der Vögel, auch Klaue überhaupt, feta fat finden (leidb Weg), ags. fetian holen, engl. fetch, vgl. altpreuss. pidimai wir bringen; ahd. fazza f. Bündel, Bürde, ahd. fazzôn, mhd. vazzen zusammenpacken, fassen.
Vgl. preuss. pid bringen. — ksl. padą pas-ti fallen, po-pas-ti fassen. — lat. pes-sum zu Fall, pes, pedica, op-pido, op-pidum Feste. — πούς, πέδη, ἐμ-πεδον, πηδάω. — sskr. pad padyate ava-padati fallen, umkommen; fallen auf, gerathen in; gehen, kommen, abhi-pad fassen.

fata n. Gefäss.

an. fat n. Gefäss, Fessel, Band; Decke, Zeug (zu Kleidung), fata f. Kanne, Kübel. + as. fat pl. fatu n. Gefäss, ags. fät pl. fatu n. Fass; ahd. faz, mhd. vaz g. vazzes n. Gefäss, Fass, Kasten, Schrein. Zu fat.
Vgl. pûda-s m. Topf, Gefäss.

(fata) fatja n. Schritt, Gang.

an. fet n. passus, stôr-fetadhr grosse Schritte machend. + ags. fät n. Gang, Schritt, vgl. ahd. gefazi n. commeatus.
Vgl. lit. peda, lat. peda Fussspur, sskr. pada m. Fuss, Schritt, Tritt, Fussspur u. s. w.

fatila m. Band, Binde, Fessel.

an. fetill pl. fatlar oder fetlar m. Band, Binde. + ags. fetel m. cingulum, balteus; ahd. fazzil, fezzil, mhd. vezzel st. m. n. Band, Binde, Fessel, nhd. Fessel f. Von fat fassen.
Vgl. πέδη pedica u. s. w.

fetra m. Fessel.

an. fjöturr g. fjöturs pl. fjötrar m. Fessel, fjötra adha fesseln. + as. feterôs pl. m. Fesseln, ags. fetor, feter f. Fessel, engl. fetter. Zu fat, vgl. πέδη, fatila Fessel.

fasta fest.

an. fastr, föst, fast fest, unverrückbar. + as. fast, ags. fäst, engl. fast, ahd. fast-lih fest, as. ahd. fasto, mhd. vasto adv. fest, sehr, nhd. fast; ahd. fasti, festi, mhd. veste, vest, nhd. fest. Von fat fassen, vgl. ἐμ-πεδον, op-pidum, sskr. pattana Stadt (Feste).

fastan f. Fasten, Fastenzeit.

an. fasta f. Fasten, Fastenzeit. + as. fasta schw. f., ahd. fasta st. schw. f. und fasto schw. m., mhd. vasta st. schw. f. Fasten, Fastenzeit. Von fasta fest.

fastanâ, fastinâ fest machen, versprechen.

an. fastna adha (festmachen, versprechen =) verloben. +
as. fastnôn, ahd. fastinôn, festinôn, mhd. vestenen fest
machen, fest setzen, versprechen. Von fasta.

fastja fest machen.

an. festa festa fest machen, befestigen. + as. festian,
ags. fästan; ahd. fastjan, festan, mhd. vesten befestigen,
festsetzen, bestätigen, nhd. Festung f. Von fasta.

fôtu m. Fuss.

an. fôtr g. fôtar pl. nom. und acc. foetr m. Fuss. + goth. fôtu-s
m., as. fôt m. 2, ags. fôt m. 1. 2; ahd. fuoz, mhd. vuoz m. 2,
nhd. Fuss, pl. Füsse m.
fôtu aus fôt vgl. sskr. pâd = zend. pâd m. Fuss neben pad. —
πούς g. ποδός. — lat. pes pedis.

(fath) petere; fliegen.

Germanisch in fethra Feder, fanth finden, fonsa; vgl. ahd. fetah, nhd.
Fittig.
Vgl. πέτομαι fliege, πίπτω ἔπεσον fallen. — lat. petere streben, anfallen.
— sskr. pat patati fallen, fliegen, fallen auf = treffen, finden, einfallen
= sich ereignen.

fethra f. Feder.

an. fjödhr g. fjadhrar pl. ir f. Feder, auch das breite Blatt zwischen Spitze und Tülle des Spiesses, vgl. nhd. Schweins-feder.
+ as. fethara, fedhera schw. f. Feder, Fischflosse, ags. fedher
st. f., engl. feather Feder; ahd. fêdara, mhd. vêder st. schw. f.
Feder, Fittich, flaumiges Pelzwerk, nhd. Feder.
Vgl. sskr. pero (= petro) n. — πτερο-ν. — sskr. patra n. Fittich,
Feder, Flügel, zend. patere-ta beflügelt.

fethrja n. Gefieder.

an. fidhri und fidhr n. Gefieder. + ags. fithru (d. i.
fethrja-) n. Fittige, mhd. ge-fidere st. n., nhd. Gefieder.
Von fethra.

fethrja befiedern.

ags. gi-fidhrian, nhd. be-fiedern, ge-fiedert. Von fethra.
Vgl. πτερόω und sskr. patraya befiedern.

fenthan fanth fonthum fonthana finden.

an. finna fann funnum funninn finden, aufsuchen, wahrnehmen,
befinden. + goth. finthan fanth funthum funthans finden, erfahren, as. findan, fidhan, ags. findan, engl. find; ahd. findan,
mhd. vinden abl. 1 finden, erfahren, wahrnehmen, ermitteln, er-
finden (dichten), nhd. finden, fand, gefunden.
Vgl. lat. petere und sskr. pat patati fallen auf = treffen, finden.

fonsa geneigt, willig.

an. fûss begierig nach, willig zu mit gen. + as. fús, ags. fús
dass., ahd. funs bereit, willig, geneigt. Von finthan fanth vgl.
ags. fundian streben und lat. pro-pitius (fonsa = fonth-ta).

fonsja bereit machen.

an. fŷsa fŷsta Lust machen, geneigt machen. + ags.
fŷsan fŷsde beeilen, refl. sich beeilen. Von fonsa.

(fath) ausbreiten.

Germanisch nur in fathma.
Vgl. πίτνημι, πετάννυμι ausbreiten. — lat. pateo patère. — zend. pathana
weit, breit.

fathma m. Umfassen, Klafter; Faden.

an. fadhmr g. fadhms pl. ar m. Umfassung. + as. fadhmòs, fath-
mòs pl. m. beide ausgereckte Arme, ags. fädhm st. m. ausgestreckter
Arm, Umfassung, Busen, Schooss, Klafter, engl. fathom Faden
= Klafter; ahd. fadam, fadum, mhd. vadem, vaden st. m. 1 und
vadme schw. m. Faden, Klafter, nhd. Faden m., ein-fädmen.
Vgl. cambr. etem (für petem) Faden.

fanan m. Fahne, Tuch.

goth. fanan- m., ahd. vano m. Fahne, Tuch.
Vgl. ksl. o-pona, po-pona f. velum. — πηνό-ς Faden. — lat. pannu-s,
palla, pallium.
Zu lit. pin-ti flechten.

fank funkeln, gellen.[1]

Vgl. ahd. vancho m., nhd. Funke, funkeln; Fink.
Dazu sskr. pājas n. Helle, Grundform ist spang vgl. φέγγος, φθέγγομαι.
— lit. speng-ti gellen, lett. spóg-ul-s (= spang) funkelnd.

finka m. Fink.

engl. finch, nhd. Fink.
Vgl. πίγγο-ς, σπίγγο-ς, σπίζα (= σπιγγja) Fink.

fanta m. Landstreicher, Strolch.

an. fantr m. Landstreicher, Schelm, Laffe. + mhd. vanz st. m. Schelm,
Taugenichts. (Nhd. Fant aus dem Ndd.?).

fanja n. Sumpf.

an. fen n. Sumpf. + goth. fanja- n. Koth, ags. fenn, fen st. m. n., engl.
fen; ahd. fenna und fenni f. Sumpf.
Vgl. preuss. pannean acc. Mosebruch d. i. Sumpfbruch.

far, faran fôr farana fahren.

an. fara fôr fárinn fahren. + goth. faran fôr farans, as. faran, ags. faran
fôr; ahd. faran, mhd. varn, nhd. fahren fuhr gefahren.

Vgl. ksl. perą pra-ti fahren.
πείρω, έ-παρον durchdringen, πόρο-ς, πορ-θ-μό-ς. — lat. por-ta, por-tu-s,
por-tāre. — sskr. par piparti hindurch, hinüberbringen; erretten, fördern.

1. fara f. Fahrt.

an. fōr g. und pl. farar f. Reise, Fahrt. + ags. faru f. Fahrt,
Reise; fahrende Habe, Zug; ahd. fara f. Fahrt, mhd. var st. f. 1
Fahrt, Zug, Weg; Aufzug, Tross. Von faran.
Vgl. πόρο-ς.

2. fara n. Fahrzeug.

an. far n. Fahrzeug, Schiff, Englands-far Englandfahrer; Fahrgelegenheit, Platz im Schiffe (Fabrt =) Art, Weise. + ags. fär
n. Fahrzeug, Schiff. Von faran.

faralda n. Fahrt.

an. farald n. faraldi f. Fahrgelegenheit. + ags. färeld n. Fahrt,
Gang, Reise, Zug. Von faran.

fardi f. Fahrt, Weg.

an. ferdbr pl. ir f. Weg. + as. fard, ags. värd f., ahd. fart, mhd.
vart st. f. 2 Weg, Fahrt, Fährte, Zug, Reise, Gang; Verlauf,
Auftreten; nhd. Fahrt pl. Fahrten f. Von faran.

farma m. Schiffsladung; Fähre.

an. farmr g. farms pl. farmar m. Schiffsladung. + ags. fearm m.
Schiffsladung; ahd. farm, mhd. varm st. m. Nachen, Fähre.
Vgl. ksl. (pramü), russ. poromü m. Fähre, Nachen. woraus lit.
parama-s und ostpreuss. Prahm entlehnt sind. — Aehnlich πορ-θ-
μό-ς.

farja fahren machen, fergen.

an. ferja fardha und ferjadha auf einer ferja fortbringen, fergen.
ags. ferian, fergan fahren, führen, bringen, intrs. fahren; goth.
farjan; as. ferian; mhd. vern fahren, schiffen.

farjan f. Fähre.

an. ferja f. Fahrzeug (zu Wasser). + mhd. fere st. schw. f., nhd.
Fähre pl. Fähren f. (Grundform farjan-) vgl. ahd. ferjo, mhd.
verje, vere, nhd. Ferge m. Fährmann. Von faran, farja.

fōrja bringen, führen.

an. foera foerdha bringen, translociren. + as. fōrian führen, ags.
fēran fērde fahren; ahd. fuorjan, mhd. vüeren, nhd. führen fahren machen, führen, bringen, tragen; ausüben. Denom. von
ahd. fuora, mhd. vuore st. f. 1, nhd. Fuhr, Fuhre oder Causale
zu faran, fōr wie blōhjan lachen machen zu blahjan blōb lachen.

fōrja fahrfähig, geeignet.

an. foerr fahrfähig, was fahren kann, pass. was gefahren werden

kann; fähig. geeignet zu. + ahd. gi-fuori, mhd. ge-vüere passend, passlich, bequem, nützlich.
Von faran för.

förja n. Gelegenheit.

> an. foeri n. Gelegenheit, passender Ort, Zeitpunkt, Umstand. + ahd. gi-fuori, mhd. ge-vüere n. Passlichkeit, Hausrath, Gewinn, Nutzen, as. giföri, gifuori n. Nutzen. Substantivirt aus förja.

Ebenfalls auf die Wurzel far, aber mit abweichendem Ablaut (feran far färum) gehen:

ferdu m. Bucht (Furth).

> an. fjördh-r m. (Stamm ferdu-) Bucht, Fjord.
> Vgl. lat. portu-s Hafen. — zend. peretu, peshu m. Brücke, Furth, Canal.

fâra Gefahr.

> an. fär n. Gefahr, Noth, Drangsal; Zorn. + goth. in fêrjan- m. Nachsteller, Aufpasser, ags. faer m. Gefahr, Schrecken, engl. fear Furcht; ahd. fâra, mhd. vâre st. f. 1 und vâr st. m. Nachstellung, Betrug, Lauer: Gefährdung, Gefahr; Streben. Zu faran, vgl. peri-culum, πεῖρα.

färja Gefahr bringen, gefährden.

> an. faera (= färja) faerdha Gefahr bringen, schaden. + ahd. (färjan) fâran, mhd. vaeren täuschen, mit dat. Gefahr bringen, gefährden, mit gen. wonach trachten, erwischen, treffen. Von fâra Gefahr.

Auf die Wurzel far geht eine Anzahl Präpositionen und Präfixe, welche sämmtlich Casus und Erweiterungen eines alten Nomens fera, fora = sskr. para der jenseitige, andere sind.

fer-, ver-.
goth. fair- in fair-vaurkjan, fair-veitjan, fair-veitl, nhd. ver-.
Vgl. lit. per durch. — lat. per durch. — πέρα, πέρας, πέραν, sskr. para weiterhin-, ferner gelegen, jenseitig.

ferina Ausserordentliches.

> an. firn pl. n. Ausserordentliches, Wunderbares, gen. pl. firna adv. übermässig. + goth. fairina f. Beschuldigung, Schuld, Klage, Ursache, fairin-a-s schuldig, tadelhaft, as. firina st. f. böse That, Verbrechen, Schuld, Sünde, firinun dat. pl. ausserordentlich, ahd. firina, mhd. virne st. f. Verbrechen, Sünde.
> Von fer = πέρα drüber hinaus?

ferna und forna vorjährig, alt.

an. forn alt, vetustus und priscus, forn-eskja f. Alterthum, alte Zeit. + goth. fairnja- alt, fairnjô jêr das ver-
gangene Jahr, fairni-tha f. Alterthum, as. fërn vorig, dat.
sg. fernun gêre im vorigen Jahre; as. furn, forn adv. vormals, firn, fyrn adj. alt; ahd. firni, mhd. virne alt, ge-
übt, verständig, schlau, nhd. Firne-wein, Firn-schnee,
Fern-er; ahd. forn, mhd. vorn adv. vormals = ags. furn,
forn dass.
Die Form forna ist offenbar jünger.
Vgl. lett. pèrn-a-s vorjährig, pèrn, pèrni adv. = lit. pér-
nai adv. voriges Jahr.
Von fer = sskr. par in par-ut = πέρ-υσι adv. im vorigen Jahre.

fernitha f. Alter.

an. fyrnd f. Alter, alte Zeit. + goth. fairnitha f.
Alter.
Von ferna alt.

ferra adv. fern.

an. fjarri adv., comp. fjarr und firr, superl. fjaerst ferne. + goth.
fairra adv. fern, praep. mit dat. fern von, weg von, ab von, as.
ferro, ferr; ahd. fërro, mhd. vërre adv. fern, weit, sehr, comp.
ahd. fërrôr, mhd. vërrer, superl. ahd. fërrôst, mhd. vërrest.
Vgl. sskr. para weiterhin, fernergelegen, jenseitig.

ferrja entfernen.

an. firra firdha entfernen, freimachen. + as. ferrian; ahd.
(firrjan) firran, mhd. virren (as. auch firrôn) entfernen,
entfremden, fern halten. Von ferra.

fora adv. vor.

an. for adv. vor- nur in Zusammensetzung. + goth. faura adv.
vor, vorn, vorhanden, vorher, praep. mit dat. vor; faur adv. vor,
voraus, praep. mit acc. vor; für; ahd. fora, mhd. vore, vor adv.
vor, vorn, vorher, praep. mit dat. und gen. vor, und in Zusammensetzung.
Vgl. lit. prë = ksl. pri bei, an. — lat. pri- und prae. — πάροι-
θεν, παροί-τερο-ς. — altgallisch arê in Arê-morici, Arê-comici,
altirisch ar praepos. und praefix vor, an, für.
sskr. pare heisst fernerhin, weiter.

fori adv. und praep. vor, für.

an. fyr (oder for = goth. faur) oder fyri oder fyrir
(comp.?) adv. und praep. mit dat. vor, für. + ahd. fori

(und fora), mhd. vûr (vure, vur) praep. mit acc. vor, für.
Zu fora.
Erst aus fora geschwächt und wohl nicht germanisch.

foris, forisan der frühere.

an. fyrr (d. i. furis) comp. adv. früher, vorher, fyrrum
adv. einst, fyrri (d. i. furisan-) adj. comp. der frühere. +
ahd. furiro (d. i. furisan-) comp. adj. der frühere, vordere, ntr. furiro, mhd. vürer weiter, mehr. Comparativ
zu fora.
Aehnlich πρίν, τὸ πρίν. — lat. prior, prius, pris-cu-s,
pris-tinus.

forista der vorderste, erste.

an. fyrstr (d. i. furistas) superl. der erste. + ags. fyrst
der erste, engl. first; ahd. furist, vürst adj. vorderst, erst,
vornehmst, höchst. Superlativ zu fora.

forma der erste, zuerst, früher.

an. frum- nur in Zusammensetzung zur Bezeichnung des Ursprünglichen, des Vorrangs. + goth. frum-a-s m. Anfang, fru-
man- der erste, zuerst, früher, as. formo, ags. forma schw. pri-
mus, engl. former, formerly.
Vgl. lit. pirma-s der erste. — sskr. parama der höchste. Aehnlich πρό-μο-ς (πρό), lat. pri-mu-s (pri = prae oder = prius).

forth adv. fort.

an. fordhum adv. einst, fordha adha fortbringen, in Sicherheit
bringen, retten. + as. fordh adv. hervor, vorwärts, fort, engl.
forth; mhd. vort adv. vorwärts, weiter weg, fort, nhd. fort.
Dazu goth. comp. faurthis zuvor, vorher, früher. Von fora, for.

frâ adv. weg von.

an. frâ adv. und praepos. mit dat. von (de und ab), weg von,
von, über, mit, nema frâ ausnehmen. + goth. fra nur als Vorsatzpartikel im Sinne von παρά. Nhd. ver- = goth. fair-.
Vgl. παρά. — sskr. parâ- weg, ab, fort nur in Composition. —
zend. parâ praep. vor, ausser, weg, von.

fram adv. vorwärts.

an. fram adv. vorwärts, weiter. + goth. fram adv. weiter, fram-
aldrs im Alter vorgeschritten, bejahrt, fram praep. mit dat. von
her; ahd. fram, mhd. vram adv. vorwärts, fort, weiter; zeitlich:
sogleich; ahd. fram praepos. mit dat. fort aus, von her, engl.
from.

frama voranstehend (froma).*

an. framr comp. fremri superl. fremstr voran stehend, vorwärts

strebend, frami m. Ruhm, Vortheil, Ehre, fremd f. (= frami-
tha) Förderung, Vortheil, Ruhm. + ags. fram, from, freom,
frum, ahd. frum, mhd. vrom tüchtig, wacker, brauchbar, as.
fruma = ahd. fruma st. f. 1, mhd. vrome, vrom st. f. schw. m. st.
m. Nutzen, Vortheil, „Frommen“, mhd. vrumede st. f. 1 (= an.
fremd) Tüchtigkeit, Brauchbarkeit, nhd. fromm. Zu ig. parama,
πρόμος. Beachte an. a neben deutschem o.

framis adv. comp. von fram weiter, vorwärts.

an. fremr (d. i. framis) adv. comp. von fram weiter (und
fremri = framisan- adj. comp. von framr vorn befindlich, voranstehend, dreist, unverschämt). + goth. framis
adv. weiter, weiter vor, weiter fort. Comparativ zu fram.

framja (fromja) vorwärts bringen, fördern, schaffen.

an. fremja framda vorwärts bringen, fördern, ausführen.
+ as. frummian fördern, ausführen, schaffen, ahd. frum-
jan, frumman, mhd. vrumen, vrümen vorwärts bringen,
fördern, vollbringen, verrichten, machen, thun, vgl. nhd.
frommen impers. Von fram, frama. Beachte an. a neben deutschem o.

Von fra = πρό :

frâva frühe.

ahd. fruo, mhd. vruo adv. früh.
Vgl. πρωΐ adv. frühe.

frâvja frühe.

ahd. fruoji, mhd. vrüeje adj. frühe.
Vgl. πρώϊο-ς frühe.

fraujan m. f. Herr, Herrin, Frau.

an. freyja (d. i. fraujan-) f. Herrin und Name einer Göttin und
frù g. frùar, frûr, frû f. Frau. + goth. fraujan- m. Herr, as.
frôho, frôio, frâho schw. m. und frô m. (in der Anrede), ags. freá
g. freán, ahd. frô, mhd. vrô schw. m. Herr, nhd. Frohn-dienst,
Frohn-leichnam, frohnen (Herrendienst thun); as. frûa, ahd. frou-
wâ, frowâ, mhd. vrouwe, vrowe, vrou schw. f. Herrin, Frau, nhd.
Frau pl. Frauen.
Vgl. ksl. prïvü der erste. — sskr. pûrva, pûrvya der vordere.

farha m. porcus.

ags. ferh, fearh m., ahd. farh, farah, mhd. varch g. varches st. m. 1
Ferkel, Schwein.
Vgl. lit. parsza-s m. — ksl. prasę n. — lat. porcu-s m.

fart, fertan fart (fortum fortana) furzen.

an. freta frat und frata adha f. + engl. fart; ahd. ferzan, mhd. verzen
abl. 1.
Vgl. lit. perdżu, pers-ti. — böhm. prdu, nsl. prd-ěti. — πέρδω, πέρδο-
μαι. — lat. pēdo pepēdi. — sskr. pard pardate dass.

ferta m. Furz.

an. fretr m. dass. + ahd. firz, .mhd. virz st. m. vgl. ahd. furz,
mhd. vurz, nhd. Furz m.
Vgl. lit. pirdà f. — πορδή. — sskr. parda m. dass.

(fal) füllen.

Germanisch in felu, folla, flais, flōja.
Vgl. lit. pilu pil-ti giessen, schütten, füllen. — πίμπλημι πιμπλάναι πλή-
σω füllen. — sskr. par prņāti parti piparti füllen, beschütten.

felu n. viel.

an. fjōl- viel nur in Zusammensetzungen, z. B. fjōl-bygdhr viel
angebaut, fjōl-mennr adj. multorum hominum, und in fjōl-di m.
Menge, fjōlga adha vermehren. + goth. filu, as. filu, filo; ags.
fela, ahd. filu, filo, mhd. vile, vil n. Vieles, viel, persönl. Viele;
in Menge, viel, sehr.
Vgl. πολύ-ς viel. — altirisch il viel, pl. ili. — sskr. puru, altpers.
paru viel.

felufaiha vielgestaltig.

goth. filufaiha- vielgestaltig.
Vgl. purupeça vielgestaltig.

1. folla voll, gefüllt.

an. fullr, full, fult voll, gefüllt. + goth. full-a-s, as. full, ags.
ful, engl. full; ahd. fol follêr, mhd. vol voller, nhd. voll.
Vgl. lit. pilna-s voll. — ksl. plūnū voll.— altirisch lán voll, com-
alna- erfüllen (lán = aln = p-aln). — sskr. pūrṇa, zend. pe-
rena voll.

2. folla n. Becher.

an. full n. Trinkbecher. + ags. ful dat. fulle n. Becher. Zu 1
folla.
Vgl. lit. pil-ti giessen. — ksl. polŭ Giessgefäss.

follja füllen.

an. fylla fylda füllen, anfüllen. + goth. fulljan, as. ful-
lian, ags. fyllan; ahd. fulljan, mhd. vüllen, nhd. füllen.
Von folla.
Vgl. ksl. na-plūnją na-plūniti anfüllen.

follitha f. Fülle.

12*

ahd. fullida, mhd. vullede f. Fülle, Vollständigkeit.
Vgl. ksl. plünota f. Fülle. — sskr. pûrṇatâ f. Fülle.

flais, flaisan plus.

an. fleiri (d. i. flaisan-) mehr comp. adj. zu margr viel.
Vgl. πλείων, πλεῖον. — lat. plûs plûris. — altirisch lía mehr (=
p-léa). — zend. frâyâo comp. mehr, sehr viel.

flaiska n. Fleisch.

an. flesk oder fleski n. Speck, Schweinefleisch. + as. flêsk,
ags. flaesc n., engl. flesh Fleisch; ahd. fleisk, mhd. vleisch
st. n., nhd. Fleisch.   Von flais plus.

flaista meist, πλεῖστος.

an. flestr meist, adj. superl. zu margr viel.
Vgl. πλεῖστο-ς meist. — zend. fraêsta superl. der meiste.

flô, flôja fliessen, überströmen.

an. flôa flôdha fliessen von Etwas. + ags. flôvan flôvede fliessen,
engl. to flow.
Vgl. πλή-σω, ἐ-πλη-σά füllen. — lat. com-, ex-, im-, sup-plére
plêvi plêtum. — sskr. prâ füllen, prâ-ta, prâ-na gefüllt.

flôdṃ m. Fluth.

an. flôdh n. floedh oder floedhr f. Fluth. + goth. flôdu-s
m., as. flôd st. m. f., ahd. fluot, mhd. vluot st. m. und
st. f. 2 Fluth, Strömung, überströmende Wassermenge,
überströmende Menge, nhd. Fluth pl. Fluthen.   Von flôja.
Vgl. lat. -plêtu-s m.
Im Sinne vgl. πλημμύρα Fluth.

flôra m. Flur.

an. flôrr g. flôra pl. ar m. Steinfussboden. + ags. flôr m.
f. Estrich, engl. floor; mhd. vluor st. m., nhd. Flur.
Vgl. altirisch lár (= p-lâra-) Estrich, Flur.
Von flô füllen = aufschütten vgl. lit. pylimą pilti einen
Damm aufschütten.

(fal) πέλω.

Germanisch in fala feil, feltha Feld, felma, fella Fell, folan, folja Füllen, -fla.
Vgl. πέλω πέλομαι wenden, sich bewegn, überhin bewegen, πωλέω, ἐπι-
πολή, πέλμα, πῶλο-ς, δι-πλόος, lat. du-plu-s.

fala (fâla?) feil.

an. falr feil, fala adha feilschen. + ahd. fali, fâli, feili, mhd.
veile, veil, nhd. feil, mhd. feilsen = nhd. feilschen.
Vgl. πωλέω verkaufe, πωλή Verkauf.

feltha n. Feld, Fläche.

an. fjall pl. fjöll n. Berg, Gebirg („Hochfläche"). + as. feld, ahd. feld, mhd. velt g. veldes, nhd. Feld n.

Vgl. ksl. polä offen. polje n. Feld.· — ἐπι-πολή.

felma, felman m. Haut.

ags. film m., engl. film Haut, ags. filmen membrana, fries. filmene f. cutis.

Vgl. πέλμα n. Fuss-, Schuhsohle, μονό-πελμο-ς.
S. fella Fell.

fella n. Fell, Haut.

an. fell n. in bók-fell n. (Buchfell =) Pergament, gull-fjall-adhr (goldfellig =) goldfarbig. + goth. filla- n., as. fël, föll, ags. fel, fell n., engl. fell; ahd. fël g. fëlles, mhd. vël g. vëlles n. Haut, Fell, nhd. Fell. Aus felna.

Vgl. πέλλα f. Haut, ἄ-πελο-ς hautlos, ἐρυσί-πελας Hautröthe. — lat. pelli-s Haut. — lit. plënë f. Haut, Notzhaut.

folan m. Fohlen.

an. foli m. Fohlen. + goth. fulan- m., ags. fola m., ahd. folo, mhd. vole, vol schw. m., nhd. Fohlen.

Vgl. πῶλο-ς Fohlen.

folja n. Fohlen, Füllen.

an fyl n. Fohlen. + ahd. fuli, mhd. vüli n. Fohlen (und ahd. fulin, mhd. vüln, nhd. Füllen n.). Zu folan.

folma m. f. palma Flachhand.

as. folmôs m. pl. palmi, ags. folm f., ahd. folma st. f. palma, manus.

Besser zu falm?

Vgl. παλάμη. — lat. palmu-s, palma. — altirisch lám (= alm = palm) Hand.

-fla, -fältig in tvîfla Zweifel.

goth. tveifl-a-s, nhd. Zweifel.

Vgl. δι-πλόο-ς, lat. du-plu-s, tri-plu-s.

falh, felhan falh folhana bergen, verbergen; Jmdem anbefehlen = übergeben.

an. fela fal fálum folginn bergen, verbergen, fela eitt á hendi einum Jmdem Etwas „befeblen" = übergeben. + gotb. filhau falh fulhum fulhans verbergen, begraben, filig-rja- n. Verstock, Höble (filig mit Einschubvocal wie in miluk- Milch von melkan), fulgin-a-s verborgen, fulh-snja n. das Verborgene, Geheimniss; ahd. fëlahan abl. 1 componere, condere, as. bi-fëlhan, abd. bi-fëlahan, mhd. be-vëlhen zu Eigen übergeben, der Erde

übergeben = bestatten, anvertrauen, verleihen, nhd. be-fehlen, emp-fehlen
(aus ent-fehlen). Grundbedeutung: anfügen.
Vgl. sskr. parc prnakti mengen, mischen, füllen.

folgja folgen.

an. fylgja fylgdha folgen, nachfolgen, begleiten. + ags. fylcgan,
fylgian, fyligan folgen und ags. folgian folgode, engl. follow, as.
folgón, ahd. folgón und folgén, mhd. volgen, nhd. folgen. Zu
felhan?

folgitha f. Begleitung, Gefolge.

an. fylgdh f. Begleitung, Gefolge. + ahd. folgida, folkida f. Begleitung, Gefolge. Von folgja.

falth, falthan fefalth falthana falten.

an. falda fèlt faldinn verhüllen. + goth. falthan faifalth falthans, ags.
fealdan feóld; ahd. faldan, mhd. valden abl. 7 falten.
Vgl. πλάσσω, πλάττω (St. πλατ) bilden, formen.

faltha und falthan Falte.

an. faldr m. Falte, Knoten, Kopfputz der Frauen, falda f. dass.
+ engl. fold Falte, Umschlag, Hürde, Pferch; mhd. valde, valte
st. schw. f. Falte, Windung, Winkel; Tuch zum Einschlagen der
Kleider; Verschluss. Von falthan.

-faltha -fältig.

an. -faldr in ein-faldr einfach, marg-faldr mannigfalt u. a. +
goth. ain-falth-a-s s. ainfaltha, managfaltha.
Vgl. δι-πλάσιο-ς, τρι-πλάσιο-ς (für -πλατιο-ς).

falthâ denom. von faltha.

an. falda faldadha den Kopf mit dem faldr bedecken, den Kopf
verhüllen. + ahd. faldón, faltón, mhd. valden valte, nhd. falten.
Von faltha.

fefalthra Schmetterling.

an. fifrildi n. (auch fithrildi n. um an an. fithri Gefieder zu erinnern) Schmetterling. + as. fifoldara schw. f., ags. fifalde, fi-
fealde f., ahd. fifaltrâ schw. f., mhd. vivaltere, vivalter st. m.
Schmetterling. Eigentlich „Falter" vgl. Tag-falter, Nacht-falter
zu falthan fefalth falten.

falm schwanken, zittern, sich fürchten.

an. in fálma adha hintasten, hinschwanken nach, schwingen, felmr schreckhaft, erschrocken in verdhr einum felmt Jmd wird erschreckt, felms-fullr
voll Angst und Schrecken, fjalmsfullr schreckhaft, angstvoll, felm-ta,
felmta (= filmatja) bange sein. + goth. us-filman- erschrocken, entsetzt,
erstaunt, us-filmein- f. Schrecken, Entsetzen, Staunen.

Vgl. πελεμ-ίζω erschüttern, πόλεμ-ος Krieg. Weiterbildung von fal = πάλλω = lat. pello.

fallan fefall fallana fallen.

an. falla fèll fallinn fallen, niedersinken; verfallen c. dat. fallinn part. praet. beschaffen, geeignet, passend. + as. fallan fèll fèllun, ags. fallan feoll, feall, engl. fall fell fallen; ahd. fallan, mhd. vallen viel fallen, niederstürzen, mit dat. verfallen, zufallen Jmdem, nhd. fallen fiel gefallen. Vgl. lit. pûlu, pûl-ti fallen. — σφάλλω bringe zu Fall. — sskr. sphal, sphul, sphalati wanken.

falla Fall, Untergang, Tod.

an. fall n. Fall, sôlar-fall n. Sonnenuntergang; auch das Fallen = Sterben. + as. fal g. falles, ags. feall, fall st. m., engl. fall; ahd. fal g. falles, mhd. val g. valles st. m. Fall, Untergang, Tod; nhd. Fall pl. Fälle. Von fallan.

fallja fallen machen, fällen.

an. fella (= fallja) felda fällen, zu Falle bringen. + as. fellian; ahd. fellan falta, mhd. vellen valte, nhd. fällen fällte. Causale von fallan.

falva falb, fahl.

an. fölr bleich, fahl. + ags. fealu, fealo, engl. fallow; ahd. falo flectirt falawèr, mhd. val, valwer fahl, bleich; falb, blond, gelb; nhd. fahl und falb.
Vgl. lit. palva-s falb. — ksl. plavů weiss.
Weiter: πολιό-ς grau. — lat. pallère, pullus. — sskr. palita grau.

falviskan Asche.

an. fölski (d. i. falviskan-) m. Asche, Aschenrückstand eines Dings, fölska adha zu Asche werden, erlöschen. + ahd. falawisca, mhd. valwische, velwesche st. schw. f. Asche, Stäubchen. Von falva fahl.

fava wenig.

an. fär, fâ, fâtt wenig; wortkarg, verschlossen, unfreundlich, faedh (= favitha) f. unfreundliches, verschlossenes Wesen, Kälte, faekka oder faetka oder faetta (d. i. favitja) vermindern. + goth. pl. favai wenige, ags. feá, engl. fow; as. fäh nom. sg. fâho, gen. pl. fahorô (für favorô); ahd. fao, fö fl. faoèr, föèr, föhèr, fuwèr wenig, selten.
Vgl. παῦς-ιδ, παῖς Kind. — lat. pau-cu-s, paulus, pauxillus und weiter lit. put, put Lockruf für Küken, putyti-s = ksl. pûtištî Vögelchen, pûta Vogel. — lat. putus, pullus, putillus. — sskr. putra Kind, puta Junges = lit. pauta-s Ei (Hode).

(fas) fasla, fesla penis.

Vgl. ags. fäsl, ahd. fasel n. proles, mhd. vasel m. männliches Zuchtthier, ags. fasolt penis, mhd. visel m. visellin penis, ahd. fasa Faser.

Vgl. lit. pis-ti coire, pyz-da cunnus. — πέος n. πόσθη. — lat. pê-ni-s,
pûbe-s. — sskr. pasas n. penis, -pas Schamgegend.

(fi) hassen, anfeinden.

Germanisch in fijai (= fisi) hassen, fianda Feind, goth. fija-thva f. Feindschaft, faian tadeln, anfeinden.

Vgl. sskr. piy piyati höhnen, schmähen.

fijâ, fijai hassen.

an. fjâ (d. i. fjaja) hassen, fjándi m. Feind, fjôn n. Hass. + goth.
fian, fijan Stamm fijai- hassen; ags. fcójan, feón; ahd. fiên hassen.

fijanda m. Feind, part. praes. von fija als subst.

an. fjandi, fjándi pl. fjándr m. Feind. + goth. fijands,
fiands, as. fiund, fiond, ags. fiónd, feónd, engl. fiend;
ahd. fijant, fiant, mhd. viant, vient st. m. 1, nhd. Feind.
Eigentlich part. praes. von fijâ.

(fih) ausschneiden, putzen.

Germanisch in faiha, felu-faiha.

Vgl. ksl. pišą písati einritzen, schreiben, pis-mę Schrift, pís-trũ bunt.
— πικ-ρό-ς bitter (= schneidend), ποικίλο-ς bunt. — sskr. piç pińçati
ausschneiden, putzen, schmücken.

faiha gestaltet, bunt (Gestalt).

goth. filufaih-s vielgestaltig, ga-faihôn betrügen, ahd. fêh bunt,
fêhjan bunt machen.

Vgl. ποικίλο-ς (aus ποικο-) bunt. — sskr. peça, peças Gestalt,
peçala bunt.

felufaiha vielgestaltig.

goth. filufaih-s-s vielgestaltig = sskr. purupeça vielgestaltig.

fedvôr, fedur vier.

an. fjórir, fjórar, fjögur vier. + goth. fidvôr, fidur-, as. fiuwar, ags. feó-
ver, engl. four; ahd. fior, mhd. vier, nhd. vier.

Vgl. lit. keturi, keturios. — ksl. četyrije, četyri, četyre. — τέσσαρες,
πίσυρες. — lat. quatuor. — altir. cethir m. n. cetheoir, cetheora f., brit.
petuar m. peteir f. — sskr. catvar, nom. catvâras m. catasras f. catvâri n.

fedvôrtehan vierzehn.

an. fjôrtán vierzehn. + goth. fidvôrtaihun, ags feóverteón, engl.
fourteen; ahd. viorzêhan, mhd. vierzêhen, nhd. vierzehn. Aus
fedvôr und tehan.

Vgl. quatuordecim. — sskr. caturdaçan vierzehn.

fedvôrdan, fidurdan der vierte.

an. fjórdhi der vierte. + as. fiordho, fiortho, ags. feóverdha,
feórdha, engl. fourth; ahd. viordo, mhd. vierde, nhd. vierte.
Vgl. lit. ketvirta-s. — ksl. četvrŭtŭ-. — τέτραρο-ς, τέτρατο-ς. —
lat. quartus (aus quatvartu-s). — sskr. caturtha der vierte.

fingra m. Finger.

an. fingr g. fingrar pl. fingr m. Finger. + goth. figgr-a-s m., as. fingar,
ags. finger m., engl. finger; ahd. fingar, mhd. vinger st. m. 1, nhd. Finger m. Wohl von fâhan, fangan fangen, fassen, wie handu-s von hinthan,
hanth (oder von finh, fing = femf vgl. lit. penkeri fünf).

fingragoltha n. (Fingergold =) goldner Finger-ring.

an. fingrgull n. goldner Fingerring. + goth. figgragultha- n.
goldner Fingerring. Aus fingra und goltha n. Gold.

femfla m. n. Seekalb, Tölpel.

an. fifl m. Riese, Tölpel, Narr. + ags. fifel n. Seeungethüm, Riese.
Vgl. lit. pamp-ti schwellen, pamp-ly-s ein dicker Kerl.

femf fünf.

an. fimm fünf. + goth. fimf, as. fif, ags. fif, fife, engl. five; ahd. fimf,
finf, funf, mhd. vünf, nhd. fünf.
Vgl. lit. penki, penkios. — ksl. pętĭ. — πέντα-, πέντε, πέμπε. — lat.
quinque. — altirisch cóic, altgall. pempe-, brit. pimp. — sskr. pańcan
fünf.

femftan der fünfte.

an. fimmti der fünfte. + goth. fimftan-, as. fifto, ags. fifta, engl.
fifth; ahd. fimfto, finfto, mhd. vünfte, nhd. fünfte.
Vgl. lit. penkta-s. — πέμπτο-ς. — lat. quintu-s. — zend. pukhdha
der fünfte; altirisch cúiced, brit. pimpet = sskr. pańcatha der
fünfte.

femfti f. Fünfheit.

an. fimt f. die Zahl fünf in fimtar-dóm-r das Fünfgericht.
Vgl. sskr. pętĭ fünf. — sskr. pańkti f. Fünfheit, Fünfzahl.

femftehan fünfzehn.

an. fimmtân fünfzehn. + goth. fimftaihun, ags. fifteón, engl.
fifteen; ahd. fimfzöhan, mhd. vünfzöhen, nhd. fünfzehn. An. fimm-
tândi der fünfzehnte vgl. goth. fimftataihundan-, ags. fifteódha;
ahd. fimftazöhendo, funfzéndo, mhd. fünfzöhende, nhd. fünfzehnte.
Vgl. lat. quindecim. — sskr. pańcadaçan fünfzehn.

femf tegjus (fünf Zehner =) fünfzig.

an. fimmtigi und fimmtiu fünfzig. + goth. fimf tigjus, ags. fiftig,
engl. fifty; ahd. fimfzug, fimfzuc, funfzic, mhd. vünfzec, nhd.
fünfzig.

femſteg-j-âstan der fünfzigste.

> an. fimmtugasti der fünfzigste. + engl. fiftieth; ahd. finf-
> zugôsto, mhd. fünfzegeste, nhd. fünfzigste. Zu femf tegjus.

(fis) pinsere.

Germanisch in fisa.

Vgl. lit. pës-ta Stampfe, pais-ýti Gerste enthülsen. — ksl. pīchati schlagen,
stampfen, pīšeno n. Graupen. — πτίσ·σω, πτίσ-ανο-ν. — lat. pinso, pi-
stor, pistrina. — sskr. pish pinashṭi zerreiben, zerstampfen, mahlen, zermalmen.

fisa Getreidehülse, Fehse.

> an. fis dass. + ahd. fësâ, mhd. vëse f. Hülse des Getreides, Ri-
> spe, Spreu; Getreide in der Hülse.

fis (fîsan fais fisana) pedere.

an. fisa feis fisum fisinn pedere. + deutsch nur im mhd. vis-t, nhd. Fiest
st. m. crepitus ventris sine strepitu.

Vgl. ksl. pachü Hauch. — lat. spirâre (Wz. spas), spirâmen Höhle cf.
σπέος (= σπεσος) σπήλαιον, σπῆλυγξ cf. ksl. puchlü hohl.

fiska m. Fisch.

an. fiskr g. fisks pl. fiskar m. Fisch. + goth. fisk-a-s, as. fisk, ags. fisc,
fix m., engl. fish; ahd. fisc, mhd. visch st. m. 1, nhd. Fisch pl. Fische.
Vgl. lat. pisci-s. — altirisch iasc (d. i. ésc = p-ésc mit Dehnung vor
Doppelconsonanz), irisch gaelisch iasg Fisch.

fiskâ fischen.

> an. fiska adba Fischfang treiben, fischen. + goth. fiskòn, as.
> fiskòn, ahd. fiscòn, mhd. vischen, nhd. fischen.

(fu) fûja faulen.

an. fúi m. Fäulniss (= fû-an-), fúinn verdorrt, abgefault, fúna fûnadha
verwesen, feyja (d. i. fau-ja caus) verrotten lassen, fûll faul s. fûla. +
deutsch nur in futha, fûla.

Vgl. lit. puvu pu-ti faulen. — δια-πύω, πύ-σω, πύ-θω faulen. — lat. pûs
g. pûris, pu-teo, puti-du-s. — sskr. pûyati pûyate, zend. pû puyéiti stinken, faul werden, pu-ta faul.

futha, futhi f. cunnus, anus.

an. fudh g. fudhar pl. fudhar f. cunnus canis, Hundsfott. + mhd.
vud g. vüde st. f. 2 cunnus, vulva, nhd. in Hunds-fott. Eigentlich wohl der Hintere, allemannisch vüdeli n. Kinderwort, Popo.
Vgl. sskr. puta m. dual, die Hinterbacken (oder lett. pet-en-s
vulva?).

fûla faul.

an. fûll faul. + goth. fûl-a-s, ags. fûl, engl. foul; ahd. fûl, mhd.
vûl, nhd. faul (faul = träge erst im Nhd.). Von fûja faulen.
Vgl. lit. puli-s io m. Eiter, piaula-s m. faules Holz.

(fu) reinigen.

Germanisch in funan, feura, favja.

Vgl. πῦρ. — lat. pu-tu-s, pú-ru-s rein. — sskr. pû, punâti reinigen.

funan m. Feuer.

an. funi m. Flamme, Feuer, Glühasche. + goth. gen. funins, dat. funin schw. m. Feuer.

Vgl. fiura und sskr. pavana Feuer, pû praes. puna reinigen.

feura n. Feuer.

an. fŷr, schwed. dän. fŷr n. Feuer; auch an. fûrr m. Feuer in Möbius Glossar zum Islendingadrápa Kiel 1874 (Mittheilung von Dr. Bezzenberger). + as. fiur, ags. fŷr, fir n., engl. fire; ahd. fiur, fuir, mhd. viur, nhd. Feuer n.

Vgl. πῦρ pl. τά πῦρά. — armen. hhûr Feuer.

feurîna feurig.

ahd. fiurîn feurig, von Feuer = πύρινο-ς dass.

favja Getreide reinigen, sichten.

ahd. (fawjan) fowjan, mhd. vâwen, vâen sieben, durchseihen.

Vgl. sskr. pû speciell Getreide reinigen, sichten, yava-pavamâna Gerstensichtung.

(fuh) etwa pungere.

Germanisch in fuhan, fugla, feuhta.

Vgl. πυκ in πυκ-νό-ς, πεύκη, πύξος. — lit. pauk-sz-ti-s Vogel, puka-s Flaum. — sskr. phuka Vogel.

fuhan f. Fuchs.

an. fóa f. Fuchs. + goth. fauhôn- f., mhd. vohe f. Fuchs. S. Bugge, Zeitschrift XX, 1, 10.

fuhan verhält sich zu fuhsi Fuchs, wie luhan (= schwedisch ló) zu luhsi Luchs.

fugla m. Vogel.

an. fugl g. fugls pl. fuglar m. Vogel. + goth. fugl-a-s, as. fugal, ags. fugol m., engl. fowl; ahd. fugal, fogal, focal, mhd. vogel, nhd. Vogel m.

Vgl. lit. puka-s Flaum, pauk-sz-ti-s io m. Vogel. — sskr. phuka m. Vogel.

feuhta f. Fichte.

ahd. fiuhta, nhd. Fichte.

Vgl. πεύκη Fichte, Föhre, πύξο-ς Buche vgl. lit. puszi-s (aus puksi-s) m. Fichte.

fonsti f. Faust.

ags. fŷst f., engl. fist; ahd. fûst, mhd. vûst st. f. 2, nhd. Faust pl. Fäuste.

Vgl. ksl. pęstí f. Faust.

foldra rauh.

an. fyldr hirtus. + ahd. fultar uneben, rauh. Nach Schade.

fehu n. Vieh; Habe, Gut, Geld.

an. fê g. fjár n. Vieh; Gut, Schatz, Geld. + goth. faihu n. Vieh; Vermögen, Geld, as. fehu, feho, fê, ags. feóh, feó n. Vieh, Vermögen, engl.
fee; ahd. fihu, mhd. vihe, nhd. Vieh n.
Vgl. lit. peku-s m., preuss. peckút hüten. — lat. pecu, pecus n. pecus
dis f. pecú-nia, pecú-liu-m. — sskr. paçu m. Vieh.

fehugerna habgierig.

an. fêgjarn habgierig. + goth. faihugairn-s habsüchtig. Aus
fehu und gerna w. s.

fehugernîn f. Habgier.

an. fêgirni f. Habgier. + goth. faihugairnein- f. Habsucht.
Von fehugerna.

ferhâs m. pl. Menschen, Leute.

an. firar pl. st. m. 1 Lebende, Menschen, Leute. + ags. firas, fyras pl.
m., as. firihôs m. pl. Lebende, Menschen, Leute; ahd. firahi, firihi, firi
pl. m. Lebende, Menschen, Leute. Vgl. ferhvu.
Richtiger feriha- vgl. sskr. pûru, purusha, pûrusha m. Mensch, Person
pl. Leute (aus puruça).

ferhvu n. Leben.

an. fjör dat. fjörvi n. Leben. + goth. fairhvu-s m. (was da lebt)
Welt, ags. feorh, feor Leben; as. ferah, ferh n. Leben; Seele,
Geist; Bewusstsein; ahd. fêrah, fêrh, mhd. vêrh g. vêrhes n. Le-
ben, Seele, Geist.
Zu ferha.

fergunja Berg (?).

an. fjörgyn (Stamm fjörgunja) f. Erdgöttin. + goth. fairgunja- n. Berg,
ags. firgen, fyrgen n. Berg, Gebirg, nur in Zusammensetzungen z. B. fir-
gen-streám m. Bergstrom. (Vgl. sskr. parçâna Abgrund?).

fersna f. Ferse.

goth. fairzna f., ags. fiersn f., ahd. fêrsana, fêrsna, mhd. vêrsene, vêrsen st.
schw. f., nhd. Ferse.
Vgl. ksl. plesna f. Ferse (?). — πτέρνα Fuss, Schinken. — lat. perna
Hüftbein, Schinken, com-pern-i-s, pern-ix. — sskr. pârshni f., zend.
pâshna m. Ferse.

fôna Feuer.

goth. fôn indecl. Feuer.
Vgl. preuss. panno Feuer, panu-staclo Feuerstahl. — πᾶνό-ς m. Brand,
Fackel.

forha, forhi f. Furche.

an. for g. forar pl. forar f. Furche. + ahd. furh, furuh, mhd. vurh st. f. 2, nhd. Furche, pl. Furchen.
Vgl. lat. porca f. Furche, Ackerbeet, porc-ul-ê-tu-m in Beete getheiltes Feld.

forhan f. Föhre.

an. fura f. Föhre, Fichte. + ags. furh f., engl. fir; ahd. forha, foraha, mhd. vorhe f., nhd. Föhre, Fuhre f.
Ableitung nicht zu finden.

forhna f. Forelle.

ahd. forahana, forhana, mhd. vorhen st. f. Forelle. Wohl sicher zu sskr. prçni getüpfelt, bunt = περκνό-ς bunt, wegen der rothen Tüpfeln.

folka n. Heer, Volk.

an. fôlk n. Heerhaufe, Volk. + as. folk, ags. folc n., ahd. folc, folch, mhd. volc n. Volk, Kriegsvolk, Heerhaufe, Menge, nhd. Volk n. Daraus lit. pulka-s, ksl. plŭkŭ m. dass. entlehnt?.

folkja n. Volks-, Heeresabtheilung.

an. fylki g. pl. fylkja n. Kriegerschaar, Heerhaufe. + ags. fylce n. provincia, tribus. Von folka.

fnas hauchen, schnaufen.

an. fnasa adha hauchen, fnösun (d. i. fnasâni-) fremitus, stridor. + ags. fnäs-t m. anhelitus, flatus, ahd. fnâstôn, fnâstêôn anhelare. Zu europ. spas, ksl. pachŭ m. Hauch, pachati hauchen, wie hniusan niesen zu ksl. kŭs cïchŭ.

fraiva n. Samen.

an. frae n. Samen. + goth. fraiva- n. Samen, Geschlecht, Nachkommen.

frah, frehnan praes. frehna frah frâhum frehana fragen.

an. fregna praes. fregn frâ frâgum freginn fragen, erkunden, erfahren. + goth. fraihnan praes. fraihna frah frêhum fraihans, ags. frignan, fringan fragen, erkunden, erfahren.
Vgl. lit. persz-u, pirsz-ti Jemandem zufreien (= „anfragen"), prasz-ýti verlangen. — ksl. proszą prositi fordern. — πράσσω einfordern. — lat. prex, procu-s, posco (für porc-sco). — sskr. pracch (d. i. prask) prcchati poscere, praç-na Frage.

frâgja berühmt.

an. fraeg-r berühmt. + as. gi-frâgi, ags. ge-fraege berühmt.
Nach Bezzenberger.

forska f. Frage.

ahd. forscâ f. schw. Frage, daher ahd. forscôn, mhd. vorschen, nhd. forschen.

Vgl. sskr. prcchâ f. Frage. Zum Praesensthema sskr. prcchati = lat. poscit.

frath praet. frôth verstehen.

goth. frathjan frôth frôthum frôthans versteben, denken, erkennen, verständig sein, frathja- n. Verstand, Einsicht, Sinn, Gesinnung, Gemüth, frôth-a-s s. frôda.

Vgl. lit. prantu prat-au pras-ti gewohnt werden, sich angewöhnen, anlernen, prota-s Erfahrung, Einsicht, Verstand, preuss. prâti-n acc. Rath. — ksl. prostŭ schlecht (= „gewöhnlich").

frôda (frôtha) kundig.

an. frôdhr kundig (besonders der Geschichte), froedhi f. und n. Wissenschaft. + goth. frôth-a-s verständig, klug, weise, frôdein- f. Verstand, Klugheit, Einsicht, Weisheit, ags. frôd dass., as. frôd erfahren, weise; alt, greis, frôdôn altern, gi-frôdod weise, gealtert; ahd. frôt, fruot, mhd. vruot verständig, weise, brav, ahd. fruotî, mhd. vruote f. Verständigkeit = an. froedi f., goth. frôdein- f. Von frath, frôth vgl. lit. prota-s m. Einsicht, Klugheit.

frâva hurtig.

an. frâr hurtig, schnell. + as. frâh froh, frâh-môd und frô-môd frohgemuth, frô-lîko = ahd. frô-lîho adv. fröhlich, zuversichtlich, ags. freá, ahd. frao, frô, frawêr, frôwêr, nhd. froh.

Zu sskr. pru aufspringen, zend. fru fliegen u. s. w.

(fri) erfreuen, lieben.

Germanisch in frithu, frîda, frija lieb, frija frei.

Vgl. πρα-ύ-ς, πρᾷ-ος gnädig. — ksl. prija-telĭ Freund, prijajǫ prija-ti sorgen für. — sskr. prî prinâti prinîte erfreuen, hold, gnädig stimmen; sich erfreuen, gern haben, lieben.

fritha und frithu m. Friede.

an. fridhr g. fridhar m. Friede. + goth. in Fritha-reiks Friederich, gafrithôn s. frithâ, as. fridhu m., ags. fridh, frydh m. n., fridhu st. f., ahd. fridu, frido, mhd. vride st. m., ahd. auch frida st. f. = ags. fridhu st. f. Friede, Schutz, Sicherheit; Einfriedigung, eingefriedigter Bezirk.

frithâ friedlich machen, befrieden, versöhnen.

an. fridha adha friedlich machen, befrieden, fridhast sich aussöhnen mit. + goth. ga-frithôn versöhnen, gafrithôni- f. Versöhnung, as. fridhôn schützen, behüten, bewahren, mhd. vriden, nhd. be-frieden. Von fritha.

frithusama friedsam.

an. fridhsam-r friedsam. + as. frithusam, ahd. fridusam, mhd. vriedesam, nhd. friedsam. Aus frithu und sama.

frîda lieblich, hübsch, gefällig.

an. fridhr, fridh, frîtt gefälligen Aussehns, hübsch. + ags. fridh stattlich, schön, davon goth. freid-jan schonen (als frida ansehen) wie schonen von schön (als schön ansehen, behandeln). Vgl. sskr. prita geliebt, lieblich.

frija lieb.

In frijâ, frijânda.
Vgl. sskr. priya lieb = zend. frya lieb (aus pri durch a abgeleitet).

frijâ lieben.

an. frjâ adha lieben. + goth. frijôn, as. friohan, ags. freôgan, freôn lieben. Von frija lieb.
Vgl. ksl. prijają prijati sorgen für, prija-telĭ Freund.

frijâdila m. Geliebter.

an. fridill m. Geliebter, Buhle, fridla, frilla f. Geliebte, Buhle. + ahd. friudil, fridel st. m., mhd. vriedel st. m., ahd. friedila, fridila st. f. Geliebter, Geliebte. Von frijâ lieben.
Vgl. sskr. prijatelĭ m. Freund (woraus lit. prēteliu-s Freund entlehnt ist).

frijânda m. Freund.

an. fraendi pl. fraendr m. Verwandter, Vetter, Freund. + goth. frijônd-a-s m., as. frinnd, ags. freónd, engl. friend; ahd. friunt, mhd. vriunt st. m., nhd. Freund. Eigentlich part. praes. von frijâ lieben.

frijathva Liebe.

goth. frijaþva f. Liebe.
Vgl. sskr. priyatva n. das Liebsein, Liebhaben.

frija, fria frei.

an. fri frei in fria adha frei machen, frian, friun f. Befreiung, Schonung, frjâls = fri-halsa w. s. frei. + goth. frija- nom. frei-s frei, ags. freó, engl. free; ahd. fri, friðr, friger, mhd. vri vrier (vrijer, vriger), nhd. frei. Zu ig. pri lieben (im Sinne von belieben).

frîhalsa frei.

an. frjâls frei, frjâlsa f. Freiheit, Sicherheit, frelsa (= frihalsjan) frelsta freimachen, frelsi n. Befreiung. + goth. freihalsa- m. Freiheit, ahd. frihals, mhd. vrihals st. m. freier Mann, Freiheit, ahd. frihalsi f. Freiheit. Aus frija und halsa.

fresta m. Frist.

an. frest n. Frist, abgegrenzte Zeit. + ags. frist m. und fyrst, fierst, first m. Frist; ahd. frist, mhd. vrist st. f. 2 auch st. m, nhd. Frist pl. Fristen schw. f.

frestâ fresten.

an. fresta adha aufschieben, fristen. + ahd. fristôn und fristjan, mhd. vristen, nhd. fristen. Von fresta.

frais (fraisan fefrais fraisana?) versuchen, prüfen, davon fraistâ dass.

an. in freista adha versuchen, auf die Probe stellen. + goth. fraisan saifrais fraisans versuchen, prüfen, auf die Probe stellen, fraistubnja- f. Untersuchung steht für fraistôbnja- und geht auf ein abgeleitetes Verb fraistôn = ahd. freista zurück, as. frêsa, ahd. freisa st. f. Gefahr, Gefährdung; Verderben, as. frêsôn, ags. frâsian, ahd. freisôn versuchen, in Versuchung führen; gefährden, zu Schaden bringen, nachstellen.

frus, freusan fraus frusum frusana frieren.

an. frjósa fraus frusum frosinn und frerinn frieren machen; frieren, frosinn erfroren. + ags. frŷsan, engl. freese, frozen; ahd. friosan, frêosan, mhd. vriesen abl. 6, nhd. frieren fror gefroren.
Vgl. lat. pru-ina Reif, prû-na Kohle, prûrio ire jucken. — sskr. plush ploshati brennen.

frusta Frost.

an. frost n. Kälte, Frost. + as. frost, ags. forst m., engl. frost; ahd. frost; ahd. frost, mhd. vrost, nhd. Frost m. pl. Fröste. Von freusan frieren.

freka gierig, verwegen.

an. frekr gierig nach Speise; kühn, wild. + goth. in faihu-frik-a-s geldgierig, ags. frec gierig, verwegen, kühn; ahd. frêh gierig, mhd. vrêch muthig, kühn, keck, nhd. frech. Dazu as. frekni kühn, verwegen (?), frôkan, ags. frêcne, ahd. fruochan wild, frech, verwegen.
Vgl. σπαργή, σφριγάω Wz. sparg schwellen, strotzen.

froska m. Frosch.

an. froskr g. frosks pl. froskar m. Frosch. + ags. frox m., engl. frog; ahd. frosc, mhd. vrosch st. m. 1, mhd. auch m. 2 wie im nhd. Frosch pl. Frösche.

flaina Wurfspiess.

an. fleinn m. Wurfspiess. + ags. flân m. f. auch flâ f. Wurfspiess, Geschoss, Pfeil. Vgl. lit. plêna-s m. Stahl?

flauhi m. f. Floh.

an. flô g. flôar pl. floer f. Floh. + ags. fleáh, fleá f., engl. flea; ahd. flôh,

flôch, mhd. vlôch pl. vloebe st. m. 2 und vlô st. f., nhd. Floh pl. Flöhe.
Zu lat. pûlec-, das für plûec- steben wird, wie pulmon- für plûmon- =
πλεύμων. Vgl. sskr. plu springen.
Richtiger stellt man flauhi zu fluh, flug fliehen, fliegen.

flak schweifen (flackern).

an. flakka adha schweifen, streifen, flökkun (d. i. flakkani-) f. das Herum-
streifen. + ags. flscor volitans, engl. to flacker, to flicker; nhd. flackern.
Vgl. ksl. plêzą plês-ti, plüžą plüzêti labi, repere, plazivu lubricus. — πλί-
ζομαι (= πλαγγ-jομαι) irren, umherschweifen.
Dazu auch: Flanke vgl. πλάγιος, flink, Flunk, flunkern.

flâk plangere, aus flak schlagen.

goth. flêkan faiflôk flêkans klagen, as. far-flôkan part. = ahd. farfluahhan,.
er-fluahhan verflucht, malignus, as. flôk contradictio = ahd. fluoc, mhd.
vluoch st. m. 1 und 2, nhd. Fluch pl. Flüche.
Vgl. ksl. plačą plaka-ti klagen. — lat. plango planc-tum klagen.
Eigentlich schlagen vgl. lit. plaku plak-ti schlagen, pléka, pléga Schlag
= πληγή = lat. plâga.

fleka m. Fleck.

an. flekkr m. Fleck, macula. + ahd. flêc, flêch, mhd. vlêc st. m.
und ahd. flêcco, flêccho, mhd. vlêcke schw. m. Stück Zeug, Lappen, Stück; Platz, Ort; Stück Eingeweide; Schlag; Fleck, Be-
schmutzung.
Vgl. lat. plaga f. Netz, Garn, Teppich; Gegend, Strich, plagula
f. Togaflecken, Blatt Papier, Teppich.
Von flak schlagen.

flekuhta fleckicht.

an. flekkôttr fleckicht. + ahd. flêcchohti, mhd. vlêckeht,
nhd. fleckicht. Von fleka.

flah reissen, abreissen.

an. flâ flô flôgum fleginn (d. i. *flahan flôh flôhum flagana) die Haut ab-
ziehen, schinden, fletta (= flah-tja) fletta entkleiden, flettir m. Plünde-
rer. + lit. plysz-ti intrs. reissen, platzen, bersten, plész-ti trs. reissen,
zerreissen, zausen, rauben, nŭ-plészti abreissen (Kleid, Haut).

flâha schlau, hinterlistig.

an. flâr flâ flâtt schlau, hinterlistig. + ags. flâh, flâ schlau, hinterlistig.
Grein denkt an ahd. flêhan = goth. thlaihan, dann wäre die Grundform
flaiha.

flaht, flehtan flaht flechten.

goth. in flahta f. Flechte, geflochtenes Haar, ahd. flêhtan, mhd. vlêhten
abl. 1 und 3, nhd. flechten flocht geflochten.
Vgl. ksl. pletą ples-ti flechten (liesse sich auch zu falth falten ziehen). —
lat. plectere flechten.

flaht aus flab, vgl. πλέϰω, ἐπλάϰην flechten. — lat. sup-plex, plica, plicáre.

flahta f. Flechte.

goth. flahta f. Flechte. — πλεϰτή Geflecht.

flata platt.

an. flatr, flöt, flatt platt. + ags. flat, engl. flat; ahd. flaz flach, platt.
Vgl. πλάϑανον Brett, Platen (πλαϑ für πλαδ wie πλινϑο für πλινδο = german. flinta-).

flatja n. Hausflur.

an. flet g. pl. fletja n. Fussboden im Hause. + as. flet, fletti, ags. flet st. n., ahd. flazzi, flezzi, mhd. vletze, vletz st. n. und f. platter Fussboden, Tenne, Hausflur. Von flata platt.

flinta m. Kiesel, Stein.

schwed. flinta, dänisch flint. + ags. flint m., engl. flint; ahd. flins (für flinz), mhd. vlins st. m. Kiesel, Stein.
Vgl. πλίνϑο-ς f. Ziegel (für πλινδο).

(flu) πλύνω πλέω.

Germanisch in flauja, flauma, fluh fliehen, flug fliegen, flut fliessen.
Vgl. lit. plau-ti schwemmen. — ksl. plaviti fliessen machen, plavI Schiff.
— πλύνω wasche, πλέω schwimmen. — lat. per-plovere durchträufeln, pluere regnen. — sskr. plu plavate schwimmen, schwemmen, spülen, waschen.

flavja waschen, spülen.

ahd. (flawjan) flawen, flewen, mhd. vlaen, vlaen und vlouwen, vlöuwen waschen, spülen, md. vlât f. Sauberkeit, Schönheit.
Vgl. lit. plauju plau-ti schwemmen, waschen, spülen. — ksl. pla-vlją plaviti schwimmen machen.

flauma m. Strömung, Fluth.

an. flaumr m. Strömung, Fluth. + ags. fleám m. ergossene Menge, Flucht, ahd. worolt-floum st. m. colluvies mundi, s. Schade s. v. floum. Zu flavja spülen.

fluh (flcuhan flauh fluhum fluhana) fliehen.

an. flýja flýdha fliehen, flötti (= fluh-tan-) m. Flucht, -flötta adj. indecl. flüchtig in land-flötta, for-flötta. + goth. thliuhan thlauh thlauhum thlauhans fliehen, thlauh-s m. Flucht, ags. fliohan flöh, ags. fleón, fleáh, engl. flee (fled); ahd. fliohan, mhd. vliehen, nhd. fliehen floh geflohen, ahd. fluht, mhd. vluht f. 2 Flucht.
Gothisches thl im Anlaut = germanisch fl.
Weiterbildung von flu = sskr. pru, plu aufspringen = zend. fru fliegen.

flug, fleugan flaug flugum flugana fliegen.

an. fljûga flaug oder flô flugum floginn fliegen. + ags. fleógan fleáh flugon, engl. fly flew; ahd. fliugan, fliogan, fliukan, mhd. vliegen, nhd. fliegen, flog, geflogen.
Vgl. lit. plunk-sna f. Feder, preuss. plauxdine = lit. plauźdiné Federbett. — lat. plûma = plucma?

fluga m. Flug.

an. flugr m. flug n. das Fliegen, der Flug (auch jäher, abschüssiger Ort, flug-hamarr m. jähe Klippe), flug-dreki m. fliegender Drache. + ahd. flug m., mhd. vluc g. vluges m. Flug, rasche Bewegung, Flügel, nhd. Flug pl. Flüge. Von fleugan.

flugan und fleugan f. Fliege.

an. fluga f. Fliege. + ags. fleóge f., engl. fly; ahd. fliugâ, fliukâ, fliogâ, mhd. vliege schw. f., nhd. Fliege pl. Fliegen. Von fleugan.

flaugja fliegen machen.

an. fleygja fleygdha fliegen lassen, werfen. + goth. us-flaugjan im Fluge fortführen, mhd. vlougen, md. vlögen fliegen machen, scheuchen, verscheuchen. Causale zu fleugan flaug fliegen.

flut, fleutan flaut flutum flutana fliessen, schwimmen.

an. fljóta flaut flutum flotinn fliessen, schwimmen, flot n. das Fliessen, Schwimmen (des Schiffes), davon flota adha flott machen. + as. fliotan flôt fluton, ags. fleótan, engl. fleet; ahd. fliozan, mhd. vliezen fliessen, strömen, schwimmen, vluz g. vluzzes m. 2, nhd. Fluss pl. Flüsse, nhd. fliessen floss geflossen.
flut aus flu, vgl. lit. plustu plud-au pludi-ti oben aufschwimmen, pludâ-s was oben aufschwimmt, pludâ-s vandô fliessendes Wasser.

flutan m. Schiff; Schiffsmann.

an. floti m. Floss, Fahrzeug, Flotte, flotnar pl. m. Seeleute, Vikinger. + ags. flota m. Schiff; Schiffsmann, Seeräuber, nhd. Flotte f. aus dem Niederdeutschen. Von fleutan.

fleuta rasch, schnell, eilig.

an. fljótr rasch, schnell, davon flýta (d. i. fliut-ja) flýtta beeilen. + ags. in fleót-ig schnell, engl. fleet. Von fleutan strömen.
Windisch vergleicht Zeitschrift XXI, 431 altirisch lúath celer, rapidus.

flautja flössen, fliessen machen.

an. fleyta (= flautja) fleytta fliessen machen. + ahd. (flôz-
jan) flôzzan, mhd. vloezen fliessen machen, flüssig machen, schmelzen, mhd. ze-floezen zerfliessen machen,
schmelzen; in der Bedeutung „flössen“ = mittelst Flosses
fortschaffen denominativ von ahd. flôz m., nhd. Floss n.
Causale von fleutan fliessen, praet. flaut.

B.

ba nom. bai, ba bcide.

an. nur im gen. beggja amborum. + goth. bai ntr. ba, dat. baim, acc.
bans beide.
Vgl. lit. abù, f. abì beide. — ksl. oba beide. — ἄμφω beide. — lat. ambo.
— sskr. ubhâ ubhau beide.

bajâtha beide.

an. bâdhir, bâdhar, baedhi beide. + goth. bajôths pl. beide, dat.
bajôthum, as. bêdhia; ahd. bêdê, pêdê, mhd. beide, nhd. beide.
Aus bai beide erweitert.
Setzt die Form (baja-) voraus, vgl. lit. abeji, ksl. obojʹ, sskr.
ubhaya beide.

ba, ban schlagen, tödten.

Germanisch in bathu, banan, banja.
Vgl. ksl. biją bi-ti schlagen, tödten, po-bojʹ m. Schlag, Tödtung. —
ἔπεφνον, πέ-φα-μαι, πε-φή-σομαι tödten, παλαί-φατο-ς. — altirisch benim
ferio, ben, be occisio.

bathu f. Kampf.

an. bódh f. Kampf. + ags. beadu, beado g. dat. beadve g. pl.
beadva f. Kampf; ahd. Badu- Kampf in Eigennamen.
Vgl. πέ-φα-μαι, παλαί-φατο-ς. — vulgärlatein batu-ere schlagen,
batu-âlia Kriegsmanöver, daher französisch battre, bataille, ba-
taillon, nach Ebel aus dem Celtischen, denominal von (batu)
Kampf.

banan m. Tod, Tödter.

an. bani m. Tod, Tödter. + as. bano m. Tod, Tödter, ags. bana,
bona m. Tödter; ahd. bano, pano, mhd. bane, ban schw. m. Tod,
Verderben.
Vgl. φόνο-ς Mord, Tödtung, -φονο-ς mordend. — altirisch ben,
be occisio, caesio.

banja f. Wunde.

an. ben g. benjar pl. benjar f. Wunde. + goth. banja f. Wunde,
Geschwür, as. in beni-wunda f. tautologische Composition, Wunde,
ags. ben, benn, dat. benne, nom. pl. benne f. Wunde.

(ba) bâja bähen, wärmen.

Germanisch in batha Bad, ahd. páan, páwan, bähen, mhd. baehen, baen, nhd. baehen.

Wohl aus ig. bbâ scheinen = sskr. bhâ, bhâti. — In der Bedeutung entspricht genau lat. foveo.

batha n. Bad.

an. badh n. Bad. + as. badh, ags. bädh n., engl. bath, Bath; ahd. bad, pad, mhd. bat g. bades n., nhd. Bad n. Zu ahd. pá-an bähen.

bathâ baden.

an. badha adha baden. + ahd. badôn, padôn, mhd. baden, nhd. baden. Von batha Bad.

baina n. Bein, os und crus.

an. bein n. Bein, Knochen, os und crus. + as. bên, ags. bán n., engl. bone; ahd. bein, pein, mhd. bein, nhd. Bein st. n. os und crus. Zu an. beinn grade, rectus.

baukna n. Zeichen, portentum.

an. bákn g. bákns n. Zeichen, Wink; portentum. + as. bôkan, ags. beácen n., engl. beacon; ahd. poubhan, pouchan, mhd. bouchen n. Zeichen, Vorbild, portentum. Vgl. πιφαύσκω.

Vgl. taikna und faikna.

bauna f. Bohne.

an. baun g. baunar pl. ir f. Bohne. + ags. beán f., engl. bean; ahd. bôna, pôna, mhd. bône st. schw. f., nhd. Bohne pl. Bohnen.

Aus ba-u-bna, bab-na vgl. preuss. babo f. — ksl. bobü m. — lat. faba f. Bohne.

bak (bakan bôk bakans?) backen.

an. baka adha backen. + ags. bacan bôc, engl. bake baked baken; ahd. packan, pachan, mhd. bachen abl. 4, nhd. backen buck gebacken; ahd. becchâ, peccbâ, peccâ f. (= bakjân-) Bäckerin.

Vgl. φώγω röste, φώγ-ανον Rost.

baki, bakja m. Bach.

an. bekkr g. bekks und bekkjar m. Bach. + ags. bece, engl. beck, ndd. Beke f., ahd. bah, bach, pah, pach pl. pahhâ, mhd. bach pl. beche, nhd. Bach pl. Bäche. Zu bakan backen, wie bronnan zu brennan?

Bosser vgl. lit. bég-ti laufen.

(bak) wenden, zuwenden, zutheilen (Speise).

Germanisch in baka, and-bahta, bôka.

Vgl. lit. bégu, bég-ti laufen. — ksl. bëgü Flucht, bogü Habe, bogü

Gott. — sskr. bhaj bhajati sich wohin begeben, eilen, fliehen; zuwenden, zutheilen, bhak-ta Theil, Speiseantheil, Mahlzeit vgl. bhaksh essen und φαγ-εῖν, bhaga m. Antheil, Habe. — altpers. baga Gott.

baka n. Rücken.

an. bak n. Rücken, besonders Pferderücken. + as. bak st. n. 1, ags. bâc pl. bacu n. Rücken, engl. back, horse-back.
Vgl. sskr. bhaj sich wenden, ksl. bĕgũ Flucht.

-bahta ergeben.

Germanisch in and-bahta Diener w. s.
Vgl. sskr. bhakta ergeben, part. pf. pass. von bhaj.

1. bôka f. Buche.

an. in beyki n. Buche s. bôkja. + ags. bôc f., ahd. buochâ, puochâ, mhd. buoche, nhd. Buche schw. pl. Buchen f.
Von (bak) φαγεῖν, als Waldbaum mit essbaren Früchten.
Vgl. lat. fâgu-s f. Buche. — φηγό-ς f. Speiseiche.

2. bôka f. Buchstab, Buch.

an. bôk g. bôkar pl. boekr f. Buch. + goth. bôka f. Buchstab pl. bôkôs Buch; as. bôk st. f. n., ags. bôc pl. bêc f., engl. book; ahd. buoh, puoh st. m. f. n., mhd. buoch st. n., nhd. Buch n. pl. Bücher. Zu 1 bôka.

bôkîna büchen.

ahd. (puochin), mhd. buochin, büechin, nhd. büchen.
Vgl. φήγινο-ς. — lat. fagineus, fagneus.

bôkja n. Buche.

an. beyki (für boeki d. i. bôkja) n. Buche. + ags. bêce n., engl. beech Buche. Aus 1 bôka.

bôkfella n. (Buchfell =) Pergament.

an. bôkfell n. Pergament. + ahd. puohfël, mhd. buochvël n. Pergament.

bôkstaba m. Buchstabe.

an. bôkstafr m. Buchstab. + as. bôkstaf m., ahd. buohstab, puohstab, mhd. buochstap st. m. 1 und mhd. buochstabe schw. m., nhd. Buchstabe m. Aus 2 bôka und staba Element.

bâga m. Schwierigkeit, Streit.

an. bâgr oder bâgi m. Schwierigkeit, Streit, bâgr adj. schwierig, lästig. + as. bâg st. m. Rühmen, Brüsten (?), mhd. bâc g. bâges st. m. lautes Schreien, Zank, Hader, Streit, ahd. bâga, pâga st. f. Zank, Hader, Streit. Dazu an. baga f. Verdrehtes, Verkehrtes, baga bagdha hindern.
Vgl. altirisch ir-bâga contentiones, ar-bâgimse glorior.

bâgja bedrängen, streiten.

an. baegja baegdha stossen, wegbringen, belästigen, drängen. + ahd. bâgën, mhd. bâgen schw. v. zanken, hadern, streiten. Von bâga. Dazu das starke Verb ahd. bâgan, pâgan, pâkan praet. piac, mhd. bâgen biec zanken, hadern, streiten.

bagma m. Baum.

an. badhmr m. Baum. + goth. bagm-a-s m., as. bôm, ags. beám m.; ahd. boum, poum, mhd. boum st. m. 1, nhd. Baum pl. Bäume. Für bavma? Aus baggv = bav Wz. bu werden.

(bat) gutheissen.

Germanisch in batis, batista, bôta.
Vgl. sskr. bhadra erfreulich, löblich; glücklich, günstig, faustus; gut, lieblich, schön, lieb, n. Glück, Heil, Gutes, Annehmlichkeit, bhand bhan-dato Lob empfangen, bhandana n. Lob.

batis (bat) adv. comp. besser, mehr.

an. betr adv. besser, bat-na adha besser werden, bati m. Besserung. + as. bat, bet besser, mehr, ags. bet; ahd. baz, paz, mhd. baz, nhd. bass, für-bass adv. besser, mehr. Dazu bôta (woraus jedoch noch nicht ein Verb batan bôt folgt, vgl. hôna, dôlja zu hanan, dala). Vgl. sskr. bhad-ra faustus, gut, glücklich.

batisan adj. besser.

an. betri, betra adj. besser. + goth. batizan- der bessere, as. betera, betero, ags. betera, betra, bätra, engl. better; ahd. pezzir, bezzir, mhd. bezzer, nhd. besser. Zu batis, bat.

batisâ bessern.

an. betra adha bessern, betrast sich bessern, besser wer-den, betran f. Besserung (würde goth. *batisôni- f. lauten). + ahd. bezzerôn, pezirôn, pazirôn, mhd. bezzern, nhd. bessern. Von batis.

batista best.

an. baztr, beztr adj. der beste, bazt, bezt adv. aufs beste. + goth. batist-a-s, as. bezt, best, ags. betst, best (und betast, betost), engl. best; ahd. bezzist, pezzist, mhd. bezzest, best, nhd. best, der beste. Superlativ zu bat, batis.

bôta f. Besserung, Busse.

an. bôt g. bôtar pl. boetr f. Besserung, Schadenersatz, Busse. + goth. bôta f. Vortheil, Nutzen, as. bôta f. Busse, Besserung; ahd. buoza, puoza, mhd. buoze st. f. 1 Besserung, Vergütung, Busse, Strafe, Heilung, Heilmittel, nhd. Busse f. Zu bat, batis.

bôtja bessern, büssen.

an. boeta boetta bessern, wieder gut machen, büssen. + goth. bôtjan nützen, as. bôtian, buotian bessern, büssen; ahd. (buozjan) buozan, puozan, mhd. büezen bessern, büssen, nhd. büssen. Von bôta.

bâta m. Boot.

an. bâtr g. bâts m. Boot. + ags. bât m. (ahd. bôt, nhd. Boot m. ist aus dem Niederdeutschen entlehnt).

(bad) band binden.

Germanisch in badja, basta, bendan, banda.

Vgl. lit. bandà Heerde, bend-ra-s gesellt. — πινϑ in πινϑ-ερό-ς, πιῖσ-μα, πιισ-τήρ. — lat. fend in of-fendix, of-fendimentum Band. — sskr. bandh, badhnâti binden, verbinden, fügen.

band, bendan band bondum bondana binden.

an. binda batt bundum bundinn binden, fesseln. + goth. bindan band bundum bundans, as. bindan, ags. bindan, engl. bind bound; ahd. bintan, pintan, mhd. binden, nhd. binden band gebunden.

badja m. n. Bette, Bettzeug.

an. bedhr g. bedhs und bedhjar, pl. bedhir m. Bettdecke. + goth. badja- n., as. bed instr. beddiu n. Bett, hrêo-bed n. Leichenlaken, ags. bed n., engl. bed; ahd. betti, petti, mhd. bette n. Bette, Beet, nhd. Bett, Beet n. Zu bendan, wie δέμνιον zu δέ-ω.

basta n. Bast.

an. bast g. basts pl. böst n. Bast. + ags. bast; ahd. bast, mhd. bast st. m. n. Haut, Bast, Rinde, nhd. Bast n. Dazu mhd. buost m. n. Baststrick (wie dôlja zu dala, dôgis zu daga, Huhn zu Hahn u. s. w.). Von bendan band aus bad-ta.

Vgl. sskr. baddha, zend. baçta gebunden, part. pf. pass.

banda n. Band, Fessel.

an. band n. Fessel, Band, Verpflichtung. + as. band st. n. Band, Reif; ahd. bant, pant pl. bant und pentir, mhd. band g. bandes st. n. Band, Fessel, nhd. Band pl. Bande und Bänder n. Von bendan.

Vgl. sskr. bandha m. das Binden, Band, Fessel.

bad, bedjan bad bâdum bedana bitten.

an. bidhja bad Jmd etwas heissen, auffordern zu, verlangen; bitten, beten, freien um. + goth. bidjan bath und bad bêdum bidans bitten, beten, betteln, as. bidian, biddëan, ags. biddan, engl. beg; ahd. (pitjan) bittan, pittan, mhd. bitten, biten bitten, beten, wünschen, auffordern, nhd. bitten bat gebeten.

bad verlangen = ποθ in πόθ-ο-ς Verlangen, ποθέω. — sskr. bâdha m. Bedrängniss, Qual, Drang.

bedila m. Freier, Werber, Bittel.

an. bidhill m. Freier, Werber. + ahd. pitil, mhd. bîtel st. m. 1 Bittel, Freier, Werber, Freiwerber. Von bedjan bitten.

baidja verlangen, fordern, nöthigen.

an. beidha beidda verlangen, fordern, bitten. + goth. baidjan zwingen, gebieten, as. bêdian, ags. baedan fordern, drängen; ahd. (peitjan) peittan, mhd. beiten Gewalt anthun, zwingen; drängen, fordern, refl. mit gen. wagen, intrs. sich drängen. baid unregelmässig gesteigert aus bid (bidjan) = bed = bad. Vgl. ksl. bêda f. Noth, Elend, Leid, bèżdą bêdi-ti nöthigen, zwingen. — sskr. bâdh bâdbate belästigen, bi-bhat-syate Ekel empfinden vgl. lit. bod, bos-ti-s Ekel empfinden.

ban, bann bannen, gebieten, verbicten.

an. in bann n. Verbot, banna bannadha verbieten, verwehren, bôn-ordh n. Werbung, das Freien, boen (= bônja) f. Bitte, Gebot, Gebet, boena boenda bitten, auffordern. + ahd. bannan, pannan, mhd. bannen praet. bien unter Strafandrohung befehlen, vorladen, einberufen; in Bann thun. Vgl. φωνή f. Stimme. — sskr. bhan, bhanati schallen, rufen und weiter φη-μί, φά-σκω, φά-τι-ς, φή-μη = lat fâ-ma, fâ-ri, fâ-bula, fâ-nu-m „Bann“. — ksl. bają baja-ti fabulari.

banna Verbot, Bann.

an. bann n. Verbot. + as. ban n. Gebot, Befehl, ahd. ban, pan pl. pannâ st. m. 1, mhd. ban pl. benne st. m. 2 Gebot, Verbot, Bann, Acht. Von bann.

bôna Bitte, Forderung.

an. bôn-ordh n. Werbung, das Freien, boen (= bônja) f. Bitte, Gebet, Gebot, boena boenda bitten, auffordern. + ags. bên f. Bitte, Forderung, bêna schw. m. rogator, supplex. Zu bann vgl. φωνή, lat. af-fâniae.

banki (bankja) m. Bank.

an. bekkr g. bekks und bekkjar pl. ir m. Bank, bakki m. niedriges Fluss-ufer (= Bank). + ags. benc f., engl. bench, as. bank dat. pl. benkiun; ahd. banch, panch, mhd. banc st. m. 2 und st. f. 2, nhd. Bank, Bänke f.

bandva Zeichen.

an. in benda benda winken, bedeuten, portendere s. bandvja. + goth. bandva f. Zeichen. Von ban = φαν φαίνω. Suffix wie in goth. vaurstva- Werk.

bandvja Zeichen geben.

an. benda benda winken, bedeuten, etwas verkünden, portendere.

+ goth. bandvjan ein Zeichen geben, anzeigen, andeuten, zu wissen thun, kundbar machen. Vgl. ags. bendan flectere, engl. to bend?

bansa m. Stall.

an. báss g. báss pl. ar m. Stall, Kuhstall. + ditmars. bös m. Kuhstall, vgl. goth. bans-ti- f. Scheune, Scheuer. Mit an. baesa baesta in den Stall bringen, vgl. ndd. „bansen".

Vgl. sskr. bhâsa m. Kuhstall (wie sskr. mâsa = europ. mansa Monat).

bar, beran bar bârum borana tragen, heben, bringen, gebären.

an. bera bar bârum berinn tragen, bringen; haben, besitzen; ertragen, byrdh f. das Tragen, Gebären. + goth. bairan bar bêrum baurans tragen, bringen, hervorbringen, gebären, as. beran, ags. beran, engl. bear bore; ahd. bëran, përan, mhd. bërn abl. 3 tragen, hervorbringen, gebären, intrs. zum Vorschein kommen, treiben, wachsen, geboren werden.

Vgl. ksl. berą bra-ti bringen. — φέρω, φέρ-νη, φάρ-ετρα, φᾶρ-ος, φώρ. — lat. fero, far, für. — altirisch berim fero, berthar fertur. — sskr. bhar bharati bharate bharti bibhrati ferre.

beraga fruchtbar.

ahd. pirig, birig, mhd. biric fruchtbar.

Vgl. lat. ferax fruchtbar.

bara, bâra f. Bahre.

an. barar, barir (und börur schw.) pl. f. Bahre, Leichenbahre. + as. bâra f., ags. baere f., engl. bier; ahd. bâra, pâra, mhd. bâre st. schw. f., nhd. Bahre pl. Bahren. Von beran bar bârum.

bara- adv. ganz-, beinahe-, fast-.

an. bar-, ahd. pora-, bora-, mhd. bore-, 'bor- nur als Praefix mit Adjectiven und Adverbien zusammengesetzt, 1. gar, sehr 2. nicht ganz, wenig, gar nicht z. B. ahd. pore-vile, mhd. bor-vil sehr viel und nicht ganz viel, wenig.

Vgl. lat. fere adv. in hohem Grade, daraus 1. ganz, völlig so 2. zwar sehr, doch nicht ganz so, nahe zu, beinahe, fast.

Von bar heben, woher em-por, ndd. bören.

barisa n. Gerste.

an. barr g. bars m. Gerste. + ags. bere, engl. bar-ley Gerste; goth. in bariz-eina- gersten. Von beran bar wie Getreide (aus gitragidi) von tragen.

Vgl. ksl. borŭ, bürŭ m. Art Hirse nach Miklosich. — lat. far g. farris n. far-ina Mehl, umbr. fars-io Speltkuchen.

barna n. Kind.

an. barn n. Kind. + goth. barna- n., as. barn, ags. bearn n.,

ahd. parn, mhd. barn st. n. Kind, Sohn. Von beran bar tragen,
gebären.
Vgl. lit. berna-s Knecht, demin. in Poesie „Knabe“ = Jüngling,
Geliebter, be-berni-s kinderlos, lett. bêrn-a-s m. Kind.
(Vgl. auch sskr. bhrûṇa m. Embryo; Kind, Knabe? oder zu bhru
= βρύω, ἔμβρυον).

barniska kindlich.

an. bernskr kindlich, bernska f. Kindheit, Kindesalter. +
goth. barniska kindisch, barniskja- n. Kindheit, barniskein-
f. Kinderei. Von barna.
Vgl. lett. bêrnisk-a-s kindlich (= lit. berniska-s knechtisch,
berna-s Knecht).

barma m. Brust, Schooss.

an. barmr m. Rand, Gefässrand, Brust. + goth. barm-i- m., as.
barm m. 1, ags. bearm m., ahd. barm, parm, param, mhd. barm
st. m. Brust, Schooss. Von beran bar tragen, erheben. (Vgl.
barmr m. Rand und borda m. Rand, Bord.)

bârja tragend, fähig, berechtigt zu.

an. baerr berechtigt zu. + ahd. bâri, pâri, mhd. baere tragend,
hervorbringend, fähig zu, mhd. sênt-baere zur Theilnahme am
sênt (= ahd. sênôt aus synodus) berechtigt. Von beran bar
bârum.

bordi f. das Tragen, Geburt.

an. byrdh f. das Tragen, Gebären. + ahd. burt, mhd. burt st.
f. 2 Geburt; goth. ga-baurth-i-s = ahd. gaburt = nhd. Geburt
f., as. kuni-burd Herkunft, mund-burt = ahd. mundi-burt st. f.
2. Schutztragung = Schutzherrschaft. Von beran borana.
Dazu vergleicht Windisch, Zeitschrift XXI, 5, 431, altirisch brith
g. brithe Geburt. — sskr. bhṛti f, zend. bereti f. das Tragen,
Bringen.

borthîn f. Bürde.

an. byrdhi f. Bürde. + goth. baurthein-, ahd. burdi, purdi, mhd.
bürde, nhd. Bürde.
Vgl. φορτίο-ν Last, Bürde.

borda n. Bord, Rand, Schiffsrand; Brett.

an. bordh n. Rand, Kante, Bord (des Schiffes), Tafel, Brett,
Tisch. + goth. in fôtu-baurda- n. Fussbank, as. bord, ags. bord
n., engl. board; ahd. bort, mhd. bort n. Rand, Schiffsrand, Bord,
nhd. Bord n. Von beran borana heben, wie an barmr Rand.

bordan m. Borte.

an. bordhi m. Vorhang, Umhang. + ahd. borto, porto,

mhd. borte schw. m. Rand, Borte, nhd. Borte pl. Borten
f. Schwache Form von borda.

brôthar m. Bruder.

an. brôdhir m. Bruder. + goth. brôthar, as. brôdhar, ags. brô-
dhor, engl. brother; ahd. pruodar, mhd. bruoder, nhd. Bruder m.
Von brô = bar tragen, heben, stützen vgl. lit. bro-li-s Bruder,
demin. broter-eli-s Brüderchen. — ksl. bratrü, bratü. — altirisch
bráthir, cambr. braut. - φϱητήϱ, φϱητήϱ. — lat. fráter. — sskr.
bhrátar Bruder.

bar schlagen, zerschneiden, bohren.
Germanisch in barja, bara, bora, borâ.

barja schlagen.

an. berja bardha schlagen, berjast sich schlagen, kämpfen. + ags. berian;
ahd. berjan, perjan, mhd. bern schlagen, klopfen, treten, kneten, formen.
Vgl. lit. bariu bar-ti schelten, bar-ni-s Streit, Hader. — ksl. borją bra-ti
kämpfen. — lat. ferio ferire schlagen, for-ma τύπος. — sskr. bhara m.
Kampf, Schlacht. — zend. bar barenâiti schlagen, bohren s. bora.

bara m. Abtheilung, Schranke, Barre.

ahd. para, mhd. bar m. Balke, Schranke, sunder bar ohne
Schranke, mhd. barre f. Schranke, Zaun, Gehege, engl. bar Ge-
richtsschranke.
Vgl. lit. bara-s Stück Feldes, welches ein Arbeiter bearbeitet.
— lat foru-s Abtheilung, Gang, Fach, foruli (die Fächer =)
Bücherschrank. — φάϱ-σο-ς n. Abschnitt, φαϱό-ω furchen.

bora Bohrer.

an. borr g. bors pl. borar m. Bohrer. + ahd. bora, pora st. f.
Bohrer.
Vgl. lat. foráre bohren. — sskr. bhur-ij Scheere. — zend. bar
barenâiti schlagen, bohren (φαϱόω furchen, φάϱ-σος Abschnitt).

borâ bohren.

an. bora adha bohren, durchbohren, bora f. Gebohrtes,
Loch. + ahd. borôn, porôn, mhd. born, nhd. bohren.
Vgl. lat. foro forá-re bohren, per-forâre, forâmen.

(bar) wallen, fervere, toben.
Germanisch in bera Bär, berman Ferment, borja Wind, brann brennen.
Vgl. φύϱω, φυϱάω, ποϱ-φύϱω, φϱέαϱ, ψήϱ. — lat. ferus, fera, fer-mentum,
for-mu-s, ferveo, furo, furia. — sskr. bhur bhurati zappeln, zucken,
bhuraṇyati unruhig sein, erregen, umrühren, bhûr-ṇi wild, jar-bhur-ati
intens. er zuckt, ist unruhig.

bera, beran m. Bär.

an. berr m. (d. i. beras) Bär, bera (d. i. beran-) f. Bärin, vgl.

björn m. Bär, bjarn-dýr n. Bärthier; auch bersi und bessi m. Bär, birna f. Bärin. + ags. bera schw. m. Bär = ahd. bëro, përo, mhd. bër schw. m. Bär, nhd. Bär pl. Bären, ahd. pirîn f. Bärin, pirin adj. vom Bären, ursinus.

Vgl. φήρ = θήρ wildes Thier. — lat. feru-s wild, fera f. wildes Thier.

berman Gährstoff.

ags. beorma m., engl. barm, mhd. barme, bärme Gährstoff, Gest. Vgl. lat. fermen-tu-m Gährstoff.

borja Wind.

an. byrr g. byrjar m. Wind, günstiger Wind, byrjar es weht günstiger Wind. + mhd. bur st. f. Wind.

Besser zu bar ferre?

brann, brennan brann bronnum bronnana brennen.

an. brenna brann brunnum bronninn brennen, flagrare. + goth. brinnan brann brunnum brunnans, as. brinnan; ahd. brinnan, prinnan, mhd. brinnen abl. 1 brennen, wie Feuer glänzen.

brann aus dem Präsensthema bar-na oder bar-nu wie rann aus ar-nu, trann aus tarna = sskr. dṛnâ-ti u. s. w.

brantha m. Brand.

an. brandr g. brands pl. brandar m. Brand d. i. titio, brennendes Stück Holz. + ags. brand m., engl. brand; ahd. brant, prant pl. prentî, mhd. brant pl. brende, nhd. Brand pl. Brände st. m. 2. Von brennan brann brennen.

brannja brennen d. i. brennen machen.

an. brenna brenda brennen trs., anzünden, schmelzen, Metall läutern. + goth. ga-brannjan trs. verbrennen, as. brennian; ahd. prennan, mhd. brennen brennen machen, anzünden, schmelzen, Metall läutern, nhd. brennen brannte gebrannt, auch intrs. Causale von brennan brann.

brennan f. das Brennen, Brand.

an. brenna f. das Brennen, Brand. + goth. brinnôn- f. Fieber.

bronan m. Brand.

an. bruni m. Brand. + as. bryne m. Brand. Von brennan bronnana ohne Verdoppelung des n.

bronjan f. Panzer, Brünne.

an. brynja f. Panzer. + goth. brunjôn- f., ags. byrne f., ahd. brunja, prunja, brunna, prunna, mhd. brünne st. schw. f. Brustharnisch, Brünne. Von brennan bronnana

(brennen) wie Feuer leuchten, vgl. mhd. brand m. Brand
und Klinge.

bronna, bronnan m. Brunnen, Born, Quell.

an. brunnr (brudhr) m. Brunn. + goth. brunnan- m., as. brunno,
ags. burna schw. m., ahd. brunno, prunno, mhd. brunne, md.
burne schw. m., nhd. Brunnen, Born. Von brennan bronnana
wallen.

bark schallen, lärmen.

an. berkja berkta prahlen. + ags. bcorcan bellen, borcian = engl. to
bark bellen.
Vgl. lat. frig-ere schreien, zirpen, frig-ul-âre, frig-ûtire, fring-illa Fink.
vgl. φρυγ-ίλο-ς kleiner Vogel.

barka Barke, Art Schiff.

an. barkr und barki m. Barke. + mhd. barke schw. und st. f., nhd.
Barke. Vielleicht nicht deutsch, vgl. βᾶρις.

barh brah glänzen, brehan brah.

Germanisch in berhta hell, goth. brahv augins Augenzwinken, mhd. brëhen leuchten, glänzen, brehen m. lichter Schein, Glanz.
Vgl. sskr. bhrâç bhrâçate (bhlâç bhlâçate) blinken, flimmern.

berhta licht, hell.

an. bjartr, björt, bjart licht, hell. + goth. bairht-a-s hell, offenbar, deutlich, as. bcrht, beraht, ags. beorht hell, glänzend, er-
laucht; ahd. bëraht, përaht, mhd. bërht glänzend.

berhtîn f. Glanz.

an. birti f. Glanz. + goth. in ga-bairhtein- f. Erscheinung;
ahd. përahti f. Glanz. Von berhta.

berhtja hell, licht machen.

an. birta birta klar machen, erhellen. + goth. bairhtjan
offenbaren. Von berhta.

barg, bergan barg borgum borgana bergen.

an. bjarga barg burgum borginn bergen, schützen, retten, verbergen,
bjargast sich retten; sich nähren von. + goth. bairgan barg baurgum
baurgans bergen, bewahren, as. bergan, ags. beorgan; ahd. bërgan, për-
gan, përcan, mhd. bërgen bergen, in Sicherheit bringen, umschliessen,
nhd. bergen barg geborgen.
Vgl. ksl. brëgą brëš-ti curae esse, brëgü Strand s. berga. — sskr. barh
br̥hati fördern, mehren, erheben, br̥hant dick, gross, hoch, adri-barhas
felsenstark.

berga n. Berg, Fels.

an. bjarg, berg n. Fels, Klippe. + goth. in bairgahein- f. Berg-

gegend, Gebirge, as. berg, ags. beorg, beorh, biorh st. m. 1,
ahd. bërg, bërc, përg, përc, përag, përac, mhd. bërc g. bërges
st. m. 1, nhd. Berg pl. Berge m.

Vgl. ksl. brĕgŭ m. Berg, Uferhöhe, Strand. — vgl. zend. barez,
bareza f. barezanh n. Höhe, sskr. bṛhant hoch, barhishṭha höchst,
stärkst u. s. w.

bergja kosten.

an. bergja bergdha schmecken, kosten, geniessen. + ags. beorgan, byrgan, byrgian schmecken, kosten, kauen; engl. bury. Zu
bergan, vgl. an. bjargast sich retten und sich nähren von.

borgi f. Burg.

an. borg g. borgar pl. ir f. erhöhter, hügelförmiger Platz; Burg,
Stadt. + goth. baurg-i-s f., as. burg, burug, ags. byrig f., engl.
borough, -bury; ahd. burg, purg, purc, mhd. burc g. bürge st.
f. 2, nhd. Burg pl. Burgen f. Vgl. πύργος Burg (für πυρχος).

borgja bürgen.

an. byrgja byrgdha bergen, verwahren, schliessen, einschliessen,
umschliessen, â-byrgdh f. Verantwortung, periculum, Risico, â-
byrgjast sich verbürgen, den Risico übernehmen. + ahd. purgjo,
purgo, burgo, mhd. bürge, nhd. Bürge, ahd. purgil, mhd. bürgel
Bürge.

barda, bardi m. Bart.

ags. beard m., engl. beard; ahd. bart, part, mhd. bart st. m. 2, nhd.
Bart pl. Bärte.

Vgl. lit. barzda f. — ksl. brada f. — lat. barba Bart.

bars starren.

Germanisch in borsta, brosda vgl. ahd. parrèn starr emporstehen, par-
runga rancor, superbia, invidia.

Vgl. lat. fastu-s (= fars-tu-s), fastidium, fastigium s. borsta.

borsta f. Borste.

an. burst g. burstar pl. ir f. Borste, Dachspitze am Hausgiebel
vgl. lat. fastigium. + ags. byrst f., engl. bristle; ahd. burst,
purst, mhd. borst st. m. und ahd. porst, mhd. borst st. n. und
ahd. burstá schw. f. = mhd. borste f. Borste, jaculum, nhd.
Borste pl. Borsten f.

Vgl. lat. fastigium. — sskr. bhṛshṭi f. Zacke, Spitze, Kante, Ecke.

brosda m. Spitze.

an. broddr m. Spitze. + ags. brerd, briord, breard st. m. ora,
labrum, brord st. m. stimulus, cuspis; ahd. brort, prart, prort
st. m. 1 Rand eines Dinges, margo, labium, cornu, Vordertheil
des Schiffes.

Vgl. ἄ-γλωστο-ν. — lat. fastigium. — sskr. bhṛshṭi f. Spitze.

brosdja stechen, stacheln.

an. brydda (aus broddja) acuere, bryddr part. praet. stimulis
munitus. + ags. bryrdan compuugere, stimulare, instigare, ahd.
(brortjan) brortan und prortôn limbare, picturare. Von brosda
Spitze.

bal tönen, blöken, bellen.

an. belja adba brüllen (Kalb), bjalla f. Glocke, Schelle, engl. bell. +
ags. bellan latrare, boare, grunnire, ahd. pĕllan, bĕllan, mhd. bĕllen abl.
1, nhd. bellen (billt, boll), mhd. bil st. m. bellende Stimme, nhd. Bulle,
Bull, daraus lit. buliu-s Bull; ahd. pullôn, mhd. bullen brüllen, ahd.
pullôd m. st. gemitus vgl. an. bylja bulda dröhnen.
Vgl. lit. byla f. das Reden, ksl. bilo n. Schelle.

bella f. Glocke.

an. bjalla f. Glocke. + engl. bell n. Glocke. Daraus ksl. bilo n.
Schelle entlehnt? Zu bal.

blâja blöken (blâ aus bal).

mhd. blaen blöken.
Vgl. ksl. blĕją blĕja-ti blöken. — lat. fleo flêre.

bâla n. Scheiterhaufen.

an. bâl n. Scheiterhaufen. + ags. bael n. Scheiterhaufen; Flamme, Gluth.
Vgl. lit. balu bal-ti weiss, hell sein. — ksl. bĕlŭ weiss. — φᾱλό-ς licht,
hell, weiss. — sskr. bhâla n. Glanz.
Zu bâ = sskr. bhâ scheinen.

balkan m. Balken.

an. bálkr m. Scheidewand, Abschnitt, Abtheilung (Art, Klasse, Haufe),
bjâlki m. Balken. + as. balko, ahd. balco, mhd. balke schw. m., nhd.
Balken.

balg, belgan balg bolgum bolgana aufschwellen.

an. im part. praet. bölginn erhoben, aufgeschwollen, belgr m. Balg s.
balgi, belgja aufschwellen machen (causale), bylgja f. Woge, ndd. „Bülge".
+ as. belgan, ags. belgan; ahd. bĕlgan, pĕlgan, mhd. bĕlgen abl. 1 (eigentlich aufschwellen) aufgebracht, zornig sein über.
Vgl. sskr. barh bṛhati erheben, fördern, mehren, upa-bar-bṛh heftig,
oft an sich drücken; mit barhis Decke, upa-barba m. Kissen, upa-barhaṇa
n. Decke, Polster vgl. preuss. po-balso f. Pfühl, balsini-s Kissen, balgna-s
m. = lit. balna-s Sattel = Reitkissen.

balgi m. Balg.

an. belgr g. belgs pl. ir m. abgestreifte Thierhaut, Balg. + goth.
balgi- m., ags. bälg m., engl. belly; ahd. balg, palg, palc, mhd.
balc g. balges st. m. 2, nhd. Balg pl. Bälge. Von belgan balg.

bolgjan f. Bülge.

an. bylgja f. Woge. + ndd. Bülge f. Von balg bolgana.

baltha kräftig, kühn.

an. ballr stark, kräftig, gewaltig. + goth. in balthaba adv. kühnlich, balthein- f. Kühnheit, as. bald, ags. bald, beald, engl. hold; ahd. bald, pald, mhd. balt fl. balder kühn, dreist, schnell, eifrig, nhd. bald adv. mox.

(ball) wirbeln.

Germanisch in balla, bollan, bolstra, bolta.
Vgl. φάλο-ς (und sskr. balbaliti wirbeln?), φάλαγξ, φάλλο-ς.

balla (ballu) m. Ball.

an. böllr g. ballar pl. ballir m. (u-Stamm) Kugel, Ball. + mhd. bal g. balles m. Kugel, Ball, nhd. Ball, Bälle; ahd. pallo, ballo, mhd. balle schw. m. und ahd. ballâ, pailâ schw. f. Ball, Kugel; Ballen (auch an Hand und Fuss). Vgl. bollan Bolle.

bollan m. runder Körper, Bolle; bauchiges Gefäss, Bowle.

an. bolli m. Schale zum Aufnehmen des Opferbluts, kleine Schale, Näpfchen. + ags. bolla m. cyathus, engl. bowl Kegelkugel; Napf, Schale, daher entlehnt Bowle; ahd. pollâ, mhd. bolle schw. f. kugelförmiger Körper, Knospe, bulla in aqua; bauchiges Gefäss, folliculus, nhd. Bolle f.
Vgl. ahd. bolôn, polôn, mhd. boln wälzen, rollen, werfen, schleudern und s. balla, bolstra.

bolstra m. n. Polster.

an. bölstr g. bölstrs n. Polster, aufgeschwollene Masse. + ags. bolster m., ahd. polstar st. m. und bolstari, polstari st. n., mhd. bolster st. m., nhd. Polster n. Zu balla, bollan, ahd. bolôn, polôn, mhd. boln wälzen, rollen, werfen, schleudern.

bolta, boltan m. Bolz.

an. bolti m. Bolz. + ags. bolt m., engl. bolt, thunder-bolt; ahd. bolz, polz, mhd. bolz st. m., nhd. Bolz und Bolzen m.

balva (schlimm, übel) n. Unheil, Uebel.

an. böl g. böls dat. bölvi n. Uebel, Unglück. + goth. in balva-vêsein- f. Bosheit, balv-jan quälen, balv-eini- f. Qual, Pein, as. balo n. Uebel, ags. balu, bealu adj. schlimm, balu, bealu, bealo n. Unheil, Uebel; ahd. balo, palo g. balawes st. m. 1 Verderben.
Vgl. φαῦλο-ς schlecht (= φαλ-ϝο-ς) zur Wurzel φαλ in φηλός, φηλητής betrügerisch = lat. fallo fallere täuschen.

basa bar, bloss; barfuss.

an. berr (= basjas) bloss, entblösst (berum fôtum barfuss), unbekleidet;

deutlich, offenbar. + as. bar, ags. bar, engl. bare; ahd. bar, par, mhd.
bar barwer nackt, bloss, ledig, frei von; inhaltlos, eitel.
Vgl. lit. basa-s und basu-s barfuss. — ksl. bosŭ barfuss. Zu bas leuchten
= sskr. bhâs bhâsati leuchten, wozu auch ags. basu purpurn (eigentlich
leuchtend).

basja Beere.

an. ber n. Beere. + goth. basja- n., as. beri st. n., ags. berje, berije schw.
f., engl. berry; ahd. beri, peri, mhd. ber st. n. und st. f., nhd. Beere.
Vgl. sskr. bhas essen?

bit, bîtan bait bitum bitana beissen, spalten, ein-dringen.

an. bíta beit bitum bitinn beissen (vom weidenden Pferde, anbeissendem
Fische), beissen = eindringen, spalten (vom Schwerte, Bohrer), ein-
greifen, wirksam sein. + goth. beitan bait bitum bitans beissen, ags.
bîtan, engl. bite; ahd. bîzan, pîzan, mhd. bîzen abl. 5 beissen, beissend
schmerzen, nhd. beissen biss gebissen. Eigentlich spalten, welche allge-
meinere Bedeutung im An. noch deutlich hervortritt.
Vgl. lat. findo fidi fissum findere spalten. — sskr. bhid bhinatti bhedati
spalten.

bita m. n. Biss.

an. bit n. das Beissen, Biss. + ahd. biz st. m. Biss, abgebissenes
Stück, mhd. biz, bitz st. m., nhd. Biss m. Von bîtan bitana
beissen.

bitan m. Bissen.

an. biti m. Bissen, Mundvoll (Querbalken im Hause, Schiffe). +
ahd. bizzo, pizzo, mhd. bizze schw. m. auch ahd. pizzâ schw. f.
Bissen, Schliessen des Mundes zum Beissen; Keil vgl. an. biti
Querbalken. Von bîtan bitana beissen.

bitra beissend, scharf, bitter.

an. bitr, bitr, bitrt beissend, scharf; begehrlich. + as. bittar,
ags. biter, engl. bitter; ahd. bittar, pittar, mhd. bitter beissend,
scharf, bitter, nhd. bitter. Die Vocalsteigerung im goth. baitr-
a-s bitter ist auf diesen Dialect beschränkt. Von bîtan bait bitana
beissen.

baitja beissen machen, beissen lassen.

an. beita (= baitja) beitta beissen lassen, weiden lassen (Vieh),
anbeissen lassen (Fisch). + ags. bâtian anbeissen lassen (Fisch),
baetan zäumen (Pferd), baete n. Zaum; ahd. (beizjan) beizan,
peizan, mhd. beizen beissen machen, beizen, mit Falken jagen
(= den Falken beissen lassen), mhd. beizen und erbeizen vom
Pferde absteigen (das Pferd beissen, fressen lassen), nhd. beizen
beizte gebeizt. Causale von bîtan bait beissen.

bid, bîdan baid bidum bidana warten.

an. bidha beidh bidhum bidhinn warten, warten auf: erhalten, zugetheilt bekommen. + goth. beidan baid bidum bidans warten auf, erwarten mit gen., as. bîdan warten auf mit gen., ahd. bîtan, pîtan, mhd. bîten abl. 5 warten, warten auf mit gen.

Vgl. πείθω πέποιθα. — lat. fido fisus sum fidere, fides (trauen = warten auf).

beba das Beben, Zittern.

an. bif g. bifs n. das Beben, Zittern. + ahd. biba, piba und bibe, mhd. bibe st. schw. f. das Beben, Zittern.

Vgl. φέβομαι, φόβο-ς. — lat. feb-ris, fibra, fimbria.

bebâ beben, zittern.

an. bifa adha bewegen, erschüttern, bifast schüttern, beben, bifan f. Erschütterung. + as. bibhôn, bifôn, ags. beofian; ahd. bibên, pipên, mhd. biben und biben, nhd. beben. Dazu ferner ahd. bibinôn, pipinôn, mhd. bibenen zittern, beben, ahd. pipinunga, mhd. bibenunge f. Beben, Zittern. Von beba φόβος.

bebra fibra.

an. björr m. abgeschnittener Streifen, Fetzen (björ-r = biura = biubra = bibra wie an. björ-r Biber).

Vgl. φόβη flatterndes Haar. — lat. fibra, fimbria.

bebra m. Biber.

an. björr m. (entstellt aus bifr) Biber, Biberfell. + ags. beofor m., engl. beaver; ahd. bibar, pipar, mhd. biber m., nhd. Biber. Wie an. björr = bifr = lat. fibro, so entspricht an. björr m. abgeschnittener Streifen, Fetzen dem lat. fibra, fimbria.

Vgl. lit. bebru-s. — ksl. bebrŭ. — lat. fiber. — gallisch in Bibr-ax, Bibracte. — zend. bawra-, bawri Biber; sskr. babhru braun, m. grosses Ichneumon.

bebrîna vom Biber.

ahd. bibirîn. pipirîn vom Biber.

Vgl. lit. bebrini-s. — lat. fibrinu-s. — zend. bawraini vom Biber.

berka f. Birke.

an. björk g. bjarkar f. Birke, birki-raptr m. Knittel aus Birkenholz, birkividhr m. Birkenbaum. + ags. beorc f., engl. birch; ahd. birka, bircha, pircha, piricha, mhd. birke, birche st. f., nhd. Birke pl. Birken f.

Vgl. lit. berźa-s m. — ksl. brêza f. — sskr. bhûrja m. Art Birke.

bîva (bîja?) f. Biene.

an. bŷ g. bŷs f. Biene. + ags. beó, bî f., engl. bee; ahd. biâ, pîâ, mhd. bie schw. f., ahd. bian, pian pl. pianâ st. m. 1, mhd. bine, bin st. f. 1; ahd. bini, pini, mhd. bine st. n. (Stamm binja-), nhd. Biene pl. Bienen f.

Vgl. lit. biti-s f. Biene. — sskr. bha m. Biene.

bu werden, sein, beum bin, beun inf. sein.

Germanisch in bûa, bûan, bûanda, bûtha, bûra; as. bium, ahd. bim,
mhd. nhd. bin = sskr. bhavâmi, ags. beón, engl. to be sein.
Vgl. lit. bu-siu fut. bu-ti inf. ergänzt es sein. — ksl. by-ti werden. —
φίω caus. ἔφυν, πέφυκα. — lat. fuo fui fu-turus, fo-re. — sskr. bhû
bhavati werden, sein, bhavana n. Wohnung, Haus.

bûa n. Bau.

an. bû n. Wirtschaft, Haushalt; Wohnort. + as. bû n. Wohnung,
Gut, Haus und Hof, ags. bû n. Wohnung; ahd. bû, pû, mhd.
bû g. bûwes, und bou g. bouwes st. m. selten n. Ackerbau, Land-
wirtschaft, bebautes Land, Wohnsitz, Wohnung; Bau einer Wohnung, Bau = Gebäude, nhd. Bau m.   Von bûan.
Vgl. lit. bu-ta-s Haus. — sskr. bhavana Wohnung, Haus u. s. w.

bûan bauen, wohnen.

an. bȳ bjô bjuggum bûinn wohnen; in Stand bringen, versehen
mit, schmücken, ausrüsten; bestatten; sich betragen. + goth.
bauan st. v. wohnen, bewohnen, ald bauan ein Leben führen, as.
bûan schw., ags. bûan, bûvan st. v. byvan schw., ahd. bûan, pûan,
bûwan, pûwan, mhd. bûen, bûwen (bouwen, biuwen) st. schw.
v. Feldbau treiben, wohnen, trs. bebauen, bewohnen, nhd. bauen,
schweiz. gebûwen, gebûen.

bûanda m. Bebauer.

an. bûandi, bôandi, bôndi pl. boendr m. freier Grundbe-
sitzer. + ags. bûend m. incola. Part. praes. von bûan
als subst.

bûtha, bûthan f. Wohnung, Bude.

an. bûdh pl. ir f. Wohnung, Aufenthalt; Bude, Zelt, bûdhu-nautr
m. Zeltgenoss. + engl. booth; mhd. buode, md. bûde schw. f.,
nhd. Bude pl. Buden f. Von bûan bauen, wohnen.
Vgl. lit. buta-s m. Haus.

bûra n. „Bauer“, Gemach, Vorrathshaus.

an. bûr n. Vorrathshaus, Frauengemach. + ags. bûr m. Wohnung,
Haus, engl. bower Wohnung, Hütte; ahd. bûr, pûr st. m. Wohnung, Haus, nhd. Vogel-bauer n. Von bûan bauen, wohnen.

bûka m. Leib.

an. bûkr m. Körper, Leib, der menschliche Leib. + ags. bûc m., ahd.
bûh, bûch, pûch, mhd. bûch st. m. Bauch, Rumpf, nhd. Bauch pl. Bäu-
che. Zu ig. bhug fungi.

bukka m. Bock (und bukkan m.).

an. bukkr, bokkr m. Bock, stôr-bokkr m. (grosser Bock soviel als) ange-
sehener Mann, bokki m. Bock. + ags. bucca m., engl. buck; ahd. boch,

poch, pocch pl. poochâ, mhd. boc g. bockes st. m. 1, nhd. Bock pl.
Böcke.
Vgl. zend. bûza m. Bock, buz-ya bockig, ziegig vgl. sskr. bukka m. bukkâ
f. Bock, Ziege.

bug, beugan baug bugum bugana biegen.

an. bjûga biegen, bugnst fléctebant se, part. boginn gebogen, bjûgr krumm,
gekrümmt, bugr m. Biegung, Krümmung. + goth. biugan baug bugum
bugans biegen, sich biegen, ags. bûgan beáh bugon; ahd. biagan, piogan,
piokan, mhd. biegen, nhd. biegen bog gebogen; ahd. biugo, piugo schw.
m., mhd. biugo st. f. Krümmung.
Vgl. lit. bug-stu, bug-ti erschrecken intrs. baug-inti erschrecken trs. —
φεύγω, ἔφυγον, πέφευγα, φυγή. — lat. fugio, fuga. — sskr. bhuj, bujati
biegen; zur Seite drängen. „Biegen" nur im Arischen und Deutschen.

bugan m. Bogen, Wölbung, Schiessbogen.

an. bogi m. Bogen, Wölbung, Schiessbogen. + as. bogo, ags.
boga schw. m., engl. bow; ahd. bogo, pogo, poco, mhd. boge
schw. m. Bogen, Wölbung, Schiesshogen, nhd. Bogen m. Von
beugan bugana biegen.

alinabugan Ellenbogen.

an. ölbogi m. Ellenbogen. + ahd. elinpogo, mhd. elen-
boge, nhd. Ellenbogen, Ellbogen.

regnabugan Regenbogen.

an. regnbogi m. Regenbogen. + engl. rainbow, ahd. re-
ganpogo, mhd. regenboge, nhd. Regenbogen.

bauga m. Ring.

an. baugr g. baugs pl. ar m. Ring; Wehrgeld, Busse. + ags.
beág, beáh m., ahd. boug, poug, pouc, mhd. houc g. bouges st.
m. 1 Ring (für Kopf, Hals, Arm). Von beugan baug biegen.
ksl. bugû m. Spange ist aus dem Deutschen entlehnt.
Sskr. bhoga m. Windung, Biegung, Ring.

baugja beugen.

an. beygja beygdha krümmen, biegen. + as. bôgian beugen;
ahd. bougen, mhd. böugen (böigen) krümmen, biegen, nhd. beugen Causale von beugan baug.

bud, beudan baud budum budana bieten.

an. bjödha baudh budhum bodhinn bieten, sich erbieten, entbieten, anbieten. + goth. (biudan bauth budum budans in) ana-biudan entbieten,
befehlen, anordnen, faur-biudan verbieten, as. biodan, ags. beódan; ahd.
biotan, peotan, piotan, mhd. bieten abl. 6 bieten, darbieten, anbieten,
zeigen, erweisen. Grundbedeutung: kundthun, vgl. budan Bote.
Vgl. lit. bundu wache, bud-inti wecken. — ksl. bûd-êti wachen, bljudą

bljus-ti wahrnehmen, sehen. — πυϑ πινϑάνομαι πεύϑομαι ἐπυϑόμην erkunden. — sskr. budh bodhati erwachen; merken, gewahr werden.

buda n. Gebot.

an. bodh n. Einladung, Aufforderung, Gebot, Gastgebot. + ags.
bod n. Gebot, be-bod, bi-bod n. jussum, mandatum = ahd. bibot,
pipot n. Gebot, mhd. bot st. n. Gebot, nhd. Ge-bot, Ver-bot n.
Von beudan budana bieten.

budan m. Verkünder (Bote).

an. bodhi m. Verkünder. + as. bodo, ags. boda schw. m. Bote;
ahd. boto, poto, mhd. bote schw. m. Bote, Botschafter, Gesandter,
nhd. Bote m. Von beudan budana bieten.

beuda m. Tisch.

an. bjödhr m. Tisch. + goth. biud-a-s m., as. biod, ags. beód m.,
ahd. piot, biet m. Tisch. Von beudan bieten.
Daraus ksl. bljudü m. Schüssel entlehnt.

but, baut schlagen; stossen.

an. bûtr m. unbehauenes Stück, Klotz, vgl. mhd. butze schw. m. abge-
schnittenes Stück, Masse, Klumpen, bauta adha schlagen, erschlagen,
bauta-steinn m. Deukmal für einen im Kampfe Gefallenen, baust g. bausta
n. das Schlagen (aus baut-ta) beysta (d. i. baust-ja) prügeln, schlagen
(vgl. lat. fusti-s?). + ags. beátan beót beóton, engl. beat; ahd. pôzan,
mhd. bôzen abl. 12 stossen, schlagen, mhd. boz und bôz st. n. Schlag,
Stoss, mhd. biuz, bûz, pûz st. m. Schlag, Stoss, Schmiss, dazu auch nhd.
bauz! vielleicht auch ahd. bioza, pioza, mhd. bieze st. f. weisse Rübe (=
Klumpen, Ballen wie an. bûtr?).

budna und budma (butma) m. Boden, Grund.

an. botn g. botns pl. ar m. Grund, Boden. + as. (bodom) dat. bodme,
ags. botm m., engl. bottom; ahd. bodam, podam, mhd. bodem st. m. f.
nhd. Boden.
Vgl. πυϑμήν, βυϑμό-ς, βύσσο-ς, πύνδαξ. — lat. fundu-s, pro-fundu-s. —
sskr. budhna m. n. Boden, Grund.

bupa, buppa m. Puff, Stoss.

an. bopp g. bopps n. Schlag, Stoss eines elastischen Körpers „Puff". +
mhd. buf, puf g. puffes m. Schlag, Stoss; Buff- oder Puffspiel, nhd. Puff
pl. Püffe m. Eigentlich wohl vom Tone vgl. an. bopps g. bopps n. hohler Laut, boppsa adha hohl lauten und mhd. buffen schnauben, bellen.

bôgu m. Bug, Arm.

an. bôgr (u-Stamm) m. Bug, Arm. + ags. bôg m., engl. bough; ahd. puoc,
puac, buog, mhd. buog pl. büege st. m. 2, nhd. Bug m.
Vgl. πῆχυ-ς m. Arm, Elle. — sskr. bâhu, zend. bâzu m. f. Arm.

bôban m. Bube.

an. bôfi m. Schuft im Beinamen Freysteinn bôfi. + engl. boy; as. Eigenname Bôvo, ahd. Eigenname Bôbo, Buobo, Puopo, Puapo, mhd. buobe schw. m. Junge, Bube; Nichtsnutz, Schelm, nhd. Bube m. pl. Buben. Schwerlich aus lat. pûpus entlehnt; eher zu beb beben, also eigentlich Feigling?

braida breit.

an. breidhr, breidh, breitt breit. + goth. braid-a-s, as. brêd, ags. brád, engl. broad; ahd. breit, preit, mhd. breit, nhd. breit.
Gleichen Stammes ahd. pret, bret, mhd. bret, nhd. Brett, ahd. preta f. flache Hand.

braidja breiten.

an. breidha breidda breiten, bedecken. + goth. us-braidjan ausbreiten, ausstrecken, as. brêdian; ahd. (preitjan) preittan, preitan, mhd. breiten breit machen, ausbreiten, nhd. aus-breiten, verbreiten. Von braida.

brak brechen, brekan brak brechen.

goth. brikan brak brêkum brukans, nhd. breche brach gebrochen.
Vgl. lat. frango frêgi fractum frangere.

brak krachen, prasseln = brekan brak brechen.

an. braka adha prasseln, krachen. + ags. brecan fremere, gebrec n. Gekrach, Geräusch, breah-tm m. fragor, tumultus, vociferatio, as. braht m. = ahd. praht, mhd. braht st. m. Lärm.
Wie fragor Gekrach zu frangere.
Vgl. bark.

braka n. fragor.

an. brak n. fragor. + ags. ge-bräc n. fragor.

brah fragrâre.

mhd. braehen riechen, ahd. prâ-dam, mhd. brâdem, nhd. Brodem, ags. braedh, engl. breath.
Vgl. lat. frag-râre, frâgum Erdbeere. Mhd. brëhen heisst schimmern und riechen.

bragd schwingen (bregdan bragd brugdum brugdana).

an. bregdha brâ brugdhum brugdhinn in schnelle Bewegung setzen, schwingen; verändern, verlassen, aufgeben, bragdh pl. brögdh n. schnelle Bewegung; Aussehen, das Aeussere, Benehmen, Handlungsweise, That, pl. Zauberkünste. + ags. bregdan brägd brugdon brogden schwingen, zücken; knüpfen, flechten, Farbe wechseln, schillern. Vgl. ahd. brëttan, prëttan, mhd. brëtten abl. 1 schwingen, ziehen, zucken; weben = ags. bredan bräd brudon broden plectere, nectere, vibrare, stringere (Schwert), movere. Die Lautgruppe gd kommt im Deutschen sonst kaum vor.

brâdan braten.

ahd. brâtan, nhd. braten brict gebraten.

Vgl. βράσ-σω (βρατ) sieden, wallen; auswerfen. — lat. fretum Wallung, Gluth; Sund, fret-âle Bratpfanne.

brâda Braten, Fleisch.

an. brâdh pl. ir f. Jagdbeute, Fleisch der jagdbaren Thiere. + ahd. brât, prât, mhd. brât st. n. Fleisch (lebender oder getödteter Thiere), ahd. brâto, prâto, mhd. brâte schw. m. Fleisch, dann Braten. Von ahd. brâtan, prâtan, mhd. brâten, nhd. braten briet gebraten trs. und intrs. wozu auch an. brâdh n. Schmelzen, das mit Theer bestrichene Holz, davon braedha schmelzen, auflösen; theeren.

branta jäh, schroff, hoch.

an. brattr, brött, bratt jähe, schroff. + ags. brant, bront, engl. brent, brant steil, jäh, hoch.

Vgl. ved. çata-bradhna hundertspitzig (vom Pfeil).

bram, breman bram brâmum bromana fremere, brummen.

ahd. brëman, prëman, mhd. brëmen abl. 3 brummen, ahd. brëmo, prëmo m., mhd. brëme, brëm schw. m. Bremse, mhd. brummen = nhd. brummen, brummte.

Vgl. βρέμω, βρον-τή, βρόμο-ς. — lat. fremo fremui fremitum fremere. Sskr. bhram heisst eigentlich vibriren.

brema n. Brandung.

an. brim g. brims n. Brandung. + ags. brim, brym n. Brandung, Meer. Von breman fremere. Besser bremja?

• brâva f. Augenbraue.

an. brâ pl. brâr f. Augenbrauc. + as. brâva, brâha f., ahd. brâwa, prâwa, prâa st. f. 1, mhd. brâ st. und schw. f. auch ahd. brâ, prâ st. n. Braue, Wimper. Goth. brahva f. Blinken, Zwinken gehört nicht hierher, sondern zu mhd. brëhen abl. 1 glänzen. brâva aus ig. bhrû f. Braue.

Vgl. lit. bruvi-s. — ksl. o-brûvî. — ὀφρύ-ς. — sskr. bhrû f. Augenbraue.

brûna f. Augenbrauc; Rand.

an. brûn g. brûnar pl. brýnn (i-Stamm) f. Augenbraue; Rand, Kante, brýna (= brûn-ja) brynda (kantig machen =) schleifen, wetzen. + lit. brauna f. Rand, Kante, Kiel des Schiffes. Aus ig. bhrû Augenbraue, vgl. ὀφρύς Braue und Hügel. Das nhd. Augen-braune scheint hiernach auf alter Form zu beruhen.

Dazu mhd. brûne f. cunnus (= Leisten, Rand).

brast, brestan brast brostum brostana bersten, brechen; gebrechen, mangeln; krachen.

an. bresta brast brustum brostinn brechen, bersten, brestar es mangelt, gebricht, brestr m. Gekrach vgl. brastâ. + as. brestan, ahd. brëstan, prëstan, mhd. brësten abl. 1 und 3 bersten, brechen, unpers. mangeln, gebrechen, nhd. bersten barst geborsten, ahd. brësta f. Mangel s. bresta, ahd. brastôn krachen s. brastâ. Von bras vgl. φλάω Stamm φλασ. βλαστάνω ἔβλαστον heisst wohl ursprünglich „bersten, aufbrechen".

bresta m. Gebresten.

an. brestr m. Gebresten, Mangel. + ags. berst, byrst m. damnum, mhd. brëst st. m., ahd. bresta st. f. und mhd. brëste schw. m. Gebresten, Mangel. Von brestan.

brastâ krachen.

an. brasta adha prasseln, krachen. + ahd. prastôn, brastôn, mhd. brasten prasseln, ahd. prastôd m. Gekrach. Von brestan brast brechen.

breuska Anschwellung, Knorpel.

an. brjôsk n. Knorpel. + mhd. brüsche st. f. Beule, nhd. Brausche f.

breusta Brust.

an. brjôst n. Brust. + as. briost, breost, ags. breóst f., engl. breast Brust; vgl. goth. brust-s f., ahd. brust, prust, mhd. brust st. f. 2, nhd. Brust pl. Brüste f.

brenka Hügel, Erhöhung „Brink".

an. brekka f. Hügel. + ndd. Brink m., nhd. Brink-sitzer.

bru brauen (brevan brau brovana) (eigentlich schwellen βρύω).

an. brugg g. bruggs (d. i. bruva) n. das Brauen, brugga adha brauen, anstiften. + as. gi-brewan st. v. brauen, mhd. briuwen, brûwen, brouwen st. abl. 6, ahd. prouwan schw. brauen, nhd. brauen braute; dazu ahd. prû-hûs n. Brauhaus, mhd. briuwe st. f. das Brauen, mhd. brüewe, brüeje st. f. Brühe, brüejen, brüen praet. bruote sengen, brühen, ver-brühen, bruot st. f. 2 Hitze, davon ahd. (pruotjan) pruottan, mhd. brüeten, ags. brêdan, engl. breed und brood erwärmen, brüten.
Vgl. βρύ-ω schwelle, βρῠ-ro-v Bier, βρύ-τεα Trester. — lat. de-frútum Mostsaft cf. ferveo.

brutha n. Brühe.

an. brodh g. brodhs n. Fischbrühe. + ags. brodh, engl. broth; ahd. prod st. n. Brühe.
Vgl. βρῦτο-v Bier. — lat. dê-frûtu-m Mostsaft.

brûdi f. Braut.

an. brûdhr g. brûdhar pl. ir f. Braut + goth. brûth-i-s f. Braut, Schwiegertochter, as. brûd f. Braut, junge Frau, ags. bryd f., engl. bride; ahd. brût, prût, mhd. brût st. f. 2 Braut, Gemahlin, nhd. Braut pl. Bräute f.

Vgl. βρύ-ω schwellen und lat. Fruti, Beiname der Venus.

brûdigoman m. Bräutigam.

an. brûdhgumi m. Bräutigam. + as brûdigumo m. Bräutigam, Ehemann, ags. brŷdguma m., engl. bridegroom; ahd. brûtigomo, prûtigomo, mhd. briutegome, briutegom, nhd. Bräutigam m. Aus brûdi und goman Mann.

brûdihlaupa Brautlauf, Hochzeit.

an. brúthhlaup n. Hochzeit. + ags. brydhhleáp (verderbt brŷdhlop, brŷdlop); ahd. brûtlouft, mhd. brûtlouft, brûtlouf st. m. und st. f. 2, nhd. Brautlauf m. Hochzeit. Aus brûdi Braut und hlaupa Lauf, „Lauf um die Braut".

brûna (braun) dunkel.

an. brúnn schwarz, brúnn m. schwarzes Pferd, Rappe. + ags. brûn schwarz, aber engl. brown braun; ahd. brûn, prûn, mhd. brûn glänzend, braun, dunkelfarbig. Vgl. sskr. ba-bbru braun, φρύνη Kröte. Aus mhd. prûnât und brûnit st. m. ein feines, dunkelfarbiges Gewebe, lit. burnota-s m. die Purpurfarbe, burnotina-s purpurfarbig, purpurroth, ksl. brunatinü dass. entlehnt, oder umgekehrt?

brauda (brautha) n. Brot.

an. braudh n. Brot. + as. bród, ags. breád n., engl. bread; ahd. brôt, prôt, mhd. brôt st. n., nhd. Brot pl. Brote und Bröte. Von bru brauen (= durch Gährung bereiten).

brûk brauchen.

an. brûka brauchen. + goth. brúkjan brûhta, ags. brûcan breác brucon, as. brûkan st. v., ahd. brûchan, prûhhan, mhd. brûchen, nhd. brauchen. Vgl. lat. fruor fruc-tus sum frui, frugi, fruges, fructu-s.

brova f. Brücke.

an. brú pl. brúar f. Brücke vgl. bryggja f. dass. Aus brova, vgl. gallisch -briva Brücke.

brovjan f. Brücke.

an. bryggja f. Brücke, Schiffbrücke. + ags. bricg, brycg f., engl. bridge; ahd. prucca, mhd. brucke, brücke st. und schw. f., nhd. Brücke pl. Brücken. Aus brova.

brut, breutan braut brutum brutana brechen.

an. brjóta braut brutum brotinn brechen, laga-brjótr m. (Gesetzbrecher =) Verbrecher, brot n. Bruch, Bruchstück, brot-na adha zerbrechen intrs. braut g. brautar pl. ir f. Weg (eigentlich via fracta vgl. frz. route aus via rupta und „Bahn brechen"), breyta (= brautja) breytta ändern; ein-

richten, anstellen, thun. + ags. breótan zerbrechen, as. brêtôn (für brio-
tôn) zerschmettern, mhd. briuzan abl. 6 (aufbrechen =) knospen, schwellen, ahd. bruzi, bruzzi f. Gebrechlichkeit, bruzig gebrechlich, ahd. pro-
sama, mhd. brosem st. f. (Grundform proz-sma) und ahd. brosmâ, mhd.
broseme, brosme schw. f., nhd. Brosamen, ahd. proz, mhd. broz st. n.
Knospe, Sprosse, mhd. brozzen schw. v. Knospen treiben. Vgl. lat. fru-
stum.

brutjan m. Austheiler.

an. bryti m. der Vorschneider (vornehmster Knecht). + ags. bry-
ta, brytta m. Austheiler. Von breutan brutana brechen.

brutjâ austheilen.

an. brytja adha austheilen, vorschneiden (Speise, Fleisch).
+ ags. brittian, bryttian bryttode austheilen, verwalten.
Von brutjan.

brôka f. Hose.

an. brôk g. brôkar pl. broekr f. Hose. + ags. brôc pl. brêc f., engl.
breeches pl., ahd. bruoh, pruoh, mhd. bruoch st. f. Hosé. Wohl nicht
deutsch, vgl. lat. gallisch brâca, bracca f. Hose.

bla, blâja blähen, blasen.

an. in blaer (= blâjas) m. Wind, Zug, Luft. + ags. blâvan, engl. blow;
ahd. plâen, plâhan, mhd. blaejen, blaewen, blaen praet. blaete, blâte intrs. blasen, trs. blähen, aufblähen, nhd. blähen.
Vgl. φλέω. — lat. flo flâvi flâtum flâ-re blasen, wehen.

blada n. Blatt.

an. bladh n. Blatt. + as. blad pl. bladu, ags. bläd n., engl. blad;
ahd. blat, plat pl. pletir, mhd. blat pl. blat und bleter st. n.
Laub, Blatt, nhd. Blatt pl. Blätter. Zu blâ-ja φλέω.

bladran (blâdran) f. Blatter, Blase.

an. bladhra f. Blase, Blatter, auch bledhra f. + ags. blädre, bläd-
dre f., engl. bladder; ahd. blâtarâ, plâtarâ, mhd. blâter schw. f.
Blase, Blatter, nhd. Blatter f. Von blâja flare.
Gebildet wie nadran Natter von na nâja schnüren.

blâjan f. Decke.

an. blaeja f. Decke. + mhd. blahe, plahe schw. f. grobes Lein-
tuch. Von blâja.

blas, blos flammen.

an. blys g. blyss n. Flamme, Fackel, blossi m. Lohe, Brand,
blossa adha flammen. + as. blasma f. flamma, ags. bael-blys f.
flamma rogi, blysan exardere, ags. blase, bläse f., engl. blaze;
mhd. blâs st. n. Kerze, Fackel, Gluth. Zu mhd. blas fl. blasser
blass, kahl, schwach, nhd. blass vgl. lit. bles-ti auslöschen.
Wohl zu blâsan.

blâsan beblâs blâsana blasen.

an. blâsa blés blâsinn blasen, ausblasen, ausströmen, seufzen impers. aufschwellen. + goth. uf-blêsan baiblôs baiblôsum blêsans aufblasen, pass. sich aufblasen, stolz sein; ahd. blâsan, plâsan, mhd. blâsen blies, nhd. blasen blies geblasen. Vgl. lit. blos-ti ausblasen, auslöschen. Von blâ flare durch s weitergebildet.

blâsti m. das Blasen.

an. blâstr g. blâstar dat. blaesti m. (und blâstr g. blâstrar, blâstrs pl. blâstrar m.) das Blasen. + ags. blaest f., engl. blast; ahd. blâst, plâst, mhd. blâst st m. 2 Blasen, Hauch, Schnauben, Zorn und Zank. Von blâsan.

blaita bleich.

ahd. pleizza f. livor vgl. ksl. blêdü blass, bleich.

blau, blevan blau schlagen, bläuen.

goth. bliggvan blaggv bluggvum bluggvans, ahd. bliuwan, pliuwan, mhd. bliuwen abl. 6 schlagen, bläuen.

blav (= goth. blaggv) steht für blagv, wie sniv schneien für snigv; Grundform also bhlag(v), daraus lat. flag in flag-ru-m, flagel-lu-m, und fligo flixi flictum fligere = $\varphi\lambda i\beta\omega$ = $\vartheta\lambda i\beta\omega$; $\varphi\lambda i\beta$ für $\varphi\lambda i\gamma_f$ und dies für $\varphi\lambda i\chi_f$.

(Zur Wz. blu = $\varphi\lambda i\omega$ lat. fluere:)

blautha blöde, schwach, zaghaft.

an. blaudhr feig, schwach. + goth. in blauth-jan (blöd machen =) aufheben, abschaffen, as. blôdhi zaghaft; ahd. blôdi, plôdi, mhd. bloede zerbrechlich, gebrechlich, schwach, zaghaft, nhd. blöde. Damit eins ist ahd. brôdi, prôdi, mhd. broede gebrechlich, schwach. Vgl. $\varphi\lambda\alpha v$-$\varrho\acute{o}$-ς.

blauta weich, schwach (bloss).

an. blautr weich, sanft, schwach, blot-na adha weich werden. + ags. bleát miser; ahd. plôz, mhd. blôz bloss, nackt; rein, unvermischt, ahd. auch stolz, nhd. bloss.

Vgl. fluidus schlaff. — $\varphi\lambda v\delta\alpha\varrho\acute{o}$-$\varsigma$ matschig, $\varphi\lambda v\delta\acute{a}\omega$ zerfliessen.

blautja bloss machen, blössen.

an. bleyta (= blautja) bleytta schwach, fad, blôss machen. + mhd. bloezen, nhd. blössen, ent-blössen. Von blauta bloss.

bleuga verzagt, blöd.

an. bljûgr blöde, verzagt, blŷgdh f. Scham. + mhd. bliuc, blûc fl. bliuger verschämt, verlegen, betreten, bedenklich, zaghaft, ahd. blugisôn, plûgisôn, blûchisôn titubare, dubitare. Gleichen Stammes mit blau-tha blöde.

Vgl. lit. bluk-sztu, bluk-au, bluk-ti schlaff, welk werden (von den Muskeln).

blak glänzen.

ahd. plecchan, blecchan, blechan (blachjan), mhd. blecken praet. blacte, blahte blitzen, sichtbar werden, sich entblössen, mhd. auch trs. sichtbar machen, wie nhd. die Zähne „blecken"; ahd. plecchazzan, bleccbezen blitzen.

Vgl. φλέγω, φλόξ. — lat. flag-râre, flammu, fulgeo, fulgur, fulmen. — sskr. bhargas n. Glanz, bhrâj bhrâjati leuchten.

blanka blank.

an. blakki m. Blankheit, Glanz. + ags. blanca, blonca m. weisses Pferd; ahd. blanch, planch blank, blinkend, weiss. In alle Romanischen Sprachen übergegangen. Von blak φλέγω.

blaka schwarz.

an. blakkr schwarz, blek (= blakja) g. bleks n. Dinte. + ags. blac, blāc, engl. black schwarz, ahd. blah, plah st. n. Dinte.

blat platzen.

mhd. blatzen = nhd. platzen, platz, blatz m. platzender Schlag.

Vgl. ἔ-φλαδ-ον riss, platzte.

blandan bebland blandana mischen.

an. blanda blĕtt mischen, part. blandinn von gemischter Gesinnung, falsch. + goth. blandan (baibland blandans) sich vermischen, Gemeinschaft haben, ahd. blantan, plantan abl. 7 mischen, Getränk mischen, anstiften, nbd. Blend-ling.

Vgl lit. blendza-s, blęsti-s sich verdunkeln von der Sonne s. blinda. — ksl. blędĭ f. fraus, nugae, blędą blęs-ti errare, nugari, scortari.

blenda blind, trübe, nichtig.

an. blindr blind. + goth. blind-a-s, as. blind, ags. blind, engl. blind; ahd. blint, plint, mhd. blint blinder, nhd. blind.

Vgl. lit. blęsti-s sich verdunkeln (Sonne), blindé, blįsti es wird Abend, der Himmel bezieht sich. — ksl. blędĭ nugae.

blâva blau.

an. blâr, blâ, blâtt blau, dunkel. + ags. blae g. blaeves, engl. blue blau; ahd. blâo, plâo, plâwêr, mhd. blâ blâwêr, nhd. blau.

Vgl. lat. flâvu-s blond. Zu blu φλύω „zerflossene" Farbe.

blik blaik blikum blikana blinken, erbleichen.

an. blikja bleik blikum blikinn blinken, blikna bliknadha erbleichen, bleikr bleich s. blaika. + mhd. blichen bleich blichen blass werden, nhd. er-bleichen erblich erblichen.

Aus blak (blek) φλέγω.

Vgl. lit. blizgéti funkeln, glänzen, schimmern, blyksz-ti erbleichen. — ksl. bliskŭ Glanz.

blika, blikja n. Schein, Glanz; Blech.

an. blik g. bliks n. Schein, Glanz; Blech. + ahd. blic g. blicches, plich, mhd. blic g. blickes st. m. 1 Glanz, Blitz, Blick; Luther: umblicken = umglänzen; nhd. Blick n., ahd. blëh, plëh, blëch, plëch pl. plëh und plëhir, mhd. blëch st. n., nhd. Blech n. Metallblättchen. Von blik blinken.

blaika weiss, hell, bleich.

an. bleikr bleich, flavus, bleikja f. weisse Farbe. + as. blëk, ags. blâc, engl. bleak; ahd. bleih, bleich, pleih, pleihh, mhd. bleich, nhd. bleich. Von blikan, blaik.

blaikja bleich machen, bleichen.

an. bleikja bleikta bleichen (das Haar). + ahd. (pleihjan) bleichan, mhd. bleichen, nhd. bleichen bleich, blass machen. Von blaika bleich.

blîtha sanft, freundlich.

an. blidhr freundlich, sanft. + goth. bleith-a-s mitleidig, gütig, barmherzig; as. blidhi, ags. blidho, engl. blithe, ndd. blid sanft (ditmars.), ahd. blidi, plidi, mhd. blide heiter, froh, freundlich.

blîthisâ erfreuen.

an. blessa, bloza (aus blidhsa) segnen. + as. blidsêa, blizza st. f. 1, ags. blidhs, blids und blis, bliss, blyss st. f. 2 Freude, Milde, as. blidsêan ergötzen, erfreuen, sich erfreuen, engl. bless segnen. Von blitha, wie ahd. blugisôn von bliuga.

blîva n. Blei.

an. blÿ g. blÿs n. Blei. + ahd. blîo, plîo g. blîwes, mhd. blî g. blîwes st. n., nhd. Blei n.

blô, blôja blühen.

an. in blôm, blómi s. blôman, blôdh s. blôda. + as. blôjan, blôan, ags. blôvan, engl. blow; ahd. bluojan, pluoan, mhd. blüejen, blüewen, blüen, nhd. blühen.
Vgl. lat. flô-s, Flô-ra, flôre-o, flôri-du-s. — altirisch bláth', cymr. bloden Blüthe.

blôda n. Blut.

an. blôdh n. Blut. + goth. blôtha- n., as. blôd, ags. blôd n., engl. blood; ahd. bluot, pluot, mhd. bluot st. n., nhd. Blut n. Von blôja.

blôdaga blutig.

an. blôdhugr blutig. + as. blôdag, ags. blôdig, engl. bloody; ahd. pluotag, mhd. bluotic, nhd. blutig. Von blôda.

blôman m. Blume.

an. blômi m. collect. Blume und blôm n. Blume. + goth. blô-
man- m., as. blômo m., ahd. bluomo, pluomo, mhd. bluome schw.
m. und ahd. pluomâ, pluamâ, mhd. bluome schw. f. wie nhd.
Blume pl. Blumen f. Von blôja.

blôtan beblôt blôtana opfern, verehren.

an. blôta blêt blôtinn opfern, Opfer bringen. + goth. blôtan (baiblôt
blôtans) verehren, ags. blôtan opfern; ahd. blôzan, plôzan red. 10 opfern.

blôta Opfer, Verehrung.

an. blôt n. Opfer. + ahd. in plôz-hûs n. Opferhaus.　Von blôtan.

blôthûsa Opferhaus.

an. blôthûs n. Opferhaus. + ahd. plôzbûs u. Opferhaus.
blôta+hûsa.

M.

(mâ) messen.

Germanisch in mâdi, mâla, mâlan und s. mat.
Vgl. ksl. mê-ra f. Mass. — μέ-τρο-ν. — lat. mê-ti-or, men-sus sum, mâ-
ter-ies. — sskr. mâ mâti messen; bilden.

mâdi f. Mass.

ags. maedh f. Mass.
Vgl. lat. mèti-or messe. — sskr. mâti und miti, upa-miti, zend.
miti f. Mass.

mâla n. Punkt, Mal, Zeitpunkt, Zeit, Mahlzeit.

an. mâl g. mâls n. Zeit, besonders die zu etwas geeignete Zeit,
Mahlzeit, maeli n. (= mâlja) Zeit. + goth. mêla- n. Zeit, Stunde
pl. Schrift, Schriften; ahd. mhd. mâl st. n. Punkt, Zeichen; Mal,
Merkmal; Zeitpunkt, Zeit; Mahlzeit, nhd. Mal, Mahl, Mahlzeit.
Eigentlich „Abgemessenes".

mâla, mâlan Mass.

an. mâl n. Mass, maela (= mûlja) maelta messen, maelir (=
mâljas) m. Mass von trocknen und flüssigen Dingen. + goth.
mêlan- m. Scheffel.　Von mâ messen, vgl. ksl. mêra f. Mass.

mat, metan mat mâtum metana messen, ermessen.

an. meta mat mâtum metinn schätzen, abschätzen, nach seinem
Werth bestimmen, taxiren. + goth. mitan mat mêtum mitans
messen, ags. metan messen, schätzen, wofür halten; ahd. mëzan,
mëzzan, mhd. mëzzen messen, abmessen, überlegen, prüfeu, nhd.
messen mass gemessen.

Vgl. μέδω, μήδομαι, μέδ-ιμνο-ς. — lat. mod-u-s, mod-es-tu-s, moder-âre, mod-iu-s, med-it-âri.

meta n. Mass.

ahd. mhd. mez n. Mass, Art und Weise.
Vgl. lat. modu-s m. Mass, Art und Weise.

metatha m. Ordner, Schöpfer.

an. mjötudhr m. dass. + as. metod, ags. meotod st. m. Messer, Ordner, Bildner, Schöpfer. Von metan.
Vgl. den homerischen Titel μέδοντες.

mâtan (mâta) Mass, Art und Weise.

an. mâti m. Art, Weise, mâtu-ligr passend, angemessen. + ahd. mâza, mhd. mâze st. f. 1, mhd. auch zuweilen schwach, Mass, Art und Weise, mhd. mâz n. Mass, Messgefäss; Grad, Art und Weise. Vgl. lat. modus.

(ma) mâja mähen.

ags. mâvan, ahd. mâjan, mâan, nhd. mähen.
Vgl. ά-μάω mähe, erndte. — lat. me-to mete-re mähen.

matha, mathan m. Made.

an. im demin. madhkr g. madhks pl. ar m. Made. + goth. mathan- m. Made, Wurm, as. madho, ags. madha m., ahd. mado, mhd. made schw. m., md. maden schw. m. f. Made, Wurm.
Von mâ άμάω oder lat. met-ere, was im Grunde auf dasselbe hinauskommt.

mâtha n. Mahd.

ahd. â-mâd = mhd. âmât n. Nachmahd, mhd. mât g. mâdes n., nhd. Mahd f.
Vgl. ά-μητο-ς m. Erndte, Herbst.

maiva m. Möwe.

an. mâr g. mâs pl. mâfar m. Möwe. + ags. mâv, maev, maeve m., altengl. mow, engl. mew; ahd. mêh st. m. f., nhd. Mewe, Möwe. Vgl. mhd. mâwen, nhd. mauen von Katzen und anderen Thieren.

maisa m. Sack, Korb.

an. meise m. Korb, Futterkorb. + ahd. meisa, mhd. meise st. f. 1 Gestell zum Tragen auf dem Rücken, Tragreff, Kiepe.
Vgl. lit. maisza-s m. grosser Sack. — ksl. mêchû m. Fell, Schlauch, Sack. — sskr. mesha m. Widder, in der älteren Sprache auch Vliess, Fell und was daraus gemacht wird.

(mau) waschen, schwemmen.

an. mâ (= mavâ) mâdha abwischen, abwaschen, môdha f. grosser Fluss, Strom; Erddampf, Dunst, mô-r g. mô-s pl. mô-ar m. Sumpf, Moor.

Vgl. lit. mau-dau, maudý-ti untertauchen, baden, schwemmen, maudýti-s
sich baden; preuss. mú in au-mú-sna-n acc. die Abwaschung. — ksl.
myję my-ti waschen, schwemmen, po-myję f. pl. eluvies.
Vgl. μιϝ μιαίνω sudeln. — zend. mû-thra Unreinigkeit = sskr. mútra
Urin u. s. w.

(mau) movere, schieben, streifen, rücken.

Germanisch in mauri Ameise, môva Muff.
Vgl. lit. mauju mau-ti streifen, schieben, movà f. Muff. — ά-μεύ-ομαι und
ά-μείβ-ομαι wechsle. — lat. moveo môvi môtum movêre, môt-âre, mût-
are. — sskr. miv mîvati schieben, streifen, rücken part. mûta motus.

mauri f. Ameise.

an. maur, ndd. miere f. Ameise.
Vgl. ksl. mravij f. Ameise. — zend. maoiri (d. i. mauri) m. Ameise.

môva f. Aermel, Muff.

afr. mowe, mhd. mouwe, md. môwe f. Aermel, Muff, vgl. ndd.
hemds-mauen in Hemdsärmeln.
Vgl. lit. uż-mava, uż-mova f. alles was aufgestreift wird, ranku
użmava eine Muff.

mauja mühen.

an. im part. môdhr müde s. mauitha. + goth. in af-mauitha-s, ahd. muo-
jan, mhd. müejen, müewen, müen beschweren, quälen, beunruhigen, bekümmern, ärgern, verdriessen, nhd. mühen, abmühen.
Vgl. lit. mau-dà f. Sorge, Mühe, maudżiu, maus-ti schmerzen, sich grä-
men, sehnen.
Vielleicht mit mau movere identisch, vgl. zend. a-muyamna unversehrt.

mauitha müde.

. an. môdhr müde (aus mauidh-s wie sôl Sonne aus sauil = goth.
sauil). + goth. af-mauith-a-s ermüdet, vgl. as. môdbi, ahd. muodi,
muadi, mhd. müede, nhd. müde. Part. praet. zu mauja mühen.

mauithîn f. die Müde, Müdigkeit.

an. moedhi f. Müdigkeit, Ermattung. + ahd. muodî, mhd.
müede (und müeden) f., nhd. die Müde.

mauithja ermüden.

an. moedha (d. i. môdhja) moedda ermüden, kraftlos
machen. + ahd. (muodjan) muodan, mhd. müeden müde
machen, nhd. er-müden. Dazu part. praet. an. moeddr
= nhd. er-müdet, Grundform mauithida-.

(mak) Nebenform zu mag.

Germanisch in maka, makan, meka, mikila; ahd. mahhâ f. machinatio,
ags. macian, ahd. machôn, nhd. machen.

Vgl. μάγγανον = μηχανή, μέγαρον „Gemach", μέγας, μεγάλη, μέζων = μεγjων, μέγιστο-ς. — sskr. etwa maj-manâ adv. zuhauf, gesammt.

maka gemach, gemächlich.

an. makr, mök, makt passend, bequem; still, ruhig, friedlich, mak-ligr geziemend, billig. + ahd. gi-mah, ka-mah, mhd. gemach womit verbunden, wozu gehörig; entsprechend, gleich, passlich, bequem, angenehm, behaglich; ahd. gi-mah, mhd. gemach st. m. n. Verbindung, Gleiches, Gemächlichkeit, Ruhe, Pflege; häusliche Bequemlichkeit, Gemach, nhd. gemach, gemächlich, Gemach n.

makan m. aequalis.

an. maki m. aequalis, minn maki meines Gleichen. + as. gi-mako aequalis, compar, similis, ahd. ka-mahho schw. m. socius, ahd. gi-mahhâ schw. f. uxor, conjux.

meka gross.

an. mjök adv. sehr.
Vgl. μέγα-ς, μέγα.

mekila gross.

an. mikill, mikil, mikitt gross, voll, ansehnlich, bedeutend. + goth. mikil-a-s, as. mikil, ags. micel, mycel; ahd. mihhil, michil, mhd. michel gross, ntr. adv. sehr, um Vieles. Dazu an mjök adv. sehr, bei adj. und verb. vor und nachgestellt, vgl. μέγα.
Vgl. μεγαλο- gross, μεγάλη.

(mah) μάσσω.
Germanisch in msila, mâhan.
Vgl. mink-au, mank-stau knete. — ksl. mąka Mehl, mękükü weich. — μάσσω (= μαχ-jω) μαγ-ειρό-ς, μᾶζα. — lat. mâc-erâre, mâceria. — sskr. mac macate zu Teig, Mehl, Staub machen.

maila n. Fleck.
goth. maila- n., ahd. meil Mal, Falte, Runzel.
Vgl. lat. macula f.

mâhan m. Mohn.
ahd. mâgo, nhd. Mohn m.
Vgl. ksl. makü m. — μήχων, μάχων m. Mohn.
Von mah μάσσω, weil man die Körner zerquetscht.

mag, magan mag magum mahta mahta vermögen, können.

an. mega mâ (für mag) mâtta matt vermögen, können. + goth. magan mag magum mahta mahts, as. magan oder mugan, ahd. magan, mugan, mhd. mugen, mügen vermögen, können, nhd. mögen mag mochte gemocht.

Vgl. ksl. mogą mošti können, vermögen. — μηχ-ανή, μόχ-λο-ς. — lat. mag-nu-s, mac-tu-s, Mā-ja. — sskr. mah mahati fördern, ehren, zurichten, mahant gross u. s. w.

mais comp. adv. mehr.

an. meir (meirr) adv. comp. mehr. + goth. mais, as. mêr; ahd. mêr, mhd. mêr adv. comp., nhd. mehr.

Für magis, vgl. μέζων, μείζων. — lat. mâjor magis. — altirisch móa grösser. — sskr. mahíyaṁs grösser.

maisan grösser.

an. meiri (meirri) comp. adj. grösser. + goth. maizan- grösser, älter, as. mêr fl. mêro; ahd. mêr fl. mêro, mhd. mêr fl. mêre grösser, mehr. — An. meirri = ahd. mêrôro, mhd. mêrre, mêrer mit doppelter Steigerung, wie nhd. mehrere pl. Von mais.

maista adj. superl. meist.

an. mestr maximus. + goth. maist-a-s grösst, höchst, as. mêst. engl. most; ahd. meist, mhd. meist, nhd. meist adj. Für magista.

Vgl. μέγιστο-ς. — sskr. mahishṭha = zend. mazista der grösste.

maist adv. zu maista, meist.

an. mest adv. meist. + goth. maist adv. aufs meiste, höchstens, ahd. meist, potissimum, nhd. meist adv.

mahti f. Macht.

an. mâttr g. mâttar dat. maetti pl. maettir n. Macht, Kraft, mâttugr, mâttigr mächtig, kräftig. + goth. maht-i-s f., as. maht, ahd. maht, mhd. maht st. f. 2 Kraft, Macht (auch Gemächte, Unterleib wie ahd. gi-maht), nhd. Macht pl. Mächte f., goth. mahteig-a-s, as. mahtig, ahd. mahtig, mahtic, mhd. mehtic, nhd. mächtig. Von magan.

Vgl. ksl. moštĭ f. Macht.

magan m. Magen.

an. magi m. Magen, Leib. + ags. maga m., ahd. mago, mhd. mage schw. m., nhd. Magen m. Von magan, vgl. ahd. maht f. Macht und Gemächte, Unterleib, ahd. gi-maht f., nhd. Gemächte.

magana, magina n. Kraft.

an. magn n. Kraft und megin, megn g. megins dat. megni, magni n. Kraft, magin-gjördh f. Kraftgürtel, megin-herr n. Hauptheer, megin-land n. Hauptland vgl. engl. nom. propr. Mainland. + as. megin, ahd. magan, makan und megin, mekin, mhd. magen st. n. m. Kraft, Macht, Gehalt, Menge. Von magan.

15*

magu m. Knabe, Sohn.

an. mögr g. magar dat. megi pl. megir m. Sohn. + goth. magu-s,
as. magu m. Knabe, goth. magulan- m. Knäbchen. Vgl. altirisch
mug Sclave, zend. magu, magavan erwachsen, Junggesell.

mauja, mavja f. Mädchen.

an. maer g. und pl. meyjar (d. i. maujâs) f. Mädchen. +
goth. mauja- nom. mavi, g. maujôs f. Mädchen, mavilôn-
f. Mägdlein. Für magvja-, fem. zu magu Knabe.

mâga m. Verwandter, affinis.

an. mâgr g. mâgs pl. ar m. durch Heirath Verwandter, Schwager,
Schwiegersohn, Schwiegervater. + goth. mêg-a-s oder mêg-i-s m.
Tochtermann, Eidam, as mâg m., ahd. mâg, mhd. mâc g. mâges
st. m. 1, mhd. auch pl. schw. mâgen Verwandter. Vgl. lit. moszа
f. Schwägerin.
Wohl zu magan.

managa manch, viel.

an. margr, mörg, mart mancher, viel, margr m. Menge (Wandel
von n in r kommt im Deutschen sonst nicht vor). + goth. manag-
a-s, as. manag; ahd. manag, manac, manec manch, viel, nhd.
(mannig) manch.
Vgl. ksl. mnogŭ manch.
Zu magan vgl. sskr. maṁhate begaben, maṅkshu s. manvu.

managfaltha mannigfalt.

an. margfaldr vielfach. + goth. managfalth-a-s, ahd. ma-
nagfalt, manecfalt, mhd. manecfalt mannichfaltig, vielfach, zahlreich. managa+faltha w. s.

manvu bereit.

goth. manvu-s bereit, ga-manv-jan bereiten.
Vgl. lat. mox. — sskr. maṅkshu, makshu adj. bereit, adv. alsbald, bald, mox.
In manvu-s ist g ausgefallen wie in mais, mavi, und s, wie in
mâ-nan- Mond.

magra mager.

an. magr mögr magrt mager, fleischlos. + ags. mäger, engl. meagre
ahd. magar, mhd. mager, nhd. mager. Alte Entlehnung aus lat. macer.

magrîn f. Magerkeit.

an. megri f. indecl. Magerkeit. + ahd. magari f. Magerkeit. Von
magra.

magrja mager machen.

an. megra (= magrja) megrdha mager machen. + ahd. (magarjan)
magarran, mhd. megeren mager machen. Von magra.

mati m. Speise.

an. matr g. matar pl. ir m. Speise, vgl. mata f. dass. s. matan. + goth.
mat-i-s m. Speise, mati-balgs m. Speisetasche, matjan essen, fressen, as.
mat und meti st. m. Speise, ahd. maz, mhd. maz st. n. Speise, Mahlzeit,
ahd. mazzi-môs, mezzi-môs n. Mahlzeit. — Dazu an mettr part. praet.
(= matidas) gespeist, satt von goth. matjan essen, fressen.
Vermuthlich zu lat. mand-ere kauen. — μα-σάω kaue (= μαδ-σάω).

matan Speise.

an. mata f. Speise. + ahd. in gi-mazzo, mhd. ge-mazze schw. m.
Tischgenosse, mhd. ge-mazze schw. f. Tischgenossin. S. mati.

mathla n. Sprache, Rede, Vertrag, Rechtssache.

an. mâl g. mâls n. Sprache, Rede, Gespräch pl. Sprüche; Vertrag, Rechtssache, Satzung; Sache überhaupt. + goth. mathla- n. Versammlungsplatz,
mathljan reden, mathleini- f. Rede; ags. mädhel, medhel st. n. Rede, Unterhaltung; Versammlungsplatz, Versammlung; ahd. madal- nur in Eigennamen; as. entstellt mahal, ahd. mahal n. Gericht, Gerichtsverhandlung, Vertrag; Gerichtssitzung, Gerichtsstätte.
Zu ma = man, vgl. sskr. mantra n. Spruch. (ὁμο- schwören).

mathlja reden.

an. maela maelta reden, sprechen; aufsagen, hersagen; bestimmen,
verabreden, maela â schelten. + goth. mathljan reden, ags.
mädhlan, medhlan und madhelian, madholian reden, as. mahalan,
ahd. mahalan, mhd. mahelen, meheln sprechen, verabreden, ver-.
sprechen, verloben, vermählen.

man, monan man monda sich erinnern, gedenken, meinen.

an. muna man munda sich erinnern, in Erinnerung bringen. + goth.
munan man munum munda munds meinen, glauben, dafür halten, as. far-
munan farman farmunsta verachten.
Vgl. lit. miniu miné-ti gedenken, pri-manu-s verständig. — ksl. minją
miné-ti meinen. — μέ-μον-α, μένος, μιμνήσκω. — lat. memini, mens,
com-miniscor. — sskr. man manyate denken, meinen.

man (manna) m. Mann, Mensch.

an. madhr g. manns pl. menn m. Mann, Mensch, Jemand, man
n.Knecht (männlich und weiblich), man-gi, mann-gi nemo, maun-
djöfull m. Mannteufel. + goth. nom. manna g. mans pl. mannans
und mans m. Mensch, as. man m. Mensch, Mann, ags. man,
mann, monn und manna, monna m., engl. man pl. men, ahd.
mhd. man m. Mensch, Mann, Held, Ehemann, Geliebter, Lehens-
mann.
Vgl. lit. pri-manu-s verständig. — sskr. manus, manu m. Mensch.

mannus Urahn der Germanen.

Mannus bei Tacitus, mhd. Mennor der êrste was genant,
dem tiutisch rede got tet bekant Frauenlob 159, 13.
Vgl. Μίνυ-ς, Μινύα-ς, Μίνως. — Μάνης Urahn der Phry-
ger, davon Μανικὰ ἔργα Werke der Vorzeit. — sskr.
manus, manu Urmensch, Menschenvater, zend. manus-
cithra n. pr. eines Helden.

‘ manniska menschlich.

an. mennskr menschlich. + goth. mannisk-a-s, as. man-
nisk, mennisk, ags. mennisc; ahd. mennisc, mhd. men-
nisch menschlich. Von man.

manai mahnen.

ags. manian, monian, ahd. manén, manôn, nhd. mahnen.
Vgl. lat. moneo monui monitum monêre.

minja f. Andenken, Erinnerung, Erinnerungs-
trunk, Toast.

an. minni n. Andenken, Erinnerung, Gedächtniss, zu Jmds Gedächtniss ausgebrachter Trunk, minjar f. pl. Erinnerungszeichen,
Denkmal, minnigr, minnugr reich an Erinnerung, memor. + as.
minnja f., ahd. minni f. Andenken, Erinnerung; Erinnerungs-
trunk, Toast; Erinnerungsgeschenk, Geschenk; Liebe, mhd. min-
nic liebend, Liebe hegend.
Alte Bildung, vgl. μνεία f. Andenken und die Praesensthemen lit.
miniu, ksl. minją, sskr. manye.

maina f. Meinung, mainja meinen.

ahd. meina, mhd. meine f. Sinn, Absicht, Meinung, as. mênjan,
ahd. meinjan, mhd nhd. meinen.
Vgl. ksl. mênją mêniti meinen.
maina gesteigert aus min in min-ja (= men = man).

mona Lust, Wonne.

an. munr m. Geist, Leben, Wonne, mun-ligr angenehm, behaglich.
+ as. in muna-lik, muni-lik lieblich, anmuthig. Von monan.

mondâ sehen auf, zielen auf.

an. munda adha sichten, zielen nach Etwas. + goth. mundôn
sis sich etwas ansehen, auf etwas sehen. Zu monan, vgl. lit.
matýti sehen, ματέω spüren.

(man) prominere.

Germanisch in montha Mund, mondi Hand, mûla Maul (Vorsprung).
Vgl. lat. man in manu-s Hand, minae Vorsprung, Zinne, Drohung, minêre,
e-, pro-minêre vorspringen, minâri vorspringen, drohen, mentum Kinn (auch
Vorsprung an Gebäuden) menta, mentula f. penis, mons tis Berg, pro-
muntôrium Vorsprung.

montha m. Mund, Maul.

au. munnr, mudhr g. munns pl. ar m. Mund, Maul; Schnabel,
Spitze. + goth. munth-a-s m., as. múdh, mund, ags. múdh m.,
engl. mouth; ahd. mund pl. mundâ, mhd. munt g. mundes pl.
munde und münde st. m. Mund, Maul, Mündung, nhd. Mund m.
Vgl. lett. mutte Mund. Wohl eigentlich „Vorsprung" vgl. lat.
pro-minere, pro-muntorium u. a.
Germanisch montha, lat. mentu-m Kinn und menta f. penis beruhen auf einem alten Nomen: „manta Vorsprung".

mondi f. Hand.

an. mond f. Hand. + ags. mund f. Hand, Schutz, ahd. mund f.
Hand, Schutz, Bevormundung, nhd. Vor-mund, Münd-el.
Vgl. lat. manu-s f. Hand, Schutz.

mûla, mûlan Maul.

an. mûli m. Schnauze, Schnabel; Landspitze, daher Ortsname
Mûli m. + goth. in far-mûljan das Maul verbinden, ahd. mûla
st. f. 1, mhd. mûl st. n., amhd. auch mûle st. n., md. mûle schw.
f., nhd. Maul n.
mûla steht für mon-la und bedeutet eigentlich, wie das Altnor-
dische zeigt, „Vorsprung" vgl. lat. ë-minulu-s, prô-minulu-s her-
vorstehend.

mana f. Mähne.

an. mön g. und pl. manar f. Mähne, mön-skurdhr m. Verschneiden der
Mähne. + ahd. mana, mhd. mane, man st. schw. f., nhd. Mähne.
Germanisch mana Mähne steht zu sskr. manyâ f. Nacken, wir ksl. griva
f. Mähne zu sskr. grivâ f. Nacken.

manja n. Geschmeide, Halsschmuck.

an. men g. pl. menja n. Geschmeide, von einem Halsschmucke.
+ as. meni, ags. mene n., ahd. menni n. Halsband, Perlschnur.
Vgl. ksl. monisto n. Halsband. — μάννο-ς, μόννο-ς, μανι-άχη-ς
Goldband um den Hals. — lat. moni-le n. Halsband und mel-lu-m
(mon-lu-m) mil-lu-s Hundehalsband. — sskr. mani m. f. am Leibe
getragenes Kleinod, Juwel, Perle.

mânan m. Mond.

an. mâni m. 1. Mond (nur poetisch) mâna-dagr Montag 2. lunula, seg-
mentum circuli. + goth. mênan- m., as. mâno, ags. môna m., engl. moon
Mond; ahd. mâno, mhd. mâne, mône, môu schw. m., mhd. einzeln auch
f. Mond, Monat, nhd. Mond m. Vgl. lit. mḗnû (d. i. mênan-) m. Mond,
sonstiges Thema méncs und ménesja-.
Vgl. lit. mḗnû (= ménen-s) nom. Mond, sonstiges Thema ménes- und
ménesi-. — ksl. mêsęcĭ m. Mond, Monat. — μήν, μείς g. μηνός m. Monat,

μήνη Mond. — lat. mensi-s g. pl. mens-um Monat. — altirisch mí g. mís
(aus mens) Monat. — sskr. mâs, mâsa m. Mond, Monat.
Wohl nicht von mâ messen, sondern von mâ = mi wechseln.

mânâtha m. Monat.

an. mânadhr, mânudhr g. mânadhar pl. ir oder mânadhr, mânudhr
m. Monat. + goth. mênôth-a-s, ags. mônadh, môndh m., engl.
month; ahd. mânôd, mhd. mânôt g. -des und mânet, mônet st.
m., nhd. Monat m.
Von mânan, eigentlich part. praet. „bemondet, Mondversehen".

manth rühren, drehen.

Germanisch nur in manthula.
Vgl. lit. menturé f. Quirl. — ksl. mętą męs-ti ταράττω. — sskr. math
mathnâti manthati rühren, drehen, quirlen; zausen, quälen.

manthula Drehholz.

an. mõndul-l Drehholz. + nhd. Mangel f. Mangel-holz, (die Wäsche) mangeln, durchgängig entstellt aus „Mandel".
Vgl. lit. menturé Quirl. — ksl. męta f. Drehholz. — sskr. math
m. manthâ f. Quirl.

mamp, mampja hǫhnen, schmähen.

goth. bi-mampjan verspotten, verhöhnen.
Vgl. μέμφομαι tadle, schmähe, μομφή Tadel.

mar, marja zerstossen, zermalmen.

an. merja mardha stossen, zerstossen. + mhd. mēren, mērn eintunken,
einweichen, umrühren, zu Abend essen, ahd. mer-ôd Abendessen.
Dazu auch ags. mearu, ahd. maro marawêr mürbe.
Vgl. lat. mar-tus, mart-ulu-s Hammer = ksl. mlatŭ, lat. mer-enda f.
Vesper, Abendessen, mor-ętum Mörsergericht, mor-târium Mörser. —
μαραίνω mürbe, welk machen, μάρ-ναμαι kämpfe. — sskr. mar mṛnâti
zermalmen, zerschlagen, mûr-ṇa zermalmt, zerbrochen.

maran m. f. Alp, quälendes Nachtgespenst.

an. mara f. Alp, quälende Traumgestalt. + ags. mara m., engl.
nightmare Nachtmahr, mhd. mar m. Nachtmahr, Alp, quälendes
Nachtgespenst.

(mar) sterben.

Germanisch in mari, mortha, morthja.
Vgl. lit. mir-štu, mir-ti sterben, mara-s Sterben. — ksl. mĭrą mrě-ti
sterben. — μορ-τό-ς = βροτό-ς, ἄμβροτη-ς, βρότο-ν Blut. — lat. morior
mortuus sum (cf. ksl. mrŭtvŭ todt) mori. — sskr. mar marati mriyate
sterben.

mari, marja Meer.

an. marr g. marar m. Meer. + ags. mere st. m., ahd. mari, meri

(Stamm marja) m. n., mhd. mer st. n., nhd. Meer n. Dazu goth.
in mari-saiv-a-s See, marein- f., as. meri, ahd. mari, meri f. Meer.
Vgl. lit. maré-s f. pl. das Haff. — ksl. morjo n. Meer. — altgallisch more, altirisch muir n. Meer. — lat. mare n. Meer. — sskr.
mîra m. Occan ist nicht belegt. Von mar sterben, „todtes"
Wasser.

mortha n. Tödtung, Mord.

an. mordh n. Todschlag. + as. mordh n., ahd. mord, mhd. mort
g. mordes st. n., nhd. Mord m. Vgl. sskr. mṛta part. pf. ge-
storben, todt, mṛta n. Tod.

morthja morden.

an. myrdha (= murdhja) praet. myrdha morden, heimlich
tödten. + ahd. murdjan, mhd. mürden und morden,
mörden ermorden, tödten, nhd. morden, Mörder.

(mar) flimmern, glänzen.

Germanisch in mâra (und morgana Morgen?).
Vgl. ksl. mĕrŭ s. mâra. — ά-μαρ-ύσσω, μαρ-μάρ-εο-ς, μαρ-μαίρω flimmern,
Μαῖρα Hundsstern, μάρις Fieberhitze. — lat. meru-s. — sskr. marici m.
Glanz, Schimmer.

mâra, mârja lauter; berühmt.

an. maerr rein, lauter, merus (von Bier, Wein) berühmt. + goth.
mêr-a-s in vaila-môr-s löblich, mêri-tha f. Gerücht, mêr-jan verkündigen, as. ahd. mâri, mhd. maere bekannt, berühmt.
Vgl. ksl. mĕrŭ Namen habend z. B. in vladi-mĕrŭ = Waldemar.
— lat. meru-s lauter. — gallisch in Virido-mârus u. s. w., irisch
már ansehnlich.

(mark) wischen, streichen, streifen.

Germanisch nur in marku, marka, morkja.
Vgl. lit. marga-s streifig, bunt, marg-ti bunt werden (auch vor den
Augen). — μάργ-ος, ά-μέργω, ό-μόργνυμι — lat. margo Streif, Rand. —
sskr. marj mârshṭi wischen, streichen, streifen, streicheln.

1. marka f. und marku Mark, Grenze, Grenz-land.

an. mörk g. markar oder merkr pl. markir, markar, merkr f.
Wald (ursprünglich ungerodetes Grenzland). + goth. marka f.
Mark, Grenze, Gebiet, ags. mearc f. Grenze, Ziel, Ende, Bezirk,
as. marka f., ahd. marca, marcha f. Mark, Grenze, Grenzland,
Gebiet; Allmende, Wald. Vgl. lat. margon- Rand, zend. merezu,
neupers. marz, armen. marz Grenze, neupers. marz-bân Markgraf.
an. mörk flectirt wie hönd, also u-Stamm und = zend. merezu
Grenze.

2. marka n. Zeichen, Kennzeichen, Marke.

an. mark n. Zeichen, Kennzeichen. + mhd. marc st. n. Zeichen.
Eigentlich definitio und = 1 marka finis.

3. marka f. Mark, halbes Pfund (Silbers).

an. mörk g. markar pl. merkr f. Mark Silbers. + mlat. marca f.,
mhd. marke, mark st. f. Mark, halbes Pfund Silbers, nhd. Mark
f. Eigentlich „begrenzte, bestimmte Summe“ und = 1 marka.

markâ bezeichnen.

an. marka adha kennzeichnen, abbilden, erkennen, schliessen auf. + as. markôn, ahd. marcôn, marchôn abgrenzen,
bezeichnen, bestimmen, abschätzen. Von 1. 2. marka.

markja merken.

an. merkja merkta kenntlich machen, bezeichnen, ver-
merken, aufzeichnen; bedeuten, wahrnehmen, bemerken.
+ ahd. (merkjan) merkan, merchan, mhd. merken praet.
marhte beachten, wahrnehmen, bemerken; verstehen,
sich merken = behalten, bezeichnen, nhd. merken. Von
2 marka.

morkja, merkja finster.

an. myrkr, myrk, myrkt finster, myrkr n. Finsterniss. + as.
mirki, ags. myrce, mirce finster, düster, unheimlich. Vgl. *ἐν
νυκτός ἀμόλγῳ* Homer.

marha m. Pferd.

an. marr g. mars pl. ir oder ar m. Pferd. + ags. mear st. m., ahd. ma-
rah, mhd. march g. marhes und marc g. markes st. n. Ross, Streitross,
nhd. in Mar-schall, Mar-stall. Keltisch marka Pferd.

marhja, marhjan f. Stute, Mutterpferd.

an. merr g. und pl. merar f. Stute. + ags. myre f., engl. mare;
ahd. (marahjâ) merihâ, merhâ, mhd. meriche, merhe, nhd. Mähre
schw. f. Stute, Mutterpferd. Feminin zu marha.

mal, malan môl malana mahlen.

an. mala môl malinn mahlen. + goth. malan môl malans, as. malan;
ahd. malan, mhd. maln abl. 4 mahlen.
Vgl. lit. malu, mal-ti. — ksl. melją mlĕ-ti. — *μύλη, μέλλω*. — lat. molere,
mola. — altirisch melim molo.

malma, malman m. Gruss, Stein.

an. málmr g. málms m. Erz. + goth. malman- m. Sand, as. melm,
ahd. mhd. mĕlm st. m. Staub. Von malan.
Vgl. lit. melmû g. melmen-s m. der Stein, der Griess (die Krankheit).

melva n. Mehl.

an. mjöl dat. mjölvi n. Mehl. + as. mel g. melas n. Mehl; ahd.
mēlo g. mēlawes, mōlewes, mēlwes, mhd. mēl g. mēlwes n. Mehl;
Staub, Kehricht, nhd. Mehl n. Zu malan.
Vgl. goth. ga-malv-jan zermalmen, denominal von (malva-).

melitha n. Honig.

goth. militha- n. Honig.
Vgl. μέλι g. μέλιτος n. — lat. mel g. mellis n.
Als weich, milde benannt.

milda mild, freigebig.

an. mildr mild, gnädig, freigebig. + goth. un-mild-a-s lieblos,
as. mildi, ags. milde; ahd. milti, mhd. milte, milde freundlich,
mild, freigebig, nhd. mild. Goth. milditha f. = ahd. miltida f.
Milde, Gnade, Erbarmen.
Vgl. altlat. mal-ta-s molles; doch lässt sich milda auch zu μάλϑη,
μαλϑακός, oder zum slavischen mil lieben stellen. Unmöglich dagegen ist die Combination mit sskr. mradu weich.

mildîn f. Milde, Freigebigkeit.

an. mildi f. Gnade, Freigebigkeit. + ahd. milti, mhd.
milte, milde f. Freundlichkeit, Gnade, Freigebigkeit, nhd.
Milde f. Von milda.

molda f. Erde, Staub.

an. mold g. moldar pl. ir f. Erde, humus, Erdstaub. + goth.
mulda f. Staub, muldein-a-s von Staub, irdisch; ahd. molt st. m.
und molta, mhd. molte st. schw. f. Erde, Staub.
Vgl. lit. mil-ta-s Mehl. — lat. mal-ta-s molles.
sskr. mṛd f. Erde kann nicht herbeigezogen werden; das hiesse
germanisch (molta).

molja zermalmen.

an. mylja mulda mulinn zermalmen. + ahd. muljan, mhd. mül-
len, müln zermalmen. Zu malan wie hulja zu hal hehlen.
Vgl. ksl. melją molo. — μύλλω (nur im Sinne von molo βινέω).

malk, melkan malk molkum molkana melken.

an. in mjölk s. melki, mjölkr s. melka. + ahd. mēlchan, mhd. mēlchen
(später mēlken ndd. Form), nhd. melken molk gemolken.
Vgl. lit. melżu milż-ti (streicheln) melken. — ksl. mlìzą mlès-ti melken.
— altirisch do-o-malgg mulxi, melg Milch. — ά-μέλγω. — lat. mulgeo,
mulc-tra.

melka milch, milchgebend.

an. mjölkr milch, milchgebend. + ahd. mēlch, mhd. mēlk, nhd.
milch = milchgebend. Von melkan.

melki f. Milch.

an. mjölk f. Milch. + goth. miluk-i-s (mit eingeschobenem Vocal
wie in filig-ri von filhan), ags. meolc, meoluc f., engl. milk; ahd.
miluh, mhd. milch st. f. 2, nhd. Milch f. Von melkan.
ksl. mlüko, mlčko ist entlehnt. — Vgl. altirisch melg Milch.

malt, meltan malt (moltum moltans) flüssig werden, sich auflösen.

an. in maltr faul s. malta, malt n. Malz s. malta, milti n. Milz s. meltja.
+ ags. meltan abl. 1 solvi, liquefieri, u. s. malta, meltja.
Vgl. ἀ-μαλδύνω auflösen, zerstören. — sskr. mard mr̥dnâti, mrad mra-
date reiben, zerreiben, mr̥du weich, zart, geschmeidig.

1. malta schmelzend, faulend.

an. maltr, mölt, malt verfault, faul. + ahd. malz, mhd. malz
hinschmelzend, hinschwindend, kraftlos. Von meltan malt
schmelzen.

2. malta n. Malz.

an. malt n. Malz. + as. malt, ags. malz, mhd. malz st. n., nhd.
Malz n. Von meltan malt schmelzen.

maltja mälzen.

an. melta melta mälzen (verdauen, causale von meltan
malt schmelzen). + as. meltian, ahd. malzen, nhd. mälzen zu Malz dörren. Von 2 malta.

meltja n. Milz.

an. milti g. miltis n. Milz. + ags. milte st. n., ahd. milzi, mhd.
milze, milz st. n., nhd. Milz n. Von meltan auflösen, vgl. an.
melta (malt-ja) verdauen.

(maskv) knüpfen.

Germanisch nur in maskvan Masche.
Vgl. lit. mezgu, megsti Knoten knüpfen, stricken (Netze), Augen, Knospen bekommen, magz-ta s Stricknadel.

maskvan, maskan Masche.

an. möskvi m. Masche. + ahd. mascâ, mhd. masche, nhd. Masche
schw. f.
Vgl. lit. mazga-s m. ein Knoten, eine zugezogene Schlinge (nennen wir auf Deutsch „Masche“).

masga m. Mark.

an. mergr g. mergjar pl. ir m. (marg-ja) m. Mark im Knochen. + as.
marg n., ags. mearg, mearh m., engl. marrow; ahd. marg, marag, marc,
marac g. marges, marages, mhd. marc g. marges st n., nhd. Mark n.
(Gothisch *mazga-).

Vgl. ksl. mozgü m. Mark. — sskr. majjan, majjas n. majjâ f., zend. mazga f. Mark.

masta m. Mast.

an. mastr m. Mast (nach Schade). + ags. mäst m., ahd. mast, mhd. mast st. m., nhd. Mast.

Für mahata? zur Wz. mag, vgl. μοχ-λό-ς, lat. mâ-lu-s (= mag-lu-s) Mast.

masra m. Maser, Maserholz, Ahorn.

an. mösurr g. mösurs m. und mösur-trê n. Ahornbaum. + ags. maser m. Ahorn; ahd. masar, mhd. maser st. m. 1 Maser, knorriger Auswuchs am Ahorn und anderen Bäumen; Becher daraus, mhd. meserîn von Maser, nhd. Maser, maserig, Maser-holz, die Masern (Krankheit).

(mi, mai) wechseln, tauschen, verändern.

Germanisch in maida, maidja, maina (mid, missa).
Vgl. lettisch mîju mi-t tauschen, lit. maina-s, ksl. mêna f. Tausch, Wechsel. — μοῖ-ro-ς Wechsel. — lat. mû-nia, com-mû-ni-s. — sskr. mâ ma-yate tauschen, apa-mâ abwechseln.
Aus mâ, wovon mâ-nan Mond.

maida veränderlich.

an. in meidha s. maidja. + goth. ga-maid-s gebrechlich, maidjan verändern, verfälschen, in-maidjan dass.; as. gemêd vanus, ahd. kameit thöricht, übermüthig, mhd. gemeit fröhlich, keck.

maidja verändern, verderben.

an. meidha (= meidhja) meidda verletzen, beschädigen, körperlich verstümmeln, meidh-sl n. meidhing f. körperliche Verletzung, Schaden. + goth. maidjan, in-maidjan verändern, verfälschen.

maina trügerisch, schädlich n. Trug, Schaden, Unheil.

an. meinn schädlich, mein n. Schaden, Unglück, Beschädigung. + ahd. mhd. mein falsch, trügerisch; as. mên, ags. mân n., ahd. mhd. mein st. n. und m. Falschheit, Verbrechen, Missethat; Unglück, Verlust, Niederlage.
Vgl. lit. maina-s, ksl. mêna Tausch, Wechsel (oder zu mi minuere, aber mi wechseln und mi minuo sind eigentlich ein und dasselbe).

mainaitha m. Meineid.

an. meineidhr m. Meineid. + as. mênêdh, ahd. meineid, mhd. meineit g. -des, nhd. Meineid m. maina+aitha Eid.

(maina) ga-maina gemein.

goth ga-main-s, nhd. gemein.
Vgl. lat. com-mûni-s (aus con-moino-s).

mid meiden (eigentlich vertauschen).

ags. midhan, ahd. midan, nhd. meiden mied gemieden.
Vgl. lett. mit-ét verändern, unterlassen. — sskr. mith methati
sich zu Jemand gesellen, mithu falsch, verkehrt u. s. w.

missa- miss- bezeichnet Wechsel, Abstand; das Falsche, den Mangel.

an. mis- in Zusammensetzung bezeichnet Wechsel, Unterschied;
das Falsche, Mangel, Verneinung. + goth. missa- in missa-leik-
a-s verschieden, allerlei, missa-dêdi- f. Missethat; ahd. missa-,
misso-, missi-, misse-, mis-, mhd. misse-, mis- in Zusammensetzung Wechsel, Abstand; Abgang, Verkehrung, Fehler, Irrthum bezeichnend, nhd. Misse-that, miss-.
Aus mit-sa vgl. ksl. mitě adv. abwechselnd. — sskr. mithas zusammen, gegenseitig, wechselweise, abwechselnd, mithatyâ adv.
abwechselnd, wetteifernd, mithu falsch, verkehrt, mithus dass.

missâ adv. wechselweis.

an. miss in â miss aneinander vorbei. + goth. missô adv.
wechselseitig, einander, vgl. ahd. mis, missi adj. ver-
schiedenartig. ·Zu missa.

missalîka verschieden.

an. mislikr ungleich, verschieden. + goth. missaleik-a-s
verschieden, mannigfach, as. mislîk dass., ahd. missalîh,
missilîb, mhd. misselich verschieden, mannigfach; ungewiss, misslich, nhd. misslich. Aus missa und lîka w. s.

missja vermissen, missen.

an. missa (= missja) mista vermissen, verlieren, einbüs-
sen, verfehlen. + ahd. (missjan) missan, mhd. missen
vermissen, entbehren, verfehlen, nhd. missen. Von missa.
An. missi-r m. missa f. Verlust, Schade vgl. mhd. misse
st. f. Verfehlen; Irrthum. Von missja.

(mi, mai) in den Boden einsenken, errichten.

Germanisch nur in maida.
Vgl. lett. mê-t bepfählen. — lat. mê-ta, moe-nia, mû-ru-s (für moi-ro-s).
— sskr. mi, minoti in den Boden einsenken, befestigen, gründen, aufrichten, errichten, bauen.

maida Pfosten.

an. meidh-r m. Baum, Stange, Balken.
Vgl. lett. mêt-a-s m. Zaunpfahl. — lat. mêta f. alles Aufgerich-
tete. — sskr. mi-t f. me-thi m. Pfosten, Säule.

. (mi) minuere.

Germanisch in minu, mins, minnista, mit, maitila.

Vgl. ksl. mĭnij̆˘ s. mins. — μινύω, μινύ-θω, μείων. — lat. minuo, minus, minimus. — sskr. mi mi minâti minâti minoti pass. miyate mindern, aufheben; verfehlen, verletzen, verändern (= mi verändern, wechseln), med. pass. sich mindern, vergehen.

(minu) minja klein, gering.

ags. min, holld. min, ndd. minne klein, gering.
Vgl. μινύ-ζηος, μινυ-ώριο-ς, μινύ-θω. — lat. minu-o, minor, minimus. — sskr. minu in mino-ti.

mins adv. comp. weniger, minus.

an. minnr, midhr adv. comp. weniger, minus. + goth. mins, minz, ahd. min, mhd. min adv. comp. weniger, minder.
Vgl. ksl. mĭnij weniger. — lat. minor, minus, minis-ter.

minnisan comp. adj. minor.

an. minni adj. comp. (aus minnisi) minor. + goth. minnizan- kleiner, geringer, jünger, ahd. minnir nom. minniro, minnirâ, minnirâ, mhd. minner, minder, nhd. minder minor. Von minnis mins.

minnista mindest, minimus.

an. minstr minimus. + goth. minnist-a-s der kleinste, geringste, letzte, as. minnisto, ahd. minnist, minnôst, mhd. minnest, minst, nhd. mindest.

mit mait zerhauen, zerschneiden.

an. mjatl n. (= mit-la-) das Abschneiden, davon mjatl-a sdha in kleine Stücke schneiden, meit-ill Meissel s. maitila. + ags. mîte f., engl. mite, ahd. miza schw. f. Mücke, goth. maitan maimait maitans, ahd. meizan miaz mêz, mhd. meizen miez hauen, abhauen, abschneiden. Aus mi minnere durch t abgeleitet.

maitila m. Meissel.

an. meitill g. meitils pl. meitlar m. Meissel. + ahd. meizil, mhd. meizel st. m., nhd. Meissel m. Von maitan.

miuka, mûka sanft.

an. mjûkr mollis, schmiegsam, nachgiebig; mỹkja (= mjûkja) mỹkta besänftigen. + goth. in muka-môdein- (mûka?) f. Sanftmuth, engl. meek sanft.
Mit lit. mink-sz-ta-s, ksl. mękŭkŭ weich (Wz. mank μάσσω) besteht keine Verbindung.

mig, mîgan maig migum migana harnen.

an. miga meig oder mê migum miginn harnen. + ndd. miegen. Dazu goth. maihstu-s = nhd. Mist m. = engl. mist Nebel vgl. sskr. mih Nebel.
Vgl. lit. mēżu myż-ti harnen, mig-là = ksl. mĭgla Nebel = ὀ-μίχλη,

ὁ-μιχέω, ὤμιξα harnen. — lat. mingere, mêjere, miâre. — sskr. mih me-
hati harnen, beträufeln, megha Wolke.

medja medius.

an. midhr, midh, mitt medius. + goth. midja- nom. midis, as. middi,
ags. midd, mid; ahd. mitti, mhd. mitte adj. medius in der Mitte befindlich, mittler.
Vgl. ksl. mežda (= medja) f. die Mitte. — μέσσο-ς (= μεθjο-ς). — lat.
mediu-s, dī-midiu-s. — altgallisch in Medio-lânum, Medio-matrici, altirisch
medónda medius. — sskr. madhya, zend. maidhya medius.

medila mittler n. Mittel, Mitte.

an. midhil praep. c. gen. zwischen, auch â, î milli, millum, mil-
lim c. gen. zwischen, midhla adha mittheilen, vermitteln. + ahd.
mittil, metil-scaft, mhd. mittel adj. mittler, superl. ahd. mitti-
lôst, nhd. mittelst; mhd. mittel n. Mitte, nhd. Mittel n. Von
medja. Vgl. lat. medulla.

meduma mittelster, f. Mitte.

an. mjödhm g. mjadhmar pl. ir f. Hüfte (eigentlich Mitte). +
goth. miduma f. Mitte, ahd. nur im dat. sg. m. in mittamen, in
mittimen, in mittemen, vgl. metam, mhd. en mittemen, in mitten, en mitten, nhd. in mitten mit gen.
Vgl. sskr. madhyama der mittelste.

medigarda m. Umhegung der Mitte, Erdscheibe im Ocean, Erde.

an. midhgardhr m. dass. + ahd. mittigart st. m. dass. vgl. goth.
midjungard-i-s m., ags. middangeard m., ahd. mittingart m. und
as. middilgard st. m. und st. f. 2 = ahd. mittilgart, mittilagart
m. dass. Aus medja und garda.

memsa Fleisch.

Nur im goth. mimz n. Stamm mimsa- Fleisch erhalten; auch goth. mam-
môn- f. Fleisch?
Vgl. preuss. mensa, menso f. lit. mêsa f. — ksl. męso n. — sskr. mâṁsa
n. Fleisch.

mistila m. Mistel.

an. mistil-teinn m. Mistelzweig, Mistel. + ahd. mistil, mhd. st. m., nhd.
Mistel f. Besser mihstila und von goth. maihstu-s (Grundform mihstu-)
Mist, weil durch den Mist der Vögel verpflanzt?

misda f. Lohn, Miete.

goth. mizdôn- f., as. mêda st. schw. f., ags. meord st. f., ahd. miata, miete
st. schw. f. Bezahlung, Lohn, Bestechung.
Vgl. ksl. mīzda f. — μισθό-ς m. — zend. mîzdha n. Lohn.

(mug) mugire.

Germanisch in mugja Mücke, ahd. muccazzan, mucken, mucksen.
Vgl. *ἔ-μυκον* brüllte, *μύκη* Gebrüll, *μυκά-ομαι* brüllen. — lat. mug-ire
brüllen, ē-mugento: convocanto. — sskr. muj mujati schreien, brüllen.

mugja, mugjan Mücke.

an. mý (aus mugja-) n., dän. myg f. n. Mücke. + as. muggjâ,
ahd. (mucjâ) muccâ, muggâ, mhd. mucke, mugge, mücke, mügge
schw. f. Mücke, Fliege, nhd. Mücke.

musa Moos, moosbewachsener Ort, Sumpf.

an. mosi m. Moos, moosbewachsener Grund. + engl. moss Moos, Moor;
ahd. mhd. mos n. Moos, Sumpf. Vgl. ahd. mios, mhd. mies (d. i. miusa-)
st. n. Moos, Sumpf mit an. mýrr (d. i. miuaja-s) oder mýri, g. und pl.
mýrar f. Sumpf.
Vgl. ksl. mūchŭ m. Moos. — lat. mus-cu-s Moos.

meusa Moos, Sumpf.

an. mýr-r (d. i. miusja-s) oder mýri Sumpf. + ahd. mios, mhd.
mies n. Sumpf.

musahta mosicht.

an. mosôttr moosbewachsen, mosicht. + mhd. moseht mit Moos
bewachsen, mosicht, nhd. mosicht. Von musa durch Suffix ahta.

mûsi f. Maus, Armmuskel.

an. mûs g. mûsar pl. mýss, mýs f. Maus, Muskel, besonders des Oberarms. + ahd. mûs pl. mûsi, mhd. mûs pl. miuse st. f. 2 Maus, Muskel,
besonders des Oberarms, nhd. Maus pl. Mäuse.
Vgl. ksl. myši f. Maus, mysica f. Arm (aus Armmuskel). — *μῦ-ς, μυ-ός*
m. Maus, Muskel. — lat. mus mûri-um Maus, Muskel, mus-culu-s. —
sskr. mûsh, mûsha m. Maus.
Vom Verb sskr. mush mushnâti moshati rauben, bestehlen.

mûsîna von der Maus.

mhd. miusin von der Maus.
Vgl. *μύϊνο-ς.* — lat. mûrinu-s.

me-, pron. 1 ps. sg. g. mîna, dat. mes, acc. mek.

an. min, mêr, mik. + goth. meina, mis, mik, nhd. (mein) mir, mich.
Vgl. ksl. me-, lit. ma-, *με-, ἐμε-,* lat. me-. sskr. zend. ma-. Die Fle-
xion lehrt die Grammatik.

mîna mein.

an. minn, min, mitt mein. + goth. mein-a-s (meins, meina mei-
nata), as. mîn; ahd. mhd. mîn, nhd. mein.

meth adv. und praepos. mit.

an. medh (oder medhr) adv. und praepos. mit dat. und acc. mit, medhal,

â medhal, î medhal praep. mit gen. zwischen, medhan und â medhan
adv. und conj. unterdessen, während, so lange als. + goth. mith adv.
und praepos. c. dat., ahd. mit, miti praepos. mit dat. und acc. mit, mhd.
mit praepos. c. dat. mit, nhd. mit.
Vgl. μετά. — zend. maṭ mit.

medu m. Meth.

an. mjödhr g. mjadhar dat. midhi m. Meth. + ags. meodo m., ahd. mẽtu,
mẽto, mito, mhd. mete st. m. 3, nhd. Meth.
Vgl. lit. medu-s Honig, midu-s Meth. — ksl. medŭ m. (u-Stamm) Honig,
Meth, Wein. — corn. medu Meth. — μέθυ n. Wein. — sskr. madhu
süss, n. süsse Speise, Honig, Meth.

môta, môti Zusammentreffen, Begegnung.

an. môt g. môts n. Zusammentreffen. + ags. ge-môt n., as. môt (muot)
pl. môtî, mhd. muot (niederdeutsch), zuweilen auch muoz (hochdeutsch)
st. f. 2 Begegnung im Kampf. — Dagegen an. môt n. Art und Weise für
mât und zu metan mâtum, s. mâta.
Vgl. sskr. mand madati zögern, warten, stille stehen mit praepos. trs.
hemmen, manda langsam = ksl. mudŭ langsam (aus mądŭ), mandira
Haus, mandurâ Stall = μάνδρα. Offenbar aus man μένω, maneo.

môtja begegnen.

an. moeta moetta begegnen. + goth. ga-môtjan begegnen, ent-
gegengehen, vithra-gamôtjan dass., ags. môtan, ge-môtan, engl.
to meet, as. môtian begegnen; mhd. muoten (niederdeutsche
Form) feindlich entgegentreten. Von môta.

môda m. Muth, Zorn.

an. môdhr g. môdhs m. aufgeregter, heftig bewegter Sinn, Zorn. + goth.
môd-a-s m. Muth, Zorn, as. môd m.; ahd. muot, mhd. muot st. m. n.
Gemüth, Muth, Zorn, Lust, Entschluss, Absicht.
Vgl. ksl. sŭ-mẽją sŭ-mẽ-ti wagen, sŭ-mẽ-lu muthig. — μα-ίο-μαι, μέ-
μα-α, μῶ-μαι, μαι-μά-ω strebe (aber μῆτι-ς, μητί-ω zu lat. mẽtior und
damit zu mâ messen, ermessen).

môdaga muthig, zornig, heftig.

an. môdhugr streng, heftig. + goth. môdag-a-s zornig, as. môdag,
môdig, ags. môdig aufgeregt, muthig; ahd. -muotig in Zusammensetzung, mhd. muotic, nhd. muthig. Von môda Muth.

môdar f. Mutter.

an. môdhir g. môdhur pl. moedhr f. Mutter. + as. môdar, ags. môdur,
môdor, môder f., engl. mother; ahd. muoter, mhd. muoter, nhd. Mutter f.
Vgl. lit. moté g. moter-s Weib, Frau. — ksl. mati g. matere Mutter. —
μήτηρ dor. μάτηρ. — lat. mater. — altirisch máthir. — sskr. zend. mâtar
Mutter.
Von mâ messen, ermessen, schaffen.

môthra Gebärmutter, Bauchgegend.

ahd. muosdar n. Bauchgegend, Gürtel, mhd. musder n. Mieder,
Leibchen, nhd. Mieder (aus müeder).

Vgl. μήτρα Mutterschooss. — vgl. lat. matrix.

môman f. Mama (Muhme).

an. móna f. Mama (nach Ausweis der übrigen europ. Sprachen
für môma). + ahd. muomâ, mhd. muome schw. f. Mutterschwe-
ster, matertera, nhd. Muhme pl. Muhmen f.

Vgl. lit. mama, moma. — ksl. mama. — μάμμα, μάμμη, μαμ-
μία. — cambr. corn. aremor. mam Mutter (ohne Tändelei). Aus
mâtar vgl. sskr. mâ f. Mutter.

morgina m. Morgen.

an. morginn, morgun g. morgins pl. morgnar m. Morgen. + goth. maur-
gin-a-s m., as. morgan, ags. morgen m., ahd. morgan, morcan, mhd.
. morgen st. m. 1, nhd. Morgen m. Vgl. lit. merk-ti blinzeln.

J.

(ja) pron. demonstr. der.

Germanisch in ja und, jâ ja, jû schon und jena jener.

Vgl. lit. ji-s (= ja-s) m. jo f. er, derselbe. — ksl. i m. ja f. je n. der,
derselbe. — ὅς (= jo-ς) der, er; ὥς so. — lat. in jam schon cf. jû.

ja und part.

goth. ja-b, as. ja, ags. ge und, ahd. jâ et, etiam.

Vgl. ksl. ja, a und, aber.

jâ adv. ja.

an. jâ ja. + goth. ja; ahd. mhd. jâ, nhd. ja. Mit an. jâta adba
jasagen vgl. ahd. gi-jâzan, mhd. jâzen ja sagen, Grundformen
jâtâ und jätja. Zum pronom. demonstr. ja eigentlich „so".

jû schon.

goth. jû schon, jetzt (aus jeu).

Vgl. lit. jau schon. — ksl. u (= ju = jau) schon. Gleichen
Stammes lat. jam cf. quam.

jena pron. demonstr. der, nom. sg. jens, jena,
jenata.

an. enn (aus jenn), später inn, hinn, hin, hit bestimmter Artikel. + goth. jains jaina jainata, ahd. jenêr jonu jonaz, mhd. jener jeniu jenez, nhd. jener jene jenes.

jâra n. Jahr.

an. âr n. Jahr. + goth. jêra- n., as. jâr, gêr n., engl. year; ahd. jâr, mhd.
jâr st. n., nhd. Jahr pl. Jahre n.

16*

Vgl. ksl. jarŭ m. jara. f. Frübling. — ὧϱο-ς Jahr, ὧϱα f. Jahreszeit. — zend. yāre n. Jahr, Jahreszeit, yāirya jährlich, altpers. yāra in dus-i-yāra Uebeljahr, Misswachs.

Von Wz. yā geben vgl. sskr. yā-tu Gang, Zeit, yā-ta vergangen.

jas gähren, jesan, jas.

ahd. jesan, gesan, mhd. jesen, gern, nhd. gähren, gohr, gegohren, cans. ahd. jerjan (= jasjan) gähren lassen, mhd. jes-t m. Gest, Gischt, mhd. jerwe, gerwe f. Hefe.

Vgl. ζεσ, ζέω, ἔ-ζεσ-σα wallen, gähren, glühen, ζέσ-μα. — sskr. yas ya-sati yasyatı sprudeln, Schaum auswerfen; sichs heiss werden lassen, sich anstrengen, pra-yasta überwallend cf. ζεστό-ς.

juk jochen, verbinden.

Germanisch nur in juka Joch, mit goth. jiuka f. Kampf, Streit vgl. sskr. abbi-yuj angreifen.

Vgl. lit. jungiu jung-ti jochen. — ζεύγ-νυμι, ἔ-ζύγ-ην. — lat. jungere, jugum. — sskr. yuj yunakti jochen, verbinden.

juka n. Joch.

an. ok n. Joch für Thiere. + goth. juka- n. Joch, Paar; ahd. juh, joh, mhd. joch st. n., nhd. Joch pl. Joche n.

Vgl. ksl. igo (= jŭgo) n. g. iga und iźese Joch. — ζυγό-ν. — lat. jugu-m. — cambr. iou. — sskr. yuga m. n. Joch, Paar. — (lit. junga-s von jung-ti jungere).

(jûn) jung.

Germanisch in jûnda juventa, jûnha jung.

jûn aus juvun vgl. lit. jauna-s = ksl. junŭ jung. — lat. juveni-s g. pl. juven-um, júnior, juven-ta. — sskr. yuvan yuvati Jüngling, Mädchen, zend. yavan.

jûnda f. Jugend.

goth. junda (= jûnda) f. Jugend.

Vgl. lat. juventa f. Jugend.

jûnha jung.

an. ungr, comp. yngri (d. i. jungisan-) superl. yngstr (d. i. jungista-s) jung, ungi n. das Junge eines Thieres. + goth. jugg-a-s jung, jûhizan- comp. jünger, as. jung comp. jungaro, jugaro, ahd. jung, junc comp. jungiro, junkiro, jungôro superl. jungisto, mhd. junc fl. junger, comp. junger, superl. jungeste, nhd. jung, jünger, jüngst.

Dem germanischen junga wie dem goth. jûha- liegt die gemeinsame Grundform junha = jûnha zu Grunde, dies ist aus juvunha entstanden, wie die verwandten Sprachen lehren: lat. juvencu-s, juvenca m. f. — altirisch óc juvenis, cambr. ieuanc juvenis. — sskr. yuvaka m. Jüngling (aus yuvan+ka).

(jul) heulen.

Germanisch in jeula, jeulja.

An ul ulul heulen in *ὑλάω*, ululare, ulucus, sskr. ulûka, ulûlu ist wohl nicht zu denken, eher an *ἰού*.

jeula das Julfest.

an. jöl (aus iul = j-iul) n. pl. das Julfest, die Vorfeier der Wintersonnenwende, das bedeutendste Fest des heidnischen Nordens. + goth. in jiuleis (= jiul-ja-s) m. Julmonat, November.

· jûlja, jeulja johlen, heulen.

an. ɟla ɟlda heulen, ein Geschrei erheben. + ags. gɟlan jubiliren, vgl. ndd. jaulen, mhd. jôlen, nhd. johlen.

(ju) pronom. 2 ps. du. plural. ihr.

Germanisch in jut, junkvara, junkvis, jus, jusvara, jusvis.

Vgl. lit. ju-s pl. ihr, du. ju-du. — *ὑμε-ῖς*, *ὑμέ-τερο-ς*. — sskr. yûyam nom. ihr, pl. yushma-, du. yuva-.

jut ihr beide nom. du.

goth. (jut). + an. it.

Vgl. lit. judu m. judvi f. ihr zwei (aus ju und dva zwei), also german. ju-t aus (ju-tv).

junkvara gen. du. euer.

goth. igqara. + an. ykkar (aus j-unkara-).

Aus jun- = jûn = yuvam.

junkvara pron. poss. euch beiden gehörig.

goth. nur in igqarai dat. sg. f. +. an. ykkarr euer von zweien.

junkvis dat. acc. du. euch.

goth. igqis dat. acc. du. euch. + an. ykkr (aus j-unkis) dat. acc. euch zweien.

jus nom. pl. ihr.

goth. jus ihr. + an. ér (thér zu thu) ihr.

Vgl. lit. jus nom. ihr, jus acc. euch. — zend. yûs, yûzh-em ihr.

jusvara gen. pl. euer.

goth. izvara gen. pl. + an. ydhar (ydhvar) gen. pl. Von jus.

jusvara pron. poss. euer.

goth. izvar (izvara-) euer. + an. ydharr (ydhvarr) euer.

jusvis dat. acc. pl. euch.

goth. izvis dat. acc. pl. euch. + an. ydhr dat. acc. pl. euch.

R.

(ra, rô) weilen, ruhen, gern bleiben, sich behagen = ram.

Germanisch in rasta Rast, rasna Haus, rôva Ruhe, goth. ra-tha leicht, rathiza leichter.

Vgl. *ἑ-ρα-μαι*, *ἑ-ρα-τό-ς*, *ἑ-ρο-ς*, *ἔρως* Liebe, *ἑ-ρωή* Ruhe. — sskr. ran raṇ raṇati sich gütlich thun, ram ramati Jmd. verweilen trs., verweilen, sich ergötzen.

rasta f. Rast; Raste = Wegstrecke.

an. röst g. rastar pl. ir f. Weg, Wegstrecke; „Raste", ein Längenmaass. + goth. rasta f. Raste, Meile, ahd. rasta, mhd. raste f. Rast, Ruhe; Strecke Weges, nach der man rastet, Station; Zeitraum, Weile, nhd. Rast, und Raste f.

Das Thema ras auch in *ἑ-ράσ-σασθαι*. — Vgl. sskr. rati f. Liebe, Ruhe.

rasna n. Haus.

an. rann (= rasna-) n. Haus in rann-sak n. (daher engl. ransack) und rann-sökn f. Haussuchung. + goth. razna- n. Haus, ga-raz-nan- m. Nachbar, ga-raznôn- f. Nachbarin, ags. räsen laquear, lacunar. Wie rasta zu ra = ram ruhen.

Lautlich entspricht *ἑραννό-ς* (= *ἑ-ρασνο-ς*) lieblich.

rôva f. Ruhe.

an. rô g. rôar pl. roer f. und rôi m. Ruhe, rôr ruhig. + ags. rôv f. Ruhe; ahd. ruowa, mhd. ruowe f. und ahd. râwa, mhd. râwe st. schw. f., nhd. Ruhe. Mit rasna, rasta zu ig. ra = ram ruhen. Vgl. *ἑ-ρωή* Ablassen, Aufhören, Rast *πολέμου*, von *ἑρωή* Schwung = râsa natürlich zu scheiden.

(ram) ruhen, aufhören.

Germanisch in remis, randa.

Vgl. lit. rimu, rim-ti ruhen, ramu-s ruhig. — *ἤ-ρεμα* ruhig. — sskr. ram ramati anhalten, stillstehen machen, ramate verweilen, rasten, ruhen.

remisa n. Ruhe.

goth. rimis n. Ruhe.

Vgl. lit. rim-ti ruhen. — *ἠ-ρεμέσ-τερος* ruhiger, *ἤ-ρεμα* ruhig.

randa Rand, Schildrand, Schild.

an. rönd g. randar pl. ir oder rendr f. Rand, Schildrand, Schild. + ags. rand, rond m. Rand, Schildrand, Schild: ahd. rant, mhd. rant g. randes pl. rande, später zuweilen auch rende m. Rand, Schildrand, Schild, nhd. Rand pl. Ränder m.

Von ram ruhen, aufhören, wie aus der Nebenform mhd. ranft = nhd. Ranft erhellt.

(râ) rêri.   ·

Germanisch in rathjan, rîma, rath, hund-ratha, rôdja.

Vgl. lat. re-or, ra-tus sum reri. — ἀ-ρι-ϑμό-ς. Aus ar fügen.

rathjan f. ratio.

goth. rathjôn- f. Rechenschaft, Rechnung, Zahl, as. redhja st. f. Rechenschaft, ahd. radja, redja st. schw. f. und ahd. reda st. f., mhd. rede st. f. Rechenschaft, Gebühr, Grund; Besprechung, Rede; Gegenstand, Sache.

Deckt sich in jeder Beziehung mit lat. ratiôn- f.

rîma m. n. Reihe, Zahl, Vers.

an. rim n. Kalender; Vers. + ahd. rim m. Reihe, Reihenfolge, Zahl, mhd. rim m. (nach Zahl der Hebungen gemessener) Vers; Reim, nhd. Reim m.

Vgl. ἀ-ρι-ϑ-μό-ς Zahl mit Vorschlag von α und Einschub von ϑ. vgl. νή-ριτο-ς zahllos. — altirisch rim Zahl.

rath zählen praet. rôd.

goth. ga-rathjan, ga-rôth zählen, s. hund-ratba hundert, rôd-ja reden.

Secundärthema aus ra vgl. νή-ριτο-ς zahllos.

hund-ratha n. Hundert, eigentlich Hundert-Zahl.

an. hundradh pl. hundruth n. Hundertschaft. + as. hundarod, ags. hundred, ahd. hunterit, nhd. Hundert n.

rôdja reden, sprechen.

an. roedha roedda reden, sprechen, roedha f. Rede, Gespräch, Unterhaltung. + goth. rôdjan reden, sprechen.

Von rath, rôd zählen, reri.

raina Rain, Grenzstreif.

an. rein g. reinar f. Rain, Grenzstreif. + mhd. rein m., nhd. Rain m. abgrenzender Bodenstreifen. Wohl nicht (hraina) zu ags. hrînan tangere.

raipa n. Seil, Reif.

an. reip und reipi n. Strick, Seil. + goth. in skauda-raipa- n. Schuhriemen; ags. râp n., engl. rope; ahd. reif, mhd. reif st. m. 1 Seil, Riemen, Fassreif, Ring, Kreis. Vgl. ῥαιβό-ς gekrümmt (ῥέμβω drehe).

rausa m. n. Rohr.

an. reyrr (= raus-ja-s) g. reyrs pl. ar m. Rohr. + goth. rausa- n. Rohr, Schilfstengel, ahd. rôr, mhd. rôr st. n. 1, nhd. Rohr pl. Rohre n., ahd. rôrjä, rôrra st. schw. f., mhd. rôre, roero schw. f., nhd. Röhre pl. Röhren f. Rohrstengel, Röhre, ahd. rôrahi, mhd. roerach st. n., nhd. Röhricht n.

(rak) regere.

Germanisch in rehta, rika, vgl. goth. rah-tōn hinreichen, darreichen, nhd. recken (= rak-jan).

Vgl. lit. ražau, raży-ti recken. — ὀρέγω, ὀρέγνυμι recken, strecken. — lat. regere. — sskr. arj r̥ṅjati arjato strecken, recken, irajyati anordnen, lenken.

rehta gerade, richtig, recht, gesetzmässig, sbst. Recht.

an. rēttr, rētt, rētt gerade, richtig, recht, gesetzmässig, rēttr g. rēttar pl. ir m. Recht, gesetzliches Recht (Ersatz, Bussgeld). + goth. raiht-a-s recht, gerade, eben; gerecht, as. rebt; engl. right; ahd. rēht, mhd. rēht recht, gerade, richtig, gerecht, auch dexter; as. reht, ahd. mhd. rēht st. n. gesetzliches Recht, nhd. recht, Recht n.

Vgl. lat. rectu-s. — altpers. rāçta, zend. rāshta gerade, recht, gerecht.

rehtja recht machen, richten.

an. rētta rētta recht machen, richten, ausstrecken, sich emporrichten, recken, zurecht bringen. + goth. in garaihtjan richten, hinlenken, rechtfertigen (garaiht-a-s gerecht), as. rihtian erigere, regere, ahd. (rihtjan) rihtan, mhd. rihten lenken, richten, errichten, zurecht machen; richtig machen, vergüten, richten = richterlich entscheiden, nhd. richten. Von rehta recht. An. rētting f. correctio, Entschädigung vgl. ahd. rihtunga, mhd. rihtunge f. Lenkung, Regierung; Gericht, Urtheil, an. rēttari m. der aufs Recht zu sehen hat, vgl. ahd. rihtari, rihtāri, mhd. rihtaere, rihter, nhd. Richter m.

rika mächtig, reich sbst. Herrscher.

an. rīkr mächtig, reich, rikja rikta herrschen, regieren. + goth. reik-a-s mächtig, vornehm sbst. m. Herrscher, Fürst, vgl. as. riki, ahd. richi, rīhhi, mhd. riche mächtig, reich, vornehm, prächtig, herrlich.

Vgl. lat. rex g. rēgis, rēgum König. — altgallisch z. B. in Ambio-rix, Dumno-rix, Eporedo-rix g. -rigis, altirisch rí g. rig König. — sskr. rājan m. in Compos. auch -rāja, -rāj König.

rīkdōma m. Macht, Gewalt, Reichthum.

an. rikdōmr m. Macht, Gewalt, Reichthum. + as. rik-dōm m. Reichthum; ahd. rihtuom, mhd. richtuom m. Herrschaft, Macht, Reichthum, nhd. Reichthum; daneben as. rikidōm, ahd. rihhiduam dass. von riki. Aus rika und dōma w. s.

rîkja n. Macht, Herrschaft, Reich.

an. riki n. pl. rikja Macht, Gewalt, Regierung, Reich.+
goth. reikja- n., as. riki n., ahd. rihhi, richi, mhd. riche
st. n. Herrschaft, Obrigkeit, Reich, nhd. Reich n. Von
rika.

Vgl. lat. rêgiu-s. — sskr. râjya königlich, râjya n. Reich.

rak sammeln, rekan-, rak.

goth. rikan, rak sammeln, germanisch in rekan Rechen, raka, raknja.

Vgl. λέγω, λόγος. — lat. lego lêgi lectum legere, ligo (Rechen) Hacke.

rekan Rechen, Harke.

an. reka f. Rechen, Harke. + ahd. recho, rehho, mhd. reche
schw. m., nhd. Rechen m. Zu goth. rikan rak sammeln, vgl. lat.
ligon- Hacke, Karst.

raka Entwicklung, Grund.

an. rök n. pl. Entwicklung, Begründung, Grund. + as. raka,
ahd. rabha, racha st. f. Rechenschaft, Rede, Sache. Zu goth.
rikan rak sammeln.

Vgl. λόγο-ς, das sich im Sinne ganz genau mit raka deckt.

rakja entfalten, erklären.

an. rekja rakta entfalten, entwickeln, erklären. + as. rek-
kian rekida, ahd. rachjan, rechan praet. rahta sagen, erzählen, erklären, berechnen; meinen. Von raka λόγος.

raknjâ rechnen.

an. reikna (sonderbar statt rekna) reiknadba rechnen, schätzen.
+ goth. rahnjan (für raknjan?) rechnen, berechnen, überschla-
gen, anrechnen, achten wie, altfries. rekenja, reknja rechnen,
engl. reckon; ahd. (rahhanjôn) rehhanôn, rechenôn, mhd. reche-
nen rechnen, ordnen, bereit machen, nhd. rechnen. Vielleicht
sind Doppelformen raknja und rahnja anzunehmen.

(rak) ἀλέγω.

Germanisch in rôka, rôkja.

Vgl. ἀ-λέγω kümmere mich. — lat. lego in di-ligo, nec-ligo, re-ligens,
rê-ligio.

Ursprünglich mit rak λέγω identisch? Besser mit ἀρήγω zu vergleichen?

rôka m. Bedacht.

an. in roekja s. rôkja. + ahd. ruoh, mhd. ruoch st. m. Acht,
Bedacht, Sorge.

rôkja sich kümmern, bedacht sein.

an. roekja roekta sich kümmern, sorgen für, sich angelegen sein
lassen. + as. rôkian, rôkëan sorgen, wünschen; ahd. ruohhjan,

mhd. ruochen Rücksicht nehmen, bedacht, besorgt sein; wünschen, wollen, gedenken, nhd. ge-ruhen. Von ahd. ruoh, mhd. ruoch st. m. Achthaben, Acht, Bedacht, Bemühung, Sorge, Theilnahme, Pflege.

(rah, rag) festmachen, anordnen.

Germanisch in rahan, rahna, ragina; goth. ga-rêh-sni- f. Anordnung, Plan; bestimmte Zeit.

Vgl. ksl. rokŭ bestimmte Zeit, rači-ti wollen. — sskr. sam-are festmachen, rac racate anordnen.

rahan f. Raae.

an. rá pl. rár f. Segelstange, Raae. + mhd. rahe schw. f. Stange, Segelstange, Rahe, nhd. Rahe, Raae f.

rahna (râna) n. Raubanschlag, Raub.

an. rân n. Raub, Beraubung. + ahd. rân n. intentio, bi-rahanen erbeuten.

Eigentlich „Anschlag" vgl. sskr. racita-dhî dessen Gedanken gerichtet sind.

rahnjan rauben.

an. raena raenta berauben, rauben. + ahd. (rânjan) rânon einen Raubanschlag ausführen, rauben, plündern, bi-rahanen erbeuten. Von rahna.

ragina n. Beschluss, Rath, Götterbeschluss.

an. regin n. pl. rögn g. pl. ragna die Götter (als μέδοντες, Rather, Beschliesser). + goth. ragina- n. Meinung, Rath, Rathschluss, Beschluss, as. nur im gen. reginô giskapu n. pl. Götterbeschluss, Schicksalsbeschluss, ahd. regin-, nhd. rein- (z. B. reinblind).

Vgl. sskr. racana n. racanâ f. das Anordnen.

ratha n. Rad.

ahd. rad pl. rad und redir, mhd. rat g. rades pl. rat und reder, nhd. Rad pl. Räder st. n. S. ig. europ. rata.

Vgl. lit. rata-s m. Rad, pl. ratai Karren. — lat. rota f. Rad. — altirisch roth Rad.

sskr. zend. ratha m. Wagen, zweirädriger Kriegswagen. — Von ra = ar fügen vgl. ἅρμα.

râd, râdan rerâd râdana rathen.

an. râdha rêdh râdhinn rathen, beschliessen, schaffen, herbei-, verschaffen, erklären, deuten (rathen); wahrnehmen, bemerken; herrschen, regieren; entscheiden, schalten und walten. + goth. in ga-rêdan rairôth rêdans bedacht sein auf, sich befleissigen, und-rêdan besorgen, gewähren, ur-rêdan urtheilen, bestimmen; as. râdan, rêd, ried, ahd. râtan, mhd. râ-

ten riet ge-râten rathen, berathen, sinnen auf; muthmassen, Räthsel ra-
then; anrathen; verschaffen, befehlen, nhd. rathen rieth gerathen, berathen, gerathen.

Vgl. lit. roda-s willig. — ksl. radŭ willig, radi-ti berathen, fürsorgen.
sskr. râdh râdhati râdhnoti gerathen, berathen; gewinnen, günstig stimmen.

râda m. n. Rath.

an. râdh n. Rath, Hülfe; Beschluss und Ausführung dess., Anschlag, Unternehmung; Gelegenheit, Lage; Partie, Hei-rath. +
as. râd, ahd. rât st. m. 1, mhd. rât st. m. 2 Rath, Beschluss,-
Anschlag, Vor-rath, Ge-râth, nhd. Rath pl. Räthe m. An. râ-
damadhr m. Rathgeber = mhd. râtman m. Rathgeber. Von râdan rathen.

Vgl. neupers. rai (aus râda) Rath, davon altpers. loc. râdiy postpos.
wegen = ksl. radi praepos. wegen.

râdaga rathwissend, klug.

an. râdhugr rathwissend, klug. + mhd. raetic Rath gebend, wissend, Rathschluss fassend. Von râda Rath.

rann, rennan rann ronnum ronnana rinnen, rennen.

an. renna und rinna rann runnum runninn rinnen, fliessen; rennen, laufen.
+ goth. rinnan rann runnum runnans rennen, laufen, stürzen, as. rinnan;
ahd. rinnan, mhd. rinnen rennen und rinnen, nhd. rinnen rann geronnen.
rann ist entstanden aus arn, arnu dem Praesensthema von ar vgl. sskr.
ṛṇu = ὄρνυ Praesentia von ar, ὄρ, orior.

rannja rennen, rinnen machen, auch intrs. rennen.

an. renna renda rinnen, rennen, laufen machen, intrs. renna
gleiten. + goth. in ur-rannjan aufgeben lassen, as. rennian zusammen laufen, rennen, ahd. rennan, mhd. rennen rante rinnen,
rennen machen, intrs. rasch reiten, sprengen, nhd. rennen, rannte.
Causale von rennan.

-rônja adj. von woher kommend, mit den Na-
men der Himmelsgegenden verbunden.

an. -roenn (d. i. rônjas) von woher kommend, austroenn von
Osten, norroenn von Norden, sudhroenn von Süden, vestroenn
von Westen kommend. + ahd. rôni in ôst-rôni, nordrôni, nordarôni, sundrôni, wëstrôni von Ost, Nord, Süd, West kómmend.
Von rennan rann vgl. goth. ur-rinnan aufgehen.

râfa-n m. Dach, Dachbalken.

an. râfr, raefr m. Dach. + ahd. râfo, mhd. râve schw. m. Balken, Spar-
ren. Dazu an. raptr, raftr pl. tar m. Balken, Stamm, Stange.
Vgl. ἐ-ρέφω bedache, ὄροφο-ς Dach.

rafsja strafen, züchtigen.

an. refsa (= rafsja) refsta und refsadba strafen, züchtigen. + as. respian strafen, züchtigen; ahd. (rafsjan) refsan praet. rafsta, mhd. refseft repsen praet. rafste mit Worten strafen, tadeln, züchtigen. An. refsing f. Strafe, Züchtigung = ahd. rafsunga, mhd. refsunge st. f. Tadel, Züchtigung; ahd. rafslicho, mhd. rafsliche adv. in tadelnder Weise.

Vgl. ἅρπαξ, ἅρπαλέος. — lat. rapio, rapere. — sskr. rapas n. Schaden.

raba f. Rübe.

ahd. raba, mhd. rabe, rape st. schw. f. Rübe.

Vgl. ῥάφη grosser Rettig, ῥαφάνη, ῥαφανίδ Rettig, ῥάφανο-ς f. Kohl.

rôba f. Rübe.

ahd. ruoba und ruoppa (= ruopja), mhd. ruobe und rüebe, nhd. Rübe f.

Vgl. lit. ropé (= ropja = rüebe) f. — ksl. rĕpa f. — lat. râpu-m, râpa, râpina f. Rübe.

rôba zu raba wie hôna zu hanan, dôla zu dala, dôgis zu daga u. s. w.

râma dunkel:

ahd. râmac fuscus, mhd. râmec, râmig schmutzig, russig, mhd. râm m. Schmutz, Russ.

Vgl. sskr. râma dunkelfarbig, schwarz, râma n. das Dunkel, râmi und râmyâ f. das Dunkel, Nacht.

(ras) tönen, schreien.

Germanisch in rasda, vgl. ahd. rêrên blöken, brüllen, engl. to roar, ndd. rôren heulen, weinen.

Vgl. sskr. ras rasati und râs râsate tönen, heulen, schreien, râsa-bha der Esel.

rasda f. Stimme, Laut.

an. rôdd g. raddar pl. ir f. Laut, Stimme, raddar-stafr m, Vocal, radd-madhr m. der eine laute, gute Stimme hat. + goth. razda f. Stimme, Aussprache, Sprache, Mundart; ags. reord st. f. Sprache; ahd. rarta f. Stimme, modulatio.

Vgl. sskr. rasita n. Getön, Gebrüll, Geschrei.

râsa f. heftige Bewegung.

an. râs g. râsar pl. ir f. Lauf, râs n. Fall, Sturz, rasa (hrasa) adba stolpern, hineinstürzen, heftig laufen, raesa (= râsja denom. von râs) in schnellen Lauf, heftige Bewegung setzen. + as. râs, ags. raes m. impetus, cursus, saltus, raesan impetum facere, irruere, ags. râsettan (= râsatjan) grassari cum impetu, rasen, mnd. md. râsen, nhd. rasen, toll sein.

Vgl. ἑ-ρωή heftige Bewegung, Schwung (von ἐρωή = rôva Ruhe natürlich zu scheiden).

Von râs = ars = sskr. arsh strömen, fliessen, gleiten.

raskva, raska rasch.

an. röskr (Stamm raskva-) aufgelegt, tüchtig; rasch, hurtig. + ahd. rasc, mhd. rasch flink, rasch, mhd. resche flink, behende; frisch, hart, vgl. auch ahd. rosc, mhd. rosch munter, frisch, rasch, schnell, spröde, scharf, nhd. rasch.

Von rask = arsk in sskr. archati, rçchati praesens zu ar ὄρνυμαι.

(ri) zittern.

Germanisch in rirai, rith.

Vgl. lat. li-brâre, li-bra. — sskr. li nur im Intensiv leláya, leliya schwanken, schaukeln, zittern, lelayâ f. nur im gleichlautenden Instrumental, schwank, in unruhiger Bewegung.

rîrai zittern, beben.

goth. reirôn- f. Zittern, Schreck, Erdbeben, reirai- zittern, beben. Vgl. sskr. lelâya, leliya schwanken, schaukeln, zittern.

rith zittern.

an. ridha f. Beben, Zittern, ridha adha beben, zittern. + ahd. rido m. das Zittern, rîdôn, mhd. ridwen zittern.

rekvisa n. Finsterniss.

an. rökr und rökkr n. Finsterniss, ragna-rökr n. Götterdämmerung, rökkva, rökk finster werden. + goth. riqisa- n. Finsterniss, Dunkelheit, riqizein-a-s finster, dunkel, riqizjan sich verfinstern.

Vgl. ἔρεβος n. ἐρεβεν-νό-ς. — sskr. rajas n. Dust, Nebel, Düsterkeit, Dunkel (Dunst, Staub).

Zum Verb sskr. raj rajati sich färben, sich röthen.

rih, rîhan raih anstecken, reihen.

ahd. riban part. gi-rigan, mhd. riben rêch rigen stecken, anstecken, anspiessen; reihen, an- aufreihen, ahd. rigil, nhd. Riegel m., ndd. riben = nähen.

Vgl. lit. rēk-iu, rēk-ti schneiden. — sskr. rikh â-rikha imper. anritzen, aufreissen, likh likhati ritzen (zeichnen, malen, schreiben) rekhâ = lekhâ Riss, Strich, Reihe = ahd. rîga, nhd. Reihe.

raiha Reh.

an. râ g. rár pl. rár f. Reh. + ags. raeg-haer rehgrau „capreus râhdeór, caprea · hraege, capreos · raegan" ags. Gloss., ahd. rêh pl. rêh, mhd. rêch g. rêhes pl. rêher st. n. Reh, ahd. mhd. rêhgeiz f. Rehgeiss, ahd. rêh-poc, mhd. rêh-boc, nhd. Rehbock m. und ahd. rêho schw. m. auch rêhjâ (d. i. rêhjan-) schw. f. Reh. Der Anklang von sskr. rçya m. Bock einer Antilopenart ist wohl zufällig.

rid, rîdan raid ridum ridana reiten.

an. rîdha reidh ridhum ridhinn reiten. + ags. ridan, engl. ride rode rid-

den; ahd. ritan, mhd. riten sich aufmachen; reiten, fahren (Wagen, Schiff),
nhd. reiten ritt geritten.
Vgl. lit. rit-inti rollen?

raida f. Reiten, Reiterzug, Wagen.

an. reidh pl. ir f. das Reiten, Reiterschaar, Wagen. + ahd. reita
f. st. und reitî f., mhd. reite st. f. Kriegszug, kriegerischer Angriff, Wagen.
Vgl. gallisch latein. rêda, rhêda f. Wagen, das wohl aus dem
Deutschen stammt.

raidja n. Geschirr, besonders Reitzeug.

an. reidhi n. (oder m.) Geschirr, Pferdeschirr, Takelwerk
des Schiffes. + ahd. gi-reiti n. Fuhrwerk, mhd. gereite
n. Reitzeug, Sattel mit Zubehör, vgl. goth. garaid-a-s
angeordnet, bestimmt, festgesetzt, mhd. gereit, gereite
fertig, bereit, zur Hand. Zu ridan, vgl. garaida.

garaida bereit, fertig.

an. greidhr greidh greitt leicht, leicht zu bewerkstelligen. + goth.
garaid-a-s angeordnet, bestimmt, festgesetzt, mhd. gereit, gereite
fertig, bereit, zur Hand. Zu ridan.

rib, rîban raib ribum ribana zerreissen, reiben.

an. rifa reif rifum rifinn reissen, zerreissen, auseinander reissen, rifna
adha zerspringen, aufspringen, rifja adha auseinander breiten (Heu), aufzählen, erklären. + ahd. riban, ripan, mhd. riben abl. 5 reiben, einrei-
ben, schminken, ahd. ribil, mhd. ribel m. Reibel, Stämpfel.
Vgl. ἐ-ρείπω, ἐ-ρέ-ριπ-το umstürzen, niederwerfen, ἐρείπια Trümmer,
ἐρείπη Absturz cf. lat. ripa.

rîba freigebig.

an. rifr freigebig, rif-ligr freigebig, anständig, ehrenvoll. + ndd.
ribe freigebig, verschwenderisch, Otto II. hiess niederdeutsch
„der Ribe“. Von riban.

reb nähen.

an. rifa adha nähen. + amhd. rêvelen nähen, flicken; dazu ndd. rebbeln,
auf-rebbeln (Strumpf), nhd. riffeln in kleine Falten legen? Zu rîban? oder
vgl. ῥάπ-τω nähe.

refta, reftja ein Kleidungsstück.

an. ript f. ripti n. Frauengewand, Art Hemd, lê-rept n. Leinwand. + ags. rift, ryft f. linteum, sagum, pallium, velum, ahd.
in pein-refta Hosen. Nach Grein. Wohl zu reb nähen.

rebja n. Rippe.

an. rif g. pl. rifja n. Rippe. + ahd. ribbi, rippi, mhd. ribe, rippe st. n.
f., nhd. Rippe f. — ribja aus rebja vgl. ksl. reb-ro n. Rippe.

rîsan rais risum risana sich erheben.

an. rîsa reis risum risinn sich erheben. + goth. in ur-reisan rais risum risans' sich erheben, aufstehen, auferstehen, as. rîsan rês aufstehen, engl. rise rose risen; ahd. rîsan, mhd. rîsen abl. 5 steigen, fallen.

risan m. Riese.

an. risi (= risan) m. Riese. + as. wrisi, ahd. risi (= ris-ja) st. m. und ahd. riso (= risan), mhd. rise schw. m., nhd. Riese pl. Riesen. Aus vrisan?

risti Rist.

an. rist g. ristar pl. ristr f. Spann des Fusses, Rist, ristar-lidhr m. Fussgelenk. + mhd. rist st. m. und riste st. f. riste st. n. Rücken des Fusses oder der Hand, Rist. Von rîsan risana sich erheben.

raisan f. Reise.

an. reisa (d. i. reisan-) f. Reise. + ahd. reisa, mhd. reise st. schw. f. Aufbruch, Zug, Kriegszug, Reise, nhd. Reise pl. Reisen. Von rîsan rais sich erheben.

raisja aufrichten.

an. reisa (= reisja) reista aufrichten, aufbauen, errichten z. B. bauta-steina. + goth. ur-raisjan aufstehen machen, aufrichten, auferwecken, ags. in â-racran erheben. Causale von rîsan rais.

(ru) stürzen, umstürzen, graben.

Germanisch in reura, rut, rud.
Vgl. lit. rau-ti ausreissen, jäten. — ksl. ry-ti ausreissen, rovŭ Graben. — lat. ruere, ê-ruere, ob-ruere. — sskr. ru, ru-dhi imper. ru-ta part. zerschlagen, zerschmettern.

reura schwach, gering.

an. rŷrr gering, unbedeutend, schwach. + goth. riur-a-s vergänglich, zeitlich, verweslich; verderbt, riurein- f. Verwesung, Vergänglichkeit; Verderben. Von ru ruere.

reurja gering, schwach machen, verderben.

an. rŷra (d. i. riurja) rŷrda gering machen. + goth. riurjan etwas verderben. Von reura.

rut part. rutana faulen, verrotten.

an. rotinn part. verfault, verrottet. + engl. rotten verrottet; ahd. rôzên, mhd. rôzen faulen, in Fäulniss übergehen.

rud roden.

an. rudh n. das Ausgerodete, rydhja (oder hrydhja) rudda roden, Weg bahnen, leer machen, räumen, ausladen (Schiff), wegrücken, vertreiben; verwerfen, ungültig erklären, rudhning (hrudhning)

Verwerfung der Zeugen vor Gericht, rjödhr g. rjödhrs n. gerodete Stelle im Walde. + ahd. (riutjan) riutan, mhd. riuten reuten, ausreuten, roden, nhd. reuten; ahd. riuti, mhd. riute st. n. Rodung, urbar gemachtes Land, mhd. riutel f. Werkzeug zum Ausreuten, riutaere m. Urbarmacher, Ausreuter. Zu ru, vgl. lat. e-ruere, lit. rav-iu gäten.

Oder Grundform hrud?

ruk, reukan rauk rukum rukana dampfen, rauchen.

an. rjúka rauk rukum rokinn dampfen, rauchen, reykr (= rauk-ja-s) g. reyks und reykjar pl. ir m. Rauch, reykelsi n. Räucherwerk. + ags. reócan rauchen, rêc m. Rauch; ahd. riuhhan, riuchan, riohhan, mhd. riechen rauchen, dampfen; riechen, olere und olfacere, nhd. riechen roch gerochen; ahd. rouh, rouch, mhd. rouch st. m. n. Rauch, Dampf; Räucherwerk, Geruch, Duft; nhd. Rauch m.

rauka m. Rauch.

an. in reykja rauchen und reykr (= rauk-ja-s) Rauch. + ahd. rouh, mhd. rouch, nhd. Rauch. Von ruk rauk rauchen.

raukja Rauch machen.

an. reykja reykta rauchen. + ahd. (rouhjan) rouhhan, rouchan, mhd. rouchen räuchern, nhd. rauchen. Zu rauka Rauch von reukan rauk.

ruk rülpsen (rukatja).

ags. roccetan rülpsen.

Vgl. lit. raug-mi, rug-iu rülpse. — ksl. rygati sę rülpsen. — ἐρεύγω, ἐρυγή. — lat. ē-rugere, ructare rülpsen.

rukka, rukkan m. Rocken, Spinnrocken.

an. rokkr m. Spinnrocken. + ahd. rocco, roccho, rocho, mhd. rocke schw. m., nhd. Rocken. Spinn-rocken. Vgl. ndd. Wocken.

rukja rücken.

an. rykkja rykta rucken, zucken, rykkr g. rykks pl. ir m. Ruck. + ahd. (ruchjan) rucchan praet. ruhta, mhd. rucken rücken, bewegen, ziehen, reissen, zucken, rasch fortbewegen, entrücken intrs. sich fortbewegen, nhd. rücken, ahd. ruc pl. rucchâ, mhd. ruc g. ruckes m. Ruck, Fortbewegung, nhd. Ruck m.

ruga, rugan m. Roggen.

an. rúgr m. Roggen, rúg-mjöl Roggenmehl. + as. roggo, rocco, ags. ryge m., engl. rye; ahd. roggo, rocco, mhd. rogge, rocke schw. m., nhd. Roggen m.

Vgl. lit. rugy-s m. Roggenkorn, pl. rugeí Roggen. — ksl. růží (= rugja-) f. Roggen.

rut rudere, reutan raut rutum rutana.

ags. reótan, ahd. riozan, riuzan, mhd. riezen weinen, beweinen, ahd.
rôz s. rauta.
Vgl. lit. rud-i-s jämmerlich, raud-mi, raudó-ti wehklagen. — ksl. rydają
rydati dass. — lat. rudere brüllen. — sskr. rud rudati rodati jammern,
heulen, weinen; bejammern, beweinen.

rauta m. das Jammern, Weinen.

ahd. rôz m. das Klagen, Winseln, Weinen.
Vgl. lit. rauda f. Wehklage, Jammer. — sskr. roda m. Klageton,
Winseln, Weinen.

rud, reudan raud rudum rudana röthen.

an. rjôdha raudh rudhum rodhinn roth machen, besonders mit Blut färben, sôlar-rodh n. Morgenroth, rudhi m. Röthe, rodhna adha roth werden, raudr roth s. rauda, rjôdhr roth s. reuda. + ags. reódan reád ru-
don röthen, mit Blut, tödten, ahd. rotamo m. Röthe, ahd. rotèn, mhd.
roten roth werden, rubere, rôt s. rauda.
Vgl. ἐρεύθω röthe (nur hier und im Deutschen als starkes Verb erhalten)
und siehe rudai, rudja, rudra, reuda, rauda.

rudai roth werden, roth sein.

as. rotôn (für rodôn) rotân, ahd. rotèn, mhd. roten roth werden.
Vgl. lat. rubeo rubui rubêre, rubescere.

rudja n. Rost.

an. ryd g. ryds n. und rydr g. ryds m. (Stamm rudja-) Rost. +
mhd. rot st. n. Rost. Von reudan röthen.
Vgl. lit. rudi-s und ksl. rŭzda (= rŭdja) f. Rost.

rudra roth, Blut.

an. rodhra f. Blut, besonders Blut von geschlachteten Thieren,
würde goth. (rudrôn- f.) lauten, und basirt auf einem adj. (rudra-)
roth. Nach S. Bugge Zeitschrift XX, 1, 6. Zu reudan rudana
röthen.
Vgl. ksl. rŭdrŭ roth. — ἐρυθρό-ς roth. — lat. ruber roth. —
sskr. rudhira roth, n. Blut.

reuda erröthend, roth.

an. rjôdhr roth. + ags. reód roth, goth. in ga-riud-a-s ehrbar,
gariudja- n. Ehrbarkeit, gariudjôn- f. Schamhaftigkeit. Von reudan röthen.

rauda roth.

an. raudhr, raudh, rautt roth, raudha f. das rothe Blut, raudhi
m. rothes Metall. + goth. raud-a-s, as. rôd, ags. reád, engl. red;
ahd. rôt, mhd. rôt, nhd. roth (mhd. rôt st. n. rohigo). Von reudan.
Vgl. lit. raudà f. die rothe Farbe, raudóna-s roth. — lat. rôbu-s,
rûfu-s. — altirisch rúadh roth. — sskr. loha röthlich (m. n. rothes Erz, Kupfer, Metall überhaupt = ksl. ruda f. Metall).

rûna f. das Flüstern, geheime Berathung; Rune.

an. rûnar, rûnir f. pl. Runen, rûn oder rûna f. confabulatrix, rûni m.
confabulator. + goth. rûna f. Geheimniss, geheimer Beschluss, Rathsbe-
schluss, ags. rûn st. f. Geheimniss, Berathung, Rune, as. rûna, ahd. rûna
st. f. Geheimniss, geheime Berathung, Unterredung, Berathschlagung, ahd.
mhd. auch das Raunen, Leisesprechen, Flüstern. Zu ig. ru tönen, summen, vgl. lat. rû-mor.
Vgl. ksl. revą rju-ti brüllen. — sskr. ru rauti ruvati brüllen, summen

rûnja raunen.

an. rýna rýnda raunen, zusammensprechen, forschen; Runen gebrauchen. + ags. rûnian flüstern, raunen, vgl. ahd. rûnên, mhd.
rûnen, nhd. raunen. Von rûna.

rûma geräumig, m. n. Raum.

an. rûmr geräumig, rûm n. Raum, freier Platz; Sitz, Lager, Bett. +
goth. rûm-a-s, vgl. ahd. rûmi, mhd. rûm geräumig; goth. rûm-a-s m., as.
ahd. mhd. rûm m. Raum, Oeffnung, freier Platz, nhd. Raum m.
Vgl. lat. rûs g. rûris. — zend. ravanh n. Weite. (Zu ru aufbrechen).

rûmja räumen.

an. rýma rýmda räumen, freimachen. + as. rûmian; ahd. rum-
man, rûman, mhd. rûmen Raum, Platz machen, nhd. räumen.
Von rûma.

rub, reuban raub rubum rubana brechen.

an. rjûfa rauf rufum rofinn zerreissen, brechen (besonders bildlich Eid,
Vertrag u. s. w.), rof n. Riss, Bruch, rofna adha frangi, eidh-rofi m. Eid-
brecher, heit-rofa adj. indecl. Gelübde brechend, rauf g. raufar f. Höh-
lung, Loch. + ags. reófan reáf part rofen zerreissen. brechen.
Vgl. lit. rupa-s rauh, raupa-s Maser, Pocke. — lat. rumpo rûpi ruptum
rumpere. — sskr. rup rupyati Rejssen im Leibe haben, ropa n. Loch,
Höhle, lup lumpati part. lupta rumpere.

rauba Spalt, Loch.

an. rauf f. fissura, foramen.
Vgl. sskr. ropa n. Loch, Höhle.

rauba Raub.

an. in raufa, reyfa rauben. + as. rôf, ags. reáf, ahd. roub, mhd.
roup, nhd. Raub.

raubâ rauben, plündern.

an. raufa (und reyfa d. i. raufja) dha rauben, plündern.
+ goth. bi-raubôn berauben, ahd. roubôn, raupôn, mhd.
rouben rauben, plündern, berauben. Denom. von (rauba
=) as. rôf in nôdh-rôf, ags. reáf, ahd. roub, mhd. roup
g. roubes, nhd. Raub m. und dies zu rub.

raubarja m. Räuber.

an. raufari (von raufa), reyfari (von reyfa) m. Räuber. +
ags. reáfer m., ahd. roubâri, mhd. roubaere m., nhd. Räuber. Die an. nomina agentis auf ari = aran stehen un-
bedenklich für arjan, schwache Nebenform der deutschen
Nomina auf arja (goth. -arei-s, ahd. âri, mhd. aere,
nhd. er).

regna n. Regen.

an. regn n. Regen. + goth. rigna- n., as. regan m., ags. regn, rên m.,
engl. rain; ahd. rëgan, rëkan, mhd. rëgen, md. rein st. m. 1, nhd. Regen m.
Vgl. lit. roké f. feiner Staubregen. — ksl. rëka f. Fluss (lit. roké zu ksl.
rëka wie lit. ropé Rübe zu ksl. rêpa Rübe).

regnabugan m. Regenbogen.

an. regnbogi m. Regenbogen. + engl. rainbow; abd. rëganpogo,
mhd. rëgenboge schw. m., nhd. Regenbogen m. Aus regna und
bugan.

regnja regnen.

an. rigna (= regnja) rignda regnen. + goth. rignjan regnen,
regnen lassen (vgl. ahd. rëganôn, mhd. rëgenen, nhd. regnen).
Von regna Regen.

rô, rôja rudern.

an. rôa reyra, rêra rudern, roedhi n. (= rôdhja) Ruder, roedhi m. Ru-
derer, rôdhr s. rôthra. + ags. rôvan, engl. row; mhd. rüejen praet. rüejete, ruote rudern. rô = râ aus ig. ar europ. ar rudern. An. âr f.
Ruder.
Vgl. ksl. rëją rëja-ti trudere. — lit. ir-ti rudern. — ἐρέτη-ς, ἐρέσσω,
ἐρετ-μός = lat. rêmu-s. — sskr. ar treiben, ari-tra Ruder.

rôthra m. n. Ruder.

an. rôdhr g. rôdhrar m. das Rudern, Ruder. + abd. ruodar, mhd.
ruoder st. n., nhd. Ruder n. Von rôja.
Vgl. Ἐρετρία. — sskr. aritra Ruder.

L.

lâ, lô bellen, schmähen.

goth. laian, lailô schmähen; mhd. lüejen brüllen.
Vgl. lit. loju, lô-ti = ksl. laję lajati bellen, schimpfen. — lat. la-trâre
lâ-mentum. — sskr. râ râyati bellen, anbellen.

laikan lelaik laikana springen, hüpfen, spielen.

17*

an. leika lèk leikinn spielen, sich spielend bewegen (Flamme), Jmd mitspielen = verhöhnen, leikari m. Spieler, Musikant, leik-madhr m. Spiel-
mann (auch Laie aus laicus). + goth. laikan lailaik laikans springen, hüpfen,
frohlocken, bi-laikan verspotten, ags. lâcan leóc springen, fliegen, schwimmen, wogen, flackern, spielen, kämpfen, mhd. leichen aufspringen, in die
Höhe steigen, refl. sich biegen, trs. Jmd mitspielen, verspotten, täuschen,
betrügen.

Vgl. lit. laig-ýti umherhüpfen, sich hastig tummeln, lett. ling-sma-s =
lit. linksma-s heiter, froh, lustig. — lat. lûdere, alt loidere nach Bugge
für loig-dere. — altirisch lingim ich springe. — ἐλελίζω erzittern, beben
machen (= ἐ-λι-λιγγ-jω). — sskr. rej rejati hüpfen, beben machen, rejate
hüpfen, beben, zittern, zucken.

laika m. Springen vor Freude, Tanz, Spiel.

an. leikr g. leiks pl. leikar m. Spiel, Unterhaltung. + goth.
laik-i-s m. Tanz, ags. lâc st. m. Spiel (certamen, praeda, donum,
sacrificium, hostia), ahd. leih, leich, mhd. leich st. m. 1 und st.
n. Spiel, Saitenspiel zu Tanz und Gesang „Leich". Von laikan.
Aus german. laika ist ksl. lèkŭ Spiel, Tanz entlehnt.

(lau) gewinnen, erbeuten.

Germanisch nur in launa Lohn.

Vgl. ksl. lovŭ m. Jagd, Fang, Beute. — ληΐδ-, ληΐς und λεία = λεσια
f. Beute, ἀπο-λαύ-ω geniesse, λωΐων besser. — lat. Lav-erna, lû-cru-m.

launa n. Lohn, Vergeltung.

an. laun n. pl. Lohn, Belohnung, Vergeltung. + goth. launa- n.,
as lôn n., ags. leán n., ahd. lôn st. m. und n. 1, mhd. lôn pl.
loene st. m. 2, nhd. Lohn, pl. Löhne m. Zu europ. lu gewinnen.

launâ lohnen.

an. launa adha lohnen, vergelten. + as. lônôn; ahd.
lônôn, mhd. lônen, nhd. lohnen. Von launa Lohn.

(lau) waschen, lavare.

Germanisch nur in lauga Bad.

Vgl. λοέω, λούω. — lat. luo, lavare.

lauga f. Bad.

an. laug pl. laugar f. Bad, laugar-dagr m. Badetag, Sonnabend,
lauga adha baden. + ahd. lauga, louga, mhd. louge st. f. 1, nhd.
Lauge f. Zu graecoital. lu waschen?

lauka m. Lauch.

an. laukr g. lauks pl. laukar m. Lauch. + ags. leác m.; ahd. louh, mhd.
louch st. m., nhd. Lauch m. Zu luk biegen.

laupa m. Korb.

an. laupr g. laups pl. ar m. Korb. + ags. leáp m., engl. leap Korb.

lauba n. Laub, Blatt.

an. lauf n. Laub. + goth. lauba- nom. laufs g. laubis m. Laub, Blatt;
as. lôbh, ags. leáf, engl. leaf; ahd. loup, loub, mhd. loup g. loubes n.
ahd. auch dër lôb, nhd. Laub n. Zu lit. lapa-s Blatt wie goth. haubith
zu lat. caput.

lak tropfen, das Wasser durchlassen, lecken.

an. leka lak lekinn tropfen, das Wasser durchlassen, lecken. + ags. lec-
can leohte part. leoht; ahd. (lekjan) lekan lakta, mhd. lecken benetzen,
Wasser durchlassen, nhd. lecken (von lecken lingere ganz verschieden).
Ursprünglich wie im Nord. stark: lekan lak lákum? lekana.

laka leck.

an. lakr, lök, lakt gering, schlecht (eigentlich leck). + ags. lác
saucius, ndd. leck (aus lakja) leck (von Schiffen), nhd. lech, leck.
Von lak.

lâkinâ heilen.

an. laekna adha heilen, laeknir m. Arzt, laekning f. ärztliche Heilung,
(und dazu lika f. Heilung, Linderung?). + goth. lékei-s m. (= lékja-)
und leikeis = ags. laece = ahd. lâhhî, lâchi m. Arzt, goth. lékinôn (lei-
kinôn) heilen, gesund machen = ags. lácnian heilen = ahd. lâhhinôn,
lâchinôn heilen = mhd. lâchenen besprechen; goth. lékinassus m. Heilung, ahd. lâhhida, lâchida f. Heilung, ahd. lâhhin, mhd. lâchen st. n.
Heilmittel.
Vgl. ksl. lékú m. Arznei, lékarı Arzt. Slavisch oder germanisch?

lahsa m. Lachs.

an. lax pl. ar m. Lachs. + ags. leax m., ahd. lahs pl. lehso m., nhd.
Lachs pl. Lächse. — Vgl. lit. laszisza-s m. Lachs.

lag, legjan lag lâgum legana liegen.

an. liggja lá lägum leginn liegen, lâg pl. ir f. umgehauener Baumstamm,
-lâg n. Vertiefung, leg n. Stätte, Begräbnissstätte. + goth. ligan lag lé-
gum ligans liegen, as. liggjan, ahd. (ligjan) liggan, likkan lag, mhd. li-
gen, nhd. liegen lag gelegen.
Vgl. lit. liga Wiege. — ksl. legą leš-ti liegen, ruhen, schlafen. — altirisch lige Bett. — λεχ, λέχεται, ἐλεξάμην, λί-λεκ-το liegen, λέχος, λόχος.
ksl. leżą liege = german. ligja liege.

legra n. Lager.

goth. ligra-, ahd. legar, mhd. leger n. (aber nhd. Lager).
Vgl. λαγρὸν ἢ λαγρός. κραββάτιον Hesych.

laga n. pl. Ordnung, Gesetz.

an. lög pl. n. Gesetz, gesetzlicher Verband, gesetzliche Gemeinschaft pl. zu lag n. Ordnung, Stelle, Gemeinschaft, út-lagr exlex,
lags-madhr m. Gefährte vgl. col-léga; mit lat. lég stimmt die

Länge in û-laegr (d. i. ût-lâgja-s) neben ût-lagr, ût-laegdh neben
ût-legdh f. Zustand eines ûtlagr. + ags. lagu f. lex, jus, caldor-
lagu f. Gesetz des Lebens, Geschick, Tod, feorh-lagu f. (vgl. an.
fjör-lag n. dass.) Gesetz des Lebens, Tod, as. lag pl. lagu st. n.
statutum, decretum, gi-lagu n. pl. Bestimmung, Schicksal, Loos.
Von lag liegen, κεῖσθαι, vgl. τὸ κείμενον.
Vgl. lat. lex lêgis f., col-lêga, lêg-âre; oskisch ligu- abl. ligud lex
entspricht genau dem germanischen laga.

lagja legen.

an. leggja lagdha legen. + goth. lagjan, as. leggian lagda legda;
ahd. leggan, lekkan praet. legita, mhd. legen legte, nhd. legen.
Causale zu lag liegen.
Vgl. ksl. ložą loži-ti legen.

lahtra n. Lager, Bett.

an. lâttr g. lâttrs n. (für lahtra-) Bette, Lager.
Vgl. λέκτρον Bett, Lager.

lâga niedrig.

an. lâgr niedrig, hinn lâgi Beiname: der kleine, maela lâgt leise
reden, laegja laegdha niedrig machen, erniedrigen, beschwichtigen,
laeging f. Erniedrigung. + mhd. laege (d. i. lâgja) flach. Von
lag liegen, wie λάχεια Hom. niedrig.

lâgâ liegen.

ahd. lâgôn, lâgên, mhd. lâgen lauernd liegen von ahd. lâga, mhd.
lâge f. Lage, lauerndes Liegen, Nachstellung.
Vgl. ksl. lêgają lêga-ti liegen. — λόχο-ς, λοχέω.

lâgja n. das Liegen.

an. laegi n. Station, Ankerplatz. + mhd. ge-laege n. Liegen,
örtliche Lage, Zustand, Gelegenheit. Von lag liegen.

lagu m. Nass, Meer.

an. lôgr g. lagar dat. legi pl. legir m. Nass; Meer. + ags. lago m., ahd.
lagu in lagu-lidandi navigans, lagu-ström Meerstrom.
Nicht mit lat. lacu-s zusammenzustellen, denn dies bedeutet eigentlich
„Vertiefung, Mulde" von Wz. lak biegen; vielmehr ist german. lagu =
lagva wie ehu Pferd = ehva und entspricht ganz genau dem ksl. lokva
f. Regen.

lagja n. Schenkel.

an. leggr g. leggs und leggjar pl. ir m. Schenkelknochen, Schenkel. +
engl. leg.
Zur europ. Wurzel lak biegen.

lat, lât lassen.

Germanisch in lata, lâtan.
Vgl. lit. leid-mi lasse. — lat. lad in las-su-s (für lad-tu-s) lass.

lâtan lelât lâtana lassen.

an. lâta lêt lâtinn lassen part. praet. lâtinn auch mortuus, vgl. lâta n. Tod, lâtaz umkommen, sterben. + goth. lêtan lailôt lêtans lassen, zulassen, von sich lassen, überlassen, zurücklassen, as. lâtan lêt liet; ahd. lâzan liaz, mhd. lâzen liez und contrahirt lân, nhd. lassen liess gelassen.

lâta n. das Lassen.

an. lât n. das Lassen, Verlust, Tod, i-lât n. (Einlass =) Tasche, Sack. + goth. in af-lêta-, fra-lêta- n., ahd. lâz, mhd. lâz m. n. Loslassung, Erlassung, Unterbrechung, nhd. Ab-lass, Nach-lass, Ver-lass m. Von lâtan lassen.

lata lass.

an. latr faul, träge, lass, û-latr unlass, flink, rüstig. + goth. lat-a-s träge, faul, as. lat träge, spät; ahd. laz, mhd. laz träge, faul, matt, lass, spät, nhd. lass. Zu lâtan.
Vgl. lat. lassus (lad-tus) lass.

latâ lass, müde machen.

an. lata adha müde machen. + ahd. lazôn und lazzên, mhd. lazzen träge sein, träumen, mhd. auch trs. lass machen, aufhalten. Von lata lass.

latja lass machen, hemmen.

an. letja latta hemmen, zurückhalten. + goth. latjan lässig machen, aufhalten, as. lettian praet. letta und latta dass., ahd. lezjan lezida lazta, mhd. letzen lazte hemmen, aufhalten; beschädigen, verletzen; erwidern, vergelten, refl. sich letzen (eigentlich sich aufhalten bei =) sich gütlich thun, nhd. letzen, ver-letzen. Von lata lass.

lathâ laden, einladen.

an. ladha adha einladen. + goth. lathôn, as. lathian und ladojan, ags. lathian; ahd. ladôn und ladên, mhd. laden berufen, auffordern, nhd. laden, ein-laden meist stark. Vgl. goth. lath-a-s libens.

lan, lennan lann lonnum lonnana weichen, nachgeben.

an. in lin-r weich, nachgiebig, linna (= linnja) linta aufhören, ruhen, lina adha (von linr) besänftigen, beruhigen. + goth. af-linnan lann lunnum lunnans weichen, fortgehen, ags. linnan, ge-linnan, blinnan (= bi-linnan); ahd. bi-linnan, pi-linnan abl. 1 sich beruhigen, nachlassen, ablassen, auch in lind, lindi, mhd. linde, nhd. lind, ge-lind weich, zart, nachgiebig, sanft = lat. lentu-s.
Vgl. λ-ινύω zögern, ruhen. — lat. in len-tu-s s. lenda.

lentha, lenthja lind, gelind.

as. lithi, ags. lîdhe (aus linthja), ahd. lind und lindi, mhd. linde, nhd. lind, ge-lind.

Vgl. lit. lēta-s blöde (wie mēsa Fleisch = ksl. męso). — lat.
lentu-s nachgiebig, zähe.

lenda f. Linde.

an. lind g. ar pl. ir f. Linde, lindi-skjöldr m. Schild von Linden-
holz. + ags. lind f. Linde, Lindenschild; ahd. lintâ, mhd. linde
schw. f. Linde, ahd. lintâ auch Lindenschild, nhd. Linde pl.
Linden f. Zu lentha lind = lat. lentus zähe, von lennan nachgeben.

linda, lindan Schlange.

an. linni m. Schlange. + ahd. lint m. oder f. Schlange, mhd. lint-drache
m. und lint-wurm m. Drache, Lindwurm.
Zu lennan, oder vgl. lit. land, lind kriechen?

lang lengan longana springen, vorwärtskommen, ge-lingen.

mhd. lingen lang vorwärtsgehen, nhd. ge-lingen, gelang, gelungen, ags.
lung-re leicht. germanisch langa lang, lenhta leicht, longan Lunge.
Vgl. lat. in longus. — lit. in lengva-s leicht. — ksl. līza f. Nutzen, līgŭkŭ
leicht, vgl. ἐλαχύς, sskr. laghu. — sskr. laṅgh laṅghati springen, eilen,
vorwärtskommen, sskr. raṁh raṁhati springen, eilen.

lenhta leicht.

an. lēttr leicht. + goth. leiht-a-s leicht, ags. leóht, engl. light;
ahd. liht, lihti, mhd. lihte leicht, leichtfertig, gering.
lihta steht regelrecht für linh-ta und stammt von derselben Wurzel wie lit. lengva-s leicht, ksl. līgŭkŭ leicht, ἐλαχύ-ς und sskr.
laghu leicht.

lenhtja leicht machen, lichten.

an. lētta lētta (= lehtja) in die Höhe heben „lichten",
ablassen von, aufhören (eigentlich leichter werden). +
ahd. lihtjan, lihtan, mhd. lihten leicht machen, nhd.
lichten (Anker) Lichter-schiff. Ags. lihtan, engl. to light,
a-light herabspringen, herabsteigen vom Pferde ist vielleicht direct zu lengan lang „springen" zu stellen.

langa lang.

an. langr, löng, langt lang, langi adv. lange (von Zeit und Raum).
+ goth. lagg-a-s, as. lang, ags. lang, long, engl. long; ahd. lang,
lanc, mhd. lanc fl. langer, nhd. lang.
Vgl. lat. longu-s lang.

langavrâkja lange nachtragend.

an. langraekr der eine Beleidigung lange nachträgt. +
mhd. lancraeche lange nachtragend, unversöhnlich. Aus
langa und vrâka von vrekan vrâkum.

langâ (lang werden) verlangen.

an. langa adha verlangen (til), unpersönlich langar es verlangt mich. + as. langôn unpersönlich es verlangt c. acc., engl. to long verlangen; vgl. ahd. langôn, mhd. langen lang werden, dünken, langen nach, verlangen. Von langa lang.

langitha f. Länge.

an. lengdh f. pl. ir Länge. + engl. length Länge. Von langa.

langis comp. adv. länger.

an. lengr comp. adv. länger. + mhd. langer und lenger, nhd. länger comp. adv.
Vgl. lat. longior, longius, longis-simu-s.

langist superl. adv. längst.

an. lengst sup. adv. längst. + nhd. längst sup. adv. längst, adj. der längste. Von langa.

langja lang machen, längen.

an. lengja lengdha lang machen, verlängern. + ahd. lengjan, lengan, mhd. lengen lang machen, in die Länge ziehen, verlängern. Von langa.

longan Lunge

an. lunga n. Lunge. + ahd. lungâ, mhd. lunge schw. f., nhd. Lunge pl. Lungen; und ahd. lungina, mhd. lungene st. f. Lunge. Von lang aufspringen, leicht sein, wie lenhta, vgl. ags. lungre leicht.

landa n. Land.

an. land pl. lönd n. Land. + goth. landa- n., as. land n., ahd. lant g. lantes und landes, mhd. lant g. landes, nhd. Land pl. Lande und Länder n.
Vgl. preuss. linda- Thal. — ksl. lędina f. wüstes Land, an. ledja f. lutum, ahd. letto n. Letten u. s. w.
Wohl zu lan recedere.

landan m. Landsmann.

an. landi m. Landsmann. + amd. ge-lando schw. m. Landsmann, Gaugenosse. Von landa, wie z. B. γείτων von γεῖτο = altpers. gaita Hof.

landja landen.

an. lenda lenda landen, ans Land legen (Schiff). + ahd. lentjan, mhd. lenden praet. lante, nhd. länden und landen. Von landa Land.

landî f. Lende.

an. lend pl. ar f. Lende. + as. lendi, ahd. lenti, londi, mhd. lende, nhd.
Lende f.
Vgl. ksl. lędvija f. Lende.

lap hängen.

an. lapa adha hängen, leppr g. lopps pl. ar m. Haarlocke. + as. leppan
languefacere.
Dazu lapan Laffe, lapan Lappen.
Vgl. λοβό-ς, λώβη. — lat. lābi, labe-facio. — sskr. lamb lambate nieder-
hangen, gleiten, fallen, ved. ramb rambate schlaff herabhangen.

lapan m. Laffe.

an. g-lapi in af-glapi m. Tölpel, blödsinniger Mensch. + mhd.
lapo, lappe m. Laffe, einfältiger Mensch, Bösewicht, nhd. Laffe,
läpp-isch. Nach Bezzenberger.

lapan Lappen.

an. lappi m. assumentum. + ags. lappa m. lacinia, ahd. lappa,
mhd. lappe, nhd. Lappen.
Vgl. λοβό-ς Ohrläppchen, Leberläppchen, Lober (Schote).

lapan lôp lapana lecken.

ahd. laffau luaf, mhd. laffen lamberc, part. praet. er-laffen absorptus.
Vgl. lat. lambo lambere, labia. — λάπτω λέλαφα schlürfen.

lapila m. Löffel.

an. lepill m. Löffel. + ndd. lepel; ahd. leffil, mhd. leffel, nhd.
Löffel m. Von lap lambere.
Vgl. preuss. lapini-s Löffel.

lappa f. Pfote, Flachhand.

an. löpp g. lappar pl. lappir f. Pfote. + ahd. laffa st. f. palmula.
Vgl. löfan und ksl. lapa f. plantâ ursi.

lapja lecken.

an. lepja lapta lecken. + ags. lapian, mhd. leffen lafte lecken,
schlürfen. Zu lap lambere.

lepra Lippe.

an. leporâ pl., ahd. leffur m. Lippe.
Vgl. lat. labru-m Lippe.

lepja f. Lippe.

as. lippa (für lipja), mhd. lippe, nhd. Lippe f.
Vgl. lat. labiu-m, labia, laboa Lippe.

lam, lamja brechen, lähmen.

an. lemja lamda schlagen, zerschlagen. + ags. lemian brechen; ahd.
lamjan praet. lemita, mhd. lemen lahm machen, nhd. lähmen. S. slavodeutsch lam lamya. Ursprünglich wohl starkes Verb (laman lôm?) vgl.

altpreuss. lim-twei brechen und ahd. luomi nachgiebig, milde, mhd. luo-
men, lüemen erschlaffen, ermatten.

Vgl. preuss. lim-twey brechen. — ksl. lom-l-ją lomi-ti brechen, sę ermatten, erlahmen.

lama lahm, gebrechlich.

an. lamr, löm, lamt lahm, schadhaft, schwach. + as. lam; ahd.
lam, mhd. lam lahm, gebrechlich, nhd. lahm.

laman lahm.

an. lama, lami adj. lahm. + ags. lama lahm. Zu lama.

lamitha f. Gebrechlichkeit, Lähmde.

an lemd f. Gebrechlichkeit. + mhd. lemede, lemde st. f.
1 Gebrechlichkeit, Lähmde. Von lama.

lemu m. n. Glied; Ast.

an. limr g. limar pl. ir acc. u. m. Glied, limar pl. f. Baumzweige,
Aeste, lima adba gliedern. + ags. lim n. pl. leomu acc. leomu,
leomo Glied; Baumzweig, Ast, engl. limb. Von lam brechen.

lamba n. Lamm.

an. lamb pl. lömb n. Lamm. + goth. lamba- n., as. lamb n.; ahd. lamb,
lamp pl. lamp und lempir, mhd. lamp g. lambes und lammes pl. lember
n., nhd. Lamm pl. Lämmer n.

las, lesan las lāsum lesana auflesen, sammeln, lesen (Buch).

an. lesa las lāsum lesinn sammeln, auflesen, lesen (Buch). + goth. lisan
las lēsum lisans zusammenlesen, sammeln, as. lesan; ahd. lēsan, mhd. lē-
sen abl. 2, nhd. lesen las gelesen.

Vgl. lit. lesu les-ti mit dem Schnabel aufpicken, Körner lesen, las-ala-s
Aufgepicktes, Vogelfrass, ap-lasýti herauspicken, sondern, auslesen, wählen, ap-lasima-s Auswahl, Lese.

lasta, lastra Fehler, Tadel.

an. löstr g. lastar pl. lestir m. (u-Stamm) Fehler, Tadel, godh- löstun f.
Gotteslästerung, last-maeli n. Schmährede, Tadel, lasta adba tadeln, lesta
(= lastja) lesta tadeln. + as. lastar, ahd. lastar (und lahstar), mhd. laster
n. Schmähung, Schmach, Schimpf, Schande, nhd. Laster. Von lahan =
as. lahan löh schmähen?

Vgl. λάσθη, λασθαίνω.

(li) giessen.

Germanisch in lithu, lima.

Vgl. lit. ly-ti regnen, lé-ju, lē-ti giessen. — ksl. lěją lija-ti giessen. —
lat. lino (= ἀλίνω Hesych.) livi li-tum linere. — sskr. ri riyati ripâti laufen lassen, lösen med. sich auflösen, flüssig werden; li liyate sich an-
schmiegen, vi-li schmelzen intrs.

lîthu m. Flüssigkeit.

an. lidh (aus lidh?) n. Name für das Bier. + goth. leithu-s m., as. lith, lîdh n., ahd. lid, mhd. lit g. lides st. m. n. Obstwein, Würzwein.

Von li giessen vgl. lit. lytu-s, lëtu-s m. Regen.

lîma m. n. Leim, Bindemittel.

an. lim n. Bindemittel, besonders Kalk. + ags. lim Bindemittel, Leim, engl. lime; ahd. lim, mhd. lim st. m. Leim, Vogelleim, nhd. Leim; vgl. ags. lâm (d. i. laima-) m., ahd. leim m. argilla, lutum, limus, nhd. Lehm m. (niederdeutsche Form), as. lëmo, leime, ahd. leimo schw. m. Lehm, Erde, Schlamm.

Vgl. lat. limu-s; von li linere.

leutha n. Lied.

an. ljôdh (von hljôdh zu scheiden) n. Strophe, pl. Lieder. + goth. in liuthôn singen, lobsingen = ahd. liudôn singen, jauchzen, liutharei-s m. = ahd. liudari m. st. 1 Sänger, Dichter, ags. leôdh, liôdh n. Lied; ahd. liod, mhd. liet g. liedes st. n. Liedstrophe pl. Lied, nhd Lied n. — Vgl. auch lat.-deutsch leudos acc. pl. und goth. avi-liudôn preisen, loben, danken. Vgl. lat. lau-di- f.

lik gleichen, vergleichen.

Germanisch in lika, ga-lika.

Vgl. lit. lygu-s gleich, eben, preuss. liga-n acc. Urtheil, Gericht, po-ligu gleich. — Joh. Schmidt vergleicht auch sskr. linga n. Kennzeichen; von derselben Wz lig.

lîka n. Leib.

an. lik n. Körper, Leib. + goth. leika- n. Leib, Fleisch, Leichnam, as. lik n. Fleisch, Leib; ahd. lih, mhd. lich st. f. 2 Leib, Körper, Aussehn; Leiche.

galîka gleich.

an. glik-r, lik-r gleich. + goth. galeika-, as. gilik, ahd. kalih, mhd. gelich, nhd. gleich.

Vgl. lit. lygu-s, preuss. po-ligu gleich.

lîkâ angemessen (lika) sein, behagen, gefallen.

an. lika adha behagen, gefallen. + as. likôn behagen, gefallen; vgl. goth. leikai- gefallen, ahd. lihhên, lichên und (lichjan) lichan, mhd. lichen (engl. to like) gleich sein, angemessen sein, gefallen. Von lika.

lîkhaman m. Körper, Leib.

an. likamr und likami (aus likhami) m. Körper, Leib. + as. likhamo, ags. lichama, lichoma m., ahd. lihhamo, mhd. licham schw. m. (und ahd. lihhinamo, mhd. lich-

nam, nhd. Leichnam) Körper, Leib, eigentlich Leibes-
hülle, aus lika Leib und haman Hülle w. s.

lihv, lîhvan laihv lihvum lihvana leihen.

an. ljâ oder lê lêdha lêdh (schwach) leihen, lân, lên n. Lehen s. laibna,
leiga f. Lohn, Bezahlung, lcigja leiga praet. leigdha mieten, dingen. +
goth. leihvan laihv laihvum laihvans leihen, borgen, as. far-lihan part.
farliwan verleihen; ahd. lihan lêh liwun liwan und lihan, mhd. lîhen lêch
lihen gelihen und geligen. nhd. leihen lieb geliehen.
Vgl. lit. lêku lik-ti lassen; preuss. po-linka er bleibt. — ksl. lici-ti evul-
gare. — λείπω (λιμπάνω), ἔλιπον, λέλοιπα. — lat. linquo liqui lictum
linquere. — altirisch lêc (aus linc) sinere. — sskr. ric riṇakti und recati
lassen.

laihna n. Lehen, verliehenes Gut.

an. lân (und lên) n. Lehen. + ags. laen n., engl. loan Lehen;
ahd. lêhan, mhd. lêhen st. n. geliehenes Gut, Lehen; nhd. Lehen,
Dar-lehen n. Von lîhvan = an. ljâ lê.
Vgl. sskr. reknas n. Erbe, Habe, Gut.

lig laig lecken.

ags. liccian, ahd. lecceôn, mhd. lecken, nhd. lecken und goth. bi-laigôn
belecken.
likkian ist durchaus kein Beispiel unregelmässiger Lautverschiebung, sondern deutsches Intensiv (worüber Gerland gehandelt: „Intensiva und Ite-
rativa 1869"), ebenso bocken, bucken, bücken zu bug biegen, placken
zu Plage, nicken zu neigen u. s. w.
Vgl. lit. lêźiu lêz-ti und laiźau, laiźy-ti. — ksl. liżą liza-ti. — λιχ λείχω.
— lat. lingere. — altirisch lígim ich lecke. — sskr. rih rihati reḍhi und
lih leḍhi lecken.

lit sinngleich mit lut s. leutan.

S. litila klein sinngleich mit as. luttil, ahd. luzzil, mhd. lutzel klein s.
leutan, goth. lita f. Verstellung, mith-litjan mit heucheln, ahd. liz m. n.,
mhd. litz und litze st. und schw. m. oder f. Grille, Laune, Albernheit,
ahd. lizzôn, lizitôn simulare, lizzitune f. Verstellung vgl. mit ags. lot n.
dolus, fraus, goth. liut-a-s heuchlerisch. Basis von lut leutan und lit ist
wohl lat. vgl. lata, lâtan.

lîtila klein, gering, wenig.

an. litill, litil, litit und lîtt klein, gering, wenig. + goth. lei-
til-a-s klein, gering, kurz. Dagegen gehen ags. lytel, litel, engl.
little; ahd. luzil, luzzil (auch liuzil), mhd. lützel auf eine Grundform lutila zurück s. leutan. Von lit.

lîthan laith lithum lithana gehen, vergehen, dahin-schwinden.

an. lidha leidh lidhum lidhinn dahinschwinden, verlaufen, gehen, verge-

hen (von der Zeit) zu Ende gehen, zum Tode gehen, leidh g. leidhar pl.
ir f. Weg, Richtung, Weise, leidh f. Versammlung, lidh n. Leute (von
der Familie, den Dienstleuten), lidhi m. Gefolgsmann (von lithan mitge-
hen, geleiten). + goth. in af-, bi-, ga-, hindar-, thairh-, us-, ufar-leithan
laith lithum lithans gehen, fahren, wandern, as. lithan gehen, wandern,
fahren, vergehen, befahren, ags. lidhan gehen, fahren; ahd. lidan, mhd.
liden abl. 5 gehen, fahren, weggehen, vergehen, verderben; erfahren,
erleben, leiden, ertragen, refl. sich gedulden, nhd. leiden litt gelitten
nur pati. Zu der Bedeutung „leiden", sonst nur hochdeutsch, laitha lei-
dig, leid.
Bezzenberger vergleicht passend zend. irith sterben. — lat. lit-âre von
Statten gehen.

lithaga ledig.

an. lidhugr ledig, frei von. + mhd. lödec, lêdic auch lidic ledig,
frei, unbehindert, unverheirathet, lêdic-vrî ledig und frei, ganz
frei, nhd. ledig. Von lithan lithana vergehen, weggehen.

lithu m. Glied.

an. lidhr g. lidhs pl. ir acc. -u m. Glied (Warze) auch lidh n. +
goth. lithu-s m., ags. lidh m., ahd. lid, mhd. lit g. lides st. m.
2, st. n. Glied, Gelenk, Theil, Stück, nhd. G-lied n. Von lithan
lithana sich abtrennen, abgehen.

lithâ gliedern, zertheilen.

an. lidha adha gliedern, lidhast sich zertheilen. + ahd.
lidôn μελεῖζειν in Stücke schneiden. Von lithu Glied.

laitha leid.

an. leidhr leidh leitt leid, invisus, taediosus. + as. lêth, lêdh,
ags. lâdh; ahd. leid, mhd. lcit fl. leider leid, böse, unlieb, wi-
derwärtig, verhasst, nhd. leid. Von lithan.

laithja verleiden, leid machen.

an. leidha leidda Jmdem etwas verleiden. + ags. lâdhian,
ahd. (leidjan) leidan, mhd. leiden leidmachen, nhd. verleiden. Von laitha.

laida f. Weg.

an. leidh g. leidhar pl. ir f. Weg, Richtung; Weise. + ags. lâd
f. via, iter, auch annona, victus, alimonium, vgl. ahd. lîb-leita
f. Lebensunterhalt. Von lithan.

laidja leiten.

an. leidha leidda führen, geleiten, leidhing f. Leitung,
Führung, leidh-sla, leizla f. Führung. + as. lêdian lêdda,
ags. laedan; ahd. (leitjan) leittan, leitan praet. leitts,
mhd. leiten praet. leite leiten, führen, mit sich, auf sich
tragen, haben, nhd. leiten. Causale von lithan. Mit an.

leidhi n. Leichenhügel, Grabstätte vgl. ahd. leita (=
leitja) f. funus, exsequium.

lîna n. Linnen.

an. lin n. Linnen, lina f. leinene Binde. + goth. leina- n. Leinwand, as.
lin, ahd. lîn, mhd. lin st. m. Lein, Flachs, Kleidungsstück aus Leinwand.
Wohl aus lat. linum entlehnt, wie ahd. line, mhd. line f. Seil, Leine aus
lat. linea. Der deutsche Name des Flachses ist harva w. s.

lib, lîban laib libum libana bleiben.

an. in lifa lifdha übrig sein, leben, lif n. Leben s. liba, leif n. Ueberbleibsel s. laiba. + goth. in bi-leiban laif libum libans bleiben, verblei-
ben, ahd. bi-liban, pilipan, mhd. bliben, nhd. bleiben blieb geblieben.
Aus ig. rip, europ. lip kleben (also Grundbedeutung haften).
Vgl. lit. limpu lip-ti kleben, haften. — ksl. lěpŭ Salbe. — ἀ-λείφω, ἀλή-
λιφ-α. — sskr. lip limpati, ved. rip schmieren, kleben. Die Zusammenstellung des germanischen lib mit λείπω ist falsch, λείπω = goth. leihva,
ich leihe.

libja (übrig sein, bleiben =) leben.

an. lifa lifdha übrig sein; leben, leben von, lifna adba lebendig
werden, lifnadhr m. Leben, Lebensweise. + goth. libai- leben,
libain-i-s f. Leben, as. libbian praet. libda, ags. lifian, lyfian,
leofian, engl. to live; ahd. libjan, lipjan (selten, meist) lêbên,
lëpên = goth. liban, mhd. lëben, nhd. leben lebte gelebt. Von
liban.

lîba n. Leben.

an. lif n. Leben. + as. lif, libb, ags. lif n. Leben, engl. life;
ahd. lib, lip, mhd. lip g. libes m. n. Leben; Leib, Person. Von
liban.

libra f. Leber.

an. lifr g. lifrar pl. lifrar f. Leber. + ags. lifer f., engl. liver;
ahd. libara, lëbera, lëpera, mhd. lëbere st. schw. f., nhd. Leber
f. Wohl von liban = europ. lip kleben.

laiba f. Ueberbleibsel.

an. leif pl. leifar f. auch af-leifar f. pl. Ueberbleibsel. + goth.
laiba f., as. lêba f.; ahd. leiba, laipa, mhd. leibe st. f. 1 Ueberbleibsel. Zu liban laib.
Die Berührung mit λοιπό-ς in der Bedeutung ist zufällig.

laibja übrig lassen.

an. leifa leifdha übrig lassen, zurücklassen. + ahd. (leib-
jan) leiban praet. leipta, mhd. leiben leibte übrig lassen.
Causale zu liban laib.

lis, lîsan lais lisum lisana (fahren) erfahren, lernen.

an. in laera lehren s. laisja, leistr m. Leisten s. laisti, list f. Kunst s.
listi. + goth. leisan lais lisum lisans erfahren, lernen praet. lais ich weiss;
as. in linôn (für lis-nôn) = ahd. lërnôn und lisnôn, lërnén; ags. leornian,
engl. learn, mhd. lërnen, nhd. lernen. Die Grundbedeutung von lisan ist
gehen, fahren, vgl. ags. leorian (= lisian) leorde ire, abire, transire und
europ. laisâ Geleis, Ackerfurche, lais-ti Leisten und lis-tan Leiste.
Zu derselben noch wenig untersuchten Wz. lis gehören ksl. lichŭ nimius,
privatus (nach Leskien eigentlich schief, schräg). — λιάζω biege, λίαν
nimium. — lat. lira s. laisa und vieles andere.

listi f. Kunst, List.

an. list pl. ir f. Kunstfertigkeit, Kunst, Geschicklichkeit, listugr
kunstreich, klug. + goth. list-i-s f. Kunst, Nachstellung; as. list
st. f. 2 auch st. m. 2, wie ahd. list, mhd. list st. m. 2 Klugheit,
Kunst, Zauberkunst, List, nhd. List f., goth. listeig-a-s listig,
arglistig, ahd. listig, listic, mhd. listic, listec klug, kunstreich,
schlau, nhd. listig = an. listugr. Von lisan lisana.
Vgl. ksl. listĭ f. Trug, List.

listan f. Leiste.

an. lista f. Leiste, Rand, Kante. + ahd. listâ, mhd. liste schw.
f. Leiste, Streifen, Saum, Borte. Zu lisan, ags. leoran abire,
vgl. λοῖσθος, λοίσθιος.

laisa f. Geleis, Furche.

ahd. leisa, mhd. leise f. Geleis, Furche, nhd. Ge-leise.
Vgl. preuss. lyso Ackerbeet; lit. lysé f. Beet, Gartenbeet. — ksl.
lécha f. Ackerbeet. — lat. lira f. Ackerbeet, Furche, Geleis, dê-
lirus (entgleist =) unsinnig.

laisti, laista m. Leisten.

an. leistr m. solea, crepida, leist-broekr f. pl. Strumpfhose. +
goth. laist-i-s m. Leisten, besondre Form; Spur, Fusstapfe; Ziel,
Absicht, laistjan folgen, nachgehen, nachstreben, ga-laistan- m.
Folger, Begleiter, ags. lâst, leâst m. Wegspur, Spur, Gang; ahd.
leist, mhd. leist st. m. Leisten; as. lêstian folgen, leisten, ahd.
(leistjan) leistan, mhd. leisten, nhd. leisten. Von lisan lais.

laisja lehren.

an. laera laerdha lehren, unterrichten. + goth. laisjan, as. lêrian;
ahd. (lêrjan) lërran, lëran, mhd. lëren, nhd. lehren. Causale von
lisan lais. An. laering f. Lehre, Unterricht = ahd. lêrunga f.
Lehre, nhd. Be-lehrung f.

(lu) lûja λύω.

an. lýja lû-dha zerstossen, stossen; ermatten (vgl. λύειν γυῖα), lûi m. Ermattung, lûinn gebrochen, ermattet, goth. lu-na- n. Lösegeld; ferner in
lutha, levan, lus, lusnâ, lûsi, lausa, lausja w. s.

Vgl. lit. liau-ju, liau-ti aufhören, lav-óna-s todt. — λύω, λυ-τό-ς, λύ-τρο-ν. — lat. so-lvo, sö-lut-um, lu-es Pest. — sskr. lû lunâti lunoti schneiden, abschneiden, zerhauen, zerreissen.

lutha zottig oder Zotte.

an. lodh n. hirsuties von Pflanzen, lodh-brók f. Zottelhose, Beiname des dänischen Königs Ragnar, lodhinn zottig + ags. lodha schw. m. Mantel, ahd. ludo und lodo, mhd. lode schw. m. grobes Tuch, Mantel daraus, ahd. ludilo schw. m. dass., ahd. ludara und lodera f. Windel, vgl. nhd. loddern, ver-loddern. Zu lu lösen.

levan m. Sichel.

an. ljár oder lé m. Sichel.

Vgl. λαῖον (= λαξιον) Sichel und sskr. lavi, lavânaka m. lavitra n. Sichel.

Von lu abschneiden.

lus, leusan laus lusum lusana verlieren, los werden.

an. in lauss los s. lausa, leysa lösen s. lausja, los n. das Lossein, losna adha loso, locker werden, lûss Laus s. lûsi. + goth. in fra-liusan laus lusum lusans verlieren, fra-lusans vergänglich, fra-lusnan verloren gehen, fra-lust-i-s f. Verlust, Verderben, Verdammniss; ahd. far-liosan, mhd. ver-lieren abl. 6 verlieren, verderben, aufgeben, unterlassen, nhd. verlieren verlor verloren; as. far-lust, ahd. for-lust, mhd. verlust, nhd. Verlust st. f. 2; goth. fra-lust-i-s. Zu lus los, frei werden auch lustu- m. Lust? Aus lu lösen durch s weitergebildet.

lusnâ los gehen.

an. losna adha lose, locker werden. + goth. in fra-luénan verloren gehen. Von leusan lusana.

lûsi f. Laus.

an. lûs pl. lýss f. Laus. + ags. lûs f., engl. looso pl. lice; ahd. lûs pl. lûsi, mhd. lûs pl. liuse, nhd. Laus pl. Läuse f. Zu leusan verderben, wie φϑείρ zu φϑείρω.

lausa lose, los, frei.

an. lauss lose, los, frei, lausung f. Leichtsinn, Unzuverlässigkeit, laus-n (d. i. lausini-) pl. ir f. Erlösung, Befreiung. + goth. lausa- los, leer; vergeblich, nichtig, ags. leás los, leer, loso, as. lôs; ahd. lôs, mhd. lôs los, lose, leor; harmlos, lustig, nhd. los. Von leusan laus.

lausja lösen, los, frei machen.

an. leysa (= lausja) leysta los, frei machen. +

goth. lausjan los machen, lösen, erlösen; zu nichte
machen, vereiteln; einfordern (ein-lösen), as. lô-
sian; ahd. lôsjan, lôsan, mhd. loesen, nhd. lösen,
er-lösen. Von lausa los.

luk, lûkan lauk lukum lukana schliessen.

an. lûka (ljûka) lauk lukum lokinn schliessen, verschliessen; abschliessen,
enden, lûka f. hohle Hand, lykill g. lykils pl. luklar m. Schlüssel, lykt
(= lukitha) pl. ir f. Schluss, Ende. + goth. ga-lûkan lauk lukum lukans
verschliessen, fangen, us-lûkan aufschliessen, entblössen, as. ant-lûkan,
bi-lûkan; ahd. ant-lûhhan, bi-lûhhan, mhd. lûchen abl. G schliessen, zu-
schliessen. Grundbedeutung ist „biegen" vgl. lukka Locke, an. lykna
sich beugen, lit. lug-na-s biegsam. lug biegen aus ig. rug brechen, europ. lug brechen w. s. Schliessen = zusammenbiegen.

luka n. Verschluss.

an. lok n. Schluss, Ende; Verschluss, Deckel, loka f. Verschluss,
Riegel, lok-hvîla f. (verschlossene Ruhestätte =) Schlafkammer,
lykja = (lukja) lukta schliessen. + goth. in us-luk-i-s oder us-
luk-a-s m. Eröffnung, ags. loc n. Verschluss, Riegel, loca m. dass.
locen dass., engl. lock Schloss, Schleuse; ahd. loh, loch pl. loh
und locher, luhhir. mhd. loch pl. loch und löcher st. n Verschluss, Versteck, Höhle, Loch, nhd. Loch pl. Löcher n. Von
lûkan lukana schliessen.

lukka m. Locke.

an. lokkr m. Haarlocke. + ags. locc m., ahd. loc, loch pl. lochâ,
locchâ, mhd. loc pl. locke und locke st. m., nhd. Locke pl. Locken f. Von lûkan lukana in der Grundbedeutung biegen.

luh leuchten (leuhan lauh luhum luhana?).

an. in ljômi m. Strahlenglanz s. leuhman, log n. Licht, Flamme, logi m.
Lohe s. luhan, in ljôs s. luhs. + goth. laubatjan leuchten, entweder =
ahd. (lohazjan) lohazzan flammen, blitzen, funkeln oder = ahd. (lougaz-
jan) lougazzan, lougezen feurig sein, im Feuer brennen, goth. lauhmunja-
f. leuchtendes Feuer, Blitz, liuhatha- n. Licht, Schein, goth. liuhtjan =
as. liohtian = ags. leôhtian = ahd. liuhtan = mhd. liuhten = nhd.
leuchten von (liuh-ta Licht), as. lioht, ags. leôht, ahd. lioht, mhd. lieht,
nhd. licht und ags. lioht, ahd. lioht, mhd. lieht st. n., nhd. Licht n.,
mhd. lohe Lohe s. luhan, as. lôgna st. f. Flamme; ags. lêg, ahd. loug,
mhd. louc g. louges st. m. Flamme, Lohe.
Vgl. ksl. luči m. luča f. Licht, lu-na f. Mond. — λύχ-νο-ς, λευχ-ό-ς. —
lat. luc-êre, lû-men, lûx. — altirisch lôche g. lôchet Blitz. — sskr. ruc
rocate scheinen, scheinen lassen, ruc f. Licht, rocis n. Glanz, Licht.

luhan m. Flamme, Lohe.

an. logi m. Flamme, Lohe, log n. Licht (das zur Erhellung an-

gezündet wird), loga adha brennen, lohen. + mhd. lohe schw.
m., nhd. Lohe schw. f., ahd. lohjan, mhd. lohen, nhd. lohen
lohte. Von luh.

luhsi (und luhan) m. Luchs.

ahd. luhs st. f. 2, nhd. Luchs pl. Lüchse vgl. schwed. lô m. f. n.
Luchs.

Vgl. lit. luszis io m. (= luksi-s), preuss. luysis Luchs. — λύγξ
g. λυγχός m. Luchs.

leuhman m. Glanz.

an. ljômi m. Strahlenglanz, ljôma adha strahlen. + as. lioma m.,
ags. leóma m. Lichtglanz. Zu luh, vgl. goth. lauhmunja- f. Glanz,
Blitz.

Vgl. lat. lûmen n. alt loumen (für loucmen).

lauha m. Loh, lucus.

ahd. lôh, mhd. lôch, lô g. lôhes m. n. niedriges Holz, Gebüsch,
ndd. Loh, vgl. Water-loo, Oldes-loe u. s. w.

Vgl. lit. lauka-s das Feld, der Acker, das Freie (Gegensatz zu
Haus). — lat. lûcu-s, alt louco-s Hain. — sskr. loka m. freier
Raum, das Freie, Raum überhaupt; Ort, Platz, Stelle (später
Welt, Weltlauf, Leute).

luhs leuhs leuchten.

an. ljôs (d. i. liuhsa-) n. Licht, ljôss adj. licht, davon lŷsa (aus
liusja-) lŷsta leuchten, glänzen; hell machen, erklären, verkünden (vor Gericht u. s. w.), lŷsa f. das Leuchten, lŷsing f. das
Aufleuchten; Verkündigen. + ags. liéxan (aus liuhsjan) lixan
leuchten, glänzen praet. lixte.

Vgl. preuss. lauxno-s Gestirne. — zend. raokhshna glänzend.

leuhsja leuchten, glänzen.

an. lŷsa (aus liuhsja) lŷsta leuchten, glänzen; hell machen
(erklären, verkünden, vor Gericht u. s. w.). + ags. liéxan,
lixan praet. lixte leuchten, glänzen. Von (liuhsa =) an.
ljôs n. Licht, ljôss adj. licht. Zu luhs.

lug, leugan laug lugum lugana lügen.

an. ljúga laug oder lô lugum loginn lügen, leugnen, liug-vitni n. falsch
Zeugniss, lygdh (= lugitha) pl. ir f. Lüge, lŷgi g. lŷgar pl. ir f. Lüge,
lyginn lügenhaft. + goth. liugan lauh lugum lugans lügen, belügen, as.
liogan; ahd. liugan, liogan, liucan, mhd. liegen, nhd. lügen log gelogen.
Vgl. ksl. lužą lŭga-ti lügen, lŏža, lŭžĭ f. Lüge.

lugja lügnerisch f. Lüge.

as. luggi, ahd. luggi, lucci, mhd. lüge lügnerisch, ahd. lugî, mhd.
lüge, nhd. Lüge f.

Vgl. ksl. lŭžĭ lügnerisch m. Lügner, lŭžĭ, lŏža f. Lüge.

laugna f. das Verbergen, Verhehlen.

an. laun f. Verborgenheit, Geheimniss, laun-barn n. und laun-getinn unehelich, leynd f. (= laugnidha-) das Verbergen, leyni (= laugnja) n. Verborgenheit, verborgene Stelle, Schlupfwinkel. + ahd. lougen, mhd. lougen st. m. 1 und ahd. lougna, mhd. lou-gon st. f. 1 Verneinung, Läugnung; goth. ga-laugnjan verbor-gen sein.

laugnja verbergen.

an. leyna (= laugnja-) leynda verbergen, leyndr (= lau-gnida-) verborgen. + goth. laugnjan, as. lögnjan, ahd. (louganjan) louganen, lougnan, laucnen, mhd. lougenen, nhd. leugnen; goth. ga-laugnjan verborgen sein, g. sik sich verbergen (ganz im Sinne des an. leyna).

lut, leutan laut lutum lutana sich neigen.

an. lûta laut lutum lotinn sich neigen, niederbeugen, in Verehrung; nie-dersinken, umkommen, lûtr niedergebeugt, gedemüthigt, lotning f. Ver-ehrung, ljötr hässlich s. leuta, lȳti n. (= liutja-) Fehler, Schändung, Be-schimpfung. + goth. liut-a-s s. leuta, ags. lot n. dolus, fraus, lytegian heucheln, sich verstellen, lûtan sich neigen, senken, mhd. lûze st. f. Ver-steck, ahd. lûzën, mhd. lûzen verborgen liegen, heimlich lauern (daraus entstellt nhd. mundartlich: Jmdem etwas ab-luchsen); ags. lyt adv. pa-rum, davon ahd. (luzjan) luzzan, mhd. lützen klein, gering machen, da-von ahd. (luzida) luzeda, luzzeda f. Schwächung, as. luttic, ndd. lütch; ahd. luzig, luzic, luzzic klein, as. luttil, ahd. luzil, luzzil (und liuzil), mhd. lützel klein, wenig, gering. Vgl. lit.
Bezzenberger vergleicht lit. ludéti trauern, beklommen sein, sich ängsti-gen (vgl. lûtr niedergebeugt) und ksl. luditi täuschen (vgl. ags. lot do-lus, fraus, lytegian heucheln).

leuta verstellt, entstellt.

an. ljötr hässlich von Ansehn. + goth. liut-a-s heuchlerisch, be-trügerisch. Zu leutan.

lud, leudan laud ludum ludana wachsen.

an. nur in lȳdhr Volk, Leute s. leudi. + goth. liudan lauth ludum ludans wachsen, as. liodan löd (löt), ags. liódan, leódan; ahd. in ar-liotan, ar-lëotan abl. 6 wachsen. Dazu goth. -lauda- in sama-lauda- gleich beschaf-fen, sva-lauda- so beschaffen u. s. w. = mhd. löt beschaffen (auch ags. leád n., engl. lead Blei = mhd. löt n. giessbares Metall, nhd. Loth, Kraut und Loth), goth. lud-ja- f. Angesicht, as. lud crescentia, vigor, ahd. su-mar-lota f. Sommerschössling, ndd. Loden pl.
Vgl. ἔλυθ eigentlich steigen, ἐλεύσομαι ἤλυθον ἐλήλουθα geben, kommen. — sskr. ruh rohati aor. aruhat steigen, wachsen, zend. rud raodhaiti aufsteigen, wachsen.

leudi m. Volk, Leute.

an. lýdhr g. lýdhs pl. ir m. Volk, Leute. + as. liud, ahd. liut,
mhd. liut st. m. n. Volk, mhd. auch einzelner Mensch; ags. leód
st. f. Volk, as. leut-cunnea Heliand, nom. pl. liudî, ahd. liuti,
liudi, mhd. liute st. m. 2 und st. f. 2, ags. loóde st. f., nhd.
Leute.

Vgl. preuss. ludi-s Mensch; Hausherr, Wirth. — ksl. ljudŭ m.
Volk, ljudije m. pl. Leute.

lauda Wuchs, Ansehn.

goth. in jugga-lauda- Jüngling, sama-lauda- gleich gross, sva-
lauda- so gross, mhd. lôt beschaffen.

Vgl. zend. raodha m. Wuchs, Ansehn, Gesicht (cf. goth. lud-ja f.
Angesicht).

luftu m. Luft.

an. lopt n. Luft; Obergemach im Hause, ndd. „Lucht". + goth. luftu-s
m., as. luft m., ags. lyft m. f. n., ahd. luft f. 2 und m., mhd. luft m. 2,
nhd. Luft pl. Lüfte f. Altes u-Thema wohl unzweifelhaft.

luftja lüften, in die Höhe heben.

an. lypta (= luptja) lypta in die Höhe heben. + engl. lift, up-
lift; mhd. lüften in die Höhe heben, nhd. lüften. Von lufta.

lub lubere.

Germanisch in luba, leuba, lauba.

Vgl. ksl. ljubŭ lieb. — lat. lubet, lubens, libido, liber = ἐλεύϑερος (mit
ϑ für φ). — sskr. lubh lubhati lubhyati heftiges Verlangen empfinden,
lub-dha gierig, lobha n. Gier.

luba n. Lob.

an. lof n. Erlaubniss, Zustimmung; Lob. + as. lof; ahd. lob, lop,
mhd. lop g. lobes st. m. n., nhd. Lob n. Zu lub, wie leuba und
lauba.

Vgl. lit. laup-sé f. Lob.

lubâ geloben, loben.

an. lofa adha gestatten; loben, preisen. + as. lobhôn,
lobôn, ags. lofian; ahd. lobôn, lopôn und lobên, mhd.
loben geloben, versprechen; loben, preisen, nhd. loben,
ge-loben, ver-loben. Von luba Lob.

lubja n. φάρμακον, Gift, Arznei.

an. lyf (d. i. lufja-) g. lyfs n. Arznei, Heilmittel. + goth. in lubja-
leisein- f. Giftkunde, Zauberei, ahd. luppi st. n., mhd. lüppe st.
n. und f. Gift, Vergiftung, Zauberei, mhd. lüppic giftig.

Vgl. irisch lub-gort, altwelsch luird m. horti, corn. luworth hor-
tus aus lub und *gorth = welsch gardd Garten.

lubjâ φάρμακα gebrauchen, heilen.

an. lyfja adha heilen, curiren. + ahd. luppôn, mhd. luppen
und lüppen vergiften; heilen, ärztlich behandeln. Von lubja.

leuba lieb.

an. ljûfr lieb, werth. + goth. liub-a-s, as. liof; ahd. liup, liub,
liob, mhd. liep fl. lieber, nhd. lieb.'
Vgl. ksl. ljubŭ lieb.

lauba Erlaubniss.

an. in leyfa erlauben, a. laubja. + as. or-lôf m., ags. leáf f. Erlaubniss; ahd. ur-loub, urloup, nhd. Ur-laub. Zu lub.

laubja erlauben, loben.

an. leyfa (= laufja) leyfdha erlauben, gestatten, leyfi n.
Erlaubniss, Einwilligung; Privileg, Gnade, leyfi-ligr er-
laubt. + goth. laubjan glauben (eigentlich loben), us-laub-
jan erlauben, zulassen, amhd. louben (aus loubjan) erlauben, mhd. urlouben beurlauben von ur-loup m. Urlaub,
s. lauba. Von lauba; vgl. goth. ga-laub-a-s werthvoll,
kostbar, eigentlich „löblich". Vgl. lit. laup-sé f. Lob.

lostu m. Lust.

an. lyst g. ar pl. ir f. Lust, und losti m. Lust, lostigr freiwillig. + goth.
lustu-s m., as. lust f. 2 und lusta st. f. 1, ahd. lust f. 2 pl. lusti, mhd.
lust f. 2 und st. m., nhd. Lust pl. Lüste, mhd. lustic lusterregend, lustig.
Wenn lostu, zur Wz. las vgl. λά-ω will, λιλαίομαι begehro, eskr. lash begehren, lâ-lasa verlangend. Oder lustu zu lus?

lostjan unpers. gelüsten.

an. lysta lysta, lystir mik mich gelüstet. + as. lustian, ahd. lust-
jan, lusten praet. luste, mhd. lüsten praet. luste unpers. gelüsten,
freuen, nhd. gelüsten. Von lostu Lust.

lethra n. Leder.

an. ledhr g. ledhrs n. Leder. + engl. leather; ahd. lëder, mhd. lëder n.,
nhd. Leder n.

lôfan m. flache Hand.

an. lôfi m. flache Hand, Hand. + goth. lôfan- m. flache Hand, ags. lôf
st. f. dass. Vgl. ga-lôfan Handschuh, laffa und ksl. lapa planta ursi.
Zu lafan lôf lambere?

galôfan m. Handschuh.

an. glôfi m. Handschuh. + ags. glôf m., engl. gloves, schottisch
gloove f. Handschuh. Aus ga und lôfan Hand.

V.

va mangeln.

Germanisch nur in vana.

Vgl. εὖνι-ς ermangelnd, beraubt (für ϲενι-ς). — zend. û part. med. û-yamna mangelnd, fehlend, ûna f. Mangel, sskr. ûna ermangelnd, woran etwas fehlt.

vana mangelnd, sbst. Mangel.

vanr vôn vant mangelnd woran, van- bezeichnet in Cp. den Mangel, das zuwenig, das Schwierige. + goth. van-a-s; as. wan, ahd. mhd. wan mangelnd, mangelhaft, leer, vergeblich, in Cp. wanawie im An. Goth. vana- n. Mangel.

Vgl. sskr. ûna ermangelnd, zend. ûna f. Verminderung.

vanâ verringern.

an. vana adha verringern. + ags. vanian minui, minuere; ahd. wanôn vermindern. Von vana.

vâ, vâja wehen.

goth. vaian vaivô vaians, ags. vâvan, ahd. wâjan wâta, mhd. waejen, waen praet. wâte, waete, nhd. wehen, wehte.

Vgl. lit. véja-s Wind. — ksl. vêją vêja-ti wehen. — ἄημι (= ἀ-ϝη-μι) wehe. — sskr. vâ vâti wehen.

ventha, venda m. Wind.

an. vindr g. vindar pl. ar m. Wind. + goth. vind-a-s m. Wind, dis-vinthjan windigen, worfeln, as. wind, ags. vind m., engl. wind; ahd. wint, mhd. wint g. windes m. 1 und 2, ahd. wintôn, mhd. winden windigen, worfeln.

Vgl. lat. ventu-s m. Wind. — cambr. gwynt m. Wind. — griech. ἀϝεντ, ἀείς part. wehend. — sskr. vâta m. Wind (steht zu europäisch venta, wie sskr. mâs Monat zu europ. mans).

vai interj. wehe!

an. vei! wehe! + goth. vai! ags. va! ahd. wê, mhd. wê! nhd. weh, wehe!

Vgl. lett. wai wehe! — lat. vae wehe! (daraus spätgriechisch οὐαί entlehnt).

vaia (vaiva) f. Wehe, Schmerz, Leid.

an. vâ f. res mira, was Verwunderung oder Schreck erregt; Unglück, Gefahr, Elend, vâ-dhi m. Gefahr, was Gefahr bringt, vâ-la adha jammern, vâladh n. Elend, Bedrängniss, vâladhr miser, vâligr Gefahr bringend. + goth. vgl. vaja-môrjan lästern, ags. vâlic luctuosus, veá acc. veán m. Wehe, vâva schw. m. Wehe; ahd. mhd. wô g. wêves st. n. und ahd. wêwo, mhd. wêwo, wê

schw. m. = ags. vâva, und ahd. wêwâ schw. f. Wehe, Schmerz,
Leid. Zu vai, vgl lett. wâjsch (= wâja-s) elend.
Vgl. zend. voya krank, elend abst. n. Elend, â-vôya f. Elend.

vainâ wehklagen.

an. veina adha klagen, wehklagen, veinan f. Wehklage. + ags.
vânian klagen, weinen; ahd. weinôn, mhd. weinen klagen, wehklagen, weinen; beklagen, beweinen, nhd. weinen. Von vai wehe!

vaiga Trinkgeschirr, Becher.

an. veig f. Becher. + as. wêgi (und wâgi), ags. vaege, vêge n. Becher.
lit. woka f. Deckel. — ksl. vêko n. (Deckel) Augenlid passen nicht im
Vokal.

(vak) netzen, feucht sein.
Germanisch in vakva, uhsan.
Vgl. ὑγ-ρό-ς. — lat. uveo (für ugveo) uvêre, ûmor, û-li-go. — sskr. in
uksh ukshati vavaksha träufeln, netzen, sprengen.

vakva feucht.

an. vök-r (= vakva-s) feucht, vökva adha nass sein.
Vgl. lat. (ugvo- in) uveo, uvêre, uvidu-s.

Von uhs = vahs = vak+s:

uhsan m. Ochse.

goth. uhsan- = sskr. ukshan m. Ochse. Von sskr. uksh vavaksha träufeln, netzen, sprengen.

vakan vôk vôkum vakana (zuwachsen, entstehen) frisch, munter sein, wachen.

an. in vaka f. Wache s. vakan, vaka wachen s. vakâ, vakna wach werden s. vaknâ, vâttr g. vâtts pl. vâttar oder vaettir m. Zeuge (eigentlich
Wächter, custos), davon vâtta adha bezeugen, vaetti n. Zeugniss, ôkr
Zuwachs, Wucher s. vôkra. + goth. vakan vôk vôkum vakans wachen,
wachsam sein, ags. vâcan vôc nasci, oriri, goth. vôkrs m. Wucher s. vôkra,
vôkaini- f. das Wachen pl. schlaflose Nächte. Grundbedeutung vigere,
vegere.
Vgl. ὑγ-ιής gesund. — lat. vigeo, vigor, vig-il. — sskr. vaj-ra Donner-
keil, vâja m. Raschheit, Muth, ug-ra gewaltig, oj-as, oj-man Kraft.

vakâ wachen.

an. vaka vakta wachen. + as. wakôn, ags. vacian, engl. wake;
ahd. wachôn und wachên, mhd. wachen wach, munter sein,
nhd. wachen. Zu vakan, vgl. lat. vigere, vegere, vigil.

vakan f. Wache.

an. vaka f. Wache. + ahd. wacha, mhd. wache st. schw. f. das
Wachen, Wache, Nachtwache, nhd. Wache f. Von vakan.

vaknâ wach werden. ·

an. vakna adha wach werden. + ags. väcnan suscitari, oriri, ā-
väcnan, on-väcnan, ā-väcnian dass.   Zu vakan·

vakja wecken.

an. vekja vakta wecken, erwecken, erregen, beginnen. + goth.
us-vakjan erwecken, as. wekkian; ahd. wecchan, mhd. wecken,
nhd. wecken.   Causale von vakan.

vakra frisch, munter, wacker, wach.

an. vakr, vökr, vakrt frisch, lebendig; wach. + ahd. wachar, wa-
kar, mhd. wacher, wacker frisch, munter, wacker, wach, nhd.
wacker.   Von vakan wachen, eigentlich vigere.
Vgl. lat. vigil wach. — sskr. ugra gewaltig.

vakla wach.

ahd. wachal wach = lat. vigil, per-vigilu-s wach.

vôkra m. n. Wucher, Zins, Gewinn.

an. ôkr g. ôkrs n. Wucher, Zins. + goth. vôkr-a-s m., ags. vôcer,
vôcor m. Wucher; ahd. wuochar, wuohhar, mhd. wuocher st. m.
n. Wucher, Gewinn, Zins, nhd. Wucher.   Von vakan vôk entstehen, zuwachsen, vgl. ags· vacan oriri, nasci.

vahs, vahsan vôhs vôhsum vahsana wachsen.

an. vaxa vôx ôx vôxum ôxum vaxinn wachsen, zunehmen, gross
werden, part. vaxinn gewachsen, erwachsen, bewachsen. + goth.
vahsjan vôhs vôhsum vahsans, ags. veaxan, ahd. wahsan, mhd.
wahsen, nhd. wachsen wuchs gewachsen.
Vgl. ἀ-ϝεξω, ἀέξω, αὔξω lasso wachsen, ἀέξομαι, αὔξομαι wachse. —
sskr. uksh ukshati pf. vavaksha wachsen, zend. vakhsh ukhshyéiti
3 pl. med. vakhshénțê ἀέξονται.
Aus vak vigere durch s weitergebildet.

vahsti f. Wuchs.

goth us-vahst-i-s f. Wachsthum, ahd. wahst f. 2 Wuchs,
Wachsthum, uo-wahst f. 2 Wachsthum, Anwuchs.
Vgl. αὔξι-ς f. Wachsthum (aus αὔξ-σι-ς = ἀϝεξ-τι-ς),
ἄμφ-αυξι-ς „Umwuchs", ringsumwachsener Baumstamm.

vahstu m. Wuchs.

an. vöxtr g. vaxtar pl. vextir acc. u. m. Wuchs, Statur,
Gestalt, Beschaffenheit; Zuwachs des Geldes, Interessen,
Zinsen. + goth. vahstu-s m. Wachsthum, Wuchs, Leibes-
grösse.   Von vahsan.

vah sagen, sprechen (vahan vôh vahana).

ahd. ga-wahan, gawuog, gawahan erwähnen, ga-wah-t m. Erwähnung,
mhd. caus. wüegen (= vôhja-) erwähnen machen.

Vgl. preuss. en-wack-êmai invocamus, wackis Geschrei. — ϝεπ in εἶπον, ἔπος, ὀπ-. — lat. voc-âre, vôx. — sskr. vac vak-ti, vivakti sprechen, vâc f. vox.

vahsa n. Wachs.

an. vax n. Wachs. + as. wahs n., engl. wax; ahd. wahs, mhd. wahs n., nhd. Wachs n.

Vgl. lit. vaszka-s. — ksl. voskŭ m. Wachs. — Vielleicht zu wischen, waschen.

vahsîna wächsern.

mhd. wahsin wächsen, von Wachs.

Vgl. vaszkini-s wächsen, vaszkyna-i m. pl. Wabenhonig. — ksl. voštanŭ (= vosk-janŭ = voskěnŭ) wächsen, voština f. Bienenkorb.

vag, vegan vag vâgum vegana bewegen, wägen, wiegen.

an. vega vá vâgum veginn schwingen, wägen, wiegen (schlagen, tödten aus: Waffen, Kampf erheben), vegandi m. homicida (oder zu vihan?), vaett g. vaettar pl. ir f. Gewicht, vaotta wägen. + goth. ga-vigan vag vêgum vigans bewegen, schütteln, rütteln; ahd. wěgan, wěkan, mhd. wěgen sich bewegen (wie ein Hebel vec-ti-s oder die Wage), Richtung nehmen, wiegen, werth sein; bewegen, richten, führen, mit sich tragen; wägen, schätzen, nhd. be-wegen, er-wägen, wiegen, wägen, wog. Vgl. lit. vežu vež-ti fahren, važ-ma f. Fuhre. — ksl. veza ves-ti fahren. — lat. veho vexi vectum vehere, vec-ti-s. — griech. in ϝοχο-ς, ὄχο-ς = ksl. vozŭ Wagen und sonst. — sskr. vah vahati inf. voḍhum (= vah-tum) fahren, vehere.

vega m. Weg.

an. vegr g. vegar pl. ar oder ir, acc. a oder u m. Weg; Richtung, Seite; Art, Weise. + goth. vig-a-s m. Weg, as. wěg pl. wěgôs m., ags. veg m., engl. way; ahd. wěg, wěc, mhd. wěc g. wěges st. m. 1, nhd. Weg pl. Wege. Von vegan.

Vgl. lit. veža f. Geleise. — lat. via (aus vea, vcha) f. Weg.

vehti f. Wicht, Wesen, Dämon; Ding.

an. vêttr (meist unrichtig vaettr) pl. vaettir f. „Wicht", Dämon, Wesen, Geist; Ding. + goth. vaiht-i-s und vaihta- n. Ding, Sache, Etwas, as. wiht pl. wihti, ahd. wiht st. m. 2 und st. n., mhd. wiht st. m. n. Geschöpf, Wesen, Wicht, Dämon; Ding, Etwas. Von vegan vehere.

Vgl. ksl. veštĭ f. Sache, Ding.

vegja n. Pferd.

an. vigg g. viggs n. und viggr g. viggjar m. Pferd (Schiff). + ags. vicg, vycg n. Pferd, as. wigg n. Pferd. Eigentlich „Vehikel" von vegan vehere.

vagan f. Wiege.

an. vagga f. Wiege, vaga f. Art Schlitten. + ahd. wagâ und wigâ, mhd. wige schw. f., nhd. Wiege pl. Wiegen f. Von vegan, vag.

vagna m. Wagen.

an. vagn g. vagns pl. ar m. Wagen, Streitwagen. + as. reidi-wagon st. m. Rüstwagen, ags. vägen m., ahd. wagan pl. waganâ, mhd. wagen pl. wagene und wägene, wegen, nhd. Wagen pl. Wagen m. Von vogan vag.

Vgl. altirisch fên Wagen (nach Ebel = vegn-). — ϝόχο-ς = ksl. vozŭ Wagen ebenfalls von vag vehere.

vagja krummer Nagel, Keil.

ahd. weggi, wekki m. Keil, keilförmiges Backwerk, nhd. Weck, Wecke.

Vgl. lit. vagi-s io m. (Grundform vagja-) krummer Nagel, Keil.

1. vâga m. Woge.

as. vâgr m. Woge, Meer in vâg-rek (vâga+vreka von vrekan w. s.) n. das vom Meere Herausgeworfene (sonst heisst vâgr g. vâgs pl. ar m. eine kleine, enge Bucht). + goth. vêg-a-s m. Bewegung, Sturm, pl. nom. vêgôs dat. vêgim Wogen, Wellen, as. wâg, wêg, ags. vaeg m., ahd. wâg, wâc pl. wâgî, mhd. wâc g. wâges m. wogendes Wasser, Woge.

2. vâga f. Wage.

an. vâg pl. ir oder vaegr f. Wage. + as. wâga schw. f., ahd. wâga, wâka, mhd. wâge st. f. 1 Wage, Gewicht, Kippe; ungewisser Ausgang, Wagniss, nhd. Wage f.

vâgja Uebergewicht habend, sich neigend, geneigt, gewogen.

an. vaegr Uebergewicht habend, sich neigend, vaegar skalar; übertragen geneigt, nachgebend, schonend, davon vaegja vaegdha nachgeben, schonen, vaeginn nachgiebig, vaegdh f. Schonung. + mhd. waege Uebergewicht habend, sich neigend, zuo; geneigt, gewogen; vortheilhaft, gut, tüchtig, ahd. un-wâgi, mhd. un-waege nicht zum Gewinn hin überwiegend, unvortheilhaft, unangemessen; ungewogen, abgeneigt. Von vâga.

(vat, vant) netzen, quellen.

Germanisch in vatan, vatra, utra, vâta, ventru.

Vgl. lit. vandû m. — ksl. voda f. Wasser. — ὕδωρ, ἄγ-υδρο-ς. — lat. unda. — sskr. ud (aus vad) und, unatti netzen, baden, quellen.

vatan pl. vatna n. Wasser.

an. vatn pl. vötn n. Wasser, Thema vatna (aus vatan) auch im

sg. + goth. vatô Stamm vatan- n. pl. vatna (= an. võtn) Wasser.
Vgl. lit. vandô g. vanden-s m. Wasser. — Ganz genau entspricht
sskr. udan (aus vadan) n. Wasser (vgl. ksl. voda f. Wasser).

vatra n. Wasser.

as. watar, ags. väter, vätter n., engl. water; ahd. wazar, wazzar,
mhd. wazzer, nhd. Wasser st. n.
Vgl. ὕδρο- Wasser z B. in ἄν-υδρο-ς wasserlos. — sskr. (udra-)
Wasser in udr-in wasserreich, an-udra wasserlos, sam-udra m.
Meer, Ocean.

Von ut = vat:

utra m. Otter.

an. otr m. + ahd. ottir m., nhd. Otter.
Vgl. lit. udrà f. = ksl. v-ydra f. Otter. — ὕδρο-ς, ὕδρα Wasserschlange. — zend. udra m. Otter oder Wasserhund, sskr. udra
m. Krabbe oder Fischotter.

vâta nass, feucht.

an. vâtr feucht, nass, durchnässt. + ags. vaet, engl. wet nass,
feucht. Zu vat netzen, quellen, baden.

vâtja nässen, feuchten.

an. vaeta (d. i. vâtja) vaetta nässen, feuchten. + ags.
vaetan, engl. to wet nässen, netzen. Von vâta.

ventru m. Winter; Jahr.

an. vetr g. vetrar pl. n. acc. vetr m. Winter; Jahr. + goth.
vintru-s m. Winter, Jahr, as. wintar, ags. vintar m., engl. winter;
ahd. wintar, mhd. winter st. m. Winter, Jahr, nhd. Winter m.
Zu vant = vat quellen, fliessen als nasse Jahreszeit.
Die Nasalirung wie im sskr. und unatti, lat. unda, lit. vandû
Wasser.

vad (vedan vad vâdum vedana) binden.

an. in vadhr m. Angelschnur, vâdh f. Kleid s. vâdi, auch wohl in võdh-
vi m. Muskel. + goth. ga-vidan vath vêdum vidans verbinden = ahd.
giwëten, mhd. gewëten zusammenbinden, verbinden, goth. in-vidan ver-
läugnen, aufheben, ahd. wëtan, mhd. wëten binden, jochen, verknüpfen.
Secundärstamm aus ig. vâ (vi) weben, knüpfen (vgl. lit. vo-ra-s m. Spinne).
Vgl. lit. aud-mi, aus-ti weben. — zend. vadb kleiden, vadbemnô gekleidet.

vâdi f. Kleid.

an. vâdh pl. ir f. Kleid, vâdh-mâl (vadh-mâl) n. grobes, selbst-
gewebtes Wollenzeug. + as. wâd, wât f. 2; ahd. wât g. wâti,
mhd. wât g. waete f. 2 Kleidung, Rüstung, md. wat-mâl n. grobes Zeug zur Kleidung. Von vedan vad vâdum.

vâdja Kleid anlegen.

an. in her-vaedha vaedda sich ein Kleid zum Kriege, Kriegsrüstung anlegen. + as. wâdjan, ahd. (wâtjan) wâttan, mhd. waeten bekleiden. Von vâdi Kleid.

vendan vand vondum vondana winden, sich wenden.

an. vinda vatt undum undinn winden, vindask sich wenden. + goth. bi-vindan vand vundum vundans umwinden, bewinden, einwickeln, us-vindan winden, flechten, duga-vindan verwickeln, winden, sich wenden; ahd. wintan, mhd. winden drehen, winden, wickeln; sich wenden, nhd. winden wand gewunden. Zu vad, ig. vadh.

vendilâ, vandlâ windeln, einwindeln.

an. vöndla adha einwindeln, einwickeln. + ahd. wintilâ, mhd. wintel, windel schw. f., nhd. Windel pl. Windeln f., mhd. windelen in Windeln hüllen, nhd. windeln. Von vendan vand.

vandu m. Zweig, Ruthe.

an. vönd g. vandar pl. vendir m. Zweig, Stab, Stock; Streif, radius. + goth. vandu-s m. Ruthe, engl. wand. Zu vendan vand winden, sich wenden. Lit. vantà f. Badequast aus dem Deutschen?

vandja wenden.

an. venda venda wenden. + goth. vandjan, as. wendjan; ahd. (wentjan) wentan, mhd. wenden, nhd. wenden. Causale von vendan vand.

vad, vadan vôd vôdum vadana gehen, dringen, waten.

an. vadha vôdh ôdh vôdhum ôdhum vadhinn sich vorwärts bewegen, gehen, vadere; durchschreiten, durchdringen, durchwaten. + ags. vâdan, ahd. watan, mhd. waten, wuot gehen, dringen, waten (nhd. waten schwach, denom. von vada).
Vgl. lat. vâdo vâsi vâsum vâdere, vâdu-m.

vada n. Furth.

an. vadh n. Furth, Untiefe, vadum. + ags. väd n. vadum, aequor, mare, aqua; ahd. wat n. Furth. Vgl. lat. vadum. Von vadan.

vadja n. Pfand, Wette.

an. vedh g. pl. vedhja n. Pfand, vedh-fö n. Wettgeld. + goth. vadja-n. Wette, Handgeld, Pfand, ahd. weti, wetti, mhd. wette st. n. Pfand, Wette, Wettstreit.
Vgl. lit. vad-óti Pfand einlösen. — ά-ϝεϑ-λο-ν, ἄεϑλον Kampfpreis, ἄεϑλο-ς

Wettkampf. — lat. vas vadis m. Bürge, prae-vid-es, praes, vadâri, vadi-mônium.

vadjâ Pfand setzen, wetten.

an. vedhja adha zum Pfande setzen. + goth. ga-vadjôn verloben, mhd. wetten Pfand setzen, wetten, nhd. wetten. Von vadja Pfand.

van, vennan vann vonnum vonnana wirken, zufügen (Leid), arbeiten, leiden, streiten; gewinnen.

an. vinna vann unnum unninn ausrichten, vollführen; bearbeiten, bestellen, vinna â zufügen, besonders Schaden, Wunden, niedermachen, umbringen, vinna Jmd überwinden. + goth. vinnan vann vunnum vunnans leiden, Schmerz empfinden, as. winnan sich plagen, leiden; kämpfen; durch Thätigkeit erlangen, gewinnen, afris. winna erlangen, erreichen, gewinnen; ahd. winnan, mhd. winnen wüthen, toben, streiten, sich abmühen, abarbeiten, goth. ga-vinnan leiden, as. gi-winnan, ahd. giwinnan, mhd. gewinnen durch Arbeit, Mühe erlangen, überhaupt erlangen, nhd. gewinnen.

Vgl. sskr. van vanati vansti vanate gern haben, lieben, wünschen, verlangen; erlangen, verschaffen für, sich verschaffen (= „gewinnen"), bemeistern, bezwingen, siegen, gewinnen; verfügen, innehaben; bereitmachen, sich anschicken zu; Absehen haben auf, petere, angreifen.

vennan f. labor.

an. vinna f. labor, opus. + goth. vinnôn- f. Leiden, Leidenschaft, vinnôns pl. die Lüste; ahd. winnâ schw. f. Streit, helli-winnâ und helli-wunnâ f. Furie, Eumenide. Von vennan.

venja f. Weide, Grasung.

an. vin g. vinjar f. Gras, Weideplatz. + goth. vinja f. Weide, Futter, ahd. winna f. Weide; vgl. as. wunnja, ahd. wunnja, wunna st. f. 1 und ahd. wunnî f., mhd. wunne, wünne st. f. Wiese, Wiesenland, übertragen (Weide =) Erquickung, Lust, nhd. Wonne f. Von vennan vonnana.

Vgl. zend. vàthwa f. Heerde. — βό-σχω, βόσχομαι = lat. vesco-r.

venja m. Freund.

an. vin (oder vinr) g. vinar pl. vinir m. Freund (ursprünglich ja-Stamm). + as. wini; ahd. wini, mhd. wine st. m. Freund, Geliebter, Gatte. Von vennan.

venjan f. Freundin.

an. vina f. Freundin. + ahd. winjâ, mhd. wine schw. f. Freundin, Geliebte, Gattin. Zu venja Freund.

venistra link.

an. vinistri comp. link. + as. winistar; ahd. winistar, winstar, mhd. winster link. Gebildet von einem comp. (vinis) vgl. sskr.

.vâ-ma link, wie lat. sinis-tro (von senior) magis-tro (von major, magis) minis-tro (von minus).

vana gewohnt.

an. in venja vanda gewöhnen. + ahd. in gi-won, mhd. gewon gewohnt. Von vennan vann (Grundform van).

vanan Gewohnheit.

an. vani m. Gewohnheit. + ahd. gi-wona, mhd. gewon st. f. 1, ahd. auch gi-wonâ schw. f. Gewohnheit. Zu vana.

vanja gewöhnen.

an. venja vanda gewöhnen, sik sich gewöhnen. + ahd. wenjan, wennan, mhd. wenen, nhd. ge-wöhnen. Von vana gewohnt.

vanma prächtig, schön.

as. wanom glänzend = sskr. vâma schön.

. vâni f. Erwartung, Hoffnung.

an. vân pl. ir f. Erwartung, Hoffnung. + goth. vên-i-s f. Erwartung, Hoffnung; ahd. wân pl. wânâ, mhd. wân st. m. 1 Erwartung, Hoffnung, Vermuthung, Wahn; Absicht, Vorhaben, nhd. Wahn m.

vânitha f. Hoffnung, Erwartung.

an. vaend f. Hoffnung, Erwartung. + ahd. wânida st. f. 1 argumentatio. Von vâni, vânja.

vânja zu hoffen.

an. vaenn, vaen, vaent wer von sich hoffen lässt, zu hoffen, angemessen, ziemlich, hübsch, angenehm. + ahd. in ur-wâni ohne Hoffnung, s. us-vânja. Von vâni.

vânja Hoffnung, Erwartung.

an. vaeni n. = vân Hoffnung, Erwartung. + ahd. wâni, mhd. waene f. Vermuthung, Meinung, Glaube. Von vâni f.

vânjan hoffen, erwarten.

an. vaena vaenda Hoffnung, Erwartung erregen; hoffen, erwarten; beschuldigen, vaenask sich rühmen. + goth. vênjan hoffen, erwarten, as. wânian; ahd. wânjan, wânnan, wânan, mhd. waenen erwarten, meinen, hoffen, erwarten, nhd. wähnen. Von vâni.

vonda wund.

goth. vund-a-s, ahd. wunt, nhd. wund.
Vgl. ă-ουτο-ς unverwundet, οὐτάω (ουτο = οὐτο = ϝοντο).
Dazu lit. vo-ti-s, lett. wât-s Wunde. — ὠτειλή, Hesych. ϝατειλή

Wunde = lit. voteli-s kleine Wunde, sskr. a-vâta = $\dot{a}$-$\acute{a}a\tau o$-ς ungeschädigt.

vonda f. Wunde.

an. und pl. ir f. Wunde. + as. wunda, ags vund f., ahd. wunta, mhd. wunde st. schw. f., nhd. Wunde pl. Wunden f. Von vennan vonnana.

vank sich seitwärts bewegen, winken, wanken.

ahd. winchan, wanc, mhd. winken abl. 1 sich seitwärts bewegen, winken, einnicken, wanken, ahd. winch, mhd. winc m. Wink, Wanken, ahd. wincil, winchil, mhd. winkel, nhd. Winkel, ahd. wank, mhd. wanc st. m. 2 Bewegung zur Seite oder zurück, as. wankal, ahd. wanchal, mhd. wankel, nhd. in Wankel-muth = mhd. wankel-muot, ahd. (wankjan) wenkan, wancta, mhd. wenken wancte (von wank) seitwärts oder zurückweichen, wanken, als caus. zu vank wanken machen, wenden, ahd. wankôn, wanchôn, mhd. wanken, nhd. wanken.
Vgl. lit. vengiu veng-ti (ausweichen) meiden, vingé f. Krümmung, Biegung. — lat. vag-u-s, vagâri.

vankîn (aus vankjan, vankja).

ahd. (wenchî), md. wenke f. Krümmung, Biegung = lit. vingé (= vingja) f. Krümmung, Biegung.

vanh wanken, schief gehen.

goth. un-vâh-a-s untadelhaft, eigentlich ohne Krümme, Verkehrtheit, wie erhellt aus as. wâh, ags. vôh, vô n. Verkehrtheit, ags. vôh, vô krumm, gebogen, ferner vanga m. Aue, Feld (eigentlich „Mulde, Thal") und vangan Wange.
Vgl. lat. vac-illâre wanken, vâ-ru-s, vac-er-ra Pfahl. — sskr. vak rollen, volvi, vak-ra krumm, vańc vańcati wanken, wackeln, krumm, schief gehen.

vanga m. Feld.

an. vangr m. Feld. + goth. vagg-a-s m. Paradies, as. wang, ags. vang, vong st. m. Aue, Feld, engl. wang; deutsch auch in Eigennamen: Vang-iones, Ell-wangen u. s. w.
Vgl. preuss. V. wangu-s (besser vanku-s) damerau d. i. eine mit Eichengehölz bewachsene Fläche.

vangan Wange, Backe.

an. vangi m. Backe. + as. wanga schw. f., ahd. wangâ, mhd. wange, nhd. Wange schw. f., mhd. zuweilen stark; goth. in vaggarja- n. = ahd. wangari, mhd. wanger st. m. 1 Kissen, worauf die Wange ruht. Zu ig. vak vank biegen.

vâpna n. Waffe.

an. vâpn n. Waffe, auch Schutzwaffe. + goth. vêpna n. pl. Waffen, as.

wâpan g. wâpnes n. Schwert pl. Waffen, ags. vaepen n., engl. weapon;
ahd. wâfan, mhd. wâfen, md. wâpen st. n. Waffe, nhd. Ge-waffen, Wap-
pen, Waffe. Vgl. ὅπλον.

vab, veban vab vâbum vebana weben.

an. vefa vaf oder ôf vâfum oder ôfum ofinn weben. + ahd. wêban, wê-
pan, mhd. wêben abl. 2, nhd. weben wob gewoben.
Vgl. ὑφή, ὑφαίνω, ὑφ-ῆφ-ασμαι weben (ὑφ = ϝεϕ).

vefta m. Weberfaden.

an. veftr, veptr m. vipta f. Einschlagfaden, Einschlag. + ahd.
wiftjan, wiftan weben, mhd. wift st. m. feiner Faden, oberdeutsch
mundartlich der Wift. Zu veban weben.

vebila m. Käfer.

an. vifel m. Käfer, Mistkäfer, engl. weevil; ahd. wibil, wipil,
mhd. wibel st. m. Art Käfer, Kornwurm. Zu veban wabern, vgl.
mhd. wêbelen s. vabrâ.
Vgl. lit. vabala-s m. Käfer; jedes Insect mit Flügeldecken.

vabja Gewebe.

an. vefr g. vefjar m. Gewebe. + ahd. wappi, weppi, mhd. weppe,
webbe st. n. Gewebe, vgl. ahd. wuppi, mhd. wüppe, wippe st. n.
Gewebe. Von veban vab weben.

vabrû und vablâ wabern, in Bewegung sein.

an. vafra adha sich hin und her bewegen, umhertreiben (von
Seeungeheuern) vafr-logi m. Waberlohe, vaflun, vöflun f. das
Umherschweifen in vaflunar-för Irrfahrt, vöflur pl. f. (das Schwanken =) dubium, dubitatio. + ags. väfre wabernd, hin und her
fahrend, unruhig, unstät, mhd. waberen und wabelen in Bewegung sein, vgl. auch mhd. wêbelen hin und her schwanken. Von
veban vab weben.

vafsa f. Wespe.

ahd. wafsa, nhd. Wespe f.
Vgl. lit. vapsa f. Bremse. — ksl. vosa, osa f. Wespe. — lat. vespa
f. Wespe. Von vab wabern.

(vam) vomere.

an. voma f. Seekrankheit, german. vamma Fleck.
Vgl. lit. vemju vem-ti speien, erbrechen. — ϝεμ, ἐμ-έω, ἐμ-ε-το-ς. — lat.
vomo vomui vomitum vomere. — sskr. vam vamati erbrechen, ausspeien.

vamma Fleck, Schandfleck.

an. vöm g. vammar pl. ir f. Schandfleck, Schande. + goth. g.
pl. vammê (m. oder n.) Flecken, as. wam g. wammes Flecken,
Unrecht, Sünde.

vamba f. Bauch.

an. vömb g. vambar pl. ir f. Bauch. + goth. vamba f., ags. vamb f., engl.
womb; ahd. wamba, wampa, mhd. wambe, wamme st. f. zuweilen auch
schw. Bauch, mhd. auch Bauchstück, Stück Bauchfleisch, nhd. Wampe,
Wamme f. beim Rindvieh.
Zu vab weben?

(var) wahren, wehren.

Germanisch in vertha werth, vara, varan Waare, varä, varna, varja, vâra.
Vgl. lit. at-verti öffnen, su-verti schliessen. — ksl. vrą vrě-ti stecken,
vrata Thür. — ῥόρονται, ὄρονται sie wahren, οὖρο-ς (ϝορο-ς) Wächter,
ϝορα-ω, ὁράω gewahre, sehe. — lat. verĕri sich wahren, hüten. — askr.
var vṛṇoti vṛṇâti bedecken, umschliessen, wahren, var-ûtha m. Schutz,
Wehr, var-man m. Panzer.

vertha werth, würdig n. Werth.

an. verdhr würdig, verdh n. Werth, Preis, Kaufsumme. + goth.
vairth-a-s werth, m. Werth, as. werth, werd adj. werdh n., ags.
veordh, vurdh adj. und n., engl. worth; ahd. wĕrd adj. wĕrd n.,
mhd. wĕrt fl. wĕrder adj. wĕrt g. wĕrdes n., nhd. werth, Werth m.
Daraus preuss. wert-s, lit. verta-s werth wohl entlehnt. — Vgl.
varan Waare.

verthaga würdig.

an. verdhugr würdig. + as. wirthig, wirdhig, wirdig;
ahd. wirdig, wirdic, mhd. wirdic, wirdec, nhd würdig.
Von vertha.

verthja würdigen.

an. virdha virdha abschätzen, hochschätzen, auszeichnen,
virdhing f. Schätzung. + ags. veordhian, vurdhian, vyr-
dhian werth halten, ehren, auszeichnen, veordhung f. ho-
nor. Von vertha.

vara , varan f. Waare.

an. vara f. Waare, Handelsartikel, varningr m. Waare. + mhd.
war st. f., nhd. Waare pl. Waaren.
Vgl. vertha werth.

vara aufmerksam, vorsichtig.

an. varr, vör, vart aufmerksam, vorsichtig, vör f. Asin der Klugheit, eigentlich f. zu varr, cauta. + goth. var-a-s behutsam, ahd.
gi-war, mhd. gewar beachtend, aufmerksam, vorsichtig, nhd. gewahr.
Vgl. ϝορο-ς, οὖρο-ς Hüter, φρουῦρο-ς, τιμά-ορο-ς, ὁρά-ω gewahre.
— lat. vere-or wahre mich.

varâ hüten.

an. vara adha warnen, vara sik und varast sich wahren,
sich hüten, sich in Acht nehmen. + as. warôn; ahd. bi-
warôn, mhd. warn aufmerken, beachten, achten auf; nhd.
ge-wahren, sich wahren. Von vara.
Vgl. φρουρέω, ὁράω. — lat. vere-or, verêri.

varsu Lippe.

an. vŏr und vŏrr (aus var-ru, ·var-su?) g. varrar pl. varrar f. Lippe.
Vgl. preuss. warsus Lippe.
Mit goth. vairilôn- f. vgl. ags. veleras, veoloras pl. m. Lippe.
Eigentlich Wehr, Gehege (der Zähne).

varna f. Wahrung, Vertheidigung.

an. vŏrn g. varnar pl. varnir f. Vertheidigung, besonders vor Gericht, gesetzlicher Einspruch. + ags. vearn f. Verweigerung, Ver-
sagung, Widerstand, Vorwürfe.

varnâ wehren, schützen, warnen.

an. varna adha verweigern, schützen vor; sich enthalten,
varnadhr m. Warnung, Schutz, varnan oder vŏrnun f.
(Grundform varnâni-) Warnung. + as. wernjan, ahd.
wernan weigern, ags. vearnian, varnian sich wahren, sich
wovor hüten, sich etwas versagen; ahd. warnôn und war-
nên sich versehen mit, sich vorsehen, trs. warnen, nhd.
warnen. Von varna.

varja wehren, schützen; verwehren, hindern.

an. verja vardha wehren, schützen, vertheidigen, verja sik und
verjast sich vertheidigen, verwehren, streitig machen Jmdem,
anwenden zu, til. + goth. varjan wehren, hindern, as. werian;
ahd. warjan, werjan, mhd. wern schützen, vertheidigen, wehren,
verwehren, hindern, nhd. wehren. Von vara.

-varja m. Vertheidiger, soviel als Einwohner, Leute, in Volksnamen.

an. -verjar m. pl. in skip-verjar Schiffsleute, häufig in Volksnamen
Flöt-verjar, Gaul-verjar, Man-verjar, Odda-verjar, Rûm-verjar
Romani, Vik-verjar u. s. + deutsch vgl. Chattuarii, Angri-varii,
Boju-varii u. s., ags. vgl. -varas pl. m. incolae in Sigel-varas,
Sigel-vearas und -varu f. cives, civitas. Zu varja wehren. Vgl.
Λυκός-ουρα, Κυν-ούριοι.

vâra (vârja) wahr.

as. wâr, ahd. wâr und wâri, mhd. wâr und waere, nhd. wahr.
— goth. vêrjan glauben.
Vgl. lat. vêru-s wahr. — altirisch fír wahr. — vgl. ksl. vêra f.
Glaube. — zend. var vere-nvaitê glauben, varena m Wunsch,
Wahl, Glaube, duzh-varena schlechter Glaube vgl. goth. tuz-vêrjan
(übel glauben =) zweifeln.

vâra f. fides, foedus.

an. vârur f. pl. Gelübde. + ahd. wâra f. Wahrheit, Treue, foedus,
pactum; Gunst, Huld. Zu as. ahd. wâr wahr.
Vgl. ksl. věra Glaube, goth. věrjan glauben.

vâra f. Acht, Sorge.

ahd. wâra f. Acht, Sorge = ὥρα f. Acht, Sorge, Hut. Von var
wahren.

vara n. Meer.

an. ver (= varja) n. und vör f. Meer. + ags. vär n. Meer. — vgl. auch
an. ûr n. Feuchtigkeit, feiner Regen.
Vgl. lit. j-urė-s f. Meer. — οὖρο-ν Urin. — lat. ûrina Flüssigkeit; Urin,
ûrinâri tauchen. — sskr. vâr, vâri n. Wasser. — zend. vâra m. Regen,
vairi n. See, vairya n. Kanal.

(var) kochen.

Germanisch nur in varma warm.
Vgl. lit. ver-du, vir-ti kochen. — ksl. vrję vrě-ti kochen, wallen, varŭ
Hitze. Vgl. val.

varma warm.

an. varmr, vörm, varmt warm. + goth. in varmjan wärmen, as.
warm, ags. vearm, engl. warm: ahd. waram, warm, mhd. warm,
nhd. warm. S. slavodeutsch var kochen.

varmja wärmen.

an. verma vermda warm machen, wärmen. + goth. varmjan, as. wermian; ahd. (warmjan) warman, mhd. wermen,
nhd. wärmen. Von varma warm.

(vark) wirken, arbeiten.

Germanisch in verka, verkja, varka, vorhti, vorhtva.
Vgl. ῥέζω (= ϝρεγ-jω) ἔ-οργα thun, machen, ϝεργο-ν, ἔργον Werk, ὄρ-
γανον. — britisch Vergo-bretu-s Rechtwirker (breth judicium), cambr.
guerg efficax. — zend. varez verezyěiti = ῥέζει wirken, thun, machen.

verka n. Werk.

an. verk n. Werk, Geschäft, Arbeit. + as. werk n., ags. veorc
n., engl. work; ahd. wěrah, wěrahh, wěrc, mhd. wěrch, wěrc n.,
nhd. Werk pl. Werke n.
Vgl. ϝεργο-ν, ἔργον Werk.

verkâ wirken.

an. verka adha ausrichten, vollführen. + ahd. wěrɔôn,
wěrchôn, mhd. wěrken arbeiten, handeln; bearbeiten, behandeln, machen, thun. Von verka Werk.

verkja n. Werk.

an. virki n. Handlung, Werk; speciell Festungswerk,
Schanze, Wall. + as. gi-wirki st. n. Wirken, Werk. Von
verka Werk.

varka Schmerz.

an. verk g. verkjar pl. ir m. Schmerz, verk-lauss schmerzlos,
verkja verkta Schmerz empfinden. + ags. värc n. Schmerz. Zu
verka Werk, labor, verkjan wirken, vgl. ags. veorc n. 1. Werk 2.
Mühsal, Beschwerde, drückende Last, Schmerz, veorce molestus,
veorc-sum, engl. irksome lästig, beschwerlich.
Von vark, Grundsinn drängen vgl. lat. urgêre drängen, urgêre
opus. — Vgl. ἀργαλέο-ς.

verkja verhta wirken.

an. yrkja orta wirken, Wirkung haben, machen. + goth. vaurkjan
vaurhta vaurhts wirken, thun; ahd. wurachan, wurchen wurhta
worhta, mhd. würken, worhte, nhd. (würken), vgl. as. wirkjan
warhta, ahd. wirkan warahta, mhd. wirken warhte, nhd. wirken
wirkte. Die deutsche Grundform scheint verkja verhta.
Vgl. ῥέζω (= ϝρέγjω) wirke. — zend. varez verezyêiti = ῥέζει
wirken.

vorhti f. That, Handlung.

goth. fra-vaurht-i-s f. Sünde, us-vaurht-i-s Gerechtigkeit, as. gi-
wurht, ags. ge-vyrht, ahd. ga-wurht f. 2 That, Handlung, ahd.
wuruht f. 2 meritum. Vgl. zend. varsti f. That, Handlung, an-
varsti (für anu-varsti) f. gemässes Handeln, ig. vargti f. das Thun.

vorhtva n. That, Werk.

goth. vaurstva- n. That, Werk (mit s vor t-Suffix) = zend. varstva
n. That, Handlung.

varg, vergan varg vorgum vorgana zusammenschnüren, würgen.

an. in vargr m. s. varga, virgill s. vergila. + mhd. (wêrgen in) er-wêr-
gen abl. 1 erwürgen.
Vgl. lit. veržu versz-ti zusammenschnüren, fest andrücken, pressen, var-
žas, varža Reuse. — ksl. vrŭžą vrês-ti ligare, vrŭza f. αἴνιγμα. — griech.
in βρόχο-ς m. Schlinge. — lat. virga Ruthe.

varga m. (Würger) Wolf, homo sacer, Geäch-teter.

an. vargr g. vargs pl. ar m. Wolf, geächteter Missethäter, mordh-
vargr Meuchelmörder, gor-vargr Viehdieb. + goth. in launa-
varg-a-s m. Undankbarer, as. warg, warag; ahd. warg, warc,
mhd. warc m. Würger, Wütherich, exlex. Zu vergan varg würgen.

vergila m. Strick.

an. virgill oder virgull (d. i. vurgill) m. Strick zum Erwürgen. +
as. wurgil m. Strick zum Erwürgen. Von vergan vorgana würgen.

vrang wringen, drehen (vrengan, vrang, vron-gana).

an. rangr, röng, rangt schief, krumm, verkehrt, thöricht, schlimm,
engl. wrong. + goth. in vruggön- f. Schlinge, ags. vringan, engl.
wring wrang wrung, ndd. wringen, nhd. ringen rang gerungen.

vranga verdreht, verkehrt.

an. rangr röng rangt schief, verkehrt, schlimm. + engl.
wrong unrecht.

(vart) etwa: wenden, drehen.

Germanisch in vartan, vorti, vröta, goth. vratön.
Vgl. ϱόδον, ῥόδον, ῥαδινός, ῥάδαμνος, ῥάδιξ, ῥίζα. — lat. rad-iu-s, rādix.

vartan f. Warze.

an. varta f. Warze. + ahd. warza, mhd. warze, werze st. schw.
f., nhd. Warze pl. Warzen f.

vorti, vortja f. Wurz, Kraut, Wurzel.

goth. vaurt-i-s f., as. wurt pl. wurti, ags. vyrt pl. vyrta f., ahd.
wurz pl. wurzi, mhd. wurz pl. würze f. 2 Kraut, Pflanze, mhd.
auch Wurzel; ahd. wurzä, mhd. wurze schw. f. Wurzel, ahd.
wurzala, mhd. wurzel, nhd. Wurzel f. und as. wurtja, ahd.
(wurzja) mhd. würze f., nhd. Würze, Gewürz.
Vgl. ῥίζα (= ῥῳδja) f. Wurzel. — lat. rädix = βϱάδιξ, ῥάδιξ.

vröta das Aufwühlen.

an. röt g. röts n. das Aufwühlen, röta adba aufwühlen. + ags.
vrótan, engl. root; ahd. ruozjan aufwühlen, aufreissen (die Erde),
dazu ags. vröt, ahd. (ruozil), mhd. ruozel, rüezel, nhd. Rüssel m.
Vgl. goth. vratön.

varth, verthan varth vorthum vorthana werden.

an. verdha vardh vurdhum urdhum vordhinn ordhinn entstehen, werden.
+ goth. vairthan varth vaurthum vaurthans, as. werthan; ahd. wërdan,
mhd. wërden, nhd. werden ward wurde geworden.
Eigentlich „vertere, verti“ vgl. lit. vert, virs-tu, virs-ti sich umkehren,
umfallen, verczu, virs-ti umkehren, wenden, vart-ýti sich wenden, vart-
óti versari. — ksl. vrüt-ěti drehen, vratü Ilals. — βϱατάνα, ῥατάνη Kelle.
— lat. verto vertor. — sskr. vart vartato sich wenden, wo aufhalten,
womit beschäftigen.

-vertha wärts.

an. -verdhr, -urdhr -wärts. + goth. in ana-, and-, jaind-, vithra-
vairth-a-s. Zu verthan vertere.

vorthi f. Schicksalsgöttin, Schicksal.

an. Urdhr f. eine der drei Nornen. + ags. vurd, vyrd, vird f. eine der Nornen, Schicksal, Geschick; Ereigniss, Thatsache, engl. wairdsisters Schicksalsschwestern, as. wurth st. f. Schicksalsgöttin, Todesgöttin; Geschick, Todesgeschick, Tod; Schicksalszeit, Todesstunde; Zeit, Stunde; ahd. wurt st. f. 2 fatum, fortuna, eventus, wê-wurt f. Wehgeschick. Von verthan vorthana werden (verti).

vard warten.

an. vördhr g. vardhar pl. verdhir acc. u. m. Wartung, Bewachung, Wacht; Abwartung, Pflege, Wächter, custos, verdhr (vördhr) g. verdhar pl. ir m. Mahlzeit (Bewirthung), vardha f. aus Steinen gebildeter Haufe als Merkzeichen, vardha adha abgrenzen, schützen; abhalten, verbieten; von Gewicht sein. + goth. daura-vard-a-s m. Thorwart und vardjan- m. Wärter, as. ward; ahd. mhd. wart st. m. und ahd. warto, mhd. warte schw. m. Wart, Wärter, Hüter; ahd. warta, mhd. warte st. f. Spähen, Lauer, Warte; as. wardôn, ahd. wartên, mhd. warten, nhd. warten denom. von Wart; ahd. wartil, mhd. wertel, nhd. Wärtel st. m. demin. von Wart; goth. vairdu-s m. Wirth, Gastfreund, as. wérd st. m. 1 Hauswirth, Eheherr, ahd. wirt, mhd. wirt st. m. 2 Hausherr, Eheherr, Landesherr, Wirth, Gastwirth; ahd. wirtôn schmausen.

varp, verpan varp vorpum vorpana werfen.

an. verpa varp urpum orpinn werfen. + goth. vairpan varp vaurpum vaurpans, as. werpan, ags. veorpan; ahd. wërfan, mhd. wërfen, nhd. werfen warf geworfen.

Vgl. ϝρίπτω, ῥίπτω werfe, ῥιπή.

verpila m. Würfel.

an. verpill m. Würfel zum Spielen; grösseres Gefäss zur Aufbewahrung von Getränken. + mhd. würfel st. m., nhd. Würfel m. Von verpan vorpana werfen.

varpa n. Warf; Einschlag, Aufzug des Gewebes.

an. varp g. varps pl. vörp n. das Werfen, Wurf; Einschlag des Gewebes. + ags. vearp n., ahd. warf, mhd. warf st. n. Einschlag, Aufzug des Gewebes, Zettel, stamen. Von verpan varp werfen vgl. ϝριπ- Geflecht, lit. verp-ti spinnen.

varpâ und verpâ werfen.

an. varpa adha werfen, schleudern, stossen; ausstossen (Seufzer). + ahd. wërfôn werfen, schleudern. Zu verpan varp werfen, von varpa verpa Wurf, ῥιπή.

vars, versan vars vorsum vorsana wirren.

an. in vörr (= varsu-s) g. varrar pl. verrir acc. u m. Ruderschlag, verri, verstr pejor, pessimus s. versis, versista. + as. werran, ahd. wërran,

mhd. wërren abl. 1 vĕrwirren, in und durcheinander treiben, intrs. im
Wege stehen, hemmen, stören, schaden, verdriessen, ahd. wërra st. schw.
f., mhd. wërre st. f. und schw. m. Verwirrung, Störung, Verwicklung,
Aergerniss, Zwietracht, Streit, Gefecht, daher französ. guerre, vgl. nhd.
Wirr-warr, wirren, ver-worren, Wirr-sal.
Vgl. ksl. vrúchą vrĕš-ti dreschen. — ἀπό-ϝερσε raffte fort, ϝερϱω, ἔϱϱω
sich packen. — lat. verro verrere treiben, schleifen, fegen, vestigium von
vers cf. fastigium.

versis comp. adv. schlechter, adj. versisan.

an. verri (d. i. versisan-) comp adj. pejor, vers-na adha sich ver-
schlimmern, leid sein, schwer werden. + goth. vairs comp. adv.
(aus vairsis, wie mins aus minis) schlimmer, adj. vairsizan-, ags.
vyrsa, engl. worse comp. adj. pejor, as. wirs adv. wirsa adj., ahd.
wirs, mhd. wirs adv. schlimmer, schlechter. Von versan.

versista superl. adj. der schlimmste.

an. verstr pessimus. + as. wirsisto, engl. worst; ahd. wirsisto,
mhd. wirseste, wirste, würste adj. pessimus. Zu versis, von versan.

(val, vel) wählen, wollen.

Germanisch in vela, veltha, velna, velja, veljan, volthu, vala, valu,
valja.
Vgl. ksl. volja f. Wille, voli-ti wollen. — βόλομαι, βούλομαι, βουλή, βέλ-
τερος, βέλτιστος, βλοσυρός. — lat. volo velle, vultus. — sskr. var vrņoti
vrņâti, ved. auch varati wählen, vorziehen, vara m. Wunsch, Wahl.

vela, vala adv. wohl.

an. vel und val adv. wohl, vel-kominn willkommen. + ags. vel
adv. wohl, wohlan, as. wela, wel, wola, wala wohl; ahd. wëla,
wola, wala, mhd. wole, wol, nhd. wohl adv. wohl, wohlan. Gothisch abweichend vaila wohl.
Vgl. ksl. vole, volje wohl, wohlan. — lat. vel. — griech. in βέλ-
τερος besser.

veltha irrend, wild.

an. villr, vill, vilt irrend, wild, villa vilta irre führen, verleiten,
villa f. Irrthum, irrige, falsche Meinung. + goth. vilthja- nom.
viltheis, ags. vild; ahd. wildi, mhd. wilde, wilt, nhd. wild.
Vgl. cambr. gwyllt wild.

velja wollen.

an. vilja vilda wollen. + goth. viljan vilda, ags. villan volde,
engl. will would, as. willjan welda wolda; ahd. wëllan wëlta
wolta, mhd. wëllen wëlte wolte, nhd. wollen wollte.
Vgl. ksl. volją voli-ti wollen. — βούλομαι = βολjομαι will.

veljan m. Wille.

. an. vili (d. i. viljan-) g. vilja m. Wille. + goth. viljan- m., ags.

villa m., as. ahd. willjo, willo, mhd. willo schw. m., nhd. Willo,
Willen m. Zu velja.
Vgl. ksl. volja f. Willo. — βουλή = βολjα Rath.

velna hoffen, wünschen.

an. vilnast hoffen. + ags. vilnian wünschen. Zu velja wollen.

volthu m. Wichtigkeit.

goth. vulthu-s Wichtigkeit, Herrlichkeit, vulthra- wichtig, werth.
Vgl. lat. vultu-s. — βλοσυρό-ς wichtig, bedeutend.

vala Wahl.

an. val n. Wahl, Auswahl. + ahd. wala, mhd. wal st. f., nhd.
Wahl, Auswahl. Zu europ. val wählen, wollen.
Vgl. sskr. vara m. Wahl, Auswahl, Bestes.

valja wählen.

an. velja valda wählen, auswählen. + goth. valjan, ahd.
(weljan) wellan, mhd. weln, nhd. wählen. Von vala Wahl.

valu m. der „Wal", die Todten der Schlacht.

an. valr g. vals m. die in der Schlacht vom Tode Erwählten,
vom Schlachtentode Betroffenen; auch der Kampfplatz, die Wal-
statt. + ags. väl n. dass., auch der einzelne Todte; ahd. walu- in
Cp., wal = mhd. wal st. n. 3, mhd. auch st. m. der Wal, die
Walstatt, nhd. in Wal-statt. Zu vala Wahl, die Todeslose.

valukusjan f. Walküre.

an. valkyrja f. Walküre. + ags. vaelcyrige f. Walküre.
Aus valu und kusjan von kus wählen.

(val) winden, drehen, wälzen, wickeln.

Germanisch in vella, valu, volla, valk, valt, valv.
Vgl. lit. velu, vel-ti wickeln, walken, vol-óti herumwälzen. — ksl. valją
vali-ti wälzen. — ἀλ-είς, ἀλινδέομαι, εἱλύω, εἰλεό-ς, ἕλιξ, ἰλ-ιγξ u. s. w. —
lat. vellere walken, volvere wälzen. — sskr. val valate bedecken, umhüllen, umringen, ringeln, hin und herbewegen u. s. var.

vella f. Welle.

ahd. wella, mhd. welle, nhd. Welle f., ahd. wellôn, mhd. wellen
Wellen schlagen, wogen.
Germanisch vella aus velna, wie volla aus volna, folla aus folna,
vgl. lit. vilni-s, vilné f. Welle. — ksl. vlŭna f. Welle, vlŭnją
vlŭni-ti Wellen schlagen, wogen.

valu m. Rundholz, Stab.

an. völr pl. velir m. Stück Rundholz, Stab. + goth. valu-s m.
Stab, Ruthe, ags. valu vibex, vyrt-valu Wurzelstock, altfries. in
walu-bêra Stabträger, Pilger.

Vgl. lit. valu-s, meist ap-valu-s kugel- oder cylinderrund, valyvas
medis Stück Rundholz. — ksl.´ oblŭ (= ob-vlŭ) rund = lit. ap-
valus.

volla f. Wolle.

an. ull g. ullar f. Wolle. + goth. vulla f., ahd. wolla, mhd. wolle
st. f., nhd. Wolle f.

Aus volna wie folla aus folna, vgl. lit. vilna f. Wolle. — ksl.
vlŭna f. Wolle. — lat. villu-s m. Flocke, Zotte, vellus n. Vliess.
— sskr. ûrṇa n. ûrṇâ (= varnâ) f. Wolle.

vollîna wollen.

ahd. wullin, mhd. wüllin, nhd. wollen.
Vgl. ksl. vlŭnčnŭ wollen, von Wolle.

valk valkâ volvere.

an. vâlk n. jactatio, das Hin und Hergeworfenwerden, namentlich
auf der See; Bedrängniss, vâlka adha agitare, hin und her bewegen, auch im Geiste hugum, velkja velkta hin und her treiben
oder werfen, von Seefahrern, velkjast umhergetrieben werden. +
ags. vealca, valca m. die rollende, sich wälzende Woge; leichtes,
wallendes Gewand, ags. vealcan praes. pl. vealcadh praet. veólc
volvere, volutare, vgl. engl. to walk; ahd. walchan, mhd. walken
wielc walken (eigentlich wälzen) prügeln; nhd. walken schw. v.
Vgl. lat. valgus, volgus. — sskr. valg springen, galopiren. Aus
val durch k (g) abgeleitet.

valt, veltan valt voltum voltana sich wälzen.

an. velta valt vultum voltinn oltinn wälzen, sich wälzen, rollen.
+ deutsch im Causale valtja wälzen, nhd. Walze.
Vgl. ἀλινδέομαι wälze mich, ἄλισ-τρα Wälzplatz (ἀλιδ = ϝλιδ).

valtja wälzen.

an. velta (d. i. valtja) velta wälzen, veltast sich wälzen.
+ goth. valtjan sich wälzen, ags. vealtian; ahd. (walzjan)
walzan, welzan, mhd. welzen, nhd. wälzen. Causale von
veltan valt.

valvja wälzen.

goth. valvjan, valvisôn wälzen.
Vgl. εἰλύω (= ἐ-ϝλυ-jω). — lat. volvo volû-tum wälzen.

valk feuchten, nässen.

ags. vläc, vgl. ahd. welc, welh, mhd. welc, welch feucht, milde, weich;
welk, schwach, nhd. welk; as. wolkan, ahd. wolchan, mhd. wolken n.,
nhd. Wolke f.
Vgl. lit. vilg-au, vilg-yti nässen, anfeuchten, preuss. welgen Schnupfen,
Rheuma. — ksl. vlaga f. Feuchtigkeit, Nass, Saft, vlažą vlaži-ti nässen,
anfeuchten; misten.

valha m. Fremder (Celte, Romane).

ags. Vealh m. Fremder, Gallier. ahd. Walah, Walh, mhd. Walch g. Walhes Fremder, Celte, Romane, nhd. in Wal-nuss.

valhiska welsch.

an. valskr, völsk, vulsk gallisch, wälsch (später auch französisch). + ahd. walahisc, walihisc, walhisc, mhd. walhesch, welhisch, welsch, nhd. welsch romanisch. Von ags. Vealh m. Fremder, Gallier, ahd. Walah, Walh, mhd. Walch g. Walhes m. Fremder, Celte, Romane. Alte Benennung der Celtischen und Romanischen Nachbarn.

valdan walten (vevald, valdana).

an. valda volda olda vuldum ullum, valdinn ollinn bewirken, verursachen, Schuld sein; walten, beherrschen. + goth. valdan vaivald valdans walten, vorstehen, as. waldan, gewöhnlich gi-waldan giwéld herrschen, besitzen, sorgen, sich abgeben mit, ags. vealdan veóld; ahd. waltan wialt, mhd. walten, wielt, nhd. walten schw. v.
Vgl. lit. vilétu vild-au vils-ti erlangen, pa-vils-ti erlangen, ererben, valdau valdý-ti walten; wald-nika-ns acc. pl. König, wald-ûn-s der Erbe, weld-i-sna-n acc. das Erbe. — ksl. vladą vlas-ti walten, vlas-tí f. Herrschaft.
Aus val valére weitergebildet.

valda Gewalt, Macht.

an. vald n. Macht, Gewalt, Gewahrsam; Kraft, Ursache. + as. gi-vald f. 2, ahd. gi-walt, mhd. gewalt f. 2 und m. 1 Gewalt, Macht. Von valdan.

valdaga gewalt ç.

an. valdugr gewaltig (on Gott). + as. giweldig, ahd. giwaltig, geweltig, mhd. gewaltic, nhd. gewaltig; ahd. alwaltic == mhd. al-weldic allgewaltig. Von valda.

valdan waltend m. Walter, Herrscher.

an. valdi m. auctor rei, Herrscher in ein-valdi m. Allei· .errscher. + as. alo-waldo, ahd. alewalto, alwalto, mhd. alwalde schw. m. Allwalter, auch adj. allwaltend. Von valdan.

valdarja m. der da waltet, Walter.

ahd. (waltâri), mhd. waltaere, nhd. Ver-walter.
Vgl. ksl. vladarí der da waltet, Herr.

valdu, valda m. Wald.

an. völlr g. vallar pl. vellir m. Wald. + as. wald pl. waldôs, ags. veald m.; ahd. wald pl. waldâ, mhd. walt g. waldes pl. walde und welde, nhd. Wald pl. Wälder m.
Vgl. ksl. vladí m. Haar.

vall wallen (aus val).

an. vellan vall ullum ollinn wallen, kochen, hervorsprudeln, wimmeln von.
+ as. wallan wêl, ahd. wallan wial, mhd. wallen wiel wallen, aufwallen,
sieden, sprudeln, wogen, ahd. walm, mhd. walm st. m. Hitze, Gluth, ahd.
walo adv. tepide.
Vgl. ϝαλ in ἀλ-έα, ἀλέα Sonnenwärme, ἕλη lakon. βέλα Wärme, ἑλάνη
Fackel u. s. w.

vallja (valja) wallen machen.

an. vella velda wallen, sieden machen, kochen, vella f. das Kochen. + mhd. wellen wallen machen, sieden, kochen. Causale
zu vall.

valv, velvan valv volvum volvana mit Gewalt neh-men, rauben.

an. in vǫlva g. vǫlu pl. vǫlur f. Wahrsagerin (die von einem Gotte Er-
griffene). + goth. vilvan valv vulvum vulvans rauben, mit Gewalt nehmen, vilv-a-s räuberisch, vulva f. Raub. Vgl. ϝελεῖν, ἑλεῖν nehmen,
Stamm ϝελ, ϝαλ, wozu goth. valv wie lat. volvere zu val wälzen.

vas, vasja kleiden.

an. verja vardha bekleiden (von verja wehren zu scheiden) verja f. Oberkleid, vesl (d. i. vasi-sla) n. Oberkleid. + goth. vasjan kleiden, sich kleiden, vastja- f. Kleid, ahd. (warjan) werjan kleiden, bekleiden.
Mhd. wester, nhd. Wester-hemd ist = vasi-stra von vasjan wie hulistra
von huljan hüllen.
Vgl. ϝεσ, ἕν-νυμι, ϝο-απ. ἕσ-θην. — lat. ves-ti-s, vesti-o. — sskr. vas
vaste sich kleiden, anziehen, vás-a n. Kleid.

vastja f. Kleid.

goth. vasᵗja- f. Kleid.
Vgl. γεντία· ἔνδυσις Hesych. und lat. vesti-s Kleid.

vas, vesan vas vâsum vesana sich aufhalten, befin-den, sein.

an. vera alt vesa, var alt vas, vârum vorhanden sein, stattfinden, sich aufhalten: sein verb. copul., ver n. Aufenthaltsort, namentlich Klippen am
Meere, vera f. Aufenthalt, vǫst g. vastar pl. ir f. Stelle auf dem Wasser,
wo man fischt. + goth. visan vas vêsum visans bleiben, verweilen, sich
befinden, vorhanden sein; sein verb. copul., ahd. wĕsan, mhd. wĕsen,
nhd. war, ge-wesen.
Vgl. ϝαστυ, ἄστυ, ϝεστία, ἑστία, Ἑστία. — lat. Ves-ta. — sskr. vas va-
sati wohnen, bleiben, zu Nacht einkehren.

vesta adv. westwärts.

an. vest- in Cp. z. B. in vest-roenn von Westen kommend s. rönja.
+ ags. vest adv. westwärts, vest-mest westlichst, vest-rôdor m.

Westhimmel, nhd. West. Von vesan im Sinne des sskr. vas zu Nacht einkehren, bleiben (Sonne).

vestana adv. von Westen her, im Westen.

an. vestan adv. von Westen her, im Westen, westlich. + as. westane, westan, ahd. wëstana, mhd. wësten adv. von Westen her, mhd. auch im Westen, westlich; ahd. wë-stan, mhd. wësten, nhd. Westen m.

vestra adv. westwärts.

an. vestr adv. westwärts, vestr 'n. Westen, vestri adj. westlich. + as. westar, ahd. wëstar, ambd. wëster adv. nach Westen, ahd. wëstur-lib adj. westlich, ahd. wëstar-liuti m. pl. Westleute, Galli. Vgl. vesta, vestana.

vesti f. Wesen, Aufenthalt, Wohnort, Unterhalt.

an. vist pl. ir f. Aufenthalt, Aufenthaltsort, Wohnort; Nahrung, Speise, Reisekost. + goth. vist-i-s f. Wesen, Natur; ahd. wist, mhd. wist f. 2 Aufenthalt, Wohnort; Sein, Wesen, Ding; Lebensunterhalt. Von vesan.

Von vas = aus aufleuchten:

vasra, vasara n. Frühling.

Nur im an. vâr n. Frühling, vâr-lang frühlingslang (dagr), vâra adha Frühling werden.

Vgl. lit. vasarà f. Sommer. — ϝεαρ, ἔαρ n. = lat. vêr Frühling. — zend. vańri Frühling, neupers. behar Frühling.

vâsa n. Feuchtigkeit.

an. vâs (öfter vos) n. Feuchtigkeit, Nässe; Wetter-, Reisebeschwerde; Elend, Ungemach, vaestr part. praet. zu (vaesa d. i. vâsja) udore maritimo, humida tempestate afflictus. + ags. vôs n. Feuchtigkeit, vôsig feucht. Zu ahd. wasan wuos pollere, wozu auch ahd. waso m. feuchte Erdmasse, Wasen, Rasen, Schlamm, ags. vase schw. f. Schlamm, ahd. wasal st. n. feuchte Erdmasse, Feuchtigkeit.

vaskan waschen.

an. schw. vaska adha waschen. + as. waskan wôsk, ags. vascan, vaxan, väscen, engl. wash; ahd. waskan, mhd. waschen, weschen, nhd. waschen wusch gewaschen; uhd. wascâri = mhd. wescher m. Wäscher, Schwätzer. Vgl. sskr. uńch wischen, pra-uńch verwischen (unch = vansk aus vask). Dazu viska Wisch.

(vi) viere.

Germanisch in vithi, vithja, vira, vaju.

Vgl. lit. veju vijau vy-ti drehen (einen Strick), vy-nióti wickeln. — kel. viją vi-ti drehen, flechten, winden. — ϝι in γί-ς, ἵμας, ἰτέα, γιτέα Weide, οἰήν· ἄμπελον, ϝοῖ-νο-ν, οἶνον Ranke, Rebe, οἶνο-ς Wein. — lat. vi-ti-s,

vi-men; vî-num, vieo = sskr. vyayâmi. — sskr. vâ vayati weben, ve-man
Webstuhl, ve-nu, ve-tra Rohr, vyâ vyayate part. vîta sich hüllen in,
pari- vyayati umhüllen, herumschlingen.

vithi, vithja f. vitis, Reiserstrick.

an. vidh g. und n. pl. vidhjar f. funis, eigentlich Reiserstrick. +
ahd. wid, mhd. wit st. f. 2 und ahd. widi, mhd. wide f. Reiserstrick, Reiserflechte. Nicht zu vedan vad, sondern zu vî viere.
Vgl. ksl. vitI f. Rebe, Reiserstrick, pa-vitI vitis. — lat. viti-s f.
Ranke, Rebe, Weinrebe.

vîthja Weide.

an. vidbir m. Weide, Weidenruthe, vithja f. Weide. + ahd. widâ
(aus widjâ), mhd. wîde schw. f. = an. vidhja (Grundform vîth-
jan-) Weide. Zu vi.
Vgl. lit. vyti-s in z'il-vyti-s io m. graue Weide (žilas grau). —
γιτέα Hesych = ἰτέα f. Weide. (zend. vaêti f. Weide).

vîra Metalldraht.

an. vîr Metalldraht, vîra-virki n. crusta argenti caelati. + ags.
wîr m. Metalldraht, engl. wire; ahd. wiara, mhd. wiere st. f.
geläutertes feines Gold, Schmuck daraus. Von vi viere.
Vgl. ksl. virŭ vortex. — lit. vêla f. Eisendraht. — lat. viriae
Armspangen.

vaju m. Wand, Mauer.

an. veggr g. veggs und veggjar pl. ir m. Wand. + goth. vadd-
ju-s m. Wall, Mauer in baurgs-, grundu-, mithgarda-vaddju-s,
ags. vâg, vag, vah m. Wand, Mauer. Wohl zu vâ, vi viere.

(vi, vai) führen, treiben, jagen.

Germanisch nur in vaitha, vaithnâ.
Vgl. lit. veju, vijau, vy-ti jagen, verfolgen, nachsetzen. — ksl. voj' Krieger. — ἴοι, οἴ-σομαι zu φέρω, οἴαξ, οἴ-ήϊον Steuer. — sskr. vi veti gehen, treiben, führen, Substitut zu aj agere.

vaitha f. Jagd.

an. veidhr pl. veidhar f. Jagd, Beute, Fang; veidhi f. Jagd, vei-
dha veidda jagen, erbeuten. + ags. vâdhu st. f. vagatio, iter,
venatio, ahd. weida, mhd. weide st. f. Weide, Jagd, Tagereise.
Zu vi treiben.

vaithnâ jagen.

ahd. weidinôn jagen = lat. vênâri (für vêtnâ-ri).

vik, vîkan vaik vikum vikana weichen.

an. vikja vik, veik und vêk vikum vikinn wenden, drehen, bewegen; sich
wenden, weichen, zurückgeben. + as. wîkan wêk, ahd. wichan, mhd. wî-

chen abl. 6 eine Richtung nehmen, weichen, rückwärts oder seitwärts geben, nhd. weichen wich gewichen.

Aehnlich εἴκω, ϝείκω weiche. (Basis vig wohl Nebenform zu vik ϝείκω).

vaika weich, schwach.

an. veikr schwach, weich (veykr ist falsche Schreibung). + as. wêk und wêki, ags. vâc, engl. weak; ahd. weih, weich, mhd. weich milde, schwach, furchtsam, weich, nhd. weich. Von vikan weichen, nachgeben.

vaikja weich, schwach machen.

an. veikja veikta weich, schwach machen. + ags. vaecan; ahd. (weihhjan) weihhan, weichan, mhd. weichen, nhd. er-weichen. Von vaika.

vikan f. Woche.

an. vika f. Woche. + goth. vikôn- f., ahd. wêhha, wêcha, mhd. woche st. schw. f., nhd. Woche f.
Zu vikan?

vih, vîhan (vaih vihum vihana) kämpfen.

an. in vig n. Kampf, Streit, vigr, vig, vigt kampftüchtig, streitbar, vigi n. zum Kampf, zur Vertheidigung geeigneter Platz. + goth. veihan, veigan vaih vigum vigans, ahd. wihan, wigan, mhd. wigen kämpfen, streiten, Krieg führen.
Vgl. lit. veikiu veik-ti bezwingen, bearbeiten, veik bald, geschwinde, vaiký-ti herumjagen. — ἀΐσσω. — lat. vinco vic-tum vincere.

vîha n. Kampf, Streit.

an. vig n. Kampf, Streit, Todschlag. + as: wig m., ahd. wig, wic, mhd. wic g. wîges st. m. Kampf, Schlacht, Krieg. Vgl. δῖκή.
Zu vihan.

vîha heilig.

an. in vigja weihen s. vihja und vgl. viha. + goth. veih-a-s, as. wih- z. B. in wîh-rôc Weihrauch; ahd. wih und wihi, mhd. wich fl. wiher heilig, nhd. in Weih-nacht, Weih-rauch, weihen s. vihja. Vgl. sskr. vic abtrennen.

viha geweihte Stätte.

an. vê n. geweihte Stätte. + as. wih, ags. vih, veoh, vig, veg st. m. idolum, fanum, sacrum, ara. Zu viha.

vîhja weihen, heiligen.

an. vigja vigdha weihen. + as. wihjan wihida wihda, ahd. wihan wihta, mhd. wihen, nhd. weihen. Von viha heilig.

vihsla Wechsel.

an. vixl n. Wechsel. + ahd. wêhsal, mhd. wêhsel, nhd. Wechsel st. m.
Von vih = lat. vic-es.

vet wir beide, nom. du. pron. pers. 1. — **veis** wir nom. pl.

an. vit wir beide. + goth. vit; ags. vit, vyt wir beide.

an. vèr wir nom. pl. + goth. veis, nhd. wir.

Vgl. ksl. vĕ wir beide. — sskr. vayam wir.

vitan vait vitum vissa wissen.

an. vita veit vitum vissa wissen, bemerken, wahrnehmen, erforschen; bedeuten, anzeigen, gerichtet sein nach, schauen nach, vit n. Verstand, vit n. Besuch, Aufsuchnng, vitr, vitr, vitrt klug, verständig (ϝιδ-ρι-ς), vitni n. Zeugniss, viti m. Anzeichen, Vorbedeutung. + goth. vitan vait vitum vitans wissen, as. witan wèt witum wissa wissen, ahd. wizan wizzan weiz wizumês wissa und wista, mhd. wizzen weiz wizzen wiste wuste, nhd. wissen weiss wissen wusste.

Vgl. lit. veiżdmi, veiżdéti sehen. — ksl. vĕmi vĕdĕti. — ϝιδ εἶδον sah, οἶδα weiss. — lat. video. - sskr. vid vetti merken, erkennen, wissen, perf. veda weiss.

vîtan vait vitum vitans animadvertere, wahrnehmen, strafen.

an. in vîti n. Strafe und s. vitan. + goth. in-veitan vait vitum vitans anbeten, fra-veitan rächen, as. witan = ags. vitan sehen, wohin sich richten; verweisen, vorwerfen; ahd. wizan, mhd. wizen, eigentlich animadvertere, dann strafen, verweisen, nhd. weisen wies gewiesen. Eigentlich = vitan. — Mit goth. in-veitan anbeten vgl. preuss.-deutsch weideln, Waidlotte.

vitaga weise.

an. vitugr weise (von Gott). + as. witig, wittig; ahd. wizig, wizic, wizzig, wizzic, mhd. witzic kundig, klug, weise, nhd. witzig. Von vitan wissen, vita Witz.

vîtja n. (Verweis) Strafe.

an. vîti n. Strafe, Schaden. + as. witi g. witjes, witêas; ahd. wizi st. n. und (ahd. wizi) mhd. wîze f. Strafe, Höllenstrafe. Von vîtan.

vith adv. und praepos. mit dat. und acc. wider, gegen.

an. vidh (und vidhr s. vithra) adv. und praepos. mit dat. und acc. bei, gegen, wider, mit. + as. with, widh, wid praepos. mit dat. und acc. wider, gegen, ags. vidh praep. mit gen. dat. acc. mit, gegen, engl. with mit. Zu sskr. vi.

vithra adv. und praep. mit dat. und acc. wider, gegen.

an. vidhr (und vidh s. vith) adv. und praep. mit dat. und acc. bei, gegen, wider, mit. + goth. vithra- adv. in Zusammenset-

zungen, praep. mit acc. gegen, wider, gegenüber, vor, as. withar adv. in Zstzg., praep. mit dat. und acc. wie ags. vidher;
ahd. widar, mhd. wider adv. gegen, zurück, wiederum; praep.
mit dat. und acc. gegen, wider, gegenüber, auch Wechsel, Tausch,
nhd. wieder, wider. Zu vith.

vîda weit.

an. vidhr, vidh, vitt weit, geräumig, gross. + as. wid; ahd. wit, mhd.
wit, nhd. weit.
Zu vi, oder zu vidh trennen.

vîdâ weit.

an. vidha adv. weit, weit umher. + as. wido, ahd. wito, mhd.
wite adv. weit, fern. Von vida.

vîdja weit machen, weiten.

an. vidha vidda weit machen, erweitern. + ahd gi-witjan, mhd.
witen weit machen, erweitern, nhd. aus-weiten. Von vida weit.

vidu m. Holz, Baum, Wald.

an. vidhr g. vidhar pl. ir acc. u m. Holz, Baum, Wald. + ags. vudu m.
Holz, Baum, Wald, engl. wood; ahd. witu, mhd. wite m. 3 und st. n.
Holz.
Vgl. altirisch fid g. fedo Baum, gallisch in Vidu-casses. Wohl zu vidh
dividere.

viduvan f. Wittwe.

goth. viduvôn- f., as. widuwa, widowa, widwa schw. f., ags. viduve, vidove,
vidve schw. f., engl. widow; ahd. wituwâ, mhd. witewe, nhd. Wittwe
schw. f.
Vgl. ksl. vidova Witwe. — lat. vidua, viduu-s. — altirisch fedb, cambr.
gwedw Witwe. — sskr. vidhavâ Witwe vom Verb sskr. vidh vindhate
mangeln einer Sache.

(vib) schwanken, zittern.

Germanisch in vîba, vaibja, ahd. weibôn, schweben, schwanken.
Vgl. sskr. vip vepate zittern, vepas n. das Zittern. (lat. vib-rare und lit.
vybur-ti schwingen).

vîba n. Weib.

an. vif n. verheirathete Frau. + as. wif g. wibhes, ags. vif n.,
engl. wife; ahd. wib, wip, mhd. wip g. wibes pl. wip, später
wiber, nhd. Weib pl. Weiber n.

vaibja schwingen.

an. veifa veifdha schwingen. + ahd. weibôn, weipôn schweben,
schwanken, mhd. weibel-ruote Wackelstab, Webelstecken d. i.
Schwert, mhd. weibe-zegelen mit dem Schwanze (zagel) wedeln,

ahd. zi-weibjan zerstreuen, ausstreuen, vertheilen, un-geweibet
infractus.

vera m. Mann.

an. ver g. vers und verjar m. Mann, Ehemann. + goth. vaira- nom. vair
m., as. wër pl. wërôs, ags. vor m., ahd. wër m. Mann.
Vgl. lit. vyra-s Mann. — lat. vir g. viri. — altirisch fer acc. pl. firu
Mann. — sskr. zend. vira Mann, Held.

veraldi f. Welt.

an. veröld f. Welt, verald-ligr weltlich, irdisch. + as. werald,
weruld, ags. veruld, voruld f. 2, engl. world; ahd. wëralt, wo-
rolt pl. wëralti f. 2, mhd. wërelt, wërlt, wëlt und wërlte, wërlde,
wëlte, wëlde st. f., nhd. Welt pl. Welten f. Aus vera vir und
aldi Alter, eigentlich generatio virorum.

visa gewiss, sicher.

an. viss, vis, vist gewiss, sicher. + goth. visa- in un-vis ungewiss, ahd.
gi-wis fl. giwissêr, wisso adv. gewiss, mhd. wis wisser, nhd. gewiss.

vîsa weise.

an. viss, vis, vist weise. + goth. un-vcisa- unwissend, unkundig, as. wis;
ahd. wîs und wîsi, mhd. wis und wise, nhd. weise.
Vgl. Ϝίσασι. — lat. viso visere, visi-târe. (Aus vid+s?).

vîsâ weisen.

an. visa adha weisen, hinzeigen auf. + ags, visiau visode weisen,
zeigen, führen, lenken. Zu visa.

vîsan f. Weise.

an. visa f. Strophe, pl. Lied, Gedicht aus mehreren Strophen. +
ags. vise f. Weise, modus, mos, as. wisa; ahd. wisa, mhd. wise
st. schw. f. Art und Weise, Melodie. Zu visa, lat. visere.

viska Wisch.

an. visk f. Wisch, Bündel z. B. von Schilf. + ahd. wisc, mhd. wisch st.
m., nhd. Wisch, Stroh-wisch m. Gleichen Stammes mit vaskan.

visna verwesend, hinschwindend, marcidus.

an. visinn marcidus, visna welken, vertrocknen. + ags. veornian tabe-
scere, deficere, for-visnian verwesen; ahd. wësanôn arescere, marcescere,
flaccere, nhd. verwesen (für verwesnen). Dazu auch an. veisa f. palus
putrida, vgl. lat. visire.
Vgl. auch ahd. wisâ, nhd. Wiese und lat. viru-s. — ἰό-ς Saft, Gift. —
sskr. visha Saft, Gift.

vondra n. Wunder.

an. undr g. undrs n. Wunder. + as. wundar, ags. vundor, vunder n.,
ahd. wuntar, mhd. wunder, nhd. Wunder st. n.

vonska Wunsch.

an. ôsk f. Wunsch. + ahd. wunsc, mhd. wunsch st. f., nhd. Wunsch pl. Wünsche.

Vgl. sskr. vấnchâ f. Wunsch, vânchati und vânkshati wünschen (aus van-ska-ti Praesensthema zu van).

vonskja wünschen.

an. oeskja oeskta wünschen. + ahd. (wunscjan) wunscan, mhd. wünschen praet. wunschte, nhd. wünschen. Von vonska Wunsch.

vormi m. Wurm, Schlange.

an. ormr g. orms pl. ormar m. Schlange, „Wurm". + goth. vaurm-i-s, ags. vyrm, as. wurm m., ahd. wurm, mhd. wurm st. m. 2 Wurm, Schlange, nhd. Wurm pl. Würmer. — Mit an. yrmi n. Gewürm, ill-yrmi n. übles Gewürm vgl. mhd. ge-würme, nhd. Gewürm n.

Vgl. $\varsigma\epsilon\lambda\mu\iota$-$\varsigma$, $\check\epsilon\lambda\mu\iota\varsigma$ acc. $\check\epsilon\lambda\mu\iota$-$\nu$ Wurm von $\varsigma\epsilon\lambda = \varsigma\epsilon\varrho$. Nach Anderen vormi für hvormi, vgl. lat. vermi-s (für cvermis), altirisch cruim, lit. kirmi-s, sskr. kṛmi Wurm.

vethru (vethra) m. Widder.

an. vedhr g. vedhrar m. Widder. + goth. vithru-s m. Lamm (Widder), as. withar, ags. vêdher m., engl. wether; ahd. widar, mhd. wider, nhd. Widder m.

Wahrscheinlich eigentlich „Jährling" von veth = $\varsigma\acute\epsilon\tau o\varsigma$, $\check\epsilon\tau o\varsigma$. — lat. vetus, vetus-tus, vit-ulu-s. — sskr. vatsara, sam-vat Jahr, vatsala Kalb.

vedra n. Wetter.

an. vedhr g. vedhrs n. Wetter, Witterung; Unwetter, Sturm; freie Luft; Witterung = Spürung + as. wedar, weder, ags. veder n., engl. weather; ahd. wêtar, mhd. wëter n. Wetter, Witterung, gutes Wetter, Unwetter; freie Luft, nhd. Wetter n.

Vgl. ksl. vedrŭ hell, heiter, vedro n. gut Wetter, Helle, vedrŭ pl. vedrove aestus fervidus.

vedrja n. Witterung.

an. vidhri n. Witterung in heidh-vidhri n. helles Wetter, land-vidhri n. Landwind. + ahd. gi-witiri, mhd. gewitere n. Unwetter, nhd. Gewitter n. Von vedra Wetter.

vorda n. Wort.

an. ordh n. Wort. + goth. vaurda- n., as. word, ags. vord n., engl. word; ahd. wort, mhd. wort st. n., nhd. Wort pl. Worte (Wörter) n.

Vgl. preuss. wird-s Wort; lit. varda-s Name. — lat. verbu-m Wort. Von var sprechen = $\varsigma\epsilon\varrho$, $\varsigma\varrho\alpha$ in $\check\epsilon\varrho\acute\epsilon\omega$, $\epsilon\check\iota\varrho\omega$, $\epsilon\check\iota\varrho\eta\varkappa\alpha$, $\acute\varrho\acute\eta\tau\omega\varrho$, $\varsigma\varrho\acute\alpha$-$\tau\varrho\alpha = \acute\varrho\acute\eta\tau\varrho\alpha$ Spruch.

volfa m. Wolf.

an. ûlfr g. ûlfs pl. ar m. Wolf. + goth. vulf-a-s m., as. wulf, ags. vulf

m., ahd. wolf g. wolfes pl. wolfā, mhd. wolf m. 1, nhd. Wolf pl. Wölfe.
Vgl. lit. vilka-s. — ksl. vlŭkŭ. — lat. lupu-s. — λύχο-ς. — sskr. vṛka,
zend. vehrka Wolf.

vôda wüthend.

an. ôdbr, ôdb, ôtt rasend, wüthend, ôdhr m. animus, mens, ratio. +
goth. vôd-a-s wüthend, besessen, vgl. ahd. wuot, mhd. wuot pl. wüete f.
2 Gemüthsaufregung, Wuth, nhd. Wuth f.
Wahrscheinlich gleichen Stammes mit lat. vâte-s, altirisch faith vates.
Schwerlich zu vadan vôd vadere.

vôdana m. Name des höchsten germanischen Gottes.

an. O̅dhinn m. + as. wôden, ags. Vôden: ahd. wuotan m. Wo-
dan. Von vôda.

vôpa m. n. Schrei, Wuf.

an. ôp n. Schrei. + as. wôp st. m., ahd. wuof, wôf, mhd. wuof st. m. 1
und 2, nhd. Wuf m. (Rückert).

vôpja schreien.

an. oepa oepta rufen, schreien. + goth. vôpjan, as. wôpjan rufen, schreien; ahd. (wuofjau) wuofan praet. wuofita, wuofta, mhd.
wüefen wehklagen, klagen, jammern, heulen, weinen. Von vôpa
Wuf.

vôsta wüst.

as. wôst, ahd. wuosti (= vôstja-), mhd. wüeste, nhd. wüst.
Vgl. lat. vastu-s (woraus mhd. wast wüst, wasten verwüsten entlehnt sind).

vraikva schräg, krumm, schwankend.

an. reik n. das Schwanken, Unbeständigkeit, reika adha hin und her
schwanken, unsicher gehen, reikudhr m. das Irren, Ilin- und Herschwei-
fen. + goth. vraiq-a-s schräg, krumm (= ῥαιβός krumm).
Von vrik aus vark cf. sskr. vṛjina krumm, gebogen. — lat vergere.

vrak, vrekan vrak vrâkum vrekana treiben, verfolgen, rächen.

an. reka rak rākum rekinn treiben, forttreiben; drücken, pressen; werfen, betreiben; rächen, Rache nehmen. + goth. vrikan vrak vrêkum vri-
kans verfolgen, as. wrekan, ags. vrecan; ahd. rëhhan, rëchan, mhd. rë-
chen strafen, schelten, rächen; nhd. rächen, gerochen.
Grundsinn: drängen vgl. ksl. vragŭ Feind. — εἴργνυμι, εἴργω ausschliessen,
abhalten. — ksl. urgeo dränge. — sskr. varj vṛṇak-ti drängen, verdrän-
gen, ausschliessen (altirisch ferc = ferg Zorn vgl. ὀργή Drang, Zorn).

vraka Bedränger, Feind; Bedrängniss, Noth.

goth. vraka-s Verfolger = ksl. vragŭ Feind; ags. vräc n. Be-

drängniss, Noth, Elend, Exil, ags. vrācca, engl. wretch elend
vgl. lit. varga-s Bedrängniss, Noth, Elend, preuss. warg-s schlecht,
böse sbst. Leid, Uebel, Böses.

vrask vreskan vroskana wachsen.

an. im part. roskinn adultus, rosku-ast heranwachsen. + goth. ga-vrisqan
vrasq vrusqans Frucht bringen. Wohl eigentlich „aufbrechen" vgl. sskr.
vraçc zerbrechen. — ksl. vraska Riss. Sskr. vṛksha Baum.

vrit, vrîtan vrait vritum vritana ritzen, reissen, ein-
ritzen, schreiben.

an. rita reit ritinn und rita adha schreiben (eigentlich ritzen), ritning f.
Schrift, Buch, reitr m. Furche s. vraita. + as. writan, ags. vritan, engl.
write schreiben; ahd. rizan, mhd. rizen reissen, einritzen, schreiben,
zeichnen, nhd. reissen, um-reissen, Reiss-brett. Goth. in vrit-a-s oder
vrit-i-s m. Strich, Punkt, an. rit n. das Schreiben, Schrift, engl. writ
Schrift, ahd. riz pl. rizzi m. Strich, Buchstab, mhd. rız st. m., nhd.
Riss m.

vraita (vraitu) m. Ritz, Riss, Furche.

an. reitr g. reitar pl. ir acc. u m. Riss, Ritz, Furche. + ahd.
reiz, mhd. reiz st. m. und ahd. reiza st. f. linea, nota. Von
vritan. Vgl. ksl. vrědŭ m. Wunde.

vraitja reizen.

an. reita reitta eigentlich reissen, raufen, abreissen, dann reizen,
aufbringen. + ahd. (reizjan) reizan, mhd. reizen reizen, locken,
verlocken, nhd. reizen. Zu vritan.

vrith, vrîthan vraith vrithum vrithana drehen, win-
den, binden.

an. ridha reidh ridhum ridhinn, dänisch vride, knüpfen, flechten, binden,
winden (hat natürlich mit ridha reiten, womit es Möbius verbindet, nichts
zu schaffen), reidhr s. vraitha, reidha reidda schwingen, nachschleppen.
+ ags. vridhan vrâdh vridhon torquere, constringere, ligare, vridha m.
annulus, ahd. ridan, mhd. riden abl. 5 drehen, winden, umwindend binden, ahd. ridil st. m. ridila st. f. Haarband, Kopfband, abd. reid und reidi,
mhd. reit und reide lockicht, kraus. vrith aus varth vertere drehen.

vrithu m. Heerde.

an. im demin. ridhull m. kleiner Haufe, ridhlast sich in kleine
Haufen theilen. + goth. vrithu-s m. Heerde; vgl. nhd. Rudel.
Von vrithan binden.

vraitha (ira contortus) zornig.

an. reidhr, reidh, reitt zornig, reidhu-ligr von zornigem Aussehen,
Gebahren, reidha zornig machen, reidhi f. Zorn. + as. wrêth,
wrêdh, ags. vrâdh zornig, grausam, feindlich. Eigentlich tortus,
ira contortus, von vrithan torquere.

vraithja zürnen, erzürnen.

an. reidha reidda zornig machen, erzürnen. + as. wrêth-
jan, wrêdhjan zürnen. Von vraitha.

vrôha, vrôhi Rüge.

an. rôg n. Verläumdung, Zank, Zwist. + goth. vrôh-i-s f. Anklage, Klage, mhd. ruoge, rüege st. f. (rôg-ja) gerichtliche Anklage, Rüge.

vrôhja rügen.

an. roegja roegdha verläumden. + goth. vrôhjan, as. wrôgjan
wrôgda; ahd. (rôgjan) rôgan rôkan ruogan, mhd. rüegen anklagen, beschuldigen, tadeln, schelten, nhd. rügen. Von vrôha.

vlit, vlîtan vlait vlitum vlitana schauen, sehen, spähen.

an. lita leit litum litinn schauen, sehen, litast sich umsehen. + goth. in
vlaitôn s. vlaitâ und vlits s. vliti, ags. vlitan schauen, sehen.

vliti m. Ansehen, Farbe.

an. litr g. litar pl. ir m. Farbe, litr farbig, von Farbe, davon
lita adha Farbe haben, gefärbt sein. + goth. vlit-a-s oder
vlit-i-s m. Angesicht, Gestalt, Ansehn, as. wliti st. m. Glanz,
Angesicht, Ansehn, ags. vlite f. Glanz, Farbe, Schönheit, Angesicht, Ansehen, as. wlitig glänzend, schön. Von vlîtan vlitana.

vlaitâ spähen, umherblicken.

an. leit f. Nachforschung, leita adha suchen, leitan f. das Suchen. + goth. vlaitôn spähen, umherblicken. Von vlîtan vlait.

S.

sa und sah, sô und sôh, thata der, die, das.

an. sâ, sû, that der, die, das; dieser, jener. + goth. sa, sô, thata der,
die, das; dieser, jener, sah (d. i. sah+uh) sôh (d. i. sô+uh) thatuh und
der, die, das, welcher, der, dieser.
Vgl. ὁ ἡ τό. — sskr. sa sâ tad der, dieser.

sama und saman der selbe, der gleiche.

an. samr, söm, samt und hinn sami, hin sama, hit sama der-,
die-, dasselbe, samt acc. ntr. adv. zusammen. + goth. saman-
derselbe, einer, sa saman- der selbe, ahd. dêr samo, daz sama
der selbe, dasselbe.
Vgl. ksl. samû derselbe. — ὁμό-ς. — sskr. sama, zend. hama
derselbe, der gleiche, der ganze.

samakonja adj. desselben Geschlechts.

an. samkynja (erweiterte Form) desselben Geschlechts. +

goth. samakun-ja-s desselben Geschlechts.   S. Bugge, Zeitschrift XX, 1, 13.
Vgl. ὁμόγνιο-ς desselben Geschlechts.

samafadrja von demselben Vater.

an. samfedhr (auch erweitert samfedhra, samfeddr) von
demselben Vater. S. Bugge Zeitschrift XX, 1, 31.
ὁμοπάτωρ = altpers. hamapitar, von demselben Vater.

samamôdrja von derselben Mutter.

an. sammoedhr (erweitert sammoedhra) von derselben
Mutter. + ὁμομήτριο-ς von derselben Mutter. S. Bugge
Zeitschrift XX, 1, 31.

samavesti f. Zusammensein.

an. samvist f. Zusammenleben, Verkehr. + ahd. samavist
f. 2 consortium, contubernium. Aus sama und vesti w. s.

-sama dient als Adjectiva bildendes Affix.

an. fridh-samr friedsam, blydhi-samr, sidh-samr sittsam,
starf-samr u. s. w. + as. ahd. mhd. nhd. -sam. Identisch
mit sama.

samana adv. zusammen.

an. saman adv. zusammen, til samans gen. zusammen. +
goth. samana adv. sammt, allosammt, zusammen, zugleich,
as. saman, ahd. saman, mhd. samen adv. zusammen, zugleich, ahd. za-samana, mhd. zesamene, nhd. zusammen.
Von sama.
Vgl. sskr. samana verbunden, geeint, eben, a-samana
auseinander strebend, sich zerstreuend, uneben.

samanâ sammeln.

an. samna oder safna adha sammeln, samnadhr,
safnadhr m. Versammlung, versammeltes Heer,
Heerhaufe. + as. samnôn sich vereinigen, zusammenkommen; ahd. samanôn, mhd. samonen,
samon vereinigen, sammeln, versammeln. Von
samana, sama.

samja gefallen.

an. sama samda sich ziemen für (dat.). + goth. samjan
gefallen, sich gefällig machen. Von sama.

soma irgend ein, ein gewisser, pl. einige.

an. sumr quidam, nonnullus. + goth. sum-a-s irgend ein,
ein gewisser pl. einige, manche, as. sum, engl. some;
ahd. sum dass.

Vgl. ksl. samŭ einer, irgend einer. — ἀμό-ϑεν, ἀμῶς, ἀμά-κις einmal. Eigentlich mit sama identisch.

sômja geziemend, passend.

an. soemr (= sômjas) geziemend, passend, soema soemda ehren, auszeichnen; sich finden in, befreunden mit Etwas, soemd (= sômitha) pl. ir f. Ehre, Ansehen, Auszeichnung; Ehrengeschenk, sôma sômda sich passen, geziemen, vgl. engl. to seem; sômi m. Ehre, Auszeichnung; was sich ziemt, anständig ist. + as. sômi (= sômja) schicklich, passend, engl. to seem. Zu sama.

sâ, sâja säen (sesâ, sâida).

an. sâ sêra sâdha ausstreuen, säen. + goth. saian saisô saians, as. sâjan, sêhan praet. sêu sâidha, ags. sâvan seóv, engl. sow; ahd. sâjan sâta, mhd. saejen sâte saete, nhd. säen sâto.

Vgl. lit. sêju, sê-ti säen. — ksl. sêjǫ sêja-ti säen. — lat. sero sêvi saturn serere säen.

sâdi f. Saat.

an. saedhi n. Saat, Collectiv aus sâdh f. + goth. in mana-sêd-i-s f. Menschensaat, Menschenmenge, Welt, as. sâd st. n. m., ahd. sât g. sâti, mhd. sât g. sâte, saete f. 2 das Säen, die Saat, Saatfeld, nhd. Saat pl. Saaten f. Von sâ sâjan säen.

sâman m. Same.

as. sâmo, ahd. sâmo, mhd. sâme schw. m., nhd. Same, Samen m. Von sâ-ja säen.

Vgl. lit. sêmŭ g. sêmens m. Same. — ksl. sêmę n. Same. — lat. sêmen, Sêmo, sêmen-ti-s.

(sai = sâ) lassen.

Germanisch in sithu, sithis, sida, saina.

Vgl. lat. sê-ro = altirisch sir, sia comp. — sskr. sâ syati beenden.

sîthu adj. spät.

an. sidh adv. spät, sidhan adv. und conj. darauf, nachher, dazu, sidhr adj. demissus, herabhängend und sidhr comp. weniger. + goth. seithu-s adj. spät, thana-seiths adv. comp. weiter, noch; as. sith, sidh, sid adv. nachher; ahd. sid, mhd. sit adv. seitdem, darauf, nachher, später, desshalb; praep. mit dat. instr. gen. und conj., nhd. seit.

Gleichen Stammes mit saina.

Vgl. lat. sê-ro. — altirisch sir, comp. sia; und lat. sêtin-s (auch ἥσυ-χο-ς).

sîthis und sîthâs adv. comp. später.

an. sidhar adv. comp. darauf, späterhin, sidharst adv.

superl. am spätesten, zuletzt. + as. sîthor, ahd. sidôr
(oder sidôr?), mhd. sidir (nur i) adv. comp. später, darauf, seitdem, praep. mit dat. soit, conj. seit, nachdem,
da. Vgl. ahd. sidero comp. adj. später. Comp. zu sithu.
Vgl. lat. sêtius (neben socius).

sîdan (sîda) f. Seite.

an. sidha f. Seite (des menschlichen und thierischen Körpers). +
as. sîda st. f., engl. side; ahd. sita, mhd. sîte st. schw. f., nhd.
Seite f. (Theil des Leibes über der Hüfte). S. an. sidhr demissus,
herabhängend.

saina langsam, träge, spät.

an. seinn langsam, träge, spät. + goth. in sainjan säumen, sich
verspäten, as. sêne träge, mhd. seine langsam, träge; klein, kurz,
gering, mhd. seine adv. langsam, träge; beinahe nicht, kaum.
Vgl. lat. sê-ro, sskr. sâ syati enden.

saima m. Seim.

an. in hunang-seim-r Honigseim. + ahd. seim, nhd. Seim, Honig-seim.
Vgl. αἷμα, ἄν-αιμο-ς, ὁμ-αιμο-ς.

saira schmerzleidend, wund; schmerzbringend.

an. sârr verwundet; schlimm, scharf. + as. sêr; ahd. sêr, mhd. sêr
Schmerz leidend, verletzt, wund, betrübt; schmerzbringend; as. sêro, ahd.
sêro, mhd. sêre adv. mit Schmerzen, schmerzlich; sebr, nhd. sebr.

saira n. Schmerz, Wunde.

an. sâr n. Wunde, sâr-ligr schmerzlich. + as. sêr, ags. sâr n. Schmerz,
Wunde; ahd. sêr, mhd. sêr m. n. Schmerz.

sairja versehren, verwunden.

an. saera saerdha verwunden. + as. sêrian, ahd. (sêrjan) sêran
sêrta, mhd. sêren, nhd. ver-sehren. Von saira.

saiva m. See.

an. saer (oder sjâr, sjôr) g. sjâfar (oder sjâvar, saevar, saefar oder sjôar
oder sjôs) m. See, Seewasser. + goth. saiv-a-s m. See, Landsee, mari-
saiv-a-s m. See, as. sêu, sêo, sê g. sêwes, sêes m., ahd. sêu, sêo, sê g.
sêwes pl. sêâ, mhd. sê g. sêwes st. m. 1, mhd sô g. sê f., nhd. der See,
die See Vgl. sskr. seka m. Erguss?
Etwa zu su erregen? siv saiv zu su, wie spiv spaiv zu spu speien?

saivala f. Seele.

an. sâl g. sâlar d. u pl. ir f. Seele. + goth. saivala, as. sêola, ahd. sêula,
sêla, mhd. sêle st. f. 1, nhd. Seele.
Zu su erregen?

sak, sakan sôk sôkum sakana (sich anhängen) streiten.

an. in sök f. s. saka. sókn s. sókni, soeka s. sókja. + goth. sakan sök
sökum sakans streiten, zanken, c. dat. anfahren, bedrohen, wehren, as.
sakan; ahd. sachan, sahhan streiten, zanken, anfahren, zurechtweisen.
Vgl. ksl. po-sęgą po-sęšti tangere, po-sagū compages, nuptiae. — lit. se-
giu seg-ti schnallen, um-, anbinden. — lat. sagum, seg-ni-s, sagire. —
sskr. sajj sajjate sánjate hangen, haften; zögern.

saka f. Rechtssache, Streit, Process.

an. sök g. sakar pl. ar oder ir f. causa, Rechtssache, Anklage;
Streit, Process; Schuld, Vergehen, sak-lauss schuldlos. + as.
saka f., ahd. sahha, .sacha, mhd. sache st. f. 1 Rechtshandel,
Streit; Angelegenheit, Sache, Ding, Ursache, Grund, nhd. Sache,
Ur-sache f. Von sakan.

sahta verbunden, verknüpft.

an. sâttr einig, versöhnt, sâtt, saett f. Vertrag, Vergleich vgl.
goth. fri-saht-i-s f. Bild. + sskr. sakta anhängend, sam-sakta verbunden part. von saj anhangen, verknüpfen. Von sakan in der
ursprünglichen Bedeutung des ig. sag.

sahti f. Vertrag, Vergleich.

an. sâtt, saett f. Vertrag, -Vergleich, saetta saetta vergleichen,
aussöhnen. + goth. fri-saht-i-s f. Bild.
Vgl. lit. sagti-s Verknüpfung; Hafte, Schnalle. — sskr. sakti f.
Verbindung.

sókni f. Untersuchung, Besuch.

an. sókn pl. ir f. gerichtliche Verhandlung, Klage, Anklage;
Heimsuchung, Besuch, Versammlung. + goth. sókn-i-s f. Untersuchung, vgl. ahd. sôhhni f. Untersuchung. Zu sakan sók.

sókja sókida suchen.

an. soekja sôtta aufsuchen, freundlich oder feindlich verfolgen,
gerichtlich verfolgen, anklagen; angreifen, überwältigen. + goth.
sókjan sókida, as. sôkjan sôhta; ahd. (suochjan) suohhan, suochan,
suahhan, suachan, sôhhan praet. sôhhita, suohta, suahta, mhd.
suochen (selten suechen), nhd. suchen. Zu sakan sók, dessen
Grundbedeutung: sich anhängen ist.
Vgl. lat. sagus, sagax, sagio sagire.

(sah, sag) secare.

Germanisch in sahsa, saga, vgl. an. sig-dh-r Sichel, Schwert, ahd. seh,
mhd. sech n. seche f. Pflugmesser, Sech, ahd. segansa, mhd. segense =
nhd. Sense, ahd. suoha f. Egge, Furche.
Vgl. lit. syki-s Schlag, Hieb; Mal. — ksl. sēką sēš-ti hauen, spalten, sê-
kyra f. Beil. — lat. secco sec-tum secâre, sec-ûri-s, sec-tor, seg-men, sîca.

sahsa n. Schneide, Messer, Sachs.

an. sax n. kurzes Schwert; Theil des Schiffs am Vordersteven. +
as. sahs, ags. scax n., ahd. sahs, mhd. sahs st. n. Messer, kurzes Schwert, Eisenspitze, Schneide eines Geschosses.
Lat. saxu-m verhält sich zu Sachs, wie sskr. açman Stein zu
ἀκμή.

saga f. Säge.

an. sög f. Säge. + ahd. saga, sega, mhd. sege, nhd. Säge f.
Von sag secare.

sahv, sehvan sahv sahvum sehvana sehen.

an. (praes. sê und segek) sjâ sâ sâum sehen, part. praet. sênn (sêdhr) sên,
sêtt und sét visus, sichtbar, deutlich. + goth. saihvan sahv sêhvum
saihvans, as. sêhan, sêan; ahd. sêhan, mhd. sêhen, nhd. sehen sah gesehen. Eigentlich sichten (wie lat. cernere) und mit sab secare identisch.

sehvan f. das Sehen.

an. â-sjâ f. Aufmerksamkeit, Berücksichtigung, Hülfe, gastliche
Aufnahme, um-sjâ f. Fürsorge, skugg-sjâ f. Spiegel. + as. sia
schw. f. Sehe, Augapfel, ahd. sêha, mhd. sêhe st. schw. f., mhd.
auch schw. m. Augapfel, Sehe, Sehkraft; Sehen, Blick, Schau,
nhd. Sehe f.

sehuni f. Sehen, Gesicht.

an. sjôn g. ar pl. ir f. das Sehen; Sehe, Blick, Auge, Anblick,
sŷndr (aus sjûnidas) fähig zu sehen, sann-sŷnn (aus -siunjas) rechtlich
(eigentlich auf das Rechte sannr sehend), sann-sŷni f. Rechtlichkeit,
sŷni-ligr sichtbar, sŷnt adv. offenbar, sŷn (= siunja) f. Fähigkeit
zu sehen, Anblick, sŷna (= siunja) sŷnda weisen, zeigen. + goth.
siun-i-s f. Gesicht, Sehkraft, Anblick, Gesicht = Vision, Ansehn,
Gestalt, as. siun dat. sg. siuni f. 2 Gesicht; vgl. mhd. siuno, sûne
st. n. Anblick, Aussehen, siun-lich sichtbar Aus sehuni, sehvni
von sehvan sehen.

sehunja f. Sehvermögen, Anblick.

an. sŷn f. (= siunja) Fähigkeit zum Sehen, Anblick. +
as. gi-siuni st. f. und n. Sehvermögen, Gesicht; Vision,
Erscheinung, ahd. ga-siuni n. dass., mhd. siune, sûne st.
n. Anblick, Aussehen. Aus sehuni.

(sag) halten, bewältigen.

Germanisch nur in segisa Sieg, segla Segel.
Vgl. ἔχω ἔ-σχον. — sskr. sah sahate halten, hemmen, widerstehen, bewältigen.

segisa m. Sieg.

an. sigr g. sigrs m. Sieg. + goth. sigisa- m. Sieg, sigis-launa-

Siegeslohn, ags. sigo und sigor, as. sigi m., ahd. sigu, sigo, sigi, siki, mhd. sige, sic st. m., nhd. Sieg m.
Vgl. sskr. sahas = zend. hazańh n. Gewalt, Vergewaltigung.

segla n. Segel.

an. segl n. Segel, sigla (d. i. sigljan-) f. Mastbaum. + as. sëgal n., ags. sëgel m. n., engl. sail; ahd. sëgal, sëcal, mhd. sëgel st. m. 1, nhd. Segel n. Von ig. sagh, wie lat. vêlum (= vexlum) von vagh.

seglja segeln.

an. sigla siglda segeln. + ags. segelian, seglian, engl. sail; mhd. sigelen und sëglen, nhd. segeln. Von segla Segel.

sag, sagjan sagida sagen.

an. segja sagdha sagen, ansagen, bekennen, sögn g. sagnar pl. ir f. Sage, Aussage, Angabe. + as. seggian; ahd. sagjan, segjan, sekjan, mhd. (selten) segen, und ahd. sagên, sakên, mhd. sagen, nhd. sagen.
Vgl. lit. sak-au, sak-yti sagen. — ksl. sočą sočï-ti zeigen. — ἔ-σπετε, ἐνι-σπεῖν, ἐν-νέπε, ἐν-έπω, ἐνι-σπή-σω. — lat. accûta est, in-sec-tiónes, in-secendo, sec-tu-s, sig-nu-m. (Vgl. sskr. sûc sûcyati zeigen.)

sagan (saga) f. Aussage.

an. saga f. mündlicher Vortrag, Erzählung, Aussage, Angabe, Bericht; Gegenstand der Erzählung, Begebenheit, sögu-ligr erzählbar, erzählenswerth. + ahd. saga st. schw. f., mhd. sage, sag st. f. Aussage, Ausspruch, Rede, Erzählung, Gerücht, Hörensagen, nhd. Sage pl. Sagen f. Zu sagjan.
Vgl. lit. pa-saka f. Sage, Mährchen, Aussage.

sangv, sengvan sangv songvum songvana singen.

an. syngja oder syngva schwach, praes. söng sŷng saung sungum, sunginn (s. Grimm, Gramm. I, 834) singen, auch vom „Singen" der Waffen. + goth. siggvan saggv suggvum suggvans, as. singan, ahd. singan, sinkan, mhd. singen, nhd. singen sang gesungen.
Vgl. ὀμφή.

sangva m. Sang.

an. söngr g. söngs pl. söngvar m. Sang, Gesang (kirchlicher). + goth. saggv-a-s und saggv-i-s m., as. sang, st. m., ahd. sang, sanc, mhd. sanc g. sanges st. m. n., nhd. Sang, Gesang m. Von sengvan sangv singen.
Vgl. ὀμφή.

sat, setan und setjan sat sâtum setana sitzen.

an. sitja sat sâtum setinn sitzen, nachstellen, trs. besitzen, bewohnen;

ertragen, sjatna adba sich vermindern, decrescere, aufhören. + goth.
sitan sat sétum sitans, as. sittjan, ahd. sizzan, sitzan, mhd. sitzen saz
sâzcn gesezzen, nbd. sitzen sass gesossen.
Vgl. lit. sédmi sédéti sitzen. — ksl. sędą sês-ti sitzen. — ἐδ εἴσα, ἕζομαι, ἵζω, ἰδ-ρύ-ω. — lat. sido sédi sessum sidere. — cambr. sedd Sitz
— sskr. sad satti und sîdati sitzen, sinken.

seta n. Sitz.

an. set n. Sitz; Bettbank. + ags. set n. sedes, cubiculum; ahd.
sêz, mhd. sëz g. sëzzes st. m. n. Sitz, Sessel, Wohnsitz, Gesäss,
Belagerung. Von setan sitzen.

setra Sitz, das Sitzen.

an. setr g. setrs n. Sitz, Aufenthalt, dag-setr Tagesende, sôl-setr
Sonnenuntergang vgl. engl. sun-set.
Vgl. ἕδρα f. καϑ-έδρα, ἐν-έδρα.

setla m. Sitz, Sessel.

goth. sitl-a-s, ahd. sezal, nbd. Sessel m.
Vgl. lat. sella (= sed-la) f. Sitz, Sessel.

sessa m. Sitz.

an. sess g. scss pl. ar m. Sitz, sessa setzen. + ags. sess m. Sitz,
sessian sedari.
Aus set-da, vgl. lit. sosta-s, sosta Sitz. — lat. ob-sessa. — zend.
paçu-shaçta m. Viehhürde (eigentlich Viehsitz).

satja setzen.

an. setja setta setzen, besetzen, einrichten, setjast sich setzen. +
goth. satjan, as. settjan; ahd. (sazjan) sazzan, sezzan, mhd. setzen, nhd. setzen. Causale von setan sat sitzen, vgl. ἕζομαι (=
ἐδ-jομαι) setze mich.

sâti f. das Setzen; Hinterhalt, Lauer.

an. sât pl. ir f. das Setzen; Nachstellung, hinterlistiger Angriff
wie umsât f. + ags. saet f. Hinterhalt; ahd. sâza, mhd. sâze st.
f. 1 zuweilen mhd. schw. f. das Setzen, Sitz; Hinterhalt, Lauer.
Von setan sat sâtum sitzen.
Vgl. lat. séde-s sêdi-um f. Sitz.

sâtja n. das Sitzen, Sitz.

an. saeti n. Sitz. + mhd. saeze st. n. Belagerung, ahd. gi-sâzi,
mhd. gesaeze n. Sitz, Platz oder Vorrichtung zum Sitzen, Wohnsitz, Lagerung, Belagerung; Gesäss, nhd. Gesäss n. anus. Von
setan sat sâtum sitzen.

sâtja nachstellen; festsetzen, einrichten.

an. saeta saetta nachstellen, lauern auf; ins Werk setzen. + ags.

saetan, saetian insidiari, mhd. sâzen festsetzen, einrichten. Von
sâta.

sada satt.

an. sedja sättigen. + goth. sath-a-s, sad-a-s, as. sad; ahd. sat, mhd. sat,
nhd. satt.
Vgl. lit. sota-s m. soti-s f. Sättigung. — ksl. sytI f. Sättigung, sytŭ satt.
— lat. sat, satis, satur, satura.

sadja sättigen.

an. sedja sadda sättigen. + mhd. seten aus ahd. (satjan) sättigen, vgl. ahd. satôn, mhd. saten sättigen, mhd. saten auch satt
werden wie nhd. er-satten. Von sada satt.

sôda Sättigung.

goth. sathan sôth satt sein, sôtha- Sättigung.
Vgl. lit. sota-s m. soti-s f. Sättigung.

sadula m. Sattel, sadulâ satteln.

an. sôdhull pl. sôdhlar m. Sattel, sôdhla adha satteln. + ags. sadul; ahd.
satul, mhd. satel pl. setele, setle st. m. Sattel; ags. sadlian, engl. saddle;
ahd. satalôn, mhd. satelen, nhd. satteln. Aus lat. sedile?

sankv, senkvan sankv sonkvum sonkvana sinken.

an. sökk saukk sukkum sokkinn sökkva sinken. + goth. sigqan sagq
sugqum sugqans, as. sinkan; ahd. sinkan, sinchan, nhd. sinken sank ge-
sunken. Zu ig. sag abhängen.

sankvjan senken.

an. sökkva sökkta versenken, sökkvast sich versenken, versinken.
+ goth. sagqjan, as. bi-senkjan; ahd. sanchjan, senchan, senkan,
mhd. senken, nhd. senken. Causale von senkvan sankv sinken.

santha wahr, subst. das Wahre, Rechte.

an. sannr (sadhr), sönn, sant satt wahr, recht, billig, sannr m. das
Wahre, Rechte, das gute Recht. + as. sôth wahr, te sôdhan in Wahrheit, wahrhaftig, ags. sôdh wahr, recht, sôdh n. das Wahre, Recht, Gerechtigkeit.
Eigentlich part. praes. zu es sein vgl. ksl. sę, sy. — ἐών, ὤν. — lat. ab-,
prae-sens. — sskr. sant sati und satya echt, wahr = ἐτεός.

santh, senthan santh sonthum sonthana Richtung neh-
men, geistig: sinnen.

an. in sinn n. s. sentha, senda senden s. santhjan. + ahd. (sindan) sinnan,
mhd. sinnen sann gesonnen Richtung nehmen, gehen, reisen, fortgehen,
kommen, Gedanken worauf richten, sinnen, trachten, begehren, nhd. sinnen sann gesonnen nur im Sinne des lat. sentire.
Vgl. lat. sentio sensi sensum sentire, sententia, sensu-s Sinn. — ksl. sęštI
σοφός — lit. siunczu sende.

sentha m. n. Gang, Mal.

an. sinn n. Gang, Mal, sinni n. Gang, Weg; Unterstützung, Hülfe,
sinna sinta und sinna adha sich kümmern um. + goth. sinth-a-s
m. Mal, nur im dat. sg. sintha und dat. pl sintham, as. sith,
sidh, síd st. m. 1 Gang, Richtung, ahd. sind, mhd. sint g. sin-
nes st. m. 1 Weg, Richtung.
Vgl. altirisch sét, cambr. hint (= sint) Weg.

santhja senden.

an. senda senda sonden, übersenden, sendi-für f. Sendfahrt, im
Auftrage eines Andern, sending f. Botschaft, Auftrag. + goth.
sandjan, as. sendjan; ahd. (santjan) santan, sentan, mhd. senden,
nhd. sonden. Causale zu sentban s. sentha.
Vgl. lit. siunczu, sius-ti senden, schicken.

sanda m. Sand.

an. sandr g. sands pl. sandar m. Sand. + as. sand m. n., ags. sand m.,
engl. sand; ahd. sant g. santes, mhd. sant g. sandes m. n., nhd. Sand m.
Für samda (wie sunda für svum-da) = ἄμαθο-ς.

sabja sapere.

as. af-sebbian wahrnehmen, bemerken, innewerden, ahd. ant-sebban.
Vgl. σαγής, σοφός, σύφαξ. — lat. sapio, sapiens, sapidus, sapa, sipus·
callidus.

sâmi- halb.

as. ags. sâm-, ahd sâmi- halb.
Vgl. ἡμι- halb. — lat. sêmi- halb. — sskr. sâmi- halb.

sâmikviva halbbelebendig.

as. sâmquik, ahd. sâmiquck vgl. lat. sêmivîvu-s, sskr. sâmijîva
halbbelebendig.

sard, serdan sard sordum sordana coire cum femina.

an. sërdha sardh sordhinn coire cum femina; für sordhinn auch strodhinn
muliebria passus. + ags. serdan; mhd. sërten abl. 1 geschlechtlichen Um-
gang haben mit. An. strodhinn neben sordhinn wie deutsch stru = ig.
sru, svistar = ig. svasar und anderes. Vgl. σαίρω, σάρων.

1. sala Uebergabe.

an. sal n. Uebergabe, Verkauf, sala f. Darreichung, Verkauf. + ahd. sala,
mhd. salo, sal st. f. 1 rechtliche Uebergabe eines Gutes, laut Testament
zu übergebendes Gut.
Vgl. lit. pa-sula f. das Anerbieten, suliu suli-ti und sulau suly-ti bieten,
antragen, darbieten.

salja gewähren, übergeben.

an. selja selda ausliefern, übergeben, gewähren, verkaufen. +

goth. saljan darbringen (als Opfer) opfern, as. seljan, engl. to sell; ahd. saljan, seljan, mhd. seln tradere, übergeben. Von 1 sala.
Vgl. lit. suliu suliti bieten, antragen, darbieten.

2. sala m. Wohnung, Haus, Saal.

an. salr m. Saal. + ags. sal n. Haus, Saal, ahd. sal n., mhd. sal st. m. n. Haus, Wohnung, Saal = Haus mit einem Gemache. Goth. in saljan einkehren, bleiben, salithvòs f. Herberge.
Vgl. lat. solu-m, prae-sul, in-sula. — ksl. selo n. Wohnung, Grund, -sülü locum tenens.

salithva f. Wohnung.

goth. salithvòs f. pl. Wohnung, Herberge.
Vgl. ksl. selitva f. Wohnung.

salja Gebäude, Scheuer.

an. sel g. pl. selja n. Senne, sel-dyrr f. pl. Thür zur Senne. + as. seli m. Saalgebäude, auch zur Aufbewahrung der Feldfrüchte, Scheuer, ags. sele m.; ahd. sali, seli m. dass. Lautlich entspricht lat. soliu-m Sitz von solum, wie salja von 2 sala.

salman m. Lager, Bettstelle.

as. selmo, ags. sealma m. Lager, Bett, Bettstelle.
Vgl. σέλμα Getäfel, Verdeck, Ruderbank, εὔ-σσελμο-ς mit guten Ruderbänken. Gleichen Stammes mit sala, salja.

sâla, sâlja glücklich, gut.

an. saell (d. i. sâljas) glücklich, saela f. glücklicher Zustand, Glück, Seelenheil. + goth. sêl-a-s gut, tauglich, mhd. sâl-liche auf glückbringende Weise, as. sâl-ig, ahd. sâl-ig, sâl-ic, mhd. saelic, saelec, nhd. selig.
Vgl. ksl. sulej besser. — lat. sôlus (= sollus) sôlis-timus best, sôlâri, con-sôlâri trösten (= begütigen). Die Wurzel vielleicht in lat. con-sulo, soli-nunt; nämlich sal pflegen = zend. har schützen.

sâlitha f. Glück, Saelde.

an. saeld g. ar f. Glück, saeldar-lif glückliches Leben. + as. sâl-dha, ahd. sâlida, mhd. saelde f. Glück, Heil, Güte, Segen, mhd. auch person. vrou Saelde. Von sâla.

salhan, salhjan f. Weide, salix.

an. selja (d. i. salhjan-) f. Weide, salix. + ags. sealh f., engl. sallow; ahd. salahâ, salhâ, mhd. salhe schw. f., nbd. in Sal-weide.
Vgl. arkadisch ἑλίκη Art Weide. + lat. salix f. Salweide. — cambr. helygen Salweide.

salhîna von Salweiden.

ahd. salahin von Salweiden.
Vgl. lat. salignu-s von Salweiden.

salta n. Salz.

an. salt n. Salz; Meer (poet.). + goth. salta- n., as. salt, ags. sealt n., engl. salt; ahd. salz, mhd. salz st. n., nhd. Salz n.

Vgl. ksl. soli f. — ἅλς m. Salz, f. Meer, ἁλι-εύ-ς. — lat. salo n. sal m. Salz. — altirisch salann, cambr. halein Salz.

Zu salta vielleicht näher slavolettisch sald würzen, lit. saldus süss.

salba f. Salbe.

as. salbha f. Salbe, goth. salbôn, ags. sealfian, nhd. Salbe, salben.

Vgl. Hesych: ἔλπος· ἔλαιον, στέαρ und ἔλφος· βούτυρον. Κύπριοι. Sskr. sarpis n. geklärte Butter.

(si, sin) binden.

Germanisch in sinva, siman, saida, saila.

Vgl. lettisch sinu seju si-t binden. — sskr. si sinâti sinoti binden, sîta gebunden.

sinva f. Sehne.

an. sin pl. sinar f. Sehne, Muskel. + ags. sinu f., engl. sinew; ahd. sënawa, mhd. sënewe, sënwe st. schw. f., nhd. Sehne, Senne.

Vgl. sskr. snâva m. snâyu m. snu-tas abl. — zend. çna Sehne, çnâvya aus Schnen bestehend (sskr. snâva = sinava).

sîman m. Seil, Schnur.

an. sîmi m., dänisch sime Schnur. + ags. sîma, as. sîmo schw. m. Strick, Seil, Fessel, Schlinge. Von si binden.

Vgl. ἱμάς g. ἱμάντος m. Riemen, ἱμονιά f. Brunnenseil. — Vgl. ved. sîmant, Benfey: Ueber einige Pluralbildungen p. 7.

saida m. Strick, Saite.

ags. sâda, ahd. seito m. (= saidan-) Strick, Saite, ahd. scita, mhd. scite f. Strick, Saite, nhd. Saite.

Vgl. lit. sëta-s m. Strick, saita-i m. pl. Gefängniss (= „Bande"), pa-saita-s Riemen, Gehenk. — ksl. sëti f. Strick, sitïce f. funiculus.

saila n. Seil.

goth. in-sailjan an Seilen hinablassen, as. sêl, ahd. mhd. seil, nhd. Seil n.

Vgl. ksl. silo n. silûkü m. Seil.

sig, sîgan saig sigum sigana tropfend fallen, abgleiten.

an. siga seig sigum siginn sinken, allmälig herabgleiten, seigr zähe, be. schwerlich. + as. sigan sêg; ahd. sîgan, mhd. sigen abl. 5 sinken, sich senken; tropfend fallen, sich vorwärts bewegen, ahd. mhd. seich m. Harn.

Vgl. ksl. sïcati seigen, harnen, sïcï m. Harn mit ahd. seich Harn. — ἰκμάς, ἰκμαίνω, ἰχωρ Flüssigkeit. — sskr. sic sin'cati benetzen, befeuchten, ergiessen, seka m. Benetzung, männlicher Same.

sith zaubern.

an. sidha seidh sidhum sidhinn Zauberei treiben, durch Zauber wirken.
Vgl. lit. saita-s m. Zauberei.

saitha m. Zauber.

an. soidhr g. seidhs, seidhar m. Seid, Art Zauberei, seidha seid-
da den Seid ausüben, zaubern. + lit. saita-s m. Zauberei (entlehnt?). Von sith.

sedu m. Sitte.

an. sidhr g. sidhar pl. ir acc. u m. Sitte, Gebrauch, Herkommen. + goth.
sidu-s m., as. sidu, sido m., ahd. situ, mhd. site st. m. 3 (as. ahd. auch
pl. sidi, siti), nhd. Sitte pl. Sitten f.
Vgl. ἔϑω (= σϝεϑω) εἴωϑα, ἔϑος, ἦϑος. — sskr. svadhā (?).

seduga sittig.

an. sidhugr sittig, gesittet. + ahd. sitig, mhd. sitic pflegend;
sittig, gesittet, zahm, nhd. sittig. Von sedu Sitte.

sedusama sittsam.

an. sidhsamr von anständiger Aufführung, sittsam. + ahd. situ-
sam habilis, nhd. sittsam. Aus sedu und -sama gleich.

sîn, ses, sek sui, sibi, se pron. reflex.

an. sin, sêr, sik sui, sibi, se. + goth. sin, sis, sik; ahd. sin, sih, mhd.
sin, sich, nhd. sein, sich.
Vgl. οὗ, οἷ, ἕ. — lat. sui sibi se u. s. w. S. ig. sva.

sîna suus.

an. sinn, sin, sitt suus, a, um. + goth. sein-a-s, as. sin; ahd.
sin, mhd. sin sein, ihr, suus, nhd. sein.

sena-, sen- alt; beständig, ewig.

an. si- ununterbrochen, beständig, si-fella f. (fella f. Zusammenfügung) in
i sifellu in ununterbrochner Reihenfolge, fortwährend, si-mâlugr schwatz-
haft, si-maelgi f. Schwatzhaftigkeit u. s. w. + goth. sin-eiga- alt, sin-
istan- der älteste, sin-teina- beständig, as. sin- z. B. in sin-naht ewige
Nacht u. s. w.
Vgl. lit. sena-s alt. — ἕνη καὶ νέα. — lat. sen-ex, sen-is, sen-um, senior.
— altirisch sen alt, siniu = lat. senior comp. älter. — sskr. sana alt,
ewig; zend. hana alt.

sindra n. Metallschlacke, Sinter.

an. sindr n. Steinsplitter, sindra adha Funken sprühen (von Schmiede-
arbeit). + ags. sinder; ahd. sintar, mhd. sinter, sinder n. Metallschlacke,
nhd. Sinter, Kalk-sinter. Vgl. sskr. syand tropfen, sindhu m. Fluss.
Vgl. ksl. sędra f. Tropfen, böhm. sádra Sinter, Gyps.

sebun sieben.

an. sjau (aus sjabu, sjavu zusammengezogen) sieben. + goth. sibun, as. sibun; ahd. sihan, sibun, sipun, mhd. siben, nhd. sieben.
Vgl. lit. septyni. — ksl. sedmï. — *ἑπτά.* — lat. septem. — altirisch secht, cambr. scith. — sskr. saptan, zend. haptan sieben.

sebuntehan siebzehn.

an. sjautjän siebzehn. + engl. seventeen; mhd. sibenzëhen, nhd. siebzehn.
Vgl. *ἑπτα-καί-δεκα.* — lat. septendecim. — sskr. saptadaçan.

sebundan der siebente.

an. sjaundi der siebente. + as. sivondo, ahd. sibunto, mhd. sibente, nhd. siebente, siebte.
Vgl. lit. septinta-s. — sskr. saptatha, zend. haptatha der siebente.

sebja f. Sippe, Verwandtschaft.

an. sifjar f. pl. Sippe, Verwandtschaft. + goth. sibja f. Verwandtschaft, Gemeinschaft, as. sibbja; ahd. sippja, sippa, mhd. sippe st. f. 1 Friede, Bündniss, Verwandtschaft.
Vgl. ksl. sehrü m. Bauer. — sskr. sabhâ f. Gemeinschaft, sabhya zu einer Gesellschaft gehörend, gesittet, fein.

silai- schweigen.

goth. in ana-silai- schweigen.
Vgl. lat. sileo silére, silentium.

silbra, silubra n. Silber.

an. silfr n. Silber, Silbergeld. + goth. silubra- n. Silber, Silbergeld, as. silubhar, silobar, silufar, ags. seolfor n., engl. silver; ahd. silabar, silapar, mhd. silber, nhd. Silber n.
Vgl. lit. sidabra-s, preuss. sirapli-s nom. sirabla-n acc. — ksl. sïrebro n. Silber.

(su) zeugen; auspressen.

Germanisch in sunu, sava.
Vgl. sskr. su, sû sauti sûyati zeugen, auspressen (den Somasaft).

sunu m. Sohn.

an. son (auch sonr) g. sonar, dat. syni acc. son pl. n. synir g. sona dat. sonum acc. sonu oder syni m. Sohn, son-lauss sohnlos. + goth. sunu-s, as. sunu pl. suni; ahd. sunu pl. suni, mhd. sun pl. süne st. m. 3 und 2, nhd. Sohn pl. Söhne.
Vgl. lit. sunu-s Sohn. — ksl. synü (u-Stamm) Sohn. — sskr. sûnu, zend hunu Sohn.

snusa f. Schnur, Sohnes Frau.

ahd. snurâ, snorâ, nhd. Schnur f.

Vgl. ksl. snúcha Schnur. — νυό-ς. — lat. nuru-s. — sskr. snushá Schnur. Von sunu durch Suffix sa.

sava Saft.

ahd. mhd. sou g. sowes n. Saft.

Vgl. lit. syva-s Saft. — sskr. sava m. n. Saft.

súi f. Sau.

an. sÿr g. sÿr f. Sau. + ags. sú, sugu dat. súe f., engl. sow; ahd. sú, mhd. sú f. 2, nhd. Sau pl. Säue f.

Vgl. σῦ-ς, ὗ-ς m. f. — lat. su-s m. f. — zend. hu m. Eber. Wohl zu su erregen vgl. ἔ-σσυ-μαι stürme, σεύω treibe, jage. — sskr. su suvati treiben, erregen.

svína n. Schwein.

an. svín n. Schwein. + goth. svein-a n., as. swin, ags. svin n., engl. swine; ahd. swin pl. swin und swinir, mhd. swin n. Schwein, Wildschwein, Eber, nhd. Schwein n.

Eigentlich ntr. subst. eines adj. „schweinern" vgl. ksl. svinú schweinern, svinę n. Schweinchen, svinja f. Schwein, Sau. — lat. suinu-s schweinern, vom Schwein.

svínína schweinern.

ahd. mhd. swinin vom Schwein.

Vgl. ksl. svinínú vom Schwein, avinina f. Schweinefleisch.

Von su erregen:

sauila f. Sonne.

an. sól g. sólar pl. sólar oder sólir f. Sonne, sólar-rodh n. Morgenröthe, sól-setr n. Sonnenuntergang. + goth. sauila- n., ags. sól f. Sonne.

Vgl. lit. saulé f. Sonne. — ἠέλιο-ς, ἀέλιο-ς (= σαϝελιο). — lat. sól m. — cambr. heul. — sskr. svar = zend. hvare m. Sonne, sskr. súrya Sonne, Sonnengott.

(sun- aus suan, svan Sonne in:)

sunnan Sonne.

goth. sunnan-, sunnón- m. f., nhd. Sonne.

Erweitert aus sun, wie ster-nan- Stern aus ster = ἀ-στερ = sskr. star; sun für svan wie hun für hvan in hun-da- Hund, hun-sla Opfer vgl. lit. szven-ta-s heilig; sun = zend. qeñg (d. i. svan-s) m. Sonne.

suntha Süd, südwärts.

an. in sunnar adv. comp. weiter nach Süden (d. i. sunthar), sy-dhri (d. i. sunthisan) adj. comp. südlich. + ags. súdh adv. südwärts, im Süden, súdha m. der Süden, engl. south; ahd. sund

m. Süd, Südwind   Wohl gleichen Stammes mit goth. sunnan-
Sonne, vgl. zend. qeñg (d. i. svan-s) Sonne.

sunthana adv. von Süden her.

an. sunnan adv. von Süden her. + ahd. sundana, mhd.
sunden adv. von Süden her, im Süden, ahd. sundan, mhd.
sunden m. der Süden. Zu suntha.

sunthra n. Süden, adv. südwärts.

an. sudhr n. Süden, sudhr adv. südwärts. + ahd. sundar
mhd. sunder st. n. Süden, ahd. sundar, mhd. sunder-
südwärts gerichtet, südlich. Zu suntha.

sunthrônja von Süden kommend, südlich.

an. sudhroenn von Süden kommend. + ahd. sundrôni
südlich, wint Südwind. Aus suntha und rónja w. s.

su, siujan nähen.

an. sŷja suere, pangere, sjôdhr m. fê-sjôdhr m. Geldbeutel, sûdh f. compages tabularum. + goth. siujan, ahd. siwan, siuwan praet. siwita, mhd.
siuwen, sûwen praet. siute, sûte nähen.
Vgl. lit. siuvu siu-ti nähen. — ksl. šiją (aus sju-ją) ši-ti nähen. — lat.
suo sû-tum suere. — sskr. siv sîvyati nähen, sû-ti f. das Nähen, sû-tra
n. Faden.

siutha Naht.

an. sûdh f. compages tabularum, sûdh-thaktr mit Brettern be-
deckt, sjôdhr m. fê-sjôdhr m. Geldbeutel (genähter). + mhd. siut,
sût st. m. Naht. — An. sûtari m. Schuster, wie ahd. sûtari, mhd.
sûter m. Schuhmacher, Schneider aus lat. sutor. — Von siujan
nähen.

sauma m. Saum, Naht.

an. saumr g. saums m. Saum, Naht. + ahd. soum, mhd. soum
st. m., nhd. Saum m. Zu siujan, ig. su nähen.

suk, seukan sauk sukum sukans siechen, krank sein.

an. in sjûkr s. seuka, sótt f. Krankheit s. suhti. + goth. siukan sauk su-
kum sukans siechen, kränklich sein, dazu mhd. sochen sohte (Grundform
sukâ-) krank sein, kränkeln, nhd. „der Socher überlebt den Pocher"
Sprichwort, siech, Seuche, Sucht.

suhti f. Sucht, Krankheit.

an. sótt g. sóttar pl. ir f. Krankheit, Gram, Kümmerniss. + goth.
sauht-i-s f. Sucht, Krankheit, Kräuklichkeit, as. suht; ahd. suht,
mhd. suht f. 2 Krankheit, Kränklichkeit, Seuche, nhd. Sucht f.
Von seukan siechen.

seuka siech, krank.

an. sjûkr krank, siech, sjûk-dômr m. Siechthum, Krankheit. + goth. siuk-a-s, as. siok; ahd. siuh, sioh, mhd. siech, nhd. siech; ahd. siohtuom, mhd. siechtuom m., nhd. Siechthum n. Von seukan.

sug, seugan saug sugum sugana saugen.

an. sjûga saug und sô, sugum soginn saugen. + ahd. sûgan, mhd. sûgen, nhd. saugen sog gesogen.

Vgl. lett. suzu suk-t saugen, durchseigen, Materie ziehen. — lat. sûgo suxi suc-tum sûgere saugen. sûcus Saft. Aus su auspressen erweitert.

suth, seuthan sauth suthum suthana sieden.

an. sjôdha saudh sudhum sodhinn kochen, sieden trs. und intrs., seydhir (= saudhjas) m. Kochfeuer. + ahd. siodan, mhd. sieden abl. 6, nhd. sieden sott gesotten. Dazu auch goth. saud-i-s f. Opfer. Vgl. svath.

sundja f. Sünde.

an. synd (d. i. sundja) pl. ir f. Sünde. + as. sundja, sundêa, ags. synn, sinn, senn f., engl. sin; ahd. (suntja) sunta, mhd. sünde st. schw. f., nhd. Sünde pl. Sünden f.

Vgl. αὐϑ-έντη-ς Urheber (meist böser Thaten) Mörder. — lat. sons tis, in-sons, sont-icu-s.

sundra adv. besonders, abgetrennt.

an. sundr adv. getrennt, entzwei. + goth. sundrô adv. abgesondert, beiseits, allein, besonders, as. sundar; ahd. suntar, mhd. sunder adv. besonders, einzeln, vorzüglich, vgl. as. sundar, ahd. suntar, mhd. sunder adj. abgesondert. Von (suna-) aus (svana) vgl. lat. sine, εἰς, ἕυς = σϝεν, σεϝεν.

sonja f. Wahrheit, auf Wahrheit beruhendes Hinderniss.

an. syn g. synjar f.. Verweigerung, Verneinung, synja adha verweigern, versagen, synjan, synjun f. Weigerung. + goth. sunja f. Wahrheit, as. sunnêa, ahd. sunna st. f. 1 auf Wahrheit beruhendes, rechtgültiges Hinderniss vor Gericht zu erscheinen, goth. sunjôn rechtfertigen (= an. synja) sik sich rechtfertigen, sunjôni- f. Rechtfertigung, Vertheidigung (= an. synjan f. Weigeruug).

sup, sûpan saup supum supana schlürfen, trinken.

an. sûpa saup supum sopinn schlürfen, trinken. + ags. sûpan, ahd. sûfan, mhd. sûfen abl. 6 schlürfen, trinken; von Schiffen (sich voll trinken =) versinken, mhd. sûft m. Seufzer (Aufschlürfung der Luft).

supla n. Zukost.

an. sufl n. Zukost, opsonium. + ags. sufl, sufol, sufal st. n. pulmentarium, opsonium; ahd. sufil und sufili st. n. auch sufilâ, supbilâ schw. f. sorbitiuncula. Zu sûpan.

somru (somra) m. Sommer.

an. sumar pl. sumur n. Sommer. + as. sumar, ags. sumor st. m., engl. sommer; ahd. sumar, mhd. sumer st. m. 1, nhd. Sommer.

sum-ra erweitert aus soma- vgl. altcambr. ham, cambr. haf Sommer. — sskr. samâ f. Jahr, zend. hama m. Sommer, armen. am Jahr, amarh Sommer.

1. sûra sauer.

an. sûrr sauer, sûr-na adba sauer werden, schmerzen, wehthun, sŷra (= sûrjan-) f. das sauer gewordene Milchwasser. + ags. sûr; ahd. sûr, mhd. sûr sauer, bitter; unangenehm, schmerzlich, unfreundlich, böse, nhd. sauer; ahd. sûrên, mhd. sûren sauer sein, werden; sauer sehen, unglücklich sein, nhd. ver-sauern.

Vgl. ksl. syrŭ roh, lit. suru-s salzig.

2. sûra lippus, triefäugig.

an. sûr triefend (Augen) sûr-eygr triefäugig. + ahd. sûr in sûr-ougi triefäugig, ags. sûr-eáged dass.

Vgl. ksl. syrŭ „roh".

sûraugja triefäugig.

an. sûreygr (d. i. sûraugjas) triefäugig. + ahd. sûrougi triefäugig. Von 2 sûra und augan.

sûli, sûlan f. Säule.

an. sûla f. Säule. + ahd. sûl pl. sûli, mhd. sûl pl. siule f. 2, nhd. Säule f Goth. abweichend saul-i-s f. (wie baitra bitter neben bitra aller andern Dialecte). Von sul = sval schwellen.

sulja f. Sohle, Schwelle.

goth. sulja f. Sohle, ga-suljan gründen, ags. syll, syllo f., ndd. süll Schwelle, ahd. swilo, mhd. swile m. Schwiele, Fusssohle und ahd. swelli, mhd. swelle n. f., nhd. Schwelle.

Vgl. lat. solea f. Sohle, Grundlage.

Von sul = sval schwellen, w. s.

(sus) trocknen.

Germanisch in seusja, sausa.

Vgl. lit. sausa-s = ksl. suchŭ trocken; lit. susú sus-ti trocken werden. — sskr. çush (= sush) çushyati trocknen, çushka = zend. huska = altpers. uska trocken, zend. hush, haoshemna trocknend.

seusja Krätze, Grind (eigentlich das Trockenwerden).

ahd. siurra (d. i. siurja = siusja) f. Krätzmilbe, Krätze.

Vgl. lit. sausý-s io m. (= sausja-s) Räudo, Grind bei Thieren.

sausa trocken (schmutzig).

an. saurr m. Schmutz, Dreck, saurugr dreckig, seyra f. (= sausjan) unreiner Trank, Hefe. + ahd. sôrên verdorren, siurra f. Krätze.

Vgl. lit. sausa-s trocken. — ksl. suchů trocken.

sûsâ sausen.

ahd. sûsôn und (sûsjan) sûsan, mhd. sûsen und siusen, nhd. sausen.

Vgl. ksl. sysają sysa-ti pfeifen, sausen. Vgl. ags. svinsian tönen, sskr. svan svanati tönen.

sûsla Arbeit, Mühe, labor.

an. sŷsl und sŷsla f Geschäft, Arbeit, sŷsla adha verrichten, sich bemühen um. + ags. sûsl n. labor, afflictio, tormentum, cruciatus, sûsl-hof n. Hölle, cvic-sûsl n. ewige Qual, Höllenqual, seósl-ig dolore vexatus.

Vgl. lit. sosiju sositi Jmd bemühen, soslē f. Beschwerde. Oder zu suth (suth-sla) B.

sehs sechs.

an. sex sechs. + goth. saihs, as. sëhs; ags. six; ahd. sëhs, mhd. sëhs, nhd. sechs.

Vgl. lit. szeszi m. szeszios f. — ksl. šestĭ. — ἕξ. — lat. sex. — altirisch sé sechs, ses-ca sechszig, cambr. chwech (aus sves = sveks) sechs. — sskr. shash, zend. khshvas sechs.

sehstan der sechste.

an. setti setta der sechste (aus sehta wie ahd. sëhto neben sëhsto). + goth. saihstan-, ahd. sëhsto und sëhto, mhd. sëhste und sëhte, nhd. sechste. Von sehs.

Vgl. lit. szeszta-s, preuss. usht-a-s (aus szveszta-s). — ἕκτο-ς (für ἕξ-το-ς). — lat. sextu-s. — altirisch sessed, cambr. chuechet. — sskr. shashtha, zend. khstva der sechste.

sehsti f. Sechszahl, Anzahl von sechs.

an. sett f. die Anzahl von sechs.

Vgl. ksl. šestĭ f. sechs. — sskr. shashti f. (Sechsheit von Zehnern =) sechszig.

sehstehan sechszehn.

an. sextân sechszehn. + ahd. sëhszëhan, mhd. sëhszëhen, nhd. sechszehn.

Vgl. ἑκ-καί-δεκα. — lat. sēdecim. — sskr. shoḍaçan sechszehn.

selha m. Seehund.

an. selr g. sels pl. ar m. Seehund. + ags. seolh, seol m., ahd. sëlah, selach st. m. 1 Seehund.

Vgl. σέλαχος n. σελαχία-ς m. Meersäugethier, Robben u. s. w.

selda selten.

an. in sjaldan selten s. seldana. + goth. in silda-leik-a-s wundersam, silda-leika- n. Staunen, Verwunderung, ahd. in sëlt-sâni, mhd. sëlt-saene,

nhd. (entstellt) selt-sam. Gleichen Stammes mit goth. ana-silai = lat.
silere schweigen (= rarescere).

seldana adv. selten.
an. sjaldan adv. selten, sjaldnarr comp. seltner. + ags. seldan,
engl. (entstellt) seldom; ahd. sëltan, mhd. sëlten, nhd. selten;
comp. ahd. sëltanôr, sëltenôr, nhd. seltener, seltner. Von selda.

selba adj. selbst.
an. sjâlfr adj. selbst. + goth. silban- (nur schwach), as. self, ags. self,
sylf st. und schw., engl. self; ahd. sëlb, sëlp, mhd. sëlp fl. sëlber st. und
schw., nhd. selb, selber, selbst Vgl. ksl. seli und preuss. suba- selbst.

sôta, sôtja Russ.
an. sôt g. sôts n. Russ, sôt-igr russig.
Vgl. lit. sodi-s g. sodżio m. Russ. — ksl. sażda (= sadja) f. Russ.
Von sat setjan, „was sich ansetzt"?

sôna f. Sühne, Gericht.
an. sôn f. Sühne, sônar-blôt n. Sühnopfer. + ahd. suona, sôna, mhd. suone
st. f. Urtheil, Gericht; Sühne, Versöhnung, Frieden und Ruhe; ahd.
suona-tag, suono-tac, mhd. suone-tac, suon-tac m. Tag des (jüngsten) Ge-
richts. Vgl. lat. sânu-s.

sorga f. Sorge.
an. sorg pl. ir f. Sorge, Kummer. + goth. saurga f., as. sorga f., engl.
sorrow; ahd. sorga, sorka, auch sworga, mhd. sorge st. schw. f., nhd.
Sorge pl. Sorgen f.
Vgl. lit. sergiu, sirg-ti krank sein, sarginti einen Kranken pflegen. — ksl.
sragü furchtbar strenge. S. Joh. Schmidt, Verwandtschaftsverhältnisse
S. 39.

skakan skôk skakana schwingen, springen.
an. skaka skôk skakinn schwingen, skôkull m. Deichsel. + ags. sceacan
scacan scôc sceacen sich schwingen, stürzen, springen, fliegen, eilen, engl.
shake shook schütteln; as. skakan skôk skuok sich schwingen, schwin-
gend dahinfahren, weggehen.
Vgl. sskr. khaj khajati (= skag) umrühren, khaja m. Gewühl, Umrühren,
Rührstock, Löffel, khajâ f. Löffel; mit an. skaga hervortreten, vorspringen
vgl. sskr. khac khacati hervorspringen, κηκίω hervorbrechen, καγκύλα,
κηκίς u. s. w.

skoka, skokja m. Erschütterung.
an. skykkr (d. i. skukjas) m. Erschütterung. + engl. shock; ahd.
scoc, mhd. schoc g. schockes st. m. schaukelnde Bewegung;
Windstoss, mhd. schocken schw. v. in schwingender, schaukelnder
Bewegung sein, sich im Tanze drehen. Dazu auch ags. scucca,
sceucca schw. m. Verführer, scyccan verführen (= ins Schwanken
bringen). Zu skakan.

skanka Beinröhre, als Hahn am Fasse.

an. in skenkja schenken s. skankja. + ags. sceanc, sceanca m.
Beinröhre, als Ansatz oder Hahn am Fasse, vgl. Schinken, Schenkel. Zu skakan.

skankja (den Hahnen [skanka] ans Fass setzen) einschenken, eingiessen.

an. skenkja skenkta einschenken, eingiessen. + ags. scen-
can einschenken; ahd. scenkan, scenchan, mhd. schenken
ein-, ausschenken; Trinken, Essen vorsetzen; schenken
= donare, nhd. schenken, Schank, Schenk-wirth, Schenke.
Von skanka Beinröhre als Hahn am Fasse.

skatta m. pecunia, Schatz, Schatzung.

an. skattr g. skatts pl. ar m. Tribut, Steuern. + goth. skatt-a-s m. Geldstück, Geld, as. skat pl. skattós m. Geldstück, Geld, Vermögen; ahd. scaz
g. scazzes pl. scazzâ, mhd. schatz g. schatzes pl. schetze m. Geldstück,
Geld; Gewinn, Vermögen, Schatz; Auflage, Steuer, Schatzung. Scheint
alte Entlehnung aus ksl. skotŭ m. pecus, das zu ig. ska χτάομαι gehört.

skath, skôth schaden.

an. in skadhi m. Schaden s. skathan, skadha schaden s. skathâ, skoedhr
(d. i. skôdhjas) schädlich. + goth. skathjan skôth skathans schaden, Unrecht thun, ags. sceadhan scôd part. sceadhen schaden. Eigentlich denom. von goth. skatha- n. Schaden = ig. skata = sskr. kshata part. pf.
pass. von ska-n, sskr. kshan. Ebenso lat. fateor fassus (fat-tus) von fato
= φατος, von bha, fari.
Vgl. χτείνω, ἔ-χταν-ον, ἀνδρο-χτασίη. — sskr. kshan kshaṇoti verletzen,
verwunden, kshata verwundet, geschädigt, kshata n. Verletzung, Wunde.

skathan m. Schade.

an. skadhi m. Schaden, Verlust. + as. skatho, skadho, ags.
sceadha schw. m. Schädiger: ahd. scado, mhd. schade schw. m.
Schaden, Verlust, Verderben, persönlich: Schädiger, böser Feind.
Von skath.
Vgl. sskr. kshata n. Verletzung, Wunde.

skathâ schaden.

an. skadha adha schädigen, unpers. Schaden bringen
schaden. + ahd. scadôn auch scadén, mhd. schaden, nhd.
schaden. Von skatha = goth. skatha- n. Schaden = ig.
skata dass.

(skan Haut abziehen).

Germanisch in skenda Haut.
Vgl. ξαίνω, (= ξαν-ιω) Wolle kratzen. — sskr. châ chyati schneiden,
trennen, cha-vi Haut, Fell, khan khanati graben u. s. w.

skenda Haut, Fell.

an. skinn n. Feil, Leder, Pelz; Fell, Haut. + engl. skin; dazu ahd. (scintjan) scintan, mhd. schinden schw. v. und mhd. schinde schant geschunden, nhd. schinden.

skap, skapja skôp skapana schaffen.

an. skepja skôp skapinn schaffen. + goth. in ga-skapjan skôp skôpum skapans, as. praet. gi-skôp part. arm- skapan; ahd. scaphan, scephan, scaffan scuof gi-scaphan, mhd. schepfen, schaffen schuof geschaffen, nhd. schaffen schuf geschaffen.

Vgl. skab schaben.

1. skapa n. Beschaffenheit, -skapa -schaft.

an. skap n. Geistesbeschaffenheit, Sinn, Neigung. + ahd. scaf m. n. Ordnung, Gestalt, Beschaffenheit. An. -skapr m. -schaft. + as. -skepi, -skipi als st. m. eine Beschaffenheit, als st. n. eine Gesammtheit bezeichnend; ahd. -scaf, mhd. -schaf st. f. 2, nhd. -schaft f. Zu skapjan skôp schaffen.

2. skapa n. pl. Anordnung.

an. skôp n. pl. das vom Schicksal Bestimmte, Geschick. + as. gi-skap n. nur im pl. giskapu Anordnung des Schicksals, Schicksalsschluss; Geschöpf, ags. gesceap n. pl. dass. Von skapan. Eins mit 1 skapa.

skapâ schaffen.

an. skapa adha schaffen, anschaffen, einrichten, ordnen. + ahd. scafôn, scaffôn, mhd. schaffen gestalten, bilden, ordnen, einrichten, besorgen, bestellen, nhd. schaffen, be-schaffen, ver-schaffen. Von skapa — Mit an. skapari m. Schöpfer vgl. ahd. scaffâri, mhd. schaffaere st. m. 1 Schöpfer, Bildner, mhd. auch Vorwalter, Schaffner.

skaban skôb skabana schaben.

an. skafa skôf skafinn auskratzen, wegschaben. + goth. skaban skôf skôbum skabans schaben, scheeren, die Haare abschneiden, ags. scafan, engl. shave; ahd. scaban, scapan, mhd. schaben schuob schaben, scharren, (Schrift) auskratzen, radiren; die Haare scheeren, glatt schaben.

Vgl. lit. skapoti schaben, schnitzen, kapas Grabhügel, kapoti graben. — ksl. kopati graben. — σκάπ-τω ἐ-σκάφ ην graben, hacken, σκαπετό-ς = καπετό-ς Graben, σκνήφη, κνήφη Nessel, σκέπ-αρνο-ν Schabbeil. — lat. scabo scabere, scaber, scabrêre, alt part. scaprens, scab-ie-s.

skafti, skafta Schaft.

an. skapt n. Schaft, Stiel. + ags. sceaft m.. as. skaft m. 2; ahd. scaft pl. scafti, scefti, mhd. schaft pl. schefte, nhd. Schaft pl. Schäfte m. Von skaban.

skaftja n. Schaft.

an. skepti n. Schaft. + ahd. scopti (d. i. scefti = scaftja-)
st. n. telum, Geschoss. Von skafti.

skaftja schäften, mit einem Schafte versehen.

an. skepta (d i. skaptja) skepta schäften, mit einem
Schafte versehen. + ahd. (scaftjan) sceftan, mhd. seheften
und schiften einen Schaft machen. Von skafti.

skama f. Schande, Beschämung.

an. skömm g. skammar pl. ir f. Schande, Schmach, Spott, Verhöhnung. +
goth. in skamai- sik sich schämen, as. skama, ags. sceamu f., engl. shame ;
ahd. scama, mhd. schame, scham st. f. 1 Schande, Beschämung, Scham,
mhd. auch Schamtheile.
Vgl. sskr. ksham kshamate sich gedulden, ruhig hinnehmen, kshamâ f.
indulgentia (passt in der Bedeutung nicht). Besser ska-ma zu ska = sskr.
kshan?

skamâ beschämen.

an. skamma adha schädigen, schänden, verletzen. + ahd. scamôn
vgl. goth. skamai-, ahd. skamên, mhd. schamen nur reflex. sich
schämen. Von skama Schande, Scham.

skamalausa schamlos.

an. skamlauss schamlos. + ahd. scamalôs, mhd. schamelôs, nhd.
schamlos. Aus skama und lausa w. s.

skamitha f. Schande.

an. skemd pl. ir f. Schmach, Schande. + mhd. schamede, sche-
mede st. f. Schande, Scham (Schamtheile). Von skama.

skamma kurz.

an. skammr, skömm, skamt kurz, nicht weit, nicht lang, davon skemma
(= skammjan-) f. kleines, für sich stehendes Wohnhaus, Frauengemach,
skemta (d. i. skammatja-) die Zeit kürzen, Jmd vergnügen. + ahd. scam
flectirt scammêr und scemmi (= skammja-) kurz, scemmî f. Kürze,
(scammjan) scemman kürzen.
Wohl für skan-ma zu skan = sskr. kshan.

skeran skar skârum skorana scheeren, zuschneiden.

an. skera skar skurum skorinn schneiden, zuschneiden; schlachten; abschneiden (Haar, Bart, Mähne), schnitzen (Bildwerk), einschneiden (Meer-
bucht) skör g. und nom. pl. skarar f. Haar; Rand, Schemel, skera sêr
skör sich das Haar scheeren, skor f. Einschnitt, Felsenspalte; Abtheilung,
Haufen vgl. „Schaar". + ags. sceran sccoran praet. pl. scaeron part.
scoren scheeren; ahd. scêran, mhd. schern abl. 3 scheeren (Haar, Bart,
Wolle) mhd. auch plagen (vgl. „Scheererei"), ahd. scêra f., mhd. schêr st.

f. Scheere, mhd. scbâr f. 2 Einschnitt, Ausschnitt, Lücke; ahd. scara f. Heerabtheilung, Schaar, Menge; Scharwerk, Frohn. — Mit an. skacri n. pl. Scheere vgl. ahd. scâra f. 1 und scâr pl. scârî f. 2, mhd. schaere st. f. Scheere.

Vgl. κείρω ἐκάρην scheeren. — zend. kar kerenciti schneiden, vernichten.

skarda zerschnitten, zerhauen.

an. skardhr beschnitten. + as. skard; ahd. scart in lida-scart gliedverhauen, mhd. schart zerhauen; verletzt, verstümmelt. — Dazu an. skardh n. Einschnitt, Scharte im Bergrücken, und ahd. aran-scarti f. Erndteverstümmelung, lida-scarti f. Gliederverstümmlung, mhd. scharte f. Einschnitt, Ausschnitt, Wunde, nhd. Scharte f. Zu skeran skar.

Vgl. ksl. kratŭkŭ kurz. — καρτό-ς geschnitten. — lat. curtu-s.

skardja abschneiden, vermindern.

an. skerdha (= skardja) skerdha vermindern, verringern. + ahd. (scartjan) scartan, scertan, mhd. scherten verletzen, verstümmeln, abschneiden, vermindern; schartig machen. Von skarda.

skordi f. das Abscheeren, Verschneiden.

an. skurdhr pl. ir m. z. B. in mön-skurdhr m. das Verschneiden der Mähne. + ahd. scurt st. f. tonsura. Von skeran skorana scheeren.

Vgl. καρσι-ς f. (für σ-καρ-τι-ς) das Scheeren.

skarda Tigel, Pfanne.

ahd. skart-isarn clibanus, craticula, mhd. schart Tigel, Pfanne.
Vgl. ksl. skrada, skvrada, skovrada f. Tigel, Pfanne, Herd.
Nach Joh. Schmidt, Verwandtschaftsverhältnisse S. 39. Vgl. ἐσχάρα.

skarna n. Mist.

an. skarn n. Mist. + ags. scearn n. Mist.
Vgl. ksl. skvrĭna Besudlung, skvara Schmutz.
Gleichen Stammes σκώρ σκατός Stamm σκαρτ = lat. sterc-us (für scert-us) und sskr. avaskara Excremente und karîsha Auswurf, Dünger.

skarpa scharf.

an. skarpr skörp skarpt scharf. + as. skarp; ahd. scarph, scarf, mhd. scharph, scharpf, scharf, nhd. scharf.
Vgl. lit. skverb-ti durchlöchern, durchstechen u. s. w.

skal spalten, trennen, scheiden.

an. skil n. pl. Unterscheidung, Verständniss, Begriff; Verpflichtung, skilja skilda trennen, scheiden, skilning f. Verständniss, Begriff, Gestalt, skilnadhr m. Trennung, Abschied. + Dazu auch wohl as. skola, ags. scolu, scalu st. f. Abtheilung, Schaar, Menge; goth. in skil-jan- m. Fleischer.
Vgl. lit. skeliu skel-ti spalten. — σκάλλω scharren, schürfen.

skala, skalja f. Schale, Hülse.

an. skel g. skeljar f. Schale, Hülse. + ags. scell, scyll f., engl.
shell Schale; dazu as. skala f. Trinkschale, ahd. scala, mhd. schal
st. schw. f. Schale, Hülse, Trinkschale. Zu skal σκάλλω.
Vgl. ksl. skolīka f. Schale.

skâla f. Schale.

an. skâl pl. ir oder ar f. Schale, Trinkschale. + ahd. scâla, mhd.
schâle f. Trinkschale. Vgl. skala.

skalma f. kurzes Schwert.

an. skâlm pl. ir f. kurzes Schwert. + σκάλμη f. kurzes Schwert.
Zu skal spalten, σκάλλω.
σκάλμη ist ein thracisches Wort.

skal, skellan skall skollum skollana schallen, bei heftigem Anstosse erklingen.

an. skella (skjalla) skall skullum skollinn bei heftigem Anstosse erklin-
gen, erschallen, sköll f. schallendes Hohngelächter, skolli m. Fuchs (Bel-
ler), auch wohl skval. skvol n. Geräusch. + ahd. scёllan, mhd. schёllen
schallen, tönen, klingen, lärmen, mhd. schёl fl. schёller laut tönend, ahd.
scёllâ, mhd. schёlle, nhd. Schelle f., ahd. (scalljan) scellan, mhd. schellen
zerschellen, zerschmettern, zerschlagen; schallen machen, tönen lassen
caus., ahd. scal g. scalles, mhd. schal g.schalles m. Schall, Klang, Lärm,
Prahlerei, Gerede, Gerücht, nhd. Schall m.
Vgl. lit. skaliu skaly-ti anschlagen (vom Jagdhunde), skalika-s Jagdhund,
preuss. scalenix führender Jagdhund, lit. skil-ti Feuer anschlagen.

skeldu m. Schild.

an. skjöld g. skjaldar pl. skildir m. Schild. + goth. skildu-s m.,
as. skild dat. pl. skildjon m. 2; ahd. scilt pl. scilti und sciltâ,
mhd. schilt g. schildes m. 2 und 1, nhd. Schild m. Von skellan?

skal, skolan skal praet. skolda part. skolda sollen, schulden.

an. skula skal skylda sollen, debere; werden, zur Umschreibung des Fu-
turs. + goth. skulan skal skulum skulda skuld-s, ahd. scolan, mhd. suln,
soln, nhd. sollen.
Vgl. lit. skelu, skil-ti schuldig sein, im Reste sein, Rest sein, skal-su-s
verschlagsam, preuss. skell-ânts schuldig, skall-i-sna-n acc. Pflicht, Schul-
digkeit.

skoldi f. Schuld.

an. skuld pl. ir f. Schuld, debitum, vgl. scyld pl. ır f.(debitum =)
Steuer. + as. skuld pl. skuldî, ags. scyld, sceld f. Schuld, debitum,
culpa; ahd. sculd, scult pl. sculdî, mhd. schult pl. schulde f. 2
Schuld, debitum und ahd. sculda, sculta, mhd. schulde st. f. 1,
nhd. Schuld f. Von skolan.

(ski) skînan skain skinum skinana scheinen.

an. skîna skein skinum skininn scheinen, glänzen, skin n. Glanz, Schein.
+ goth. skeinan skain skinum skinans scheinen, leuchten, glänzen, as.
skînan; abd. scînan, mhd. schînen, nhd. scheinen schien geschienen.
Vgl. askr. khyâ (= skiä) khyâti pass. bekannt sein, ati-khyâ überschauen,
abhi-khyâ erschauen, vi-khyâ erblicken; aufleuchten, leuchten. — lat.
scio scîre wissen.

skîra hell, glänzend, deutlich.

an. skirr glänzend, hell, deutlich; rein, schuldlos. + goth. skeir-
a-s hell, deutlich, as. skîr, skîri, ags. scîr, engl. sheer; mhd.
schîr hell, glänzend, klar, rein, nhd. schier.
Vgl. ksl. štirü lauter, schier.

skîrja hell, klar, rein machen.

an. skira skirdha reinigen; taufen. + goth. in skeirein-i-s
s. skîrini, ags. scîran, scŷran klar machen, aufhellen, ans
Licht bringen, vorbringen. Von skira.

skîrîni f. das Hell-, Reinmachen.

an. skirn f. (Reinigung und so) Taufe vgl. skira
reinigen, taufen. + goth. skeirein-i-s f. Erklärung,
Auslegung. Von skîrja.

skit, skîtan skait skitum skitana cacare.

an. skîta skeit skitum skitinn scheissen. + ags. scîtan; ahd. scizan, mhd.
schizen abl. 5, nhd. scheissen schiss geschissen.
Zu ig. skid σχίζω.

skita m. n. cacca.

an. skit n. dass. + ndd. schit, nhd. Schiss m. Von skitan
skitana.

skîta cacca.

an. skitr m. dass. + mhd. schize f., nhd. Scheisse f. Von skitan.

(skid) scheiden.

Goth. skaidan skaiskaid, nhd. scheiden schied geschieden, germanisch
skîda, skaida.
Vgl. lit. skēdu skēs-ti scheiden. — lat. caedo, dē-cido.

skîda n. Scheit.

an. skidh n. Scheit, Holzstück; Schneeschuh. + ahd. scit, mhd.
schit, nhd. Scheit st. n. Zu skaidan.
Vgl. lit. skēda, skēdra f. Spahn.

skaida f. Scheide.

an. skeidbar f. pl. Scheide, vagina, skeidh n. Lauf, Laufbahn;
Stück Raum oder Zeit (auch skeidh pl. ir f. Jachtschiff, navis

cursoria?). + ags. scaedh, scĕdh, sceádb f. Scheide, vagina; ahd.
sceida, mhd. scheide st. f. Scheide, Unterschied; Schwertscheide
(die das Schwert vom Körper scheidet) Scheidung, Trennung.
Zu goth. skaidan skaiskaid scheiden schied.

skepa n. Schiff, eigentlich Gefäss, σκάφος.

an. skip n. Schiff, skipa adha das Schiff ans Land ziehen, skipari m.
Schiffer. + goth. skipa- n., as. skip pl. skipu, ags. scip n., engl. ship;
ahd. scif und scĕf g. scifes, scĕfis, scĕffes, mhd. schif, schĕf g. schiffes,
schĕffes n. Schiff, selten auch Gefäss, was die Grundbedeutung, vgl. σκά-
φος; ags. scipere m. Schiffer.

(sku) skav schauen.

an. skugg-sjá f. Spiegel, skygn (= skuggina) klar, deutlich sehend, davon skygna skygnda genau beobachten, skf̣rr deutlich, skf̣ra skf̣rdba erklären, deuten. + goth. us-skav-a-s vorsichtig, ahd. scuwôn schauen,
goth. skau-na- ansehnlich, schön, ahd. scôni, nhd. schön u. s. w.
Vgl. ksl. čują ču-ti erkennen, merken. — xoϝέω, xoϝω kenne, merke,
ϑυό-σχοο-ς Opfer kennend. — lat. caveo vgl. nhd. Scheu, scheuen.

(sku) bedecken.

Germanisch in skuvan, skuvja, skûma, skûra, skeuja, skeula.
Vgl. sskr. sku skunoti skunâti bedecken, umgeben.

skuvan m. Schatten.

an. skuggi m. Schatten. + ags. scûa, scûva schw. m. Schatten;
ahd. scuwo und scuo, scûo schw. m. Schatten. Zu sku bedecken.

skuvja Schatten geben.

an. skyggja und skyggva Schatten geben, beschatten. +
ahd. scûjan, scûan Schatten geben, beschatten. Von skuvan Schatten.

skuvjan, skuvan Spiegel.

an. skyggja f. Spiegel. + goth. skuggvan- m. Spiegel, vgl. an.
skugg-sjá f. Spiegel, ahd. scû-car, scû-char n. Spiegelgefäss (car
char = goth. kasa- n. Gefäss). Von skav, oder zu skuvan Schatten.

skûma Schaum.

an. skûm n. Schaum. + ahd. scûm, mhd. schûm, nhd. Schaum
m. Zu ig. sku bedecken.

skûra f. Schauer, Regen-, Windschauer.

an. skûr pl. skûrir f. Regenschauer, pluvia. + goth. in skûra
vindis f. Windschauer, ags. scûr, sceór m. 1 und scûra schw. m.
imber, procella, engl. shower; ahd. scûr, mhd. schûr m. st. und
mhd. schûre schw. m., nhd. Schauer m.

skûra bedeckter Ort, „Schauer".

ahd. scûr, mhd. schûr m. bedeckter Ort, Obdach, bildlich Schutz, md. schûren schirmen.
Vgl. lat. ob-scûru-s.

skeuja bedeckter Himmel, Wolken.

an. ský g. pl. skýja n. Wolke, skýjadhr wolkig. + as. skio, ags. sceó st. m. Decke, bedeckter Himmel, engl. sky. Zu ig. sku bedecken.

skeula Bergung.

an. skjöl n. Zufluchtsort, skýla (d. i. skiulja) skýlda schützen, ahd. scûlinge, latebra (B.). + mhd. schûlen schw. v. verborgen sein, ditmars. schûlen schützend bedecken z. B. die Augen mit der Hand, vorm Regen unters Dach treten, auch lauernd (wie aus dem Verstecke) sehen, lugen. Von ig. sku bedecken.

(sku) sich regen, schüttern; schiessen.

Germanisch in skâvja, skut, skud, skundja.
Vgl. sskr. çcyu, cyu cyavate sich regen, gehen, schwanken, schüttern.

skâvja gehen, eilen.

an. skaeva (= skâvjan) eilen, wandeln, dahin schiessen, fliegen. + goth. skévjan gehen.

skut, skeutan skaut skutum skutana schiessen.

an. skjôta skaut skutum skotinn werfen, schiessen, schieben, stossen, skjôta skot einen Schuss thun, skûta f. leichtes, schnelles Fahrzeug, liburna, skjôtr schnell. + as. skiotan, ags. sceótan schiessen, vorstossen, sceót motus rapidus, ahd. sciozan, mhd. schiezen abl. G werfen, schiessen, schleudern, stossen.
Vgl. sskr. skund, skundati vorspringen, lat. cauda s. skauta.

skuta Schuss; Schutz.

an. skot n. Schuss; verborgener Ort, Bretterverschlag = mhd. schuz m. Schutz. + ahd. scuz g. scuzes pl. scuzzî, mhd. schuz g. schuzzes pl. schüzze m. und schuz g. schutzes m. Schutz, nhd. Schuss und Schutz. Die Bedeutung „Schutz" erklärt sich aus „vorspringen", was skeutan schiessen eigentlich bedeutet, s. skauta.

skutila m. Schuss-, Wurfwaffe.

an. skutill m. jaculum, Wurfwaffe. + ags. scytel m. sagitta. — In der Bedeutung Schüssel ist an. skutill m., ahd. scuzzil, nhd. Schüssel aus lat. scutula entlehnt. — Von skeutan skutana schiessen.

skauta n. (Vorsprung) Zipfel, Schooss.

an. skaut n. Ende, Ecke, Rand, Zipfel, Schooss. + goth. skaut-a-s m. Schooss, Zipfel oder Saum am Kleide, ags.

sceát m. 1 Kleiderschooss, engl. sheet breites Stück Leinwand; ahd. scôz, mhd. schôz st. m. n. Kleiderschooss,
Rockschooss, Schooss, nhd. Schooss pl. Schösse, Rockschooss. Von skiutan skaut schiessen (= vorspringen).
Dazu an. skutr m. der hinterste Theil des Schiffes (=
Vorsprung), skûti m. die von einem überhängenden Felsen
gebildete Höhle („Vorsprung“), ferner ahd. scioz, mhd.
schiez st. m. Giebelseite eines Hauses.
Vgl. lat. cauda, caudex, códex.

skud skudja schütten.

as. skuddjan, ahd. scutian, scuttan, nhd. schütten, schüttern.
Vgl. sskr. çcyut, çcut, cyotate abträufeln, abfliessen, abfallen. —
lat. cutturnium, gutta, quatio.

skundja treiben trs. und intrs.

as. skynda (= skundja) skynda eilen, forteilen. + as.
far-skundian anreizen, aufhetzen, ags. scynden eilen, forteilen, fliehen wie im an., scunnian aufhetzen wie im Deutschen; ahd. (scuntjan) scuntan, far-scuntan, mhd. schün-
den antreiben, reizen, ahd. scuntari, mhd. schuntaere m.
Antreiber, Reizer, ahd. scuntida f. Antreibung, Reizung;
dazu auch ags. scûdan, engl. scud laufen, fliehen.
skund aus skud = sskr. çcyut, çcut.

skub schieben, skeuban skaub skubana.

goth. skiuban skauf, nhd. schieben schob geschoben.
Vgl. lit. skub-ru-s flink. — sskr. kshubh kshobhate kshubhyati und kshubh-
nâti agitari, schwanken, zittern, kshubh f. Ruck, Stoss „Schubs“.

skerna Scherz.

ahd. scern, mhd. schern m. n. scurrilitas, Scherz, Spott, ahd. skirnôn,
mhd. schernen Spott treiben, verspotten.
Vgl. ksl. skrěnja f. scurrilitas, skrěnivů scurrilis.
Zur Wurzel skar σκαίρω, ἀσκαίρω, σκιρτάω springen, hüpfen.

skelha quer, scheel, schielend.

an. skjâlgr schief, obliquus, schielend, im Beinamen Thôrôlfr skjâlgr und
Ulfr hinn skjâlgi. + ahd. scêlah und scileh, mhd. schëlch fl. schëlher
und schilch verkehrt, quer, scheel, schielend.
Vgl. σκολιό-ς.

skôha m. Schuh.

an. skôr pl. skôar, skûar m. Schuh. + goth. skôh-a-s, as. skôh, skuoh,
ags. scô m., engl. shoe; ahd. scôh, scuoh, scuah, mhd. schuoch m. 1, nhd.
Schuh pl. Schuhe m.

skorta mangelhaft, kurz.

an. skortr m. Mangel, skorta unpers. skortir es mangelt. + ags. sceort,

engl. short kurz; ahd. scurz kurz, mhd. schurz st. m. gekürztes Kleidungsstück, mhd. schürzen kurz machen, kürzen, besonders ein Kleid in
die Höhe zusammenziehen, schürzen; mit an. skyrta (= skurtjan-) f.
Hemd vgl. engl. shirt, nhd. Schürze f.

skrand hart, brüchig werden.

ahd. scrindan, scrintan, mhd. schrinden abl. 1 bersten, sich spalten, Risse
bekommen, aufspringen (Haut), nhd. dialect. schrinnen, ahd. scrintunga f.
rima, ahd. scrundâ, scruntâ, mhd. schrunde schw. f. Spalte, Riss, nhd.
Schrunde, ahd. scrundunna f. rima.
Vgl. lit. skrentu, skręs-ti trocken, spröde werden.

skrallatja schreien, schrillen.

an. skröllta (d. i. skrallutja-) schreien. + ags. scralletan laut schreien,
schrillen, vgl. ditmars. schralen laut schreien, nhd. schrill, schrillen.
Vgl. κελαρ-ύζω.

skrîdan skraid skridum skridana schreiten.

an. skrîdha skreidh skridhum skridhinn langsam dahin gehen, sich fortbewegen, · vom Schiffe, skreidhast kriechen, sich mühsam fortschleppen,
skridha f. Bergsturz („Rutsch") skridhna adha schwanken, straucheln. +
as. skrîdan skrêd, ahd. scritan, mhd. schrîten abl. 5, nhd. schreiten,
schritt, geschritten. Lit. skrid heisst fliegen.
Die Wurzel ist skar, σκαίρω, σκιρ-τάω.

skridi, skrida m. Schritt.

an. skridhr m. Lauf, Vorwärtsschreiten vom Schiffe. + ags. scrid
m. scridhe m. Lauf, scrid schnell; ahd. scrit pl. scriti, mhd. schrit
m. 2, nhd. Schritt. Von skritan.

(skru) schneiden, schroten.

Germanisch in skrudâ, skrûda, skrava vgl. ahd. scrôtan screot hauen,
schneiden, nhd. schroten, zer-schroten.
Vgl. lat. scruta, scrôtum, scrautum. — χραύω, χροά, γρύτη s. skrûda.

skrudâ scrutari.

ahd. scrod n. scrutatio, scrutôn, scrodôn und scrutilôn perscrutari.
Vgl. lat. scrutâri, perscrutari.

skrûda n. Tand, fahrende Habe, Putz.

an. skrûdh n. Schmuck, Putz; res mobiles cujusque generis. +
ags. scrûd n. vestitus, vestimentum.
Vgl. lat. scrûta n. pl. Tand. — γρύτη f. Tand.

skrava f. Haut.

an. skrä (= skrava) f. Haut, membrana, liber.
Vgl. χρωϝ g. χροό-ς m. und χροϝα, χροά f. Haut.

(sta) stehen.

Germanisch in stadi, stâdja, stadla, stadva, standan, stama, stara, steran, storai, stalla, stellja, stô, stu.

Vgl. lit. sto-ju, sto-ti stellen. — ksl. staną sta-ti stehen. — ἵστημι stelle, ἔ-στη-ν stand. — lat. sto steti statum stare und sisto sistere. — sskr. sthâ tishthati sthâtum stehen; zend. çtä histaiti.

stadi f. das Stehen, Statt.

goth. stath-i-s Stelle, Statt, ahd. stat, nhd. Statt, Stadt.

Vgl. ksl. po-statI Bestimmung. — στάσι-ς f. — las. stati-m, statio. — sskr. sthiti f., zend. çtäiti f. das Stehen, Stand.

stâdja stehend, stät.

ahd. stâti, mhd. staete, nhd. stät.

Vgl. lit. stacza-s stehend. — Ζεὺς Στήσιος. — lat. Statius n. pr. — zend. çtâitya stehend, zustehend.

stadla m. Stehen, Stand; Scheune, Stall.

an. stödhull m. Stall; Melkeplatz. + as. stadal m. 1 das Stehen, Stand, Stellung; ahd. stadal m. das Stehen, Stand; Scheune, mhd. stadel m. Scheune. Von sta stehen. — Daraus ksl. stodolja f. Scheuer entlehnt.

stadva f. Stand.

an. stödh g. stödhvar pl. stödhvar f. statio, mansio, stödhva adha zum Stehen bringen, aufhalten, hemmen. Alte Bildung, lautlich = lat. statua f. Von sta stehen.

standan (stônd) standana stehen.

an. standba stòdh stödhum stadhinn stehen. + goth. standan stöth stöthum stöthans, as. standan stöd stuod, ags. standan stödh, engl. stand stood; ahd. stantan stuot stuont, mhd. (standen) stuont, nhd. stand, stund, gestanden. Aus stant part. praes. von ig. sta stehen, wie goth. althan aialth altern aus altha = lat. ad-ultu-s u. a.

stama stotternd, stammelnd.

an. stamr stotternd, stami der Stotternde. + goth. stamm-a-s, ahd. stam fl. stammêr stotternd, stammelnd.

stara starr.

mhd. star, nhd. starr, ags. starian anstarren.

Vgl. lit. styriu werde starr. — ksl. starü alt. — sskr. sthira starr, fest.

steran unfruchtbar.

goth. stairön- f. die Unfruchtbare, ahd. stero, mhd. ster m. Widder.

Vgl. στεῖρα die unfruchtbare Kuh, στέρι-φο-ς. — lat. sterili-s. — sskr. stari (= stariâ = στεῖρα) f. unfruchtbare Kuh.

starai, storai starren.

an styrra = stirra, stirdba mit dem Blicke hinstarren
auf. + goth. and-staurrai- anstarren, widerspenstig sein,
vgl. ags. starian anstarren.

stalla m. Stelle, Gestell; Stall.

an. stallr g. stalls pl. ar m. Erhebung, Postament, worauf die
Götterbilder standen, auch als Altar dienend; Stall (für Pferde).
+ ags. stall, steall m. Stelle, Gestell; Stall; ahd. stal, mhd. stal
g. stalles m. Stelle, Raum, Ort; Stall, st. n. Gestell, Stütze.
Grundform stala, vgl. lit. stalas m. Tisch.
Vgl. preuss. stall-it stehen. — στέλλω bestelle. — sskr. sthal stha-
lati fest stehen, sthala n. Ort, Stelle; Festland.

stellja stillen.

an. stilla stilta stillen, mässigen, zur Ruhe bringen; anstellen, veranstalten. + as. stillian; ahd. stillan, mhd.
stillen, nhd. stillen. Zu stalla.

(stô = sta) stehen.

Germanisch in stôdi, stôman, stôra, stôla, stôva.
Vgl. lit. sto-ti stellen. — ἕ-στη-ν. — lat. stá-tum. — sskr. sthâ
sthâ-tum.

stôdi Pferdeheerde, Gestüt.

an. stôdh n. Anzahl Pferde, Gestüt. + ahd. stuot, stuat,
mhd. stuot f. 2 Heerde von Zuchtpferden, ahd. stuotari
m. Pferdetreiber, nhd. Stute, Ge-stüt.
Vgl. ksl. stado n. stadI f. Pferdeheerde.

stôman m. Bestand.

goth. stôman- m. Grundlage, Stoff, Gegenstand. + lit.
stomû m. Statur.
Vgl. sskr. sthâman Kraft.

stôra gross, stark.

an. stôrr gross, stark; vornehm. + lit. stora-s dick, grob,
stark, s. slavodeutsch stâra. Doch könnte an. stôrr auch
für stauira stehen (wie sôl = goth. sauil) und wäre dann
= sskr. sthavira.

stôla m. Stuhl, Gestell.

an. stôll g. stôls pl. ar m. Gerüst. + goth. stôl-a-s m.,
as. stôl, stuol m., ags. stôl m., ahd. stuol, stual pl.
stuolâ, mhd. stuol pl. stûcle, nhd. Stuhl pl. Stühle m.
Von stô = stâ stehen, vgl. στή-λη. — lit. pa-stola-i m.
pl. Gerüst der Zimmerleute.

stôva f. Stelle.

ags. stöv f. Stelle, davon mhd. stöuwen hemmen.
Vgl. lett. stâw-s stehend, aufrecht, lit. stovà f. Stelle. —
ksl. stava Bestand, stav-l-ją stavi-ti stellen. Lässt sich
auch von stu ableiten. Vgl. στοά.

(stu) stehen.

Germanisch in studa, studja, steura, steura, staura.
Vgl. στύ-ω stehe steif, στεῦ-το stellte sich, στῦ-λο-ς Säule. — askr.
sthú-ṇâ Pfeiler, sthûra, sthávara fest.

studa f. Stütze.

an. stodh pl. stodhir oder stedhr Stütze, Säule, Unterstützung, stodha adha unterstützen. + ags. studu f. fulcrum, postis, ahd. in studjan s. studja. Von stu = sta
stehen.

studja stützen, stemmen.

an. stydhja studda stemmen, stützen. + ags.
studu f. fulcrum, postis; ahd. studjan studita.
mhd. stüden feststellen, statuere, fundare. —
(Ahd. [stuzjan] stuzzan, mhd. nhd. stützen wird
aus studezzan entstanden sein.)

1. steura m. Stier, Kalb.

goth. stiur-a-s m. Kalb, nhd. Stier.
Vgl. zend. çtaora m. Grossvieh.

2. steura Steuer, Stütze.

an. in stýra (= stiurja) steuern s. steurja, stýri (= stiurja) n. Steuerruder, stjörn f. Steuerung, Regierung, Leitung, stjórna adha lenken, regieren. + ahd. stiura, mhd.
stiure (stiuwer) st. f. Stütze, stützender Stab, Steuerruder;
Unterstützung, Abgabe, Steuer, nhd. Steuer n. f.
Vgl. σταυρό-ς s. staura. — lat. in-, re-stauráre herstellen.

steuran m. Steurer, Lenker.

an. stjöri m. Anführer, Leiter in verk-stjöri m.
Werkführer, Aufseher über die Hausleute. + ahd.
stiuro schw. m. Steuermann. Von steura durch -an.

steurja steuern.

an. stýra (d. i. stiurja) stýrdha steuern, regieren.
+ goth. stiurjan feststellen, bestätigen; ahd.
stiuran, mhd. stiuren das Steuerruder führen,
steuern, lenken, leiten, Einhalt thun; unterstützen,
als Beihülfe, Abgabe zahlen, nhd. steuern. Von
steura.

staura m. Pfahl.

an. staurr g. staurs pl. ar m. der feste Pfahl, an den z. B. ein Hund angebunden wird, der über einem Begrabenen errichtet wird.

Vgl. σταυρό-ς m. Pfahl. Von stu stechen.

staupa Becher.

an. staup n. Becher, steypa (= staupja) steypta giessen, staupla adha übergiessen, überschwemmen. + ags. steáp m., ahd. stouph, stouf pl. stoufâ, mhd. stouf st. m. 1 Becher (Felsen), nhd. Stüb-chen (ein Maass).

stak, stekan stak stechen.

goth. stik Punkt; ahd. stechan stach, nhd. stechen, stach, gestochen. Vgl. στιγ στίζω, στιγ-μή. — lat. stinguo, exstinguo, in-stig-âre. — sskr. tij tejati wetzen, schärfen, tig-ma stechend.

stekla m. Stichel, Spitze, besonders eines Trinkhorns und so Trinkgeschirr.

an. stikill m. äusserste Spitze eines Hornes, von einem Trinkhorne. + goth. stikl-a-s m., ahd. stëcbal m. Becher; ags. sticel m., ahd. stichil, mhd. stichel m. Stichel, Stachel, nhd. Stichel, Grab-stichel. Von stekan, ig. stag, vgl. auch an. stëtt f. (d. i. stehti- von stekan) basis poculi, stëttar-ker n. Trinkbecher. Interessanter Bedeutungsübergang.

Vgl. lat. stilu-s (= stig-lu-s) Stichel, zend. tighra spitz, tighri m. Pfeil.

stoka m. Stock.

an. stokkr g. stokks pl. ar m. Stock, Stück Holz, Balken. + ags. stocc m., ahd. stoc, stoch pl. stocchâ, mhd. stoc g. stockes st. m. Stock, Pfahl, Baumstumpf. Zu stekan stechen.

stokja n. Stück.

an. stykki g. pl. stykkja n. Stück. + ags. stycce n., ahd. stucchi, mhd. stucke, stücke n., nhd. Stück n. Von stekan stechen, s. ig. stag.

stank anstossen, stinken, stinkan, stank. stunkana.

goth. stigqan stagq stugqans anstossen, ahd. stincan anstossen und stinken, riechen, nhd. stinken, stank, gestunken, ahd. stanc-vaz Rauchfass. Vgl. τεταγών fassend. — lat. tango tetigi tactum tangere. — sskr. tuj tunjati anstossen, schlagen, schnellen. In der Bedeutung „stinken" entspricht ταγγό-ς ranzig, τάγγη das Ranzigwerden.

stonka m. Anstoss.

goth. stugq-a-s m. Anstoss.
Vgl. sskr. tunja m. Ruck, Anstoss, Anlauf.

stanka Stank.

ahd. stanc, nhd. Stank, Ge-stank.
Vgl. τάγγη das Ranzigwerden.

(stah) feststehen, sich stemmen.

Germanisch nur in stahla Stahl.

Vgl. lit. stoka-s Pfahl. — στόχο-ς Pfahl, Ziel, στάχυ-ς Aehre. — lat. stagnum stehendes Wasser; ein Metall. — sskr. stak stakati sich stemmen, widerstehen, zend. çtakh-ra steif, fest, widerspenstig.

stahla n. Stahl.

an. stâl g. stâls n. Stahl. + ahd. stahal, mhd. stahel', stâl m. n., nhd. Stahl m.

Vgl. preuss. pannu-stakla-n acc. Feuerstahl. — zend. çtakhra steif.

stahlja stählen.

an. stacla staelta mit Stahl, Stahlschneide versehen. + mhd. stähelen, stálen stählen, zu Stahl machen, mit Stahl bedecken, nhd. stählen, vorstählen. Von stahla Stahl.

(stan) tönen, stöhnen.

Germanisch in stona, stonja.

Vgl. lit. stanu stanéti stöhnen. — ksl. stenją stena-ti stöhnen. — στένω, στόνο-ς, Στέν-τωρ. — sskr. stan stanati tönen, stöhnen.

stona στόνος.

ags. ge-stun n. strepitus, fragor, engl. stun.

Vgl. στόνο-ς m. ἀγά-στονο-ς. — sskr. abhi-shṭana m. das Tosen, Brüllen.

stonja stöhnen.

an. stynja stunda stöhnen, stynr m. Gestöhn. + ags. stunian praes. sg. stunadh clangere, cum strepitu allidi, nhd. stöhnen, ahd. stunôd Gestöhn.

stengan stang stongum stongana stechen.

an. stinga stakk stungum stunginn stechen, stossen, stingi m. dolor acutus, stanga adha stechen, stossen, stöng f. Stange, styggr (d. i. stungjas) zornig, aufgereizt, wild. + goth. us-stiggan stagg stuggum stuggans ausstechen, ahd. stanga f. s. stanga, ahd. stingil, mhd. stingel, nhd. Stengel st. m., ahd. stung st. m. punctum, (stungjan) stungan, stunkan und stungôn, stungên (in in-stungên) stechen, anstacheln; stopfen, vollstopfen, ahd. stungida f. das Stechen, Antreiben. Nicht mit stenkan s. ig. stag zu verwechseln. (Aus einer Grundform stak oder stagh?).

stanga f. Stange.

an. stöng g. stengr pl. stengr f. (u-Stamm?) Stange. + ags. stange, steng m., ahd. stanga, mhd. stange st. schw. f. Von stengan stang stechen.

stonda f. (Punkt) Zeitpunkt, Zeit, Stunde.

an. stund pl. ir f. Weile, Zeit, Stunde; Eifer, Sorgfalt, Theilnahme, Zuneigung. + ags. stund f. punctum; momentum, hora,

tempus, instr. pl. stundum per intervalla, interdum, zuweilen
auch (nach Grein) studiose, sedulo; ahd. mhd. stunt f. indecl. ze
stunt zur Zeit; as. stunda, ahd. stunda, stunta, mhd. stunde st.
f. 1 Zeitpunkt, Zeit, Stunde. Von stengan stechen, eigentlich
punctum; also für stung-da.

stap schreiten, treten, stiften.

ags. stapan schreiten, stapa, stupila s. dies.
Vgl. ksl. stopa f. Tritt, stapati schreiten. — στέμβω. — lat. stipes, stipula u. s. w.

stapa· Stapfe.
ahd. stapb und stapho m. Stapfe.
Vgl. ksl. stopa f. Stapfe.

stopila f. Stoppel.
ahd. stuphila, nhd. Stoppel f.
Vgl. ksl. stiblo n. Stoppel. — lat. stipula Stoppel, Halm.

staba m. Stab, Buchstab.

an. stafr g. stafs pl. ir m. Stab, Buchstab. + goth. stab-i-s m. Element,
Buchstab, as. bók-staf m. Buchstab, áth-staf m. Eidstab, ags. stäf m.,
engl. staff; ahd. stab, stap pl. stabá, mhd. stap g. stabes m. 1 Stab. nhd.
Stab pl. Stäbe.
Vgl. lat. stipes itis.

(star) sternere.

Germanisch in sterna, sternan, stornâ, storma, sterta, strâla, strauja,
strava.
Vgl. ksl. strą, strě-ti sternere. — στόρ-νυμι, στρώ-σω. — lat. sterno strâtum. — sskr. star strṇoti strṇâti sternere.

sterna f. Stirn.
ahd. stirna, nhd. Stirne, Stirn f.
Vgl. ksl. strana f. Fläche, Gegend, Seite. — στέρνο-ν Brust, εὐρύ-
στερνο-ς breitflächig (γῆ). — sskr. stirṇa ausgebreitet part. pf.
pass. von star.

sternan f. Stern.
an. stjarna f. Stern. + goth. stairnôn- f., ahd. stěrno, mhd. stěr-
ne schw. m. und as. sterro, ahd. stěrro, mhd. stěrre schw. m.
und ahd. mhd. stěrn st. m. 1, nhd. Stern pl. Sterne.
Aus ster Stern durch -nan weitergebildet, wie sun-nan Sonne
aus sun = svan.
Vgl. ἀστήρ g. ἀ-στέρο-ς m. — lat. stella (aus ster-la). — corn.
steren ein Stern. — sskr. star m. târâ f. Stern.

stornâ consternare.
ahd. stornên bestürzt sein, sturni, stornunga f. Bestürzung.
Vgl. lat. consternâre, consternâri. — zend. çtare-ta bestürzt.

storma m. Sturm.

an. stormr g. storms pl. ar m. Sturm, Unwetter. + as. storm,
ags. storm m., engl. storm; ahd. sturm, mhd. sturm st. m. Sturm;
Kampf, Berennung; nhd. Sturm pl. Stürme.
Von star sternere niederwerfen, wie procella von procellere.

sterta Sterz.

ndd. stért, ahd. sterz, nhd. Sterz m.
Vgl. στόρϑη, στόρϑυγξ Zinke, Zacke (mit ϑ für δ).

(Von strâ = star sternere, vgl. στρώ-σω, στρώ-μα, lat.
strâ-tum, strâ-mentum:)

strâla f. Pfeil, Strahl.

as. ahd. strála, mhd. stråle f. Pfeil, nhd. Strahl m.
Vgl. kel. strēla f. Pfeil, Geschoss.

strau, strauja streuen.

an. strå strådha streuen. + goth. straujan stravida; ahd. straw-
jan stråita, strowjan strewita, mhd. ströuwen, ströun, nhd. streuen.
Vgl. lat. stru-ere, stru-es, stru-ix neben strug, struxi, structum.
Oder stravja zu star wie mal-vjan zu mal.

strava n. Stroh.

an. strå n. Stroh, Aehrenspitze, Strohhalm. + ags. streav,
streov n., engl. straw; ahd. strau, strou, strô dat. ströe,
mhd. strou g. strouwes und strô g. ströwes st. n. Stroh,
Strohhalm, nhd. Stroh n. Zu europ. stru streuen.

stark, strak stringere.

Germanisch in starka, strakas.
Vgl. στρεγγ-ίδ, στλεγγ-ίδ. — lat. stringere (aus streng, strang).

starka stark.

an. sterkr (= stark-ja-s) stark. + as. starc, ahd. starc, starch,
mhd. starc, nhd. stark.
Vgl. auch lat. turgeo.

starkja stärken.

an. styrkja styrkta stärken (für stirkja). + as. sterkjan,
ahd. sterchan, mhd. sterken, nhd. stärken.

starkitha f. Stärkung, Stärke.

an. styrkt f. Stärkung, Unterstützung. + ahd. starchida,
sterchida f. Stärke.

storka m. Storch.

an. storkr. + ahd. storah, nhd. Storch m.
Vgl. τόργο-ς ein grosser Vogel.

strakas adv. gen. stracks.

an. strax adv. stracks. + mhd. strackes adv. g., nhd. stracks.
Zu ahd. strach, nhd. strack, vgl. strecken.

starb laborare, straffen.

an. styrfinn laboriosus, starf n. Arbeit, Mühe, Anstrengung, starfa sich
abmühen. + as. sterban, ahd. sterpan, mhd. sterben, nhd. sterben starb
ge-storben.

Vgl. στρέφω, an. stjarfi Starrkrampf. Oder zu lit. stirp-ti mannbar werden, lat. stirps (B).

sterban Mühe.

an. stjarfi m. Starrkrampf. + as. man-sterbo, ahd. sterpo, mhd.
sterbe schw. m. pestis, Tod.

stal, stelan stal stâlum stolana stehlen.

an. stela stal stâlum stolinn stehlen. + goth. stilan stal stâlum stulans,
as. stelan; ahd. stëlan, mhd. stëln, nhd. stehlen stahl gestohlen.

Vgl. στερίσκω, στέρομαι? besser στέλλειν zusammenziehen, στολίς Falte.

sti drängen.

Germanisch in stima, staina.

Vgl. στεινός godrängt, στία Stein. — sskr. styâ gedrängt sein, pra-sti-ma
gedrängt.

stîma Gedränge.

an. stim m. Gedränge, Mühe. + mhd. stim bunte Menge, Gedränge.

Vgl. sskr. pra-stima gedrängt.

staina m. Stein.

an. steinn g. steins pl. ar und ir m. Stein, Höhle, Steinhaus,
Edelstein, auch Färbe vgl. engl. stain. + goth. stain-a-s m. Stein,
Fels, as. stën, ags. stân m., engl. stone; ahd. stein pl. steinâ,
mhd. stein st. m. 1, nhd. Stein pl. Steine m.

Vgl. ksl. stêna f. Wand, nsl. stêna Fels.

steupa- stief-.

an. stjûpr m. Stiefsohn, stjûp-dóttir f. Stieftochter, stjûp-fadhir m. Stief-
vater, stjûp-môdhir f. Stiefmutter, stjûp-son m. Stiefsohn. + ahd. stiuf-
tohter, nhd. Stieftochter; ags. steópfäder, ahd. stiuffatir, mhd. stief-vater,
nhd. Stiefvater; ags. steópmôdor, ahd. stiufmuoter, mhd. stiefmuoter, uhd.
Stiefmutter; ahd. stiufsun, mhd. stiefson, nhd. Stiefsohn.

stig, stîgan staig stigum stigana steigen, schreiten.

an. stiga steig und stê stigum stiginn steigen. + goth. steigan staig stigum stigans steigen, as. stigan stëg steigen, ags. stigan (steigen) schreiten; ahd. stîgan, stikan, mhd. stigen, nhd. steigen stieg gestiegen.

Vgl. lit. staig-u-s jäh. — ksl. stig-nạti eilen. — στείχω έστιχον schreiten. — altirisch tiagu = στείχω. — sskr. stigh stighnoti steigen, schreiten.

stiga m. Steg.

an. stigr g. stiga pl. ar, acc. u oder a m. Steg, Pfad, stig n.
Treppenstufe. + ahd. stëg, mhd. stëc g. stëges m. 1 Steg, kleine
Brücke, Aufstieg. Von stigan stigana steigen.

stigan Treppe, Leiter.

an. stigi m. Treppe. + ahd. stëgâ, mhd. stëge schw. f. Stufe,
Treppe, Leiter. Von stigan stigana steigen.

stiga f. (Stiege) Verschlag, Stall fürs Vieh.

an. sti m. stia f. Stall. + ags. stigu f. semita, scala, stige f.
hara, porcile; ahd. stiga, mhd. stige st. f. 1 Steig, Pfad; Stieg,
Stufe, Treppe, Leiter; Stall oder Lattenverschlag fürs Kleinvieh;
ahd. stigôn einstallen, in den Stall sperren. Von stigan steigen.

stut stossen.

an. in stuttr kurz (auch kurz = barsch, unfreundlich) stytta (= stuttja)
stytta kürzen. + goth. stautan statistaut stautans, as. stôtan; ahd. stôzan
stioz, mhd. stôzen stiez, nhd. stossen, stiess, Stutz, stutzen.
Vgl. lat. tundo tutudi tundere stossen. — sskr. tud tudati pf. tutoda
stossen.

stutja stutzen, von stuta kurz.

an. stuttr kurz, stytta (= stuttja) stytta kürzen. + nhd. stutzen.
Zu stut.

stuban f. Stube.

an. stofa f. Wohnraum, Zimmer, Stube. + ags. stofe f., engl. stove künstlich erwärmtes Zimmer, Badestube; ahd. stubâ, stupâ, mhd. stube schw.
f. heizbares Zimmer, Badezimmer; kleines Wohnhaus, nhd. Stube f.

strad stredan stridere.

ahd. stredan strad, mhd. streden brausen, strudeln, kochen, mhd. stra-
dem Strudel, nhd. Strudel.
Vgl. lat. stridere, stridêre, stridor.

stranga heftig, streng.

an. strangr strông strangt heftig, streng. + as. strang, ags. strang,
strenge, engl. strong; ahd. strang, mhd. stranc heftig, stark, streng.

strangja strengen.

an. strengja strengdha fest anziehen, anspannen, heit ein Gelübde
ablegen. + ahd. (strangjan) strangan, strengan urgere, nhd. anstrengen. Von stranga.

stranga m. Strang.

an. strengr g. strengs und strengjar m. Strang. + ags. string und strenge
m., ahd. strang, mhd. stranc, nhd. Strang.
Vgl. στραγγάλη Strang, daraus lat. strangulâre.

strik strîkan streichen.

goth. strik-s Strich, ahd. strihhan, nhd. streichen, strich, gestrichen.
Vgl. lat. stringo strictum.

strika m. Strich.

goth. strik-s, ahd. strihh, nhd. Strich m.
Vgl. lat. strix, striga, stria f. Strich, Reihe.

strîda Streit.

an. stridh n. Streit, Krieg; Sorge, Schmerz. + as. strid m. 2 Streit, dat.
pl. stridjun mit ·Anstrengung; ahd. strit pl. stritâ, mhd. strit g. strîtes
st. m. 1, nhd. Streit.
Vgl. lat. lis, stlis, stliti-um f. Streit.

strîdja streiten.

an. stridha stridda anfeinden, feindlich behandeln. + as. stridjan
stridda streiten. Von strida.

(stru) fliessen.

Germanisch nur in strauma.
Vgl. ksl. o-strova Insel, stru-ja Strömung, sonst sru in lit. srové Strömung, sru-ta Jauche. — ῥέω, ῥυτό-ς. — sskr. sru sravati strömen.

strauma m. Strom.

an. straumr g. straums pl. ar m. Strom, Strömung. + as. strôm,
ags. streám m., engl. stream; ahd. stroum pl. stroumâ, mhd.
stroum m. 1, nhd. Strom pl. Ströme.
Windisch vergleicht altirisch sruaim (für srauman) Strom, vgl.
ῥέῦμα, und thracisch Στρύμων.

struk, streukan strauk strukum strukana streichen, gleiten.

an. strjûka strauk strukum strokinn streichen, mit der Hand hinfahren
über; streichen, bestreichen; streichen = schnell gehen, sich fortmachen,
entgleiten, stryk n. Strich, Linie, strykr m. streichender Wind. + deutsch
in mhd. strûch st. m. Straucheln, Fehltritt, Fehlstoss, ahd. strûhhôn,
mhd. strûchen straucheln, stolpern, ahd. strûhhlin stolpernd; mhd. strû-
che st. schw. f. Schnupfen, Katarrh, vielleicht auch mhd. strûch st. m.,
nhd. Strauch.
Vgl. ksl. strŭgati, strugati radere, tondere. — στρεύγεσθαι sich auf-
reiben.

snautha arm (schnöde).

an. snaudhr arm, fë-snaudhr arm an Habe. + mhd. snoede ärmlich, er-
bärmlich, nhd. schnöde; mhd. snoedi-keit f. Erbärmlichkeit, Aermlichkeit,
Schlechtigkeit. Zu ahd. (snûdan) snûden, mhd. snûden abl. 6 schnaufen,
beschwerlich athmen, ahd. verspotten.

(snaba) snôba Band.

ahd. snuobili demin. n. kleine Fessel, Band.

Vgl. ksl. snopü m. Band, Bündel. — altlat. napura f. Strohseil.

snarh, snerhan snarh (snorhum snorhana) zusammen- ziehen, binden, knüpfen, schlingen.

an. in snara f. s. snarhan, snarr, snör, snart (= snarha) schnell, hurtig, snara adha (torquere) werfen, schleudern; winden, wickeln, wenden, snerra f. pugna, snerrinn adj. pugnax, snerta f. kurzes Stück Wegs, snerta snerta schnell austrinken. + ahd. snërhan, mhd. snërhen abl. 1 binden, knü- pfen, schlingen.

Vgl. νάρχη f. (Zusammenziehung =) Erstarrung, Krampf.

snarhan f. Schnur, Schlinge.

an. snara f. Schnur, Strick, snara adha werfen, schleudern; win- den, wickeln, wenden. + ahd. (snarhâ) snarahhâ, snarachâ f. Schnur, Strick, Schlinge. Von snarh zusammenziehen.

snarg schnarchen.

an. snörgl n. Schnarchen, sonitus. + mhd. snarchen, nhd. schnarchen.

Vgl. lit. snarg-lys m. Rotz.

snarp zusammenziehen.

an. snarpr snörp snarpt heftig, streng, scharf, snerta f. kurzes Stück Wegs, snerta snerta schnell austrinken (oder zu snerhan?). + ahd. snër- fan, mhd. snërfen abl. 1 zusammenziehen (Gesicht), dazu goth. at-snarpjan wovon essen, kosten? Zu an. snarpr νώροψ.

snith, snîthan snaith snithum snithana schneiden.

an. snidha sneidb snidhum snidhinn schneiden, zerschneiden, sneidh pl. sneidhir f. Abschnitt, Stück, sneidha sneidda schneiden, mit Worten sticheln. + goth. sneithan snaith snithum snithans, as. snithan, snidhan; ahd. snidan, mhd. snîden, nhd. schneiden schnitt geschnitten.

sniv schneien, snîvan snaiv snivana.

an. nur dichterisch in der 3 ps. sg. praes. snÿr es schneit und im part. praet. snivinn beschneit. + ahd. sniwan, mhd. snîwen abl. 5 (und schw. Verb) schneien.

sniv aus snigv, vgl. lit. snig-ti, sning-ti schneien. — ksl. snêgü m. Schnee. — νίφει (für νιχϝει) es schneit, νίφα acc. νιφό-εις. — lat. niv-it, ning-it, nix g. nivis, nivôsus. — altirisch snech-ti nives. — zend. çnizh schneien, çnaêzhenti 3 pl. es schneit.

snaiva m. Schnee.

an. snaer (oder snjär oder snjör) m. Schnee, snjô-lauss schneelos, snjäfa adha schneien. + goth. snaiv-a-s oder snaiv-i-s m. Schnee, as. suêu, snêo, ags. snâv m., engl. snow; ahd. snêo g. snêwes, mhd. snê g. snêwes, nhd. Schnee m.

Vgl. lit. snêga-s Schnee. — ksl. snêgü Schnee.

snaivina schneeicht.

ahd. snêwin schneeicht.

Vgl. ksl. snĕžînŭ schneeicht.

(snu) snevan, snau gehen, wenden.

an. snúa snêra oder sneyra snúum snúinn praes. snŷ wenden, kehren, drehen, winden, snûdbr m. Vortheil, snûdhigr leicht beweglich, schnell, snydha snudda eilen. + goth. snivan snau snêvum snivâns gehen, fortgehen, kommen, ags. snovan sneoven eilen, ags. snûd celeritas, agilitas, snûd velox, celeriter irruens, snudhian eilen.

Vgl. νεfω, νέω, νεύ-σομαι schwimmen. — sskr. snu snau-ti triefen.

sneuma adj. und adv. rasch, eilig, bald.

an. snemt acc. ntr. als adv. frühzeitig, snemma, snimma adv. zeitig, frühe, bald. + goth. in sniumjan eilen, sniumundô adv. eilig, eilend, comp. sniumundôs eiliger, um so eiliger, as. sniomo, ahd. sniumo, sniomo adv. rasch, eilig, alsbald, as. sniumi, ahd. ahd. sniumi adj. eilig, rasch, schlau, ahd. sniumi f. und sniumida f. Eile, ahd. far-sniumôn eilen. Von snevan eilen.

sneumundâ adv. eilig.

an. snemmendis adv. zeitig, früh, bald. + goth. sniu-mundô adv. eilig, eilend, comp. sniumundôs eiliger, um so eiliger. Von sneuma.

snutra weise, klug.

an. snotr sapiens et elegans, û-snotr ungebildet, ohne feine Sitte. + goth. snutr-a-s weise, snutrein- f. Weisheit, ahd. snottar klug, weise, snottar-libho auf verständige Weise.

snusa f. Schwiegertochter, Schnur.

ahd. snura, snora, nhd. Schnur.

Vgl. ksl. snücha. — νυό-ς. — lat. nuru-s. — ksl. snusâ Schnur. Zu sunu Sohn w. s.

snella rüstig, kräftig, tüchtig.

an. snjallr, snjöll, snjalt tüchtig, besonders beredt, snild f. Trefflichkeit, besonders der Rede, eloquentia. + as. snel, ags. snel, snell; ahd. snël fl. snëllêr, mhd. snël snëller eifrig, munter, rüstig, kräftig, schnell. Vielleicht zu sna = zend. çna Sehne.

snôrja Schnur.

an. snoeri (= snôrja-) n. Schnur, Strick. + goth. in snôrjôn- f. geflochtener Korb, ahd. snuor, mhd. snuor f. 2 Schnur, Seil, ahd. (snuorjan) in fer-snuoran, mhd. snüeren, nhd. schnüren; ahd. snuorili, mhd. snuorlîn, snüerlîn n. kleine Schnur. Zu snerhan? vgl. lit. ner-ti einschlengen.

spak beachten, spaka achtsam.

an. spakr spök spakt klug, verständig; ruhig, sanft, speki f. Verstand, Weisheit, spekt (= spakitha) f. Weisheit.

Vgl. ksl. pažą pazi-ti achten auf, mit sę sich hüten.

spah spähen (spehan spah spâhum ?)

an. spâ g. spár f. Prophezeihung (aus spahan-), spâ-kona f. Wahrsagerin, spâ spâdha prophezeien, vorher verkündigen. + ahd. spëha, mhd. spëhe st. f. Untersuchung, Auskundschaftung, Aufpassen, ahd. spëhôn, mhd. spëhen, nhd. spähen; as. spâhi, ahd. spâhi, mhd. spaehe ·klug, weise, ahd. spâhî, mhd. spaehe f. Weisheit, Kunst, as. spâhitha, ahd. spâhida f. dass. Vgl. kel. pasą pas-ti hüten, weiden. — σχἐπτομαι, σχοπή. — lat. specio, con-spicio, species. — sskr. paç paçyati sehen; zend çpaç çpaçyêiti sehen, bewachen.

speha f. das Spähen; spehan Späher.

ahd. speha f. spehôn spähen. — speho m. Späher, Spion. Vgl. σχοπή. — zend. çpaçan Wächter.

speha m. Specht.

ahd. speh, mhd. speh, speh-t, nhd. Specht. Vgl. lat. picu-s Specht, pica Elster. Die Ableitung von spah spähen schliesst die Heranziehung von sskr. pika Kukuk aus.

spanan (spòn?) locken, antreiben.

an. in spenja s. spanja. + as. spanan spôn, ahd. spanan spuon, mhd. spanen spuon locken, reizen, antreiben. Lat. in spon-te s. spansti. — vgl. σπάω, φθάνω.

spanja ziehen, leiten.

an. spenja spanda ziehen, leiten. + ahd. (spanjan) spennan, mhd. spenen anreizen, anlocken, verführen. Zu spanan.

spansti f. Lockung, Antrieb.

ahd. spanst pl. spensti f. Lockung, nhd. in wider-spenst-ig. Vgl. lat. spontis, sponte Antrieb, suâ sponte auf eignen Antrieb.

spâni m. Spahn.

an. spân g. spâns pl. spaenir m. Spahn, Schindel, kleines Stück Holz. + mhd. spân m. 2 Spahn (auch soviel als Zwist, Streit durch Verwechselung mit span m. Spannung, Streit, Zwist?). Vgl. σφήν?

spanga f. Spange.

an. spöng g. spengr pl. spengr f. lamina, Platte. + ahd. spangâ, mhd. spange schw. f. Querholz, Querbalken, Querriegel, Spange, Beschläge. Vgl. σφίγγω.

spannan (spespann) spannen.

an. in spönn f. s. spanna, caus. spenna (= spannja) spenta spannen, festbinden, fügen an. + ahd. spannan, mhd. spannen spian spannen, nhd. spannen schw. v. Zu ig. spâ vgl. φθάνω.

spanna f. Spanne.

an. spönn g. spannar f. Spanne. + ahd. spanna, mhd. spanne st. schw. f., nhd. Spanne. Von spannan.

spann, spennan spann sponnum sponnana spinnen.

an. spinna spann spunnum spunninn spinnen. + goth. spinnan spann spunnum spunnans, as. spinnan, ags. spinnan; ahd. spinnan, mhd. spinnen, nhd. spinnen spann gesponnen.

spanja Brustwarze.

an. speni m. (d. i. spanjan) Brustwarze des Weibes. + ags. ubera · spana, mhd. span-varc m. Span-ferkel, ahd. spunni, mhd. spünne f. n. Mutterbrust pl. Brüste.
Vgl. lit. speny-s m. Zitze.

spar sich sperren, zurücktreten, zucken.

Germanisch in spera, spora, sporan, sparn.
Vgl. lit. spiriu spir-ti mit den Füssen ausschlagen, treten. — σπαίρω, ά-σπαίρω zucken, zappeln. — lat. sper-nere sprē-vi verachten (= zurückstossen). — sskr. sphur sphurati zucken, zappeln, apa-sphura ausschlagend (Kuh), zend. çpar çparaiti mit den Füssen treten, sich sträuben.

spera n. Speer.

an. spjör n. spjörr m. Speer. + ags. spere m., engl. spear; as. spēr, ahd. spēr, mhd. spēr st. n., nhd. Speer m.
Vgl. lat. sparu-s ein Bauerngewehr.

spora n. Spur.

an. spor n. pl. Spur, vestigium. + ags. spor, ahd. spor, mhd. spor n., nhd. Spur f.

sporja spüren, erspüren, erfahren.

an. spyrja spurdha fragen, erkunden, erfahren, spurn pl. ir f. Nachricht (d. i. spurini-), spurning f. Frage. + ahd. spurjan, spurran, mhd. spürn, nhd. spüren der Spur, Fährte nachgehen, erforschen, erfahren, wahrnehmen. Von spora Spur.

sporila, sporula spürend.

an. spurull forschbegierig. + ahd. in spurilōn indagare, investigare. Zu sporja, spüren.

sporan m. Sporn.

an. spori m. Sporn. + ags. spora schw. m., engl. spur; ahd. sporo, mhd. spor schw. m., nhd. Sporn pl. Sporen m. Zu spar.

sparn, spernan sparn spornum spornana mit dem Fusse ausschlagen.

an. spirna sparn spurnum sporninn mit dem Fusse ausschlagen.

+ deutsch in spornâ, spornjan w. s. Aus dem Präsensthema spar-na (vgl. lat. sper-ne-re) von spar.

spornâ hinten ausschlagen.

an. sporna adha treten, gegen treten, sich sträuben. + ahd. spornôn mit der Ferse ausschlagen. Vou spernan spornana.

spornja mit den Füssen zurückstossen.

an. spyrna (= spurnja) spyrnda mit dem Fusse stossen, gegenstämmen. + ahd. (spurnjan) spurnan praet. spurnta mit dem Fusse stossen, zurückstossen, spurnida f. Anstoss. Von spernan spornana.

spara sparsam.

an. sparr, spör, spart sparsam, sparens-, schonenswerth. + ags. spär, ahd. spar sparsam.

Vgl. ksl. sporŭ sparsam. — σπαρ-νό-ς und lat. parum.

sparai sparen.

an. spara spardha sparen. + ags. sparian, ahd. sparên und sparôn, nhd. sparen.

sparva m. Sperling.

an. spörr g. spörs pl. spörvar m. Sperling. + goth. sparvan- m., ags. spearva, speara schw. m., ahd. sparo, mhd. spar schw. m. und sparwe schw. f. Sperling. Von spar zappeln vgl. lit. sparva- m. f. Bremse.

spaldan (spespald?) spalten.

an. in speld f. s. spelda, spjall n. s. spelda, spilla s. speldja. + ahd. spaltan spialt, mhd. spalten spielt spalten, sich spalten. Zu spal = sskr. phal, Grundform spaltha- = part. pf. von spal, vgl. goth. althan aialth altern von alt.

Vgl. sskr. phal phalati bersten, platzen, phul-la (= spal-na) (aufgeplatzt =) aufgeblüht, weit geöffnet. — lat. spolia.

1. spelda f. Holztafel.

an. speld f. Holztafel, Deckel, Laden. + goth. spilda f. Tafel, Schreibtafel, vgl. mhd. spëlte schw. f. abgespaltenes Holzstück; Handgeräth der Weberei, nhd. Aepfel-spelte f. Zu spaldan, vgl. πέλτη.

2. spelda Verderben.

an. spjall, spell pl. spjöll n. Verderben, Schaden, Nachtheil. + ags. spild m. Verderben. Zu spaldan, Wurzel spal.

speldja verderben, vergeuden.

an. spilla spilta vernichten, verderben; verlieren, verscherzen; verletzen, entheiligen. + as. spildjan, ags. spil-

lan verderben, umbringen, tödten; ahd. spildan praet.
spildita vergeuden, verschwenden. Von 2 spelda.

speuta m. n. Spiess.

an. spjöt n. Spiess, spýta (d. i. spiutjan-) f. Holzpflock, Riegel. + ahd.
spioz, mhd. spiez m. 1 Spiess, Jagdspiess.

spika n. Speck.

an. spik n. Speck. + ags. spic n., ahd. spêc, mhd. spêc g. spêckes m.,
nhd. Speck n.

spîvan (spivjan) spaiv spivum spivana speien.

an. spyja prs. spý praet. spjò spjögum spûinn speien, spýta spýtta spucken.
+ goth. speivan spaiv spivum spivans, as. spiwan, ags. spîvan und spi-
vian; ahd. spîwan, spian, mhd. spîwen, spien abl 5, nhd. speien spie
gespieen. Aus europ. spu (spiv spju).
Vgl. lit. spjauju spjau-ti speien. — ksl. pljują plju-ti und plíva-ti speien.
— πτύ-ω, πυτ-ίζω. — lat. spuo spû-tum spuere speien.

sputa m. n. Spott.

an. spott n. Spott, Verhöhnung. + ahd. spot, mhd. spot g. spottes m. 1
Spott, Hohn, Spass, mit Lautverschiebung: mhd. spozen spotten, verhöhnen. Vgl. ψυδ, ψεύδομαι.

sputâ spotten.

an. spotta adha verhöhnen. + ahd. spotôn, spottôn und spotên,
spottên, mhd. spotten, nhd. spotten. Von sputa.

spella n. Erzählung.

an. spjall, spell n. Rede, Erzählung. + goth. spilla- n. Sage, Fabel, as.
spel, spell, ags. spel, spell n. Erzählung, Nachricht; ahd. spël, mhd. spël
g. spëlles n. 1 Erzählung, Fabel.

spô, spôja Erfolg haben.

ags. spôvan Erfolg haben, ahd. (spuoan) spuon, mhd. spuon von Statten
gehen, gelingen vgl. lit. spěju, spé-ti Musse, Raum haben, abkommen
können, lett. spěju spê-t vermögen, können, gelten, ksl. spěją spê-ti Erfolg
haben, sskr. sphâ sphâyati sich ausdehnen, schwellen, gedeihen.

spôdi f. Erfolg, Gelingen.

as. spôd, ahd. spuot f. 2 das von Statten gehen, Gelingen, Erfolg, Schnelligkeit. + sskr. sphiti (für sphâti) f. Wachsthum,
Förderung, Glück. Davon ahd. spuotôn, nhd. sputen.

sprak tönen (sprechen).

as. sprekan, ahd. sprehhan, nhd. sprechen sprach gesprochen, as. spráka
= ahd. sprâhha, nhd. Sprache.
Vgl. lit. spragu prassle. — σφάραγο-ς Geräusch, σφαραγέω rausche. —
sskr. sphûrj sphûrjati donnern, rauschen.

sprang, sprengan sprang sprongum sprongana springen.

an. springa sprakk sprungum sprunginn rumpi, entzweispringen, af-springr
m., engl. off-spring Abkömmling. + as. springan, ags. springan, engl.
spring sprang sprung; ahd. springan, mhd. springen, nhd. springen
sprang gesprungen.

Vgl. lit. sprug-ti entspringen. — ksl. prągŭ m. Heuschrecke.

sprangja springen machen, sprengen.

an. sprengja sprengdha sprengen, best ein Pferd. + ahd. sprang-
jan, sprengan, mhd. sprengen springen machen (Pferd), bespritzen,
nhd. sprengen. Causale von sprengan sprang.

sprant, sprentan sprant sprontum sprontana rumpi, aufspringen.

an. spretta spratt spruttum sprottinn springen, aufspringen, up-spretta f.
Quelle, caus. spretta (= sprantja) spresta aufsprengen, öffnen. + mhd.
spranz m. das Aufspringen, Aufspriessen, mhd. sprenzen schw. m. spritzen,
bunt ankleidend putzen, aufputzen, sprenzel und sprenzelaere m. Stutzer.
Vgl. ksl. prędają pręda-ti springen.

sprut spreutan spriessen.

an. in sproti Sprosse. + ahd. spriuzan, nhd. spriessen spross gesprossen.
Vgl. sprant.

sprutan m. Sprosse.

an. sproti m. Zweig, Stab. + ahd. sprozo, sprozzo, mhd. sprozze
schw. m. Sprosse, Stufe. Zu spreutan.

smâha gering, klein.

an. smâr, smá, smátt (aus smáht) klein, smâ-menni n. kleine, unbedeu-
tende Leute (ndd. Lütchmann), smâ-dŷri n. Kleinvieh. + ahd. smâbi,
mhd. smaehe (d. i. smâh-ja) klein, gering, verächtlich, schmählich, ahd.
smâhên klein, gering sein oder dünken.

Vgl. σμῖκρό-ς, μικρό-ς, μικκό-ς. — lat. macer, macére, macies.

(smar) schmieren.

Germanisch in smerva, smervjan; goth. smar-na f. Mist, Koth, smair-
thra- n. Fett, Fettigkeit.

Vgl. lit. smar-sa-s Fett.—μύρομαι (= μυρ-jομαι) triefen, weinen, μύρο-ν
Salbe.

smerva n. Fett, Schmeer.

an. smjör n. Butter. + ags. smeoru g. smeoruves n. Fett, ahd.
smêro, mhd. smër g. smërwes n. Fett, Schmeer, vgl. as. kuo-
smer, ahd. cuo-smer n. Butter.

smervjan schmieren.

an. smyrja smurda (smurvja = smirvja) bestreichen. +

ags. smyrian, ahd. (smirwjan) smirwen, mhd. smirwen, smirn, nhd. schmieren fett machen, mästen. Von smerva.

smart schmerzen, smertan.

ags. smeortan, ahd. smerzan smarz, mhd. smerzen c. acc., ahd. smorza f. smerzo, mhd. smerze, nhd. Schmerz m.

Vgl. $\sigma\mu\epsilon\rho\vartheta$-$\nu\acute{o}$-$\varsigma$, $\sigma\mu\epsilon\rho\vartheta$-$\alpha\lambda\acute{\epsilon}o$-$\varsigma$ schrecklich, auch lat. merda und ksl. smra-dŭ Unflath.

smala klein, „schmal".

an. smali m. das kleinere zahme Vieh, besonders Schafe. + goth. smal-a-s schmal, klein, superl. smalista, as. smal; ahd. smal, mhd. smal klein, gering, ahd. smalez fëho Kleinvieh, Schafe, nhd. schmal, Schmal-thier.

Vgl. $\mu\tilde{\eta}\lambda\alpha$ n. pl. Kleinvieh.

smalt schmelzen, smeltan.

ahd. smelzan smalz, nhd. schmelzen schmolz.

Vgl. $\mu\acute{\epsilon}\lambda\delta\omega$ schmelze trs., $\mu\acute{\epsilon}\lambda\delta o\mu\alpha\iota$ schmolze intrs.

Von smal = smar vgl. lit. smala-s Theer.

smerila, smorila m. Art Falke.

an. smyrill m. falco caesius. + ahd. smirl st. m., mhd. smirle schw. m. die kleinste Art Falken, Lerchenfalke, davon mhd. smirlinc ges m. und smirlin st. n. demin. Nach O. Schade aus lat. merula Amsel (?).

smitha m. faber, Werkmeister.

an. smidhr g. smidhs pl. ar und ir, acc. a und u m. faber, Baumeister, jarn-smidhr Schmid, smidh f. und smidhr f. fabricatio, smidhi n. Arbeit, Bau. + goth. aiza-smithan- m. Erzschmidt, ahd. smid, mhd. smit g. smides m. 1, nhd. Schmid, ahd. smida f. Metall, metallener Schmuck, nhd. Ge-schmeide n.

smithâ fabricare.

an. smidba adha fabricare, vom Hausbau. + ahd. smidôn, mhd. smiden, nhd. schmiden. Von smitha.

smithjan f. Schmide, fabrica.

an. smidhja f. Schmide, Schmidewerkstatt. + ahd. (smidja) smid-da, smida, smitta, mhd. smide, smitte schw. st. f., nhd. Schmide f. Von smitha Schmid.

smug, smeugan smaug smugum smugana schmiegen.

an. smjûga smaug smugum smoginn kriechen. + mhd. smiegen abl. 6 hineindrücken in, reflex. sich schmiegen, biegen, ducken.

Vgl. lit. smuk-ti gleiten, į-smukti hineingleiten, hineinkriechen. — ksl. smučą smuca-ti repere, smykati sę repere, smykŭ m. Seite, smyčati sę trahere. — vgl. auch $\mu\nu\chi\acute{o}$-ς.

Die Wurzelform smak liegt im ksl. smokŭ m. Schlange.

slaiva stumpf, kraftlos, träge.

an. sljór (oder sljár oder slaer) acc. pl. sljöfa stumpf, sljö-ligr stumpf, kraftlos, faul. + as. sléu, ags. sleáv, engl. slow; ahd. sléo fl. slêwêr, mhd. slé fl. slêwer stumpf, matt; lau, kraftlos, träge.

slaivan f. Schlehe, wilde Pflaume.

ahd. sléä, slêhä, mhd. slêhe schw. f., nhd. Schleha + lit. slyvä, ksl. sliva f. Pflaume. Zu slaiva.

slaka locker, schlaff.

an. slakr schlaff. + ags. sleac· lentus, piger, engl. slack; as. slak; ahd. mhd. slach locker, schlaff. — Dazu an. slökkva slökta löschen, slökna adha intrs. erlöschen. Ferner mit i ahd. slihhan schleichen, gleiten, wozu wohl auch an. sleikja sleikta lecken, schlecken (= die Zunge gleiten lassen).

Vgl. ά-σελγ-ής. — sskr. sarj loslassen.

slahan slôh slahana schlagen.

an. slá praes. slae, slö slögum sleginn schlagen, Heu schlagen = abmähen; schlachten, slag n. Schlag, slátr n. Schlachtfleisch (für slah-tra-), sláttr, sláttr pl. sláttar m. (Stamm slahta-) das Mähen, sloegr (= slóg-ja-s) Vortheil, sloegr (= slóg-ja-s) schlau vgl. nhd. verschlagen = nützen, Ertrag bringen und ver-schlagen = schlau. + goth. slahan slôh slôhum slahans schlagen, slah-al-a-s zum Schlagen geneigt, slauht-i-s f. das Schlachten, slaiht-a-s schlicht (letztere Bildungen wie von slehan slah sluhum), as. slahan, ags. sleán, engl. slay; ahd. slahan sluog, mhd. slahen, slán praet. sluoc, nhd. schlagen schlug geschlagen.

Vgl. zend. harec werfen.

slaga Schlag.

an. slag n. Schlag. + ahd. slaga und slá (aus slaha), mhd. slage st. f. Schlag, Hufschlag, Fährte, Hammer. Von slahan.

slagjan m. f. der, die schlägt.

an. sleggja f. grosser Schmidehammer. + ahd. (slagjo) sleggo, slego und (slacjo) slecco, sleco in chind-, man-slego m. der schlägt, erschlägt, Mörder. Von slahan.

slehta schlicht, eben.

an. sléttr (= slêht-a-s) eben. + goth. slaiht-a-s schlicht, eben, engl. slight; ahd. slêht, mhd. slêht schlicht, nhd. schlecht und recht, schlechtweg, schlecht malus. Zu slahan.

slehtja schlichten, ebenen.

an. slétta (= slêhtja) slétta ebenen, schlichten. + ahd. (slihtjan) slihtan praet. slihta, mhd. slihten praet. slihte ebenen, schlichten, nhd. schlichten, schlichtete. Von slehta.

slang, slengan slang slogum slongana schlingen, torquere.

an. slyngja praes. slöng praet. slaung slungum slunginn (Grimm I, 834) werfen, schleudern und slöngva slöngdha werfen, schleudern. + ahd. slingan, mhd. slingen abl. 1 schlingen, flechten, intrs. sich schlingend kriechen, schleichen, ahd. slingâ, mhd. slinge schw. f. Schleuder, Schlinge, ahd. slengira, slengura, mhd. slenger, slenker st. schw. f. Schleuder, mhd. slenker-stein Schleuderstein, nhd. schlenkern, ahd. slango, mhd. slange schw. m. Schlange.
Vgl. lit. slink-ti schleichen, träge sein, slinka-s träg, slanka m. f. Schleicher. — ksl. sląkŭ krumm.

slapa schlaff.

an. sleppr (= slapp-ja-s) schlaff, lässig von sleppa slapp gleiten, wozu Causale sleppa slepta gleiten, fahren lassen. + ahd. slapb, slaff fl. slaffêr, mhd. slaf slaffer, nhd. schlaff; dazu goth. slêpan saislêp, ahd. slâfan sliaf, nhd. schlafen schlief; vgl. auch goth. sliupan, ahd. sliofan, nhd. schliefen (schlüpfen) und ahd. slifan, mhd. slifen gleiten.
Sleupan und slipan bloss deutsche Bildungen.
Vgl. ksl. slabŭ schlaff. — lit. silp-ti matt, schwach sein.

slapitha f. Schlaffheit.

ahd. slaffida f. Schlaffheit.
Vgl. ksl. slabota f. Schlaffheit.

slit, slîtan slait slitum slitana reissen, schleissen.

an. slita sleit slitum slitinn zerreissen, zerstören, unpers. mit dat. es nimmt ein Ende mit, slit-na adha intrs. reissen, rumpi. + as. slitan slêt, ags. slitan zerreissen, aufreissen, aufbrechen; ahd. slizan, mhd. slizen zerreissen, nhd. ver-schleissen schliss schlissen. Dazu vielleicht lat. laedere doch s. ig. sridh.

slita „Schlitz", Trennung.

an. slit n. Trennung in vin-slit n. Bruch der Freundschaft. + ahd. sliz, mhd. sliz, nhd. Schlitz m., ahd. hari-sliz, heri-sliz m. „Heeresbruch", bösliche Verlassung des Heeres, Desertion. Von slitan.

slid, slîdan slaid slidum slidana gleiten.

an. in sledhi m. Schlitten s. slidan, auch in slidhr pl. slidhrar f. (oder slidhr n.) Scheide des Schwerts. + ags. slidan, engl. to slide gleiten, ags. slid-or schlüpfrig, â-slidan part. âsliden ausgleiten; ahd. in slito s. slidan. — Auf älteres slad (slôd) geht an. slôdh f. Weg, Strasse, slôdhi m. was hinten nachgeschleppt wird, sloedha (= slôdbja) sloedda über der Erde hin schleppen, besonders vom Miste, düngen, sloedhur f. pl. Schleppkleid.

Vgl. lit. slystu slys-ti (slyd) gleiten, slid-us glatt, blank, schlüpfrig, slëd-na-s geneigt, abhängig.

slidan m. Schlitten.

an. sledbi m. Schlitten. + ahd. slito, mhd. slito schw. m., ahd. auch slita f. Schleife, Schlitten. Von slidan slidana gleiten.

slîma Schleim.

an. slim st. n. Schleim, dänisch slüm. + mhd. slim st. m., nhd. Schleim. Man pflegt lit. seilé f. Speichel und lat. saliva zu vergleichen.

sva eigen, selbst.

Germanisch in svâ, sva-lika, svâsa, svehra, svestar.
Vgl. sskr. sva selbst, zend. hva selbst, qa-tô = sskr. svatas von selbst.

svâ adv. so, ebenso.

an. svâ adv. so, ebenso. + goth. sva so, ags. svâ, as. sò, ahd. sò, mhd. sò, nhd. so. Vgl. goth. svah d. i. sva-uh so.

svalîka so beschaffen, solch.

an. slikr solcher, eben solcher. + goth. svaleik-a-s, as. sulic; ahd. sulih, solih, mhd. solih solch, nhd. solch solcher. Aus sva so und lîka w. s.

svâsa eigen, traut.

an. svâss dulcis, suavis, traut. + goth. svêsa- eigen, gebührend, passend, svêsai pl. die Seinigen, Ihrigen, svêsa- n. Eigenthum, Vermögen, as. swâs; ahd. swâs eigen, angehörig, häuslich vertraut, traut. Zu ig. sva eigen.

svchra m. Schwäher, Schwiegervater.

goth. svaihran- m., ahd. swehur, mhd. sweher, nhd. Schwäher; ahd. swigar f., nhd. Schwieger.
Vgl. lit. szeszura-s. — ksl. svekrŭ m. svekry f. — ἐκυρό-ς, ἐκυρά. — lat. socer, socru-s. — corn. hvigeren m. hveger f. — sskr. çvaçura m. çvaçrû f. — zend. qaçura m. Schwäher.

svestar f. Schwester.

an. systir g. systur pl. systr f. Schwester. + goth. svistar, as. swestar, ags. sveoster, svuster f., engl. sister; ahd. swêstar, mhd. swëster, nhd. Schwester f.
Vgl. lit. sesů g. seser-s; preuss. swestro = ksl. sestra. — lat. soror. — altirisch siur-nat Schwesterchen, cambr. chwaer Schwester. — sskr. svasar = zend. qaṅhar f. Schwester.

(svat) munden, gefallen.

Germanisch nur in svôtja süss.
Vgl. ἀνδάνω, ἔ-αδ-ον gefallen, ἥδομαι freus mich. — lat. suâdu-s, suâdeo. — sskr. svad svadati kosten, svâd svâdate gut schmecken.

svôtja süss.

an. soetr (d. i. sôtjas) süss. + as. swôti, ags. svête, engl. sweet;
ahd. swuazi und gewöhnlich suazi, suozi, mhd. süeze, nhd. süss.
Gothisch abweichend sût-ja-s süss.
Germanisch svôtja aus (svôtu) wie hardja- aus hardu- hart.
Vgl ἡδύς — lat. suâvis (für svâdv-i-s). — sskr. svâdu süss, an-
genehm.

svath brennen, schwelen.

an. svidha sveidh svidhum svidhinn brennen, ankohlen lassen, intrs. brennen (vor Schmerz), svidh-na adha sengen, ustulari, svidhi m. brennender
Schmerz, svidha f. das Kochen, Sieden. + ahd. swêdan swat abl. 2 ver-
schwelen, langsam und dampfend verbrennen, ahd. swêda st. f. Dampf
von sengenden und koblenden Dingen, mhd. swadem st. m., nhd. Schwa-
dem, ags. svadhol Rauchdampf, Qualm. Beachte an. svith neben deutschem svath; siuthan sieden ist dasselbe Verb, Grundform svath (suth).

suth sieden, siuthan sauth suthum suthana.

an. sjôdha saudh sudhum sodhinn sieden trs. und intrs. + ahd.
siodan, mhd. sieden, nhd. sieden sott gesotten. — Dazu auch goth.
saud-i-s f. Opfer.

(svan) tönen.

Nur im ags. svinsian, svynsian tönen.
Vgl. lat. sono sonëre sonâre, sonu-s, soni-tu-s. — sskr. svan svanati tönen,
svana Ton.

svana m. Schwan.

an. svanr g. svans pl. ir m. Schwan. + ahd. swana st. f. 1 auch swan,
swon m. 1, mhd. swane, swan schm. m., nhd. Schwan pl. Schwäne m.
Vgl. ig. svan glänzen, sun-nan Sonne.

svaf, sveban svab svâbum svebana schlafen.

an. sofa svaf svâfum sofinn schlafen, syfjar mik mich schläfert (adhi),
svaefa oder soefa (= svâfja) svaefdba einschläfern, zur Ruhe bringen;
tödten, schlachten (Thiere). + ags. svefan svâf svaefon schlafen, schlum-
mern; ruhen, aufgehört haben.
Vgl. ksl. süplją süpa-ti schlafen. — ὕπ-νο-ς. — lat. sopor, sopire, som-
nus. — sskr. svap svapiti schlafen, sterben.

svebna m. Schlaf.

an. svefn g. svefns pl. ar m. Schlaf, svefni n. concubitus, svefn-
oerr schlaftrunken (sofna [somna] adha in Schlaf verfallen). +
as. swebhan dat. swefna acc. pl. swebhanôs m. Schlaf, ags. sve-
fen n. Schlaf, Traum. Von sveban schlafen.
Vgl. lit. sapna-s Traum. — ksl. sünü Schlaf, Traum. — ὕπνο-ς
Schlaf. — lat. somnu-s Schlaf. — cambr. hun Schlaf. — sskr.
svapna m. Schlaf, Traum = zend. qafna m. Schlaf.

svam, sveman svam svomum svomana schwimmen.

an. svima oder svimma (auch symja) svam oder svamm, summum oder
svâmum, svuminn schwimmen. + ags. svimman svom, ahd. svimman,
mhd. swimmen abl. 1, nhd. schwimmen schwamm geschwommen, vgl.
goth. svum-sla-, svum-f-sla- n. Teich, ahd. swummôth st. m. 1 natatio.
Vgl. lit. sem-ti schöpfen?
Gleichen Stammes ἀ-σάμ-ινϑο-ς Badewanne.

sunda m. n. das Schwimmen, Meerenge, Sund.

an. sund (d. i. sumd von svima) n. das Schwimmen; Meerenge,
Sund, syndr (d. i. sund-ida-s) wer zu schwimmen versteht. +
ags. sund m. das Schwimmen, Fähigkeit zu schwimmen, Meerenge, Sund, Meer, sundhengest m. Meerpferd = Schiff, nhd.
Sund m. Meerenge (aus dem Nordischen?). Von sveman svomana
für svom-da.

1. svaran svôr svarana (sprechen) schwören, inf. auch svarja.

an. sverja sòr (svardha) sôrum svarinn schwören. + goth. svaran svôr
svôrum svarans, as. swerjan swôr; ahd. swarjan, swerjan, swerran swuor
gisworan, mhd. swern swuor part. geswarn und gesworn, nhd. schwören
schwur geschworen. — Dazu an. soeri n. pl. Schwur, Eid, soerr (d. i.
svôrjas) dagr Tag, an dem man schwören darf, û-soerr dagr dies nefa-
stus. Eigentlich bloss sprechen vgl. an. svar pl. svör n. Antwort, Erwi-
derung, svara adha antworten, engl. an-swer u. s.
Vgl. sskr. svar svarati tönen, loben, svara m. Ton, svarya preislich.

2. svar schwirren, surren = 1 svar.

Vgl. ahd. swar-m, nhd. schwirren, Schwar-m, surren.
Lit. sur-ma Pfeife. — ksl. svira-ti pfeifen. — ὕραξ = lat. sorex Spitz-
maus, lat. su-surru-s, susurrâre, auch wohl σύριγξ Pfeife.

3. svar schwären.

ahd. sweran schmerzen, schwären, swero m. Schmerz, Schwäre.
Vgl. sskr. svar svarati quälen, svar svṛ-ṇâti verletzen; zend. qara (=
svara) m. Wunde, Schwäre, qâiri f. Tadel.

svârya sêrius.

ahd. swâr, swâri lastend, schwer. + lat. sêriu-s ernst.

svark (sverkan svark svorkum svorkana) trübe, finster werden.

an. in dem Beinamen sörkvir d. i. sverkir (svark-ja-s) caligator. + as.
swerkan, ags. gesveorcan; ahd. swërcan abl. 1 trübe, finster werden.
Vgl. ndd. schwalken, nhd. Schwalch Rauchqualm mit σελαγέω.

svarta schwarz.

an. svartr, svört, svart schwarz, surtr = svartr im Beinamen Thorsteinn

surtr. + goth. svart-a-s, as. swart, ags. sveart, engl. swart; ahd. swarz, mhd. swarz, nhd. schwarz.
Vgl. lat. surdus color dunkle Farbe, surdus (dunkel =) taub, sorde-s, sordeo.

svartja schwärzen.

an. sverta (= svartja) sverta schwärzen. + ahd. swarzjan, swarzan, mhd. swerzen, nhd. schwärzen. Von svarta schwarz.

svardu, svarda Kopfhaut, Schwarte.

an. svördhr g. svardhar acc. pl. svördhu m. Kopfhaut. + mhd. swarte st. schw. f. behaarte Haut, besonders Kopfhaut, nhd. Schwarte f. jede dicke Haut.

svarb, sverban svarb svorbum svorbana wischen.

an. sverfa svarf surfum sorfinn feilen; drücken, svörfr m. Verlegenheit, Enge („Druck"). + goth. af-svairban svarf svaurbum svaurbans abwischen, auslöschen, bi-svairban abwischen, abtrocknen, as. swerban wischen; ahd. swerban, swerpan, mhd. swerben abl. 1 abwischen, abtrocknen, (wischen =) schnell hin- und herfahren, wirbeln.
Joh. Schmidt vergleicht ksl. svrabŭ Krätze, Jucken, russ. sverbětı jucken. Vgl. auch συρφετό-ς Kehricht, Gemülm, σύρφος, σύρφη dass.

sval schwelen.

an. svaela f. Rauch, Rauchqualm (sväljan-), svaela (svälja) svaelda durch Rauch ersticken. + ahd. swilizo m. calor, swilizôn schwelen, nhd. schwül; ags. svělan glüben, schwelen, svôl Hitze, bi-svaelan brennen, sengen.
Vgl. lett. swelu, swelt, sengen. — σέλας, Σελήνη; und sskr. sur surati leuchten, glühen, zend. qare-tha und qare-naṅh n. Glanz.

(sval) svellan svall svollum svollana schwellen (verschmachten).

an. svella svall sullum sollinn schwellen, sullr m. Geschwulst am Fusse. + as. swellan, ahd. swëllan, mhd. swëllen abl. 1 schwellen, verschmachten, mhd. swëlle schw. m. Geschwulst, mhd. swulst f. 2 Geschwulst u. s. w.
Vgl. σάλο-ς, σαλεύω, χονί-σσαλο-ς Staubschwall. — lat. salu-s Schwall; solea s. sulja.

sulja f. Sohle, Schwelle.

goth. sulja f. Sohle, ga-suljan gründen. + lat. solea f.

svalt, sveltan svalt svoltum svoltana verhungern, (Hungers) sterben.

an. svelta svalt sultum soltinn hungern, verhungern, soltinn ausgehungert, causale svelta (d. i. sveltja) svelta hungern lassen + goth. sviltan svalt svultum svultans sterben, ga-sviltan sterben, as. sweltan, ags. sveltan sterben; ahd. swëlzan abl. 1 hungern. — Mit an. sultr g. sults oder ar m. Hunger vgl. goth. svulta-vairth-

jan- moribundus, ags. svylt st. m. Tod.   Von svellan verschmachten.

svalg, svelgan svalg svolgum svolgana verschlingen (schwelgen).

an. svelgja oder svelga svalg sulgum solginn verschlingen; trinken, sau-
fen, svelgr m. Strudel, Malstrom, sylgja f. Schnalle, Spange. + as. far-
swelgan, ahd. swölgan, swëlcan und swëlhan, mhd. swëlgen und swëlben
abl. 1 schlingen, verschlucken, saufon, mhd. swëlch m. Weinschwelg,
Säufer, mhd. swalc g. swalges m. Strömung.
Mit lit. valg-yti essen besteht kein Zusammenhang.

svalvan f. Schwalbe.

an. svala f. Schwalbe. + ahd. swalawâ, swaluwâ, swalwâ, mhd. swalewe,
swalwe schw. m., nhd. Schwalbe f.
Vielleicht zu sval im Sinne von σαλεύω schwanke.

svikan svaik svikum svikana gehen, fortgehen; nach-lassen, verlassen, verrathen.

an. svikja sveik svikum svikinn betrügen, verrathen, hintergehen, svik n.
pl. Betrug, Verrath. + ags. svican svâc svicon ire, ambulare, cedere,
cessare, evadere, svican from und mit dat. verlassen, abfallen von, svicol
trügerisch, as. swikan, swëk; ahd. swihhan, swichan, mhd. swichen abl. 5
nachlassen, mit dat verlassen, im Stiche lassen, verderben lassen, mhd.
swich st. m. Fortgang, Lauf (Zeit), ahd. swibhôn, swichôn, mhd. swichen
schweifen.

svikna unschuldig, schuldlos.

an. sŷkn schuldlos, straffrei, sŷkna f. Sicherheit, immunitas, sŷk-
nu-leyfi n. pl. Gnaden, Privilegien. + goth. svikn-a-s rein, keusch,
unschuldig, sviknaba adv. rein, aus reiner Absicht, svikni-tha f.
sviknein- f. Reinheit, Keuschheit, sviknein-i-s f. Reinigung.   Von
svikan recedere.

svîgâ schweigen.

as. swigôn, ahd. swigên, swikên, mhd. swigen praet. sweic schweigen,
vergehen.
Vgl. σιγή, σιγάω.

svit svitja schwitzen.   2. durch Schwitzen verbinden, schweissen.

an. sviti m. Schweiss, svitna adha in Schweiss kommen, sveiti m. Schweiss
s. svaita. + ahd. swizjan, swizzan praet. swizta, mhd. switzen, nhd.
schwitzen. S. ig. svid svidyati schwitzen. — 2. schweissen. an. sveit
pl. ir f. Haufe, Truppe, Schaar; Compagnie (milit.) Gesellschaft; Bezirk,
Landschaft, sveit-ungr m. Kamerad, Genosse. + ags. sveot (so und nicht
sveót nach Grein) n. turma, coetus, vgl. ahd. sweizjan schweissen (Me-

tall). — Ein anderes svit glänzen ist zu erkennen in lat. sûdu-m, aidus,
lit. svidus blank und ags. sveotol (svutol, sutol) manifestus, conspicuus,
apertus.
Vgl. lett. swistu swid-u, swis-t schwitzen, swidr-s Schweiss. — ἰδέω, ἰδος.
— lat. sûdor, sûdâre. — sskr. svid svidyati schwitzen, svidita geschmol-
zen, svedani f. eiserne Platte, Pfanne.

svaita m. Schweiss.

an. nur schwach sveiti m. Schweiss. + as. swêt, ags. svât m.,
engl. sweat; ahd. sweiz, mhd. sweiz st. m., nhd. Schweiss, auch
Blut von Thieren, wie noch nhd. in der Jägersprache. Das Thema svaita erweist sich als das ursprüngliche durch sskr. sveda m.
wie durch svaitja.
Vgl. sskr. sveda m., zend. qaêdha Schweiss.

svaitja Schweiss vergiessen.

an. sveita sveitta schwitzen, schweissig machen, part.
sveittr schweissbedeckt. + ahd. (sweizjan) sweizzan, mhd.
sweizen Schweiss vergiessen, 'hass werden, rösten, bluten,
nhd. schweissen = bluten in der Jägersprache. Von svaita
Schweiss.

svin, svînan rasch sein, schwinden.

ahd. swînan rasch sein, schwinden, davon svintha, svîman, svaina.
Vgl. σίνομαι (= σϝιν-jομαι) rauben, raffen (= schwinden machen).

svintha stark.

an. svinnr, svidhr „sapiens, prudens". + goth. svinth-a-s kräftig,
stark, gesund, as. swith und swîthi, swîdi kräftig, tapfer,
ags. svidh kräftig, stark, geschickt; dexter, recht, mhd. swinde
kräftig, stark, heftig, rasch, geschwind, nhd. ge-schwind. Gleichen
Stammes mit svaina, ahd. swînan rasch sein, schwinden.

svîman, sviman m. Schwindel.

an. svimi m. Schwindel. + ags. svima m. Schwindel, ndd. swim,
swimelig, nhd. provinciell schwimeln. Zu ahd. swînan schwinden (wie goth. skeiman- zu skinan).

svaina m. Junge, Knabe (halbwüchsig oder er-
wachsen).

an. sveinn g. sveins pl. ar m. Knabe, Junge. + ags. svân acc. pl.
svânas m. juvenis, engl. swaine; ahd. svein, amhd. swein m.
(Schweinhirt?) Knecht, ahd. sweinari m. Schweinehirt (?) Hat mit
svîna Schwein vielleicht gar nichts zu schaffen, vgl. svin-tha.

svip drehend bewegen.

an. svipr m. schnelle Bewegung, auf das Sehen bezogen: Gesicht, Miene,
schnell vorübergehende Erscheinung; Sehnsucht, Verlust, Schade, svipa

adha svipast sich schnell nach Etwas umwenden, svipan oder svipun f. schnelle, augenblickliche Bewegung, sveipr m. s. svaipa. + as. for-swipan swêp fortscheuchen, vertreiben, goth. in midja-sveipain-i-s f. Ueberschwemmung, Sündfluth vgl. nhd. „schwippen" von schwanker Fluth, ags. svip n. svipa, sveopa m. flagellum vgl. ndd. Swepe f., ahd. sweifan, mhd. sweifen praet. swief in drehende Bewegung setzen, winden, intrs. gebogen abwärts hängen, schleifen. — Dazu auch an. söpa adha fegen, abwischen, söpast sich versehen mit, ags svâpan sveóp fegen, schwingen; flare, adflare, engl. sweep u. a.

In den verwandten Sprachen lautet die Basis svap, svab: lit. supu sup-ti schwingen, schaukeln, svamb-ala-s Bleiloth (= schwebend). — ksl. sùpą su-ti fundere, sŭpati spargere, fundere. — lat. supâre werfen, dis-sipâre. — σύβος, σοβέω u. s. w.

svifta sich schwingend.

in an. svipta svipta heftig bewegen, raffen; werfen, svipting f. das Schwingen, vom Ringkampfe, svipta f. Sehnsucht (vgl. svipr unter svip). + ags. svift adj. schnell, sviftu f. Schnelligkeit, engl. swift. Von svip.

svaipa m. Windung, Wickel.

an. sveipr m. Haarlocke, gekräuseltes Haar, sveipa adha oder sveipta wickeln. + ahd. sweif, mhd. sweif st. m. Band, das man umschlingt; Schweif, Schwanz; drehende Bewegung, Kreislauf des Jahres, Schwung, nhd. Schweif m. Zu svip.

svib, svîban svaib svibum svibana gehen, weichen.

an. svifa sveif svifum svifinn ferri, labi, gehen, sich hinwenden, svifast nachgeben, weichen, svifr unpers. es treibt fort, svifr clemens, placidus, û-svifr. + goth. sveiban svaif svibum svibans aufhören, ablassen, ags. svifan schweifen, ahd. swifan s. svip. Bedeutung wie svikan und svip.

sverda n. Schwert.

an. sverdh n. Schwert, sverdhs-egg f. Schwertschneide. + as. swerd, ags. sveord n., engl. sword; ahd. swërt, mhd. swërt g. swërtes st. n., nhd. Schwert n.

Wohl zu svar verletzen.

Auf den Wunsch meines, durch seine Arbeit über das System der griechischen Namengebung in Anspruch genommenen Freundes Fick lasse ich diesem Bande seines Wörterbuches einige Worte folgen, um die von ihm in den germanischen Teil eingeführten e und o, und die bei ihrer Ansetzung von ihm befolgten Grundsätze kurz zu rechtfertigen.

Bis vor kurzem herrschte die Ansicht, dass die germanische Grundsprache, wie das Gotische, nur die drei kurzen Vocale a, i und u besessen habe, und dass i und u, in so fern sie altes a reflectiren, aus diesem unmittelbar entstanden seien; aus ihnen seien die e und o des an., ahd., u. s. w. unter dem Einfluss eines auf jene i und u folgenden a hervorgegangen. Seitdem aber Curtius die Tatsache des den europäischen Sprachen gemeinsamen Ueberganges von a zu e, und damit das e als einen der europäischen Grundsprache angehörigen Laut nachwies, sind wiederholt Zweifel laut geworden, ob jene Ansicht richtig sei, ob nicht das, altem a entsprechende e der älteren deutschen Dialecte, das überaus häufig mit dem e der verwandten europäischen Sprachen übereinstimmt, älter sei, als das angeblich urgermanische, gotische i. Diese Zweifel waren durchaus berechtigt, denn die frühere Annahme ist, um das offen auszusprechen, unrichtig. Sie stützt sich auf die unbeweisbare Voraussetzung, dass das Gotische den Lautbestand der Sprache, die sämmtlichen deutschen Mundarten zu Grunde liegt, am treuesten bewahrt habe. Diess glaubte man aus der hohen Altertümlichkeit der in den gotischen Sprachdenkmälern erhaltenen Sprache schliessen zu dürfen. Es ist indessen fraglich, ob in ihr die Sprache Vulfilas à fleur de coin erhalten ist. Sämmtliche gotische Sprachdenkmäler stimmen darin überein, dass sie an Stelle der, grundsprachliches a reflectirenden e und o der deutschen Dialecte i und u setzen. Von ihnen gehören mehrere

gewiss dem 6. Jahrh. an. Beachten wir diess, beachten wir
ferner, dass die gotische Bibelübersetzung bei dem Gottesdienst
der Ostgoten in Italien vorgelesen wurde, so lässt sich mit Sicherheit nur sagen, dass jene i und u der gotischen Sprache
des 6. Jahrh. eigen sind; ob sie sich schon zur Zeit Vulfilas
fanden, lässt sich nicht entscheiden. Die Altertümlichkeit des
german. e und o vorausgesetzt, ist sehr wol möglich, dass die
gotische Sprache seiner Zeit e und o gerade so besass, wie das
ahd., das an. u. s. w.: die Schreiber der gotischen Handschrif-
ten, die sämmtlich in Italien entstanden sind, schrieben statt
dessen i und u, entsprechend ihrer eignen Aussprache. Man
wird mir hier vielleicht das gotische Alphabet entgegenhalten,
dessen e und o in echt-gotischen Wörtern nur als ē und ō gilt.
Aber lässt sich denn beweisen, dass diese Werte schon zu Vulfilas
Zeit ausschliesslich galten? Konnte nicht in seinem Alphabet
e und o zur Bezeichnung des kurzen und des langen Vocals
dienen, ebenso wie er für ü und ū nur ein Zeichen gebrauchte? *).
— Die bestrittene Ansicht würde einen sehr hohen Grad von
Wahrscheinlichkeit, ja völlige Gewissheit erhalten, wenn sich
der Nachweis führen liesse, dass der s. g. a-Umlaut in der
späteren Entwicklung der gotischen Sprache eingetreten sei.
Diess ist jedoch, wie ich nachgewiesen habe (Got. A-Reihe S.
5 ff.) nicht möglich. Wir sehen also, dass jene Ansicht unbe-
gründet ist, in so fern sie sich auf das Gotische stützt; sie ist
ferner durchaus unwahrscheinlich gegenüber den Spracherschei-
nungen der übrigen deutschen Dialecte und der verwandten europäischen Sprachen.

---

*) Noch einem anderen Zeichen möchte ich schon in dem ursprüng-
lichen Alphabet Vulfilas zwei Werte zuschreiben, nemlich dem d. Es
ist oft der Wechsel von th und d im Gotischen hervorgehoben; ich
zweifle, ob er mehr als graphisch ist. Wer z. B. I. Tim. 3. 16 (cod. A.)
liest: gabairbtit̄hs varth in leika, garaihts gadomit̄hs varth in ahmin,
ataugids varth thaim aggilum, merids varth in thiudom, galaubit̄hs
varth in fairhvau wird hier in ataugids neben gabairthiths gewiss nicht
einen wirklichen Uebergang von th in d annehmen wollen. Die Aussprache des d und th war hier ganz gleich, d. h. das d hatte den Wert
dh. Daneben hatte es auch den Wert der reinen Media; diese Auf-
fassung wird niemanden befremden, der die verschiedene Verwendung
des d in alten altnordischen Hss. kennt, vgl. Bugge, fortale zu seiner
Eddaausgabe S. XI.

Die ältesten althochdeutschen Denkmäler sind nicht viel über 100 Jahre jünger, als die gotischen und 100 Jahre wiegen gering in der Geschichte einer Sprache, die nach Jahrtausenden zählt. Das Verfahren, den gotischen Vocalismus dem des althochdeutschen zu Grunde zu legen, ist also a priori nicht mehr berechtigt, als das umgekehrte. Gerade dieses gewinnt aber dadurch sehr an Berechtigung, als der ahd. Vocalismus in seinem e mit der Mehrzahl der anderen deutschen Dialecte und in einer grossen Anzahl von Wörtern mit den europäischen Schwestersprachen übereinstimmt, wie jede Seite dieses Bandes zeigt. Man könnte versuchen jene Uebereinstimmungen für zufällig zu erklären, und ihr Gewicht abzuschwächen durch einen Hinweis auf die vielen Verschiedenheiten, die sich zwischen den einzelnen Sprachen bezüglich der Bewahrung oder Verwendung des alten a finden. Indessen gegen eine solche Argumentation spricht die Tatsache der europäischen Spracheinheit, dagegen die unleugbar enge Verwandtschaft des germanischen und des slavo-lettischen. Wo beide Sprachstämme in ihren sprachlichen Erscheinungen übereinstimmen, kann diess nicht zufällig sein. Dass beide in der Bewahrung eines alten a, oder seiner Verwandlung in e oft nicht übereinstimmen, kann nicht auffallen, da diese Verwandlung facultativ war und sich selbst noch in der historischen Zeit der einzelnen Sprachen, ja selbst der deutschen Dialecte findet. *) Endlich aber, wenn man den tatsächlichen Uebereinstimmungen wirklich keinen Wert beilegen wollte, so bliebe doch die Analogie der übrigen europäischen Sprachen, in denen die Vocalreihe a, e, i feststeht. Ihr gegenüber erscheint das got. i durchaus als der jüngere, das althochdeutsche, an. oder as. e als der ältere Laut, der demnach in die germanische Grundsprache einzuführen ist.

Etwas anders liegen die Gründe für die Annahme eines germanischen o. Es finden sich nur ganz vereinzelte Fälle, in denen das, altem a entsprechende o der deutschen Dialecte mit dem o der verwanten Sprachen übereinstimmt, und da sich diese Uebereinstimmung nur zwischen einzelnen und nirgends in allen europäischen Sprachen durchgehends findet, so lässt

---

*) Zu den von mir in „Got. A-Reihe" zusammengestellten Beispielen gehört wol auch an. gles, as. gles = ahd. clas.

sich ein europäisches o nicht ansetzen, eben so wenig ein slavo-
deutsches, da dem litauischen ein ŏ fehlt. Die Annahme eines
germanischen o ist demnach sprachgeschichtlich nicht so wol
begründet, als die des e, dennoch ist sie nicht abzuweisen.
Für sie spricht die Analogie der übrigen europäischen Sprachen,
deren o direct aus a entsteht, während das dem a entsprechende
u nur eine Abschwächung aus o ist. Ferner folgt die Ansetzung
des germanischen o consequent aus der des e; wie dieses älter
ist, als das got. i, so ist das got. u jünger als das ahd. o. —
Wenn ich endlich noch hervorhebe, dass nur durch die Einführung des e und o an Stelle der bisher der germanischen
Grundsprache zugeschriebenen i und u ein lebendiger Zusammenhang zwischen den deutschen Dialecten und den europäischen
Sprachen hergestellt wird, so bedarf sie selbst wol keiner weiteren Rechtfertigung.

Anders steht es mit der Ausdehnung, welche die Ansetzung
dieser e und o in diesem Teil gefunden hat. Ich habe in mei-
ner Untersuchung über die Got. A-Reihe, die ausschliesslich
mit Rücksicht auf dieses Werk geschrieben ist, nachgewiesen,
dass unter gewissen Bedingungen germ. e und o zu i und u
werden. In den meisten Fällen stimmen alle deutschen Dialecte
bezüglich dieser i und u überein, es finden sich jedoch einige,
in den neben ihnen das alte e oder o sich vereinzelt in einem
Dialect erhalten hat. Hierauf gestützt habe ich betont, dass
die Möglichkeit offen zu halten sei, dass, wie in diesen Wörtern,
so auch in andern, in denen alle Dialecte i oder u zeigen, die
Verwandlung von e und o zu i und u in den Bereich des dia-
lectischen Sonderlebens falle, dass ferner für eine Periode der
germanischen Grundsprache die Wirksamkeit der nachgewiesenen
Bedingungen zu leugnen und in ihr durchgehends e und o an-
zusetzen sei. Diese Periode ist bei der Ansetzung der germanischen e und o von Herrn Dr. Fick in das Auge gefasst, allein
diess Verfahren bedarf der Rechtfertigung.

In den übrigen Teilen des Wörterbuches ist bei der Reconstruction der Grundsprachen durchaus nur die Periode hergestellt worden, welche der Scheidung derselben in einzelnen
Sprachen unmittelbar vorherging. Sie gewinnt man durch die
Zusammenstellung derjenigen Resultate, die sich aus der Ver-
gleichung der in den einzelnen Sprachen sich entsprechenden

Wörter und Formen ergeben. Insofern nun aber die auf diesem Wege gewonnenen grundsprachlichen Wörter bereits unter dem Einflusse eines Lautwandels geformt sind, welcher auf dem Boden der Grundsprache erwachsen und in den einzelnen Sprachen fortgesetzt ist, lässt sich auch die Periode in das Auge fassen, welche dem Eintreten der speciellen Lautverwandlung vorhergeht, und die sich auch bei rein reconstructivem Verfahren meist noch mit Sicherheit erkennen lässt. *) Diess ist in dem vorliegenden Teil hinsichtlich derjenigen Wörter geschehen, die in allen deutschen Dialecten i und u entsprechend altem a zeigen; sie sind durchaus mit e und o angesetzt, z. B. vendan, kontha, nicht vindan, kuntha. Diess ist insofern berechtigt, als, wie oben bemerkt; eine noch deutlich erkennbare Periode der germanischen Grundsprache die unter dem Einfluss eines folgenden Nasals bewirkte Verwandlung von e und o zu i und u noch nicht kannte. Da indessen dieses Verfahren von den von Herrn Dr. Fick ausserdem befolgten Principien, nach denen nur vindan, kuntha angesetzt werden dürften, abweicht, so ist eine gewisse Inconsequenz in sein Werk gekommen, die jedoch wol keinen Tadel erfahren wird. Es kam darauf an, zu zeigen, dass die Behandlung des alten a-Lautes bei den Germanen völlig mit der übereinstimme, die er bei den anderen europäischen Sprachen gefunden hat. Diess geschah am deutlichsten durch eine rücksichtslose Durchführung derjenigen Periode der germanischen Grundsprache, in welcher die Verwandlung von e und o zu i und u noch nicht begonnen hatte; zugleich erschien bei einer systematischen Einführung des e und o in das germanische Lautsystem ein zu rechtfertigendes plus rätlicher als ein nicht minder berechtigtes minus. Eine etwaige neue Auflage des germanischen Teiles aber wird die dadurch entstandenen Inconsequenzen beseitigen und nach denselben Grundsätzen germ. vindan und kuntha ansetzen, nach welchen jetzt z. B. edmi und eghia in dem europäischen Teil erscheint. Bis da-

---

*) Es versteht sich von selbst, dass ein solches Verfahren nur einzelnen Lauten gegenüber zulässig ist; wer bei der Reconstruction einer proethnischen Sprachperiode die Zeit herstellen wollte, welche dem Eintreten der ihr eignen Lautwandlungen überhaupt vorhergeht, würde ihren Typus völlig verwischen.

hin wird sich hoffentlich die Ueberzeugung von der Unrichtig-
keit der bisherigen Annahme, die germanische Grundsprache
habe nur die drei kurzen Vocale a, i, u besessen, allgemein
verbreitet haben.

Darf ich dem Gesagten noch einige Worto hinzufügen, so
möchte ich noch darauf hinweisen, dass die irrationellen kurzen Vocale, die ich Got. A-Reihe S. 38 ff. besprochen habe,
nicht besonders bezeichnet sind, sondern in derselben Gestalt
erscheinen, wie in der II. Aufl. Es war schwierig, ein passen-
des Zeichen für sie zu finden und der kundige Leser wird auch
ohne eine solche erkennen, welche Vocale irrationell sind, da
diess ihre verschiedene Bezeichnung in den einzelnen Dialecten
deutlich zeigt. — Ein dem eu entsprechendes ei einzuführen,
erschien nicht rätlich, da sich keine directe Spur von der ein-
stigen Existenz dieses Diphthongs in den deutschen Dialecten
findet.

Adalbert Bezzenberger.